财务与会计类应用型创新系列规划教材

Valuation

资产评估学教程新编

主　编　周自明
副主编　王慧煜　钱　烈

ZHEJIANG UNIVERSITY PRESS
浙江大学出版社

图书在版编目（CIP）数据

资产评估学教程新编 / 周自明主编. —杭州:浙江
大学出版社，2015.8(2022.1重印)
　ISBN 978-7-308-14889-4

　Ⅰ.①资… Ⅱ.①周… Ⅲ.①资产评估－教材
Ⅳ.①F20

　中国版本图书馆 CIP 数据核字（2015）第 162932 号

资产评估学教程新编
主　　编　周自明
副主编　　王慧煜　钱　烈

丛书策划　朱　玲
责任编辑　朱　玲
封面设计　春天书装
出版发行　浙江大学出版社
　　　　　（杭州市天目山路148号　邮政编码310007）
　　　　　（网址:http://www.zjupress.com）
排　　版　杭州青翔图文设计有限公司
印　　刷　广东虎彩云印刷有限公司绍兴分公司
开　　本　787mm×1092mm　1/16
印　　张　17.75
字　　数　436千
版 印 次　2015年8月第1版　2022年1月第2次印刷
书　　号　ISBN 978-7-308-14889-4
定　　价　48.00元

前　　言

  资产价值的多少及其如何测算是投资(决策)人、企业经理、投资银行家、税务师等市场参与人最需要关心和了解的问题。因为对资产价值的准确判断,是进行成功的资产投融资、资产经营管理、资产咨询服务的基础。而资产评估则是为资产价值的确定提供科学依据的有效手段。我国的资产评估工作起始于国有企业的市场化改革,然而随着社会主义市场经济的日益发展和繁荣,对资产评估的客观需求已经从国有企业的出售、合资合作、股份经营、破产清算等方面,拓展到企业的兼并收购、企业价值的增值经营管理、资本市场上的投资人对被投资企业真实价值的分析、不同所有制投资主体的各类资产交易、跨国公司内部转移定价等业务领域。

  目前,国内的资产评估教材往往采用了与全国注册资产评估师考试教材同样的体系,缺少对资产评估基础理论的讲解,不利于本科学生循序渐进地学习。同时,由于注册资产评估师考试教材的特殊要求,对资产评估前沿理论的引进和介绍都十分保守,这也不利于培养应用型资产评估专业人才。由于很难选择到合适的教材,许多从事资产评估教学的教师常常不得以选择注册资产评估师考试教材作为本科教材,教学过程中难免出现教学内容完不成、基础知识要进行铺垫、新的评估技术要另外补充介绍等问题。因此,我们结合资产评估行业发展前沿,根据本科教学的特点编写了这部针对应用型本科院校学生的资产评估学教材。

一、本书结构

  作为以培养应用型人才为目标的教材,本书的指导思想是:在把握基本理论知识的基础上,追求所学内容的实用性,强调对学生应用能力的培养。本书较为全面地阐述了资产评估的基本理论和方法及具体资产的评估。全书共分9章,其结构如下:

  在第1、2章中,我们主要介绍了资产评估的概念及特点,价值类型,资产评估的假设与原则,资产评估的程序和资产的市场法、成本法和收益法评估。在这两章中,着重阐述了资产评估的基本理论和基本方法,并对资产评估行为进行了经济学分析。读者通过第1、2章的学习,能对资产评估的基本理论和基本方法有所了解,并建立初步的资产评估理念,为后面学习具体资产的评估打下基础。

  第3~7章是对具体资产的评估技术的分析及讲解,分别是机器设备评估、房地产评估、无形资产评估、金融资产评估和企业价值评估。在对这些具体资产的评估中,我们主要沿着两条分析路径:一是该资产的属性如何?二是根据该资产的属性特点选择评估方法并进行分析讲解。第3~7章是本书的重点章节,读者通过这些章节的学习,理解具体资产的属性特点,并掌握具体评估方法及参数的确定,能够在面对新的资产类型时做到融会贯通。

第8章介绍了期权定价理论在资产评估中的应用。本章介绍了期权的基本概念和术语,阐述了期权价格的影响因素、二项式期权定价模型和 Black-Scholes 定价模型,重点分析了期权定价理论在企业价值评估、无形资产评估和资源资产评估中的应用。

第9章出于资产评估实践的需要介绍了如何编制资产评估报告书。

二、本书特点

较目前已有的资产评估教材,本教材最大的特色在于内容体系的创新。其创新点如下:

(1)将批量评估法正式列入房地产评估方法中。批量评估方法主要适用于不动产税基评估。随着我国征收物业税政策的逐步落实,物业税税基的评估将成为评估工作的重点工作之一。因此,本书前瞻性地将批量评估方法放入了房地产评估中并详细地做了分析和讲解。

(2)随着全球经济的一体化,金融资产交易逐渐增多,本书特别将金融资产的评估单列一章,不但囊括了以往教材中的股票、债券等金融资产的评估,更是根据实践工作的需求增加了金融不良资产的评估,创新性地安排了金融资产评估章节结构,便于教学,也符合应用型人才培养目标的要求。

(3)在企业价值评估中,由于我国的企业价值评估理念还没有完全与国际接轨,但事实上评估业务实践已经对我国的企业价值评估技术提出了全新要求,因此,本书彻底放弃了以往传统资产评估教材中对于企业价值评估的撰写框架和内容安排,按照国际先进的估价技术重新组织企业价值评估这一章的内容,将企业价值咨询及财务管理也纳入企业价值的评估目的中来,把从前的市场法、收益法和成本法评估企业价值的提法按照国际惯例改为市场途径、收益途径和资产基础途径评估企业价值。在收益途径评估企业价值中,提出折现现金流法是该途径评估企业价值的核心方法,将三种途径评估企业价值从内在机理上联系起来,解释了以往三种方法评估的结果相差较大造成的认识上的误区。

(4)本书还将期权定价理论在资产评估中的应用放入本科教学中。既然在国际评估业务中,将期权定价理论应用于资产评估中已经得到了较广泛的认可,因此,本书从资产评估实践出发,深入浅出地介绍了期权定价理论,并分析了将股权、专利权等视为期权的原理。

三、教学建议

（1）本书是为资产评估、财务管理和投资类本科专业资产评估学课程服务的，全部教材内容通常需要51学时（即每周3学时，共17周）才能讲完。由于各学校对资产评估学课程课时的规定各不相同，因此，若每周3学时，建议教师完成全部教学内容；若每周2学时，则教师可根据实际情况删减。

（2）由于现代社会经济中无形资产的重要性越来越突出，金融资产的交易也在不断增加，因此，建议教学中应合理分配教学时间，加强对无形资产评估、金融资产评估和企业价值评估的教学。

（3）资产评估课程是实践性较强的课程，建议教学中关注学生对评估技术的理解，并注意引导学生树立正确的评估理念。同时鉴于资产评估行业作为中介服务业的特点，教学中要积极地引导学生树立良好的职业素养。

本书由浙江大学出版社策划，编写工作分工如下：周自明负责编写前言、第1章、第2章、第3章、第4章；王慧煜负责编写第5章、第7章、第9章；钱烈负责编写第6章、第8章。全书由周自明统编定稿。由于我国资产评估理论发展较为滞后，加之本书编写时间仓促，编者水平有限，书中尚有疏漏或不足之处，恳请读者不吝赐教，以便修正，使之日臻完善。

浙江大学出版社的朱玲编辑，浙江大学城市学院潘晶、浙江工商大学周春喜、浙江树人大学吴婵君三位老师为本书的出版做了很多工作，对编写工作给予了很大的支持和帮助，在此一并致谢！

编　者
2015 年 5 月

目　　录

第1章

绪　论

➡️学习目标

1. 掌握资产评估的概念、特点，资产评估的假设以及评估原则；
2. 熟悉资产评估的主体、客体以及评估范围；
3. 理解资产评估的价值类型；
4. 了解资产评估的产生、发展及其经济学基础。

1.1　资产评估的产生和发展

1.1.1　早期资产评估

资产评估伴随着人类社会资产交易行为的开始而产生。在原始社会后期，随着生产力的不断发展，出现了社会剩余产品，产生了私有制。在私有制条件下，商品或财产的交易活动相当频繁，由于财产的价值具有不确定性的特点，交易双方往往对财产的交易价格难以达成一致的意见，需要找有经验的第三者对财产的价值进行估计判断，以便实行等价交换。这个第三者凭经验对财产的价值进行估计的过程就是一种原始的资产评估活动。当然，在出现了典当、信托行业以及珠宝贵金属买卖的时候，社会上便有了从事典当物品以及珠宝贵金属等鉴定的估价人员，这可以算是早期的资产评估活动。

早期的资产评估具有直观性、偶然性、经验性、非专业性等特点。所谓直观性，是指评估过程中仅仅依靠评估人员的直观感觉和偏好，评估操作简单明了。所谓偶然性，是指资产评估行为因资产交易活动的价格鉴证需要而进行，并不是日常经济生活中经常性的活动。所谓经验性，是指以评估人员长期积累的评估经验为依据进行评估，评估经验靠师傅带徒弟和长期实践获得。所谓非专业性，是指评估人员并不具备专业评估手段和技能，也没受过严格的专业培训，往往是由资产交易双方或一方指定的人员来进行评估，评估人员一般是德高望重的人或当铺伙计，他们无需对评估结果承担法律责任。

1.1.2　现代资产评估

随着社会进步和经济发展，资产交易活动日趋频繁，作为中介组织的资产评估机构也逐渐产生和发展起来,资产评估行业应运而生。资产评估已不仅仅是一种公正性的社会经济活动,是一个相对独立、专业化的社会分工的部门,并形成了独特的评估理论和评估方法体系。在资产评估行业,评估机构通过为资产交易双方提供评估业务,积累了大量的资产评估相关资料和丰富的评估经验,产生了一大批具有丰富评估经验的评估人员。资产评估业务范围不断扩大,不仅包括有形资产评估和无形资产评估,甚至可以细分为机器设备评估、房地产评估、自然资源评估以及企业价值评估等几种类别。

现代资产评估具有以下特点:

(1)评估机构公司化。评估机构以自主经营、自负盈亏的企业法人形式运营。发达国家的资产评估机构主要分为两大类:一类是专业化的资产评估公司,它们为客户提供几乎所有的资产评估业务,专业化程度较高;另一类是兼营资产评估业务的各类管理咨询公司,它们在从事企业财务管理、营销管理、战略管理以及人力资源管理等咨询业务的同时,兼营资产评估业务。

(2)评估人员专业化。评估师把资产评估作为自己的终身职业,他们均是各行各业的专家和技术人员,如机械工程师、船舶工程师、土建工程师、会计师等,他们都经过全国性的执业资格考试,具有深厚的资产评估专业知识,拥有丰富的评估经验。

(3)评估方法科学化。大量的现代科学技术和方法应用于资产评估实务,提高了资产评估结果的准确性和科学性。

(4)评估活动经常化。资产评估已成为社会经济生活中的经常性活动,评估范围不断扩大,评估内容十分丰富,不仅与企业联合、兼并重组、股权转让、企业清盘等产权交易和产权变动行为有关,而且还涉及证券发行、融资租赁、抵押贷款、财产保险以及财产纳税等经济行为。

(5)评估结果法律化。资产评估是一项价值鉴证的社会公正性活动,服务于社会经济,这就要求评估师独立、客观、公正地执业,并对评估程序的合规性、评估方法的科学性、评估结果的有效性负责。因此,评估机构和评估师对体现评估工作的资产评估报告负有法律责任。

1.2 资产评估的概念及特点

1.2.1 资产的概念及特征

资产是一个具有多角度、多层面的概念,既有会计学中的资产概念,也有经济学中的资产概念,还有其他学科的资产概念。会计学中的资产指的是过去的交易或事项形成并由企业拥有或控制的经济资源。经济学中的资产是指特定经济主体拥有或控制的,具有内在经济价值的实物和无形的权利。资产评估中资产的内涵比较接近于经济学中的资产,即由特定权利主体拥有或控制的并能给特定权利主体带来未来预期收益的经济资源,包括各种财产、债权和其他权利。

作为资产评估对象的资产具有以下基本特征:

(1)资产必须是经济主体拥有或控制的。依法取得财产权利是经济主体拥有并支配资产的前提条件。对于一些以特殊方式形成的资产,经济主体虽然对其不拥有所有权,但依据合法程序能够实际控制的,如融资租入固定资产、土地使用权等,按照实质重于形式原则的要求,应当将其作为经济主体资产予以确认。对于有关定理、公式等,属于社会共有财富,无从判断其价值。

(2)资产是能够给权利主体带来经济利益的资源。它既可能是一种权利,也可能是一种获利能力。同一资产载体,权利形式不同,则其价值不同,如商标权是一项无形资产,其权利形式包括所有权和许可使用权,这两项权利形式的价值并不相同。资产的价值取决于其未来的获利能力,获利能力强,其价值就高。

作为资产评估客体的资产,可按不同的标准进行适当分类:

(1)按资产存在的形态可分为有形资产和无形资产。有形资产是指那些具有实物形态的资产,包括机器设备、房屋建筑物、流动资产等。无形资产是指那些没有实物形态,但在很大程度上制约着企业物质产品生产能力和生产质量,直接影响企业经济效益的资产,包括专利权、商标权、非专利技术、土地使用权、商誉等。

(2)按资产的构成和是否具有综合获利能力可分为单项资产和整体资产。单项资产评估是指单台、单件的资产,如机器设备、土地使用权、建筑物以及可确指无形资产等。整体资产是指由若干单项资产组成的具有的整体获利能力的资产综合体,如一家企业等。以整体资产作为评估对象并不是对其构成要素——单项资产的价值进行评估后简单地加总,而是根据整体资产的综合获利能力进行评估。

(3)按资产的法律意义可分为不动产、动产和合法权利。不动产是指不能离开原有固定位置而存在的资产,如自然资源、土地、房屋以及附着于土地、房屋上不可分离的部分等。动产是指能脱离原有位置而存在的资产,如各项流动资产、长期资产、除不动产以外的固定资产等。合法权利是指受国家法律保护并能取得预期收益的特权,如各项无形资产。

(4)按资产能否独立存在可分为可确指的资产和不可确指的资产。可确指的资产是指能独立存在的资产,如有形资产、除商誉以外的无形资产等。不可确指的资产是指不能脱离企业有形资产而单独存在的资产,如商誉。商誉是由于企业地理位置优越、信誉卓著、经营有特色、历史悠久、技术先进等原因,能获得高于一般正常投资收益率的超额收益。从形成原因看,商誉不能脱离企业的有形资产而单独存在。

(5)按资产与生产经营的关系可分为经营性资产和非经营性资产。经营性资产是指处于生产经营过程中的资产,如机器设备、厂房等。非经营性资产是指处于生产经营以外的资产,如食堂、办公设备、机关用房等。

1.2.2 资产评估的定义

资产评估是指评估专业机构和评估师按照国家相关法律、法规和资产评估准则,根据特定的目的,遵循评估原则和标准,依照相关程序,选择适当的价值类型,运用科学的方法,对资产在某一时点的价值进行分析、估算并发表专业意见的行为和过程。

资产评估的定义包含以下要点:

(1)资产评估必须由专门的评估机构和评估人员进行。在市场经济条件下,资产评估机构必须具有相应的评估资质,评估人员具有一定的资产评估专业知识,取得相应的资产评估资格证书,才能从事资产评估业务。

（2）资产评估的目的必须明确。不同的资产业务对资产价值衡量的要求并不相同。同一资产，由于评估目的不同，采取的评估方法也不相同，最终得出的评估结果不同。只有明确了评估目的，才可能选择适当的评估方法进行评估，得出客观公正的评估结果。

（3）资产评估必须按照法定的程序进行。评估程序是按资产评估管理机构制定的有关资产评估程序进行的。一般而言，不同类型的资产评估具有不同的评估程序。

（4）资产评估应采用科学的评估方法。目前常用的资产评估基本方法包括成本法、市场法和收益法等，这些方法是多年来评估理论和实践经验的总结，具有科学性和可操作性，按这些方法得出的评估结论容易被资产业务各方当事人接受。

（5）资产评估的行为发生在特定的时点，即评估基准日。资产的价值是一时点概念，在不同的时点，资产状况及其价值会发生变化。因此，资产评估要求以特定的时点为标准，对特定时点的资产状况进行评估，且以该时点的市场价格、利率水平、汇率水平为标准确定资产的价值。

1. 2. 3 资产评估的特征

1. 客观性

客观性是指资产评估以评估基准期为时间参照，按这一时点的资产实际状况对资产进行的评定估算。所谓评估基准期是指确定的资产评估价值的基准时间。由于资产处于运动和变化之中，资产的数量、结构、状态和价格，随着时间的推移不可能长期保持不变。因此，资产评估只能是评估某一时点的资产价值。为了使评估结果具有可解释性，并便于客户和公众对其合理利用，评估基准期一般以"日"为基准时点，选择与资产业务或评估作业时间较接近的时期。

资产评估的客观性表现在以下几个方面：

（1）以评估基准日为时间依据，按照这一时点的资产实际情况对资产进行评估。评估基准日是确认资产评估价值的具体时间。

（2）以现实存在的资产作为确认估价和报告的依据。只要求说明当前资产状况，而不需要说明为什么形成这个状况，以及如何由过去的形态演变成当前的状况。

（3）以现实状态为基础反映未来。对未来的预测必须以现实为基础，即通过现实在未来的逻辑延伸来估测资产的现时价值。

（4）以强调客观存在为依据。形式上存在而实际已消失者，或形式上不存在而事实上存在的资产，都要以实际上客观存在为依据进行校正。

2. 市场性

市场性是资产评估不同于会计活动的显著特征。资产评估服务于市场活动，在市场交易活动发生的条件下，资产评估通过模拟市场条件对资产价值做出评定估算和报告，并且这一估算和报告结果必须接受市场检验。

资产评估的市场性表现在以下几个方面：

（1）评估所需的数据来源于市场。在评估资产的市场价值时，一切评估要素均来源于市场。即使是非市场交易业务，其评估也要采用来源于市场的数据。如运用成本法评估某一设备时，重置成本的确定应依据现实市场的正常价格，而不能根据购置时享受了一定数额的价格折扣的原始发票确定其重置成本。

(2)评估师通过模拟市场条件对资产价值进行评定估算。

(3)评估结果的有效性必须接受市场的检验。评估结果直接服务于资产业务等经济行为,其有效性直接受到市场检验。

3. 预测性

预测性是指用资产在未来的潜能说明现实,这是由资产自身的性质决定的。因为资产是能够在未来为其拥有或控制的主体带来经济利益的资源。现实的资产评估必须反映资产未来的潜能,未来没有潜能和效益的资产,现实评估价值是不存在的。

4. 公正性

资产评估行为对于评估当事人具有独立性,它服务于资产业务的需要,而不是服务于资产业务当事人中的任何一方,因此,是一种公正的经济行为。

资产评估的公正性表现在以下几个方面:

(1)资产评估是按公允、法定的准则和规程进行的,具有公允的行为规范和业务规范,这是公正性技术基础。

(2)评估机构和评估师是与资产业务没有利害关系的第三方,这是公正性的组织基础。

5. 咨询性

咨询性是指资产评估是为资产业务提供专业性的估价意见,这个估价意见本身没有强制执行的效力。评估师只对评估结论本身是否符合职业规范要求负责,而不对资产业务的定价决策负责。

资产评估的咨询性表现在以下几个方面:

(1)资产评估结果只为资产交易当事人提供作价参考,最终成交价格取决于双方的谈判结果。

(2)评估机构和评估师在评估实践中积累了大量的资产价格信息,也可为社会公众提供咨询服务。

1.3 资产评估的主体

资产评估工作政策性强、技术复杂、工作量大,因此它需要由合法的资产评估机构和具有资产评估资格的评估师来承担。资产评估的主体指从事资产评估工作的专业评估机构和评估师,是资产评估工作的主导者和实际操作者。

1.3.1 资产评估的机构

按照国际惯例和规范的做法,资产评估机构必须具有资产评估资格,评估资格由行业协会和政府行业主管部门认定。如我国国有资产管理局制定的《国有资产评估管理办法》第九条规定:"资产评估公司、会计师事务所、审计事务所、财务咨询公司必须获得省级以上国有资产管理部门颁发的国有资产评估资格证书,才能从事国有资产评估业务,且对其他所有制企业的资产评估,也要比照《国有资产评估管理办法》的规定执行。"

1. **资产评估的机构类型**

在国外,资产评估机构主要分为两类:一类是专业化的资产评估公司;另一类是兼营资产评估业务的财务咨询公司、会计师事务所等。

我国对资产评估机构实行专业化管理,以强调资产评估的客观性和独立性。目前我国的资产评估机构可概括为 3 类:一是综合性的资产评估机构,如资产评估公司;二是专项性的资产评估机构,如房地产评估事务所、土地估价事务所、价格鉴证事务所等;三是外商投资的资产评估机构,如中外合资、合作评估公司等。由于历史原因,上述各类资产评估机构分别由政府的不同行业主管部门监管。

2. **资产评估机构的权利和义务**

(1)权利。①依法接受委托。资产评估业务由资产评估机构接受资产业务当事人的委托,委托人和评估机构鉴定资产评估业务委托书,明确各自的权利和义务。②承担业务不受地区、行业的限制。只要拥有相应评估资质的评估机构和拥有中国注册资产评估师证书的评估师,其承担评估业务不受地区、行业的限制。③有偿服务。评估机构提供资产评估业务是有偿的,评估机构可按照物价部门规定的评估收费标准和评估机构付出的劳动量向委托方收取评估费用。④有权要求资产占有方如实提供评估所需的各种资料。评估机构有权要求资产业务各方如实提供被评估资产的有关数据资料。如果资产业务各方提供的数据资料虚假或不完整,评估机构可拒绝接受评估业务或不承担相应的法律责任。

(2)义务。①依法独立、客观、公正地从事资产评估业务。评估机构接受了评估业务后,应委派能胜任该项评估工作的评估师,按照评估操作规范独立、客观、公正地进行资产评估,并对评估结果负责。②对资产占有单位所提供的数据资料和评估结果严格保密。评估机构在评估过程中接触到资产占有单位的经营和财务数据资料,未经资产占有单位同意不得向外披露,以保护资产占有单位的商业秘密。③评估机构和评估师与资产业务当事人有利害关系的应当回避。评估机构在接受评估业务委托和委派评估师时应实行回避制度,以保持形式上和实际上的独立。④按资产评估业务协议书约定的期限完成评估工作。评估机构接受了评估委托,应尽心尽责,保质保量地如期完成评估工作。

1.3.2 资产评估师及注册制度

1. **执业资格的取得**

凡参加全国统考,取得中华人民共和国注册资产评估师执业资格证书,并经注册登记,方可从事资产评估业务。注册资产评估师,是指通过国家注册资产评估师统一考试,取得执业资格,并依法注册的资产评估专业人员。

2. **注册资产评估师的注册**

持有中华人民共和国注册资产评估师执业资格证书者,经注册登记取得中国注册资产评估师证书,才是真正的注册资产评估师。

3. **注册资产评估师的职业道德**

注册资产评估师职业道德是指注册资产评估师在从事资产评估职业活动中应当遵守的职业道德准则和道德规范。2004 年中国资产评估协会颁布了《资产评估职业道德准则——基本准则》，它是我国注册资产评估师执业必须遵循的基本职业道德规范。职业道德要求资产评估师在从事资产评估工作时，应当遵守职业道德行为规范。职业道德行为规范的精神实质体现在职业理想、职业态度、职业胜任能力、职业良知、职业责任、职业荣誉和职业纪律等方面，是社会道德在资产评估行业中的表现，也是在职业道德范围内，中介服务职业道德对资产评估行业的职业道德的具体要求。

资产评估师职业道德的基本要素如下：

(1)职业理想。职业理想是指人们对职业的选择及职业成就的向往和追求。目前，世界各国对资产评估师的职业选择普遍采取职业资格准入制度，大部分国家采取了考试的做法，即通过评估师执业资格考试，并经注册登记就能成为执业评估师。这种资格准入考试难以有效地衡量资产评估人员的职业理想，缺乏职业理想的评估人员往往在通过考试获得执业资格后就放松对自身的要求，不再追求业务上进，不再积极提高执业水平。因此，如何有效地衡量和树立职业理想，是资产评估实践中急需解决的问题。

(2)职业态度。职业态度是指职业劳动者对其职业的看法和在工作中采取的行动。资产评估师的职业态度是否端正，直接影响到资产评估工作效率和服务质量，只有当评估师正确认识到资产评估职业在社会经济活动中所提供的鉴证和中介服务的重要性，树立为客户提供专业服务的思想，按照评估行业的规范和工作要求，采取积极的、正确的工作行为，评估工作才能取得较好的效果，评估质量才有可能明显提高。

(3)职业胜任能力。职业胜任能力是指评估师应具备从事资产评估职业的专业技能和业务素质，并在专业技能和业务素质范围内承担资产评估工作业务。只有具备资产评估职业的相应专业技能和接受专业技能胜任范围内的资产评估业务，才能出色地履行资产评估的职业责任，更好地为客户和社会提供专业服务。资产评估是一项涉及面广、综合性强的经济签证类社会中介服务，它要求评估师积极参加后续教育，不断更新和提高专业理论知识和业务能力。评估师不能承揽、接受、进行和完成自身业务能力不能胜任的资产评估业务。

(4)职业责任。资产评估师是经济社会中的一个重要角色，享有并行使鉴定、估价的权利，履行相应角色的义务，也要为其行为承担责任。一方面，评估师应按时保质完成与委托方约定的评估任务，做好保密工作，始终坚持职业规范和要求，不违背社会公众利益，正确处理好与同行之间、相关行业之间的各种利益和责任关系；另一方面，评估师须承担评估工作中出现的道德责任和相应的民事、刑事等法律责任。

(5)职业良知。职业良知是指职业劳动者对职业责任的自觉意识。它是建立在职业道德责任感的基础之上，左右着人们职业道德的各个方面，贯穿于职业行为过程的各个阶段，成为职业劳动者思想和情操的重要精神支柱。当评估师对自己应承担的职业责任有了一定认识和理解，逐步形成了一种强烈的道德责任感时，自身的职业良知也就确立了。职业良知对评估师的行为起着评判和监督作用。当评估师的行为符合职业道德要求时，它就会在内心给予肯定，使评估师感到愉悦和快乐；当评估师的行为不符合职业道德要求时，它就会在内心给予谴责，使评估师感到内疚和痛苦。评估师的职业良知是一种高尚的道德情操，需要在相当长时间的良好职业习惯中形成。

(6)职业荣誉。职业荣誉是指评估师在执业过程中形成的职业形象、尊严和良好的声誉，以及为保持其职业形象、尊严和良好声誉应当遵守的有关职业道德行为。一方面，社会会对评估师履行职责的行为做出评价;另一方面,评估师对自己的职业活动所具有的社会价值的自我意识产生的知耻心、自尊心和自律心,使其为保持职业形象、尊严和良好声誉而自觉按照职业责任的要求去遵守有关职业道德行为。

(7)职业纪律。职业纪律是指评估师在执业过程中应遵循的法纪和戒律,主要包括执业准则和国家相关法律法规。职业纪律带有明显的强制性。当评估师违反有关职业纪律时,不仅要受到社会舆论的谴责,还会受到行业自律组织对其采取的必要惩戒,甚至可能受到国家法律的追究。

上述 7 个方面的基本要素并不是彼此孤立存在的,它们之间互相联系、互相作用,共同构成了反映资产评估师职业道德本质的基本框架,也是资产评估师职业道德规范的核心内容。

1.4　资产评估的价值类型和评估目的

1.4.1　资产评估的价值类型

资产评估中的价值类型是指资产评估结果的价值属性及其表现形式。不同的价值类型从不同的角度反映了资产评估价值的属性和特征。不同属性的价值类型所代表的资产评估价值不仅在性质上是不同的,在数量上往往也存在着较大差异。资产评估的价值类型的形成,不仅与引起资产评估的特定经济行为,即资产评估特定目的有关,而且与被评估对象的功能、状态、评估时市场条件等因素有着密切的关系。根据资产评估特定目的、被评估资产的功能状态以及评估时的市场条件,合理地选择和确定资产评估的价值类型,是每一位资产评估人员必须做好的工作。根据《资产评估价值类型指导意见》,资产评估的价值类型划分为市场价值和市场价值以外的价值。

从目前可收集的资料来看,关于资产评估的市场价值与市场价值以外的价值的概念的完整定义可以从《国际评估准则》(*International Valuation Standards*)、《国际评估准则 1》和《国际评估准则 2》中找到。在《国际评估准则》中,市场价值定义如下:"自愿买方与自愿卖方在评估基准日进行正常的市场营销后,所达成的公平交易中某项资产应当进行交易的价值的估计数额,当事人双方应当各自精明、谨慎行事,不受任何强迫压制。"根据《国际评估准则 1》关于对市场价值的其他补充说明,我们把资产评估中的市场价值定义整理如下:资产评估中的市场价值,是指资产在评估基准日公开市场上最佳使用状态下最有可能实现的交换价值的估计值。

或者说评估资产价值所依据的所有信息资料都来源于公开市场的资产评估结果是市场价值。关于市场价值所依据的公开市场可能存在着区域、级次等的区分,也就是说资产评估中的市场价值可能存在着不同区域范围的市场价值和不同级次的市场价值等。

市场价值以外的价值也称非市场价值,《国际评估准则》并没有直接定义市场价值以外的价值,而是指出凡不符合市场价值定义条件的资产都属于市场价值以外的价值。市场价值以外的价值不是一种具体的资产评估价值存在形式,它是一系列不符合资产市场价值定义条件的价值形式的总称或组合,例如在用价值、投资价值、保险价值、课税价值、拆迁价值、补偿价值、清算价值、残余价值等。

在资产评估实践中,市场价值与市场价值以外的价值(非市场价值)的划分标准有以下几个方面:

资产评估时所依据的市场条件,是公开市场条件还是非公开市场条件;

资产评估时所依据的被评估资产的使用状态,是正常使用(最佳使用)还是非正常使用;

资产评估时所使用的信息资料及其相关参数的来源,使用的是公开市场的信息数据还是非公开市场的信息数据。

在资产评估实务中使用频率较高的市场价值外的价值类型主要有:

在用价值。在用价值,是指将评估对象作为企业组成部分或者要素资产,按其正在使用的方式和程度及其对所属企业的贡献价值的估计数额。而并不考虑该资产的最佳用途或资产变现的情况。

投资价值。投资价值,是指资产对于具有明确投资目标的特定投资者或某一类投资者所具有的价值。资产的投资价值与投资性资产价值是两个不同的概念。投资性资产价值,是指特定主体以投资获利为目的而持有的资产,在公开市场上按其最佳用途实现的市场价值。

清算价值。清算价值,是指资产处于清算、迫售或快递变现等非正常市场条件下所具有的价值。

残余价值。残余价值,是指机器设备、房屋建筑物或其他有形资产等的拆零变现价值估计数额。

以上介绍的价值类型只是市场价值以外的价值类型中使用频率较高的部分,市场价值以外的价值还包括其他价值类型,例如特殊价值、合并价值等。

某些特定评估业务评估结论的价值类型可能会受到相关法律、法规或者契约的约束,这些评估业务的评估结论应当按照相关法律、法规或者契约等的规定选择评估结论的价值类型。相关法律、法规或者契约没有规定的,可以根据实际情况选择市场价值或者市场价值以外的价值类型,并予以定义。

特定评估业务包括:以抵(质)押为目的评估为业务、以税收为目的的评估业务、以保险为目的的评估业务和以财务报告为目的的评估业务等。

注册资产评估师执行以税收为目的的资产评估业务,应当根据税法等相关法律、法规的规定选择评估结论的价值类型,例如课税价值。课税价值,是指评估对象根据税法中规定的与征纳税收相关的价值定义所具有的价值。如果相关法律、法规没有规定的,可以根据实际情况选择市场价值或者市场价值以外的价值类型作为课税对象评估结论的价值类型。

注册资产评估师执行以保险为目的的资产评估业务,应当根据保险法等相关法律、法规和契约的规定选择评估结论的价值类型,例如保险价值。保险价值,是指评估对象根据保险合同或协议中规定的价值定义所具有的价值。相关法律、法规或者契约没有规定的,可以根据实际情况选择市场价值或者市场价值以外的价值类型作为保险标的物评估结论的价值类型。

注册资产评估师执行以财务报告为目的的资产评估业务,应当根据会计准则等关于会计计量的基本概念和要求相关规范,恰当选择市场价值或者市场价值以外的价值类型作为评估结论的价值类型。会计准则等相关规范涉及的主要计量属性及价值定义包括公允价值、现值、可变现净值、重置成本等。在符合会计准则计量属性规定的条件时,会计准则下的公允价值等同于资产评估中的市场价值;会计准则涉及的现值、可变现净值、重置成本等可以理解为资产评估中的市场价值或者市场价值以外的价值类型。

注册资产评估师执行以抵(质)押为目的的资产评估业务,应当根据担保法等相关法律、法规及金融监管机关的规定选择评估结论的价值类型,例如抵押价值。相关法律、法规及金融监管机关没有规定的,可以根据实际情况选择市场价值或者市场价值以外的价值类型作为抵(质)押物评估结论的价值类型。

注册资产评估师执行以拆迁补偿为目的的资产评估业务,应当根据相关法律、法规及有关管理机构的规定选择评估结论的价值类型,例如拆迁补偿价值。拆迁补偿价值,是指评估对象根据有关城市规划、建设和房地产管理等相关法律、法规关于拆迁补偿的具体规定和要求所具有的价值估计数额。相关法律、法规及有关管理机构没有规定的,可以根据实际情况选择市场价值或者市场价值以外的价值类型作为拆迁物评估结论的价值类型。

1.4.2 资产评估的目的

资产评估的目的有一般目的和特定目的之分。资产评估的一般目的包含着特定目的,而资产评估的特定目的则是一般目的的具体化。

1. 资产评估的一般目的

资产评估的一般目的或资产评估的基本目的是由资产评估的性质和基本功能决定的。资产评估作为一种专业人士对特定时点及特定条件约束下资产价值的评估和判断的社会中介活动,它一经产生就具有了为委托人以及资产评估交易当事人提供合理的资产价值意见的咨询功能。不论是资产评估委托人,或是与资产交易有关的当事人,他们所需要的无非是评估师对资产在一定的时间及一定的条件约束下资产公允价值的判断。如果我们暂且不考虑资产交易或引起资产评估的特殊需求。资产评估所要实现的一般目的只能是资产在评估时点的公允价值。

公允价值是一个有着广泛意义的概念,是会计、资产评估等专业和行业广泛使用的专业术语。公允价值的概念有广义与狭义之分。资产评估中的公允价值是一个广义概念,作为一个广义的概念,资产评估中的公允价值有别于会计中的公允价值。它是对评估对象在各种条件下与评估条件相匹配的合理的评估价值的抽象。评估对象在各种条件下与评估条件匹配的合理的评估价值,泛指相对于当事人各方的地位、资产的状况及资产面临的市场条件的合理的评估价值。它是评估人员根据被评估对象自身的条件及其所面临的市场条件,对被评估资产客观价值的合理估计值。资产评估中公允价值的一个显著特点,是它与相关当事人的地位、资产的状况及资产所面临的市场条件相吻合,且并没有损害各当事人的合法权益,亦没有损害他人的利益。

2. 资产评估的特定目的

资产评估作为一种资产价值判断活动,总是为满足特定资产业务的需要而进行的,在这里资产业务是指引起资产评估的经济行为。通常把资产业务对评估结果用途的具体要求称为资产评估的特定目的。我国资产评估实践表明,资产业务主要有:资产转让,企业兼并,企业出售,企业联营,股份经营,中外合资、合作,企业清算,担保,企业租赁,债务重组,等等。

资产转让。资产转让是指资产拥有单位有偿转让其拥有的资产,通常是指转让非整体性资产的经济行为。

企业兼并。企业兼并是指一个企业以承担债务、购买、股份化和控股等形式有偿接受其他企业的产权,使被兼并方丧失法人资格或改变法人实体的经济行为。

企业出售。企业出售是指独立核算的企业或企业内部的分厂、车间及其他整体资产产权出售的行为。

企业联营。企业联营是指国内企业、单位之间以固定资产、流动资产、无形资产及其他资产投入组成各种形式的联合经营实体行为。

股份经营。股份经营是指资产占有单位实行股份制经营方式的行为,包括法人持股、内部职工持股、向社会发行不上市股票和上市股票。

中外合资、合作。中外合资、合作是指我国的企业和其他经济组织与外国企业和其他经济组织或个人在我国境内举办合资或合作经营企业的行为。

企业清算。企业清算包括破产清算、终止清算和结业清算。

担保。担保是指资产占有单位,以本企业的资产为其他单位的经济行为担保,并承担连带责任的行为。担保通常包括抵押、质押、保证等。

企业租赁。企业租赁是指资产占有的单位在一定期限内,以收取租金的形式,将企业全部或部分资产的经营使用权转让给其他经营使用者的行为。

债务重组。债务重组是指债权人按照其他债务人达成的协议或法院的裁决同意债权人修改债务条件的事项。

3. 资产评估的特定目的在资产评估中的地位与作用

资产评估的特定目的是由引起资产评估的特定经济行为(资产业务)所决定的,它对评估结果的性质、价值类型等具有重要的影响。资产评估的特定目的不仅是某项具体资产评估活动的起点,同时它又是资产评估活动所要达到的目标。资产评估的特定目的贯穿着资产评估的全过程,影响着评估人员对评估对象的界定、资产价值类型的选择等。它是评估人员在进行具体资产评估时所必须首先明确的基本事项。

资产评估的特定目的是界定评估对象的基础。任何一项资产业务,无论产权是否发生变动,它所涉及的资产范围必须接受资产业务本身的制约。资产评估委托方正是根据资产业务的需要确定资产评估的范围。评估人员不仅要对该范围内的资产权属予以说明,而且要对其价值做出判断。

资产评估的特定目的对于资产评估的价值类型选择具有约束作用。特定资产业务决定了资产的存续条件,资产价值受制于这些条件及其可能发生的变化。资产评估人员在进行具体资产评估时一定要根据具体的资产业务的特征选择与之相匹配的评估价值类型。按照资产业务的特征与评估结果价值属性一致性原则进行评估,是保证资产评估趋于科学、合理的基本前提。

需要指出的是,在不同时期、地点及市场条件下,同一资产业务对资产评估结果的价值类型的要求也会有差别。这表明,引起资产评估的资产业务对评估结果的价值类型要求不是抽象的和绝对的。每一类资产业务在不同时间、地点和市场环境中发生,对资产评估结果的价值类型要求不是一成不变的。这就是说资产业务的属性是根据时间、地点及市场环境的变化来确定的。因此,把资产业务的属性绝对化,或是把资产业务与评估结果的价值类型关系固定化都是不可取的。资产评估结果的价值类型应与评估的特定目的相匹配、相适应,指的是在具体评估操作过程中,评估结果价值类型要与已经确定了的时间、地点、市场条件下的资产业务相匹配、相适应。任何事先划定的资产业务类型与评估结果的价值类型相匹配的固定关系或模型,都可能偏离或违背客观存在的具体业务对评估结果价值类型的内在要求。换句话说,资产的业务类型是影响甚至决定评估结果价值类型的一个重要因素,当然,它也绝不是决定资产评估结果价值类型的唯一因素。评估的时间、地点,评估时的市场条件,资产业务各当事人的状况及资产自身的状态等,都可能对资产评估结果的价值类型起影响作用。

1.4.3 关于价值类型选择与资产评估目的等相关条件的关系

关于价值类型选择与资产评估目的等相关条件的关系应该从两个方面来认识和把握。

第一,要从正确价值类型的角度,来关注资产评估目的等相关条件对所选择价值类型的影响。价值类型的选择本来就应该受到评估目的等相关条件的制约,或者说价值类型是在评估目的等相关条件的基础上产生的。有什么样的评估条件基础就应该有与之相适应的评估结果属性及其表现形式。可以说,资产评估目的等相关条件构成了资产评估的价值基础。除资产评估特定目的外,构成资产评估价值基础的相关条件主要是两个方面:一是资产自身的功能、利用方式和使用状态;二是评估时的市场条件。

资产评估的特定目的作为资产评估价值基础的条件之一,是因为资产评估特定目的不但决定着资产评估结果的具体用途,而且会直接或间接地在宏观层面上影响着资产评估的过程及其运作条件,包括评估对象的利用方式和使用状态的宏观约束,以及对资产评估市场条件的宏观限定。相同的资产在不同的评估特定目的下可能会有不同的评估结果。

评估对象自身的功能、使用方式和利用状态,是资产自身的条件,这是影响资产评估价值的内因。从某种意义上讲,资产自身的条件对其评估价值具有决定性的影响。不同功能的资产会有不同的评估结果,使用方式和利用状态不同的相同资产也会有不同的评估结果。

评估时所面临的市场条件及交易条件,是资产评估的外部环境,是影响资产评估结果的外部因素。在不同的市场条件和交易环境中,即使是相同的资产也会有不同的评估结果。

资产评估目的作为资产评估结果的具体用途,以及对资产评估运作条件起宏观约束的因素,与决定资产评估价值的内因和外因的评估对象自身条件,以及评估时的市场条件共同构成了资产评估的价值基础。这三大因素的不同排列组合,便构成了不同价值类型的形成基础。

第二,要从价值类型的选择对实现资产评估目的以及满足其他相关条件的角度,来关注价值类型的选择。价值类型的合理选择也应该成为实现资产评估目的,以及满足资产评估相关条件的重要途径和手段。

资产评估目的有一般目的和特定目的之分,资产评估的一般目的是要对各种条件下

"交易"中的资产的公允价值作出判断,以及给出这些资产在各种条件下的公允价值。而特定目的是一半目的的具体化,资产评估特定目的的实质是判断特定条件下或具体条件下资产的公允价值。

资产评估中的公允价值的相对性质主要是指它对于某一资产而言,不是一个确定不变的值,而是一个相对值。当该资产处于正常使用及正常市场条件时,有一个与此条件相对应的合理价值;当该资产处于非正常使用及非正常市场条件下时,也有一个与之对应的合理价值。当然,这样的排列组合会很多,相应的合理价值也会有很多。尽管对这个具体资产而言,不同条件下的合理价值各不相同,但是它们有一个共同的特点,即相对于它们所面对的条件又都是合理和公允的。资产评估中公允价值与评估条件的相对性和相关性决定了资产评估中公允价值的相对性质;资产评估中公允价值的相对性质又决定了资产评估中的公允价值具有抽象性质和高度概括性性质。在资产评估实践过程中还需将其具体化。

正是由于资产评估目的及特定条件下资产公允价值的多样性、复杂性和难以把握性的存在,设计、选择并利用科学合理的资产评估价值类型为评估人员把握资产评估特定目的及其特定条件下的公允价值就显得十分重要。而市场价值和市场价值以外的价值类型的分类,以及该价值类型分类所包含的具体价值表现形式,不仅仅是根据资产评估目的等相关条件的被动选择,它们对于实现评估目的,特别是把握资产评估中的公允价值具有极其重要的作用的。这种作用突出表现在资产评估的市场价值上。由于市场价值与市场价值以外的价值之间的特殊关系,市场价值及其成立条件是这种价值类型分类的基准,确立了市场价值及其成立的条件,就等于明确了市场价值以外的价值及其成立条件。明确了市场价值在资产评估中的作用,也就很容易把握市场价值以外的价值及其具体价值形式在资产评估中的作用。市场价值在资产评估中的作用主要体现在以下两个方面:

第一,市场价值是资产评估中的公允价值的坐标。既然公允价值是资产评估的基本目标,那么市场价值在资产评估中起什么作用呢?应该讲,资产评估中的公允价值和市场价值是两个不同层次的概念。资产评估中公允价值是一个宏观层次的概念,它包括正常市场条件和非正常市场条件两种情况下的合理评估结果。而资产评估中的市场价值只是正常市场条件下资产处在最佳使用状态下的合理评估结果(而凡是不满足市场价值成立条件的其他合理评估结果都是另外一种价值类型——非市场价值)。相对于公允价值,市场价值更为具体,条件更为明确,在实践中评估人员更易把握。由于市场价值概念的明晰性和可把握性,资产评估中的市场价值能够成为资产评估公允价值的坐标和基本衡量尺度。而市场价值由于其自身优越的条件也确实能够起到这种作用。

(1)市场价值是正常市场条件下的公允价值,正常市场条件容易理解和把握。

(2)市场价值是资产正常使用(最佳使用)状态下的价值,正常使用(最佳使用)也容易理解和把握。

(3)资产评估结果只有两种价值类型,即市场价值和市场价值以外的价值,明确了市场价值也就容易把握市场价值以外的价值,并根据评估对象自身的状况及使用方式和状态偏离资产正常使用(最佳使用)的程度以及评估时市场条件偏离正常市场条件的程度去把握市场价值以外的价值的量及其具体价值形式。

(4)市场价值是资产评估中最为典型的公允价值,对市场价值的准确定位是把握市场价值以外的价值的基础,也是准确把握公允价值的基础。

由于市场价值自身的特点,包括国际评估准则委员会在内的资产评估界广泛使用市场价值的概念,并把资产评估中的市场价值作为衡量资产评估结果公允公正的基本尺度和标准。换一个角度来看,也正是定义了资产评估中的市场价值,才使得较为抽象的资产评估公允价值得以把握和衡量,公允价值才能够成为可操作的资产评估的基本目标。我们之所以反复强调理解和把握资产评估市场价值的重要性,不仅仅是因为它是一种重要的价值类型,更重要的是,它是我们认识、把握和衡量资产评估结果公允性的基本尺度和坐标。从理论研究的角度,人们可以根据不同的标准将资产评估结果划分为若干种价值类型。但是,从有助于评估人员理解和把握资产评估基本目标,并很好地实现资产评估的目标角度看,将资产评估结果划分为市场价值和市场价值以外的价值是最有实际意义的。在资产评估基本准则中选择市场价值和市场价值以外的价值作为资产评估的基本价值类型,正是对资产评估运作规律的一种抽象和概括。

第二,市场价值的另一个作用是在其评估所依据的市场范围内,市场价值是从市场整体的角度把握资产价值的相对合理和公允性的,而市场价值以外的价值的相对合理和公允性是受某些条件严格限制的。

1.5 资产评估的假设与评估原则

1.5.1 资产评估的假设

资产评估与其他学科一样,其理论体系和方法体系的确立是建立在一系列假设基础之上的,模拟交易假设、公开市场假设、持续使用假设和破产清算(偿)假设是资产评估中的基本假设前提。

1. 模拟交易假设

模拟交易假设是指假定待评估资产已经处在交易过程中,评估师根据资产的交易条件模拟市场进行估价。因为资产评估是在资产业务发生之前,对准备交易的资产在某一时点的价值进行评定估算的经济行为,评估价值是资产交易的重要参考依据,所以,利用模拟交易假设将被评估资产置于"交易"当中,模拟市场进行评估显得十分必要。

2. 公开市场假设

公开市场假设是指被评估资产可以在公开市场上买卖,买者和卖者地位平等,彼此都有获取足够市场信息的机会和时间,买卖双方的交易行为都是在自愿的、理智的,而非强制或不受限制的条件下进行的,资产价格的高低完全取决于市场行情,而不是由个别交易决定的。由于市场是有范围的,它可以是地区性市场,也可以是国内市场,还可以是国际市场。因此,资产在公开市场上实现的交换价值所隐含的对资产效用有效发挥的社会认同也是有范围的,它可以是区域性的、全国性的或国际性的。资产评估时,对具备在公开市场上交易的资产,宜作公开市场假设,并根据资产所在位置、特点、市场供求等因素确定其最佳用途,按最佳用途进行评估,这有助于通过资产市场实现资产的最佳配置。

3. 持续使用假设

持续使用假设是指假定被评估资产正处于使用状态(包括正在使用中的资产和备用的资产),并且根据有关数据和信息推断这些资产还将继续使用下去。具体又可分为 3 种情况:一是在用续用;二是转用续用;三是移地续用。在用续用是指处于使用中的被评估资产在产权发生变动或资产业务发生后,将按其现行正在使用的用途及方式继续使用下去。转用续用是指被评估资产在产权发生变动或资产业务发生后,改变资产现时的使用用途,转换新的用途继续使用下去。移地续用是指被评估资产在产权发生变动或资产业务发生后,改变资产现在的空间位置,转移到其他空间位置继续使用。由于持续使用假设是在一定市场条件下对被评估资产使用状态的一种假定说明,在持续使用假设前提下的资产评估及其结果的适用范围常常是有限制的。在许多场合,评估结果并没有充分考虑资产用途替换,它只对特定的买者和卖者是公平合理的。

在采用持续使用假设时,需要考虑以下两个条件:一是资产尚有显著的剩余使用寿命,并能够满足所有者经营上的期望收益;二是资产能否通过转换用途实现最佳效用,转换在法律上是否允许、在经济上是否可行。

4. 破产清算(偿)假设

破产清算(偿)假设是对资产在非公开市场条件下被迫出售或快速变现条件的假定说明。它是基于被评估资产面临清算或具有潜在的被清算的事实或可能性,再根据相应数据资料推定被评估资产处于被迫出售或快速变现的状态。由于破产清算(偿)假设假定被评估资产处于被迫出售或快速变现的条件下,被评估资产的评估值通常要低于在公开市场假设前提下或持续使用假设前提下同样资产的评估值。因此,在破产清算(偿)前提下的资产评估结果的适用范围是非常有限的。

1.5.2　资产评估的原则

1. 工作原则

资产评估工作的性质决定了资产评估机构以及评估师在执业过程中应当勤勉尽责,恪守独立、客观、科学和专业服务的原则。

(1)独立性原则。资产评估工作中的独立性原则包含两层含义:一是评估机构本身是一个独立的社会中介机构,与资产业务各方当事人没有利益和利害关系;二是评估机构和评估师在执业过程中不受资产业务各方当事人及外界的意图及压力的影响,从形式上和实质上始终保持独立的第三者身份。

(2)客观性原则。在资产评估工作中,要尊重客观实际,实事求是。坚持以现场勘察、实际取得的材料为基础,以确凿的事实和事物发展的内在规律为依据,以求实的态度为指针,实事求是地得出客观公正的评估结果,决不能以自己的好恶或个人情感进行评估。评估结果是评估师认真调查研究,通过合乎逻辑的分析、推理得出的、具有客观公正性的评估结论。

(3)科学性原则。资产评估机构和评估师以科学的态度,遵循科学的评估标准,制定合理的评估方案,并且采用科学的评估方法进行评估。在评估工作中,将主观评估和客观测算、静态分析和动态分析、定性分析和定量分析有机地结合起来,做到评估过程科学合理,评估结论真实可信。

（4）专业性原则。资产评估机构必须是提供资产评估服务的专业机构，它拥有一支由工程、技术、营销、财务、法律、经济、管理等多学科专家组成的专业队伍，专业队伍的成员具有良好的教育背景、专业知识、实践经验和职业道德，并通过国家有关执业资格的认定。专业性是确保资产评估方法正确、评估结果公正合理的技术基础，也是评估机构进行专业技术竞争的前提条件。

2. 技术原则

资产评估的技术原则是指在评估工作过程中应遵循的技术规范和执业准则，为评估师的专业判断提供技术依据和保障。

（1）预期收益原则。资产之所以有价值是因为它能为其拥有者或者控制者带来未来经济利益，资产价值的高低主要取决于它能为其所有者或控制者带来的预期收益的多少。预期收益原则是评估师判断资产价值的一个最基本的依据。

（2）供求原则。假定在其他条件不变的前提下，商品的价格随着需求的增长而上升，随着供给的增加而下降。尽管商品价格随供求变化并不成固定比例变化，但变化的方向都带有规律性。供求规律对商品价格形成的作用力同样适用于资产价值的评估，评估师在判断资产价值时应充分考虑供求原则。

（3）贡献原则。该原则强调资产价值的高低由该资产的贡献决定。某一资产或资产的某一构成部分的价值，取决于该资产对与其他相关资产共同组成的整体资产的贡献，或该部分对资产整体价值的贡献，也可用缺少它时整体资产价值或资产整体价值的下降程度来衡量。

（4）替代原则。在同一市场上，具有相同使用价值和质量的商品，应具有大致相同的交换价值。如果具有相同使用价值和质量的商品，具有不同的交换价值或价格，买者会选择价格较低者。

（5）评估时点原则。随着市场和时间的变化，资产的价值会不断改变。为了反映资产价值量的大小，必须将市场条件固定在某一时点，以该时点为基准反映被评估资产的价值，这一时点就是评估基准日，被评估资产的评估价值就是其在评估基准日的资产价值。

1.6　资产评估的经济学分析

资产评估是对资产的现时价值进行评定估算的过程。有关价值以及价值的决定因素一直是经济学讨论的热点问题。目前，国际上通用的 3 种基本评估方法都能够在相关的经济学论著中找到其理论依据。

1.6.1　劳动价值论

劳动价值论是由英国经济学家大卫·李嘉图创立，后经马克思发展到成熟阶段。该理论中与资产评估相关的内容可以概括如下：

（1）资产的价值由劳动决定，即由生产该资产的社会必要劳动时间决定，社会必要劳动时间越长，资产的价值越大。换句话说，劳动是形成资产价值的决定因素。因此，从分配的角度来看,劳动者所付出的活劳动与凝聚到资产中的物化劳动构成了资产价值的全部来源。

(2)生产某项资产的社会必要劳动时间会随着社会技术水平的进步和劳动条件的改善,以及劳动者技能的提高而不断变化,表现出下降趋势。即资产的价值随着社会技术水平和劳动者技能的提高而下降,这种价值的下降称为技术性贬值。在资产评估实践中必须密切关注这种技术性贬值。

从根本上说,劳动价值论认为资产的价值是由凝聚在资产中的物化劳动和活劳动决定,这是典型的生产成本决定价值论,它从资产的供给角度来度量资产的价值。因此,劳动价值论是运用成本法评估资产价值的理论基础之一。

1.6.2　效用价值论

效用价值论源于19世纪末边际效用学派的创始人门格尔、杰文思、瓦尔拉斯等人提出的商品价值决定论。效用价值论认为,商品的价值取决于商品的效用。换句话说,无论商品的生产成本如何,只要能够为其占有者带来较大的效用,商品的价值就会较高。可见,该理论是从需求者的角度衡量商品的价值。

对于资产来说,其效用表现在资产为其占有者带来的未来收益(即货币收入)。由于货币具有时间价值,为了用未来的收益体现现时的价值,需对未来收益进行折现。以上正是资产评估中收益法的基本思想。可见,效用价值论是收益法的理论基础之一。

1.6.3　均衡价格论

19世纪末20世纪初,新古典经济学派成功地把效用价值论和劳动价值论结合起来,认为市场力量将趋向于形成供求平稳,供给与需求共同决定了价值,从而形成了均衡价值论。其代表人物是马歇尔。

均衡价格论的要点如下:

(1)商品(包括资产)的价值来源于生产和消费两个方面。生产方面主要指生产商品或资产所付出的成本,这些成本包括支付给劳动者的工资、支付给资本家的利息、支付给企业家的正常利润以及支付给自然资源拥有者的地租等。消费方面主要指消费者得到的效用或收益水平。效用水平越高,价值就越大。

(2)在完全竞争市场中,商品(包括资产)的价格由供给和需求双方共同决定。商品的需求与市场价格呈反方向变化,价格越高,需求量越小;商品的供给与其市场价格呈正方向变化,价格越高,供给量越大。当市场供给与市场需求相等时,市场达到了均衡,此时的价格称为均衡价格,它反映了商品的价值。

由此可见,均衡价格理论认为充分的市场竞争可以起到价值发现的作用,市场竞争的均衡价格就是商品的价值。这正是资产评估中市场法的理论依据。

第 2 章

资产评估的程序和基本方法

▣►学习目标
1. 熟悉资产评估的程序；
2. 掌握成本法、市场法和收益法的基本原理；
3. 掌握资产评估各方法中参数的估算方法；
4. 掌握不同评估方法之间的关系；
5. 能够恰当选择适用的评估技术思路和具体方法,并确定相关参数。

2.1 资产评估的程序

资产评估程序是指资产评估机构和人员执行资产评估业务、形成资产评估结论所履行的系统性工作步骤。资产评估是一种基于委托合同基础上的专业服务,因此很多人认为狭义的资产评估程序开始于资产评估机构和人员接受委托,终止于向委托人或当事人提交资产评估报告书。然而作为一种专业性、风险性很强的中介服务,为保证资产评估业务质量、控制资产评估风险、提高资产评估服务水平,以便更好地服务于委托人,维护资产评估行为各方当事人合法利益和社会公共利益,有必要从广义的角度认识资产评估程序。广义的资产评估程序应按开始于承接资产评估业务前的明确资产评估基本事项环节,终止于资产评估报告提交后的资产评估文件归档管理。

2.1.1 资产评估程序的重要性

1. 资产评估程序是规范资产评估行为、提高资产评估业务质量和维护资产评估服务公信力的重要保证

资产评估机构和人员接受委托,不论执行何种资产类型和评估目的的资产评估业务,都应当履行必要的资产评估程序,按照工作步骤有计划地进行资产评估。这样做不仅有利于规范资产评估机构和人员的执业行为,而且能够有效地避免由于机构和人员水平不同而导致的在执行具体资产评估业务中可能出现的程序上的疏漏,切实保证资产评估业务的质量。此外,资产评估是一项专业性很强的中介服务工作,评估机构和人员履行严格的评估程序也是赢得客户和社会公众信任、提高评估行业社会公信力的重要保证。

2. 资产评估程序是相关当事方评价资产评估服务的重要依据

由于资产评估结论是相关当事方进行决策的重要参考依据之一,因此资产评估服务必然引起许多相关当事方的关注,包括委托人、资产占有人、资产评估报告使用人、相关利益当事人、司法部门、证券监督及其他行政监督部门、资产评估行业主管协会以及社会公众、新闻媒体等。资产评估程序不仅为资产评估机构和人员执行资产评估业务提供了必要的指导和规范,也为上述相关当事方提供了评价资产评估服务的重要依据,也是委托人、司法和行政监管部门及资产评估行业协会监管资产评估机构和人员、评价资产评估服务质量的主要依据。

3. 恰当执行资产评估程序是资产评估机构和人员防范执业风险、保护自身合法权益、合理辩解的重要手段之一

随着资产评估行业的发展,资产评估机构和人员与其他当事人之间就资产评估服务引起的纠纷和法律诉讼越来越多。从各国的实践来看,由于资产评估工作的专业性,无论是当事人还是司法部门由于在举证、鉴定方面存在较大难度等原因,都倾向于追究资产评估机构和人员在履行必要资产评估程序方面的疏漏和责任,而避免在专业判断方面下结论。由于我国资产评估实践尚处于初步发展阶段,各方对资产评估的专业性还存在认识上的差距,我国资产评估委托人和相关当事方、政府和行业监督部门及司法部门在相当长的时间里倾向于对资产评估结论作出"高低"、"对错"的简单二元判断,并以此作为对资产评估服务和评估机构、人员的评判依据。随着我国资产评估行业的发展,有关各方对资产评估的认识逐步提高,目前已经开始逐步转向重点关注资产评估机构和人员在执行业务过程中,是否恰当履行了必要的资产评估程序。因此恰当履行资产评估程序是资产评估机构和人员防范执业风险的主要手段,也是在产生纠纷或诉讼后,合理保护自身权益、合理抗辩的重要手段。

2.1.2　资产评估的具体程序

1. 明确资产评估业务基本事项

明确资产评估业务基本事项是资产评估程序的第一个环节,包括在签订资产评估业务约定书以前所进行的一系列基础性工作,对资产评估项目风险评价、项目承接与否以及资产评估项目的顺利实施具有重要意义。资产评估机构和人员在接受资产评估业务委托之前,应当采取与委托人等相关当事人讨论、阅读基础资料、进行必要初步调查等方式,与委托人等相关当事人共同明确以下资产评估业务基本事项:

(1)委托方和相关当事方基本状况;

(2)资产评估目的;

(3)评估对象基本状况;

(4)价值类型及定义;

(5)资产评估基准日;

(6)资产评估限制条件和重要假设;

(7)其他需要明确的重要事项。

资产评估机构和人员在明确上述资产评估基本事项的基础上,应当评估项目的风险,

判断承担项目的专业胜任能力,确认与委托人或相关当事方是否存在现实或潜在利害关系,在保证独立性的前提下,确定是否承接资产评估项目。

2. 签订资产评估业务约定书

资产评估业务约定书是资产评估机构与委托人共同签订的,确定资产评估业务的委托与受托关系,明确委托目的、被评估资产范围及双方权利义务等相关重要事项的合同。

根据我国资产评估行业的现行规定,注册资产评估师承办资产评估业务,应当由其所在的资产评估机构统一受理,并由评估机构与委托人签订书面资产评估业务约定书,注册资产评估师不得以个人名义签订资产评估业务约定书。资产评估业务约定书应当由资产评估机构和委托方的法定代表人或其授权代表签订,资产评估业务约定书应当内容全面、具体,含义清晰准确,符合国家法律、法规和资产评估行业的管理规定。

3. 编制资产评估计划

资产评估计划是资产评估机构和人员为执行资产评估业务拟订的资产评估工作思路和实施方案,对合理安排工作量、工作进度、专业人员调配、按时完成资产评估业务具有重要意义。资产评估机构和人员应当根据所承接的具体资产评估项目情况,编制合理的资产评估计划,并根据执行资产评估业务过程中的具体情况,及时修改、补充资产评估计划。

编制资产评估工作计划应当重点考虑以下因素:
(1)资产评估目的、资产评估对象状况;
(2)资产评估业务风险、资产评估项目的规模和复杂程度;
(3)评估对象的性质、行业特点、发展趋势;
(4)资产评估项目所涉及资产的结构、类别、数量及分布状况;
(5)相关资料收集状况;
(6)委托人或资产占有方过去委托资产评估的经历、诚信状况及提供资料的可靠性、完整性和相关性;
(7)资产评估人员的专业胜任能力与经验及专业人员、助理人员配备情况。

4. 资产勘察与现场调查

资产评估机构和人员执行资产评估业务,应当对评估对象进行必要的勘察,包括对不动产和其他实物资产进行必要的现场勘察,对企业价值、股权和无形资产等非实物性资产进行评估时,也应当根据评估对象的具体情况进行必要的现场调查。进行资产勘察和现场调查工作不仅仅是基于资产评估人员勤勉尽责义务的要求,同时也是资产评估程序和操作的必经环节,有利于资产评估机构和人员全面客观了解评估对象,核实委托方和资产占有方提供资料的可靠性,并通过在资产勘察和现场调查过程中发现的问题、线索,有针对性地开展资料收集、分析工作。

5. 收集资产评估资料

资料收集工作是资产评估业务质量的重要保证,也是进行分析、判断进而形成评估结论的基础。由于资产评估的专业性和评估对象的广泛性,不同的项目、不同的评估目的、不同的资产类型对评估资料有着不同的需求。此外,由于评估对象及其所在行业的市场状况、信息化和公开化程度差别较大,相关资料的可获取程度也不同。因此,资产评估机构和人员的执业能力在一定程度上就体现在其收集、占有与所执行项目相关信息资料的能力上。资产评估机构和人员在日常工作中就应当注重收集信息资料及其来源,并根据所承接项目的情况确定收集资料的深度和广度,尽可能全面、详实地占有资料,并采取必要措施确信资料来源的可靠性。

6. 评定估算

评定估算环节主要包括分析资产评估资料、恰当选择资产评估方法、运用资产评估方法形成初步资产评估结论、综合分析确定资产评估结论、资产评估机构内部复核等具体工作步骤。

资产评估机构人员应当对所收集的资产评估资料进行充分分析,确定其可靠性、相关性、可比性,摒弃不可靠、不相关的信息,对不可比信息进行必要分析调整,在此基础上恰当选择资产评估方法,并根据业务需要及时补充收集相关信息。资产评估人员在形成初步资产评估结论的基础上,需要对信息资料及参数的数量、质量和选取的合理性等进行综合分析,以最终形成资产评估结论。当采用两种以上资产评估方法时,资产评估人员应当在初步结论的基础上,综合分析评估方法的相关性和恰当性以及相关参数选取的合理性,形成资产评估结论。资产评估机构应当建立内部质量控制制度,由不同人员对资产评估过程和结论进行必要的复核工作。

7. 编制和提交资产评估报告书

资产评估机构和人员在执行必要的资产评估程序、形成资产评估结论后,应当按有关资产评估报告的规范编制资产评估报告书。资产评估机构和人员应当以恰当的方式将资产评估报告书提交给委托人。在提交正式资产评估报告书之前,可以与委托人等进行必要的沟通,听取委托人、资产占有方等对资产评估结论的反馈意见,并引导委托人、资产占有方、资产评估报告使用者等合理理解资产评估结论。

8. 资产评估工作底稿归档

及时将资产评估工作底稿归档,有利于资产评估机构应对今后可能出现的资产评估项目检查和法律诉讼,也有利于资产评估机构总结、完善和提高资产评估业务水平。资产评估机构和人员应当将资产评估工作中形成的与资产评估业务有关的各种文字、图表、声像等资料及时予以归档,并按照有关规定进行保存、使用和销毁。

2.2 成本法

2.2.1 成本法的基本含义

成本法是指从待评估资产在评估基准日的重置成本中扣除各项价值损耗来确定资产价值的方法。正确分析成本法的原理,首先要理解成本法的基本要素:资产的重置成本和各类贬值。

1. 资产的重置成本

资产的重置成本就是资产的现行再取得成本。具体来说,重置成本又分为复原重置成本和更新重置成本两种。

（1）复原重置成本是指采用与评估对象相同的材料、建筑或制造标准、设计、规格及技术等，以现时价格水平重新购建与评估对象相同的全新资产所发生的费用。

（2）更新重置成本是指采用新型材料、现在建筑或制造标准、新型设计、新规格和技术等，以现行价格水平购建与评估对象具有同等功能的全新资产所需的费用。

2. 资产的贬值

资产的贬值是指资产的价值损耗，根据引起资产贬值的原因不同，进一步将贬值分为：资产的实体性贬值、资产的功能性贬值和资产的经济性贬值。

（1）资产的实体性贬值。资产的实体性贬值亦称有形损耗，是指资产由于使用及自然力的作用导致的资产物理性能的损耗或下降而引起的资产价值损失。资产的实体性贬值通常采用相对数计量，即实体性贬值率。用公式表示为：

$$实体性贬值率 = \frac{资产实体性贬值}{资产重置成本} \times 100\%$$

（2）资产的功能性贬值。资产的功能性贬值是指由于技术进步引起的资产功能相对落后而造成的资产价值损失。它包括由于新工艺、新材料和新技术的采用，而使原有资产的建造成本超过现行建造成本的超支额以及原有资产超过体现技术进步的同类资产运营成本的超支额。

（3）资产的经济性贬值。资产的经济性贬值是指由于外部条件的变化引起资产闲置、收益下降等而造成的资产价值损失。

成本法的基本思路是重建或重置被评估资产。在条件允许的情况下，任何潜在的投资者在决定投资某项资产时，所愿意支付的价格不会超过购建该项目资产的现行购建成本。如果投资对象并非全新，投资者所愿支付的价格会在投资对象全新的购建成本的基础上扣除各种贬值因素。上述评估思路可概括为：

$$\frac{资产}{评估价值} = \frac{资产的}{重置成本} - \frac{资产实体性}{贬值} - \frac{资产功能性}{贬值} - \frac{资产经济性}{贬值}$$

成本法是以再取得被评估资产的重置成本为基础的评估方法。由于被评估资产的再取得成本的有关数据和信息来源较广泛，并且资产重置成本与资产的现行市价及收益现值也存在着内在联系和替代关系，因而，成本法也是一种被广泛应用的评估方法。

2.2.2 成本法的基本前提

成本法是从再取得资产的角度反映资产价值的，即通过资产的重置成本扣减各种贬值反映资产价值。只有当被评估资产处于继续使用状态下，再取得被评估资产的全部费用才能构成其价值的内容。资产的继续使用不仅仅是一个物理上的概念，它包含着有效使用资产的经济意义。只有当资产能够继续使用并且在持续使用中为潜在所有者或控制者带来经济利益，资产的重置成本才能为潜在投资者和市场所承认和接受。从这个意义上讲，成本法主要适用于继续使用前提下的资产评估。对于非继续使用前提下的资产，如果运用成本法进行评估，需对成本法的基本要素做必要的调整。从相对准确合理、减少风险和提高评估效率的角度，把继续使用作为运用成本法的前提是有积极意义的。

采用成本法评估资产的前提条件是：

（1）被评估资产处于继续使用状态或被假定处于继续使用状态。

（2）应当具备可利用的历史资料。成本法的应用是建立在历史资料基础上，许多信息资料、指标需要通过历史资料获得。同时，现时资产与历史资产具有相同性或可比性。

（3）形成资产价值的耗费是必需的。耗费是形成资产价值的基础，但耗费包括有效耗费和无效耗费。采用成本法评估资产，首先要确定这些耗费是必需的，而且应体现社会或行业平均水平。

2.2.3　重置成本的估算方法

1. 重置核算法

重置核算法亦称细节分析法、核算法等。它是利用成本核算的原理，将资产的总成本分为直接成本和间接成本来估算重置成本的方法。直接成本是指直接构成资产的生产成本的部分，如房屋建筑物的基础、墙体、屋面等建设成本项目。直接成本按照评估基准日的现时成本加总，间接成本是指为建造、购买资产而发生的管理费、总体设计制图费等支出项目。间接成本一般按照人工成本的一定比例、直接成本的一定比例或单位工作量的间接成本价格等方法进行估算。

重置核算法在实际测算过程又具体划分为两种类型：购买型和自建型。

购买型是以购买资产的方式作为资产的重置过程，购买的结果一般是资产的购置价，如果被评估资产属于不需要运输、安装的资产，购置价就是资产的重置成本。如果被评估资产属于需要运输、安装的资产，资产的重置成本具体是由资产的现行购买价格、运杂费、安装调试费以及其他必要费用构成，将上述取得资产的必须费用累加起来，便可计算出资产的重置成本。自建型是把自建资产作为资产重置方式，它根据重新建造资产所需的料、工、费及必要的资金成本和开发者的合理收益等分析和计算出资产的重置成本。

值得注意的是，资产的重置成本应包括开发者的合理收益：①重置成本是按在现行市场条件下重新购建一项全新资产所支付的全部货币总额，应该包括资产开发和制造商的合理收益。②资产评估旨在了解被估资产模拟条件下的交易价格，一般情况下，价格都应该含有开发者或制造者合理收益部分。资产重置成本中的收益部分的确定，应以现行行业或社会平均资产收益水平为依据。

【例 2-1】　运用重置核算法估算资产的重置成本

某企业拥有 1 台机器设备，其同类产品的市场价格为 60000 元/台，运杂费为 1000 元，直接安装成本为 900 元，其中包括原材料 400 元，人工成本 500 元，安装需要 50 个工时。根据以往的统计分析表明，安装成本中的间接成本相对于直接成本的比率一般为 50%。在继续使用条件下该机器设备的重置成本为多少？

直接成本	61900 元（60000＋1000＋900）
其中：购买价	60000 元
运杂费	1000 元
安装成本	900 元
其中：原材料	400 元
人工	500 元
间接成本（安装成本）	450 元

　　重置成本合计　　　　　　　62350 元

　　2. 价格指数法

价格指数法是利用与资产有关的价格变动指数,将被估资产的历史成本(账面价值)调整为重置成本的一种方法。价格指数包括定基价格指数或环比价格指数。其计算公式为:

$$资产重置成本 = 资产原始成本 \times \frac{评估基准日的同类资产定基价格指数}{资产构建时势的同类资产定基价格指数}$$

或

资产重置成本 = 资产原始成本 × (1 + 价格变动指数)

资产重置成本 = 资产原始成本 × 环比价格指数 $a_1, a_2, \cdots, a_n$

式中, a_n 为第 n 年环比价格变动指数, $n = 1, 2, 3, \cdots, n$ 。

(1)定基价格指数。定基价格指数是指在一定时期内对比基期固定不变的价格指数。例如,当月的居民消费价格定基指数,以 2000 年全年平均价格为 100,以当月居民消费价格水平与 2000 年全年平均价格水平相比,通常用百分比表示。

(2)环比价格指数。环比价格指数是指本期与上期相比而得出的指数。它是用报告期定基指数除以上期定基指数得来的。比如,在居民消费价格中,2003 年 6 月份食品类的定基价格指数为 96.3,5 月份的定基价格指数为 99.2。那么 6 月份对 5 月份食品类的环比价格指数为 97.1,通常用百分数表示,即为 97.1%。

【例 2-2】 运用价格指数法估算资产的重置成本

　　某项待评估资产构建于 2010 年 10 月,账面原始价值为 20 万元,现评估其 2014 年 10 月的价值。调查得知该类资产 2010 年和 2014 年的资产定基价格指数分别为 120%、160%;2001 至 2004 年的环比价格指数分别为 110%、105%、120%、96%。价格变动指数约为 33%。则被估资产重置成本为:

　　　　20 × 110% × 105% × 120% × 96% = 26.67(万元)

　　　　20 × (160% / 120%) = 26.67(万元)

重置核算法与价格指数法是重置成本估算较常用的方法,但两者具有明显的区别:①价格指数法估算的重置成本,仅考虑了价格变动因素,因而确定的是复原重置成本;而重置核算法既考虑了价格因素,也考虑了生产技术进步和劳动生产率的变化因素,因而既可以估算复原重置成本,也可以估算更新重置成本。②价格指数法是建立在不同时期的某一种或某类甚至全部资产物价变动水平上,而重置核算法是建立在现行价格水平与购建成本费用核算的基础上。

明确价格指数法和重置核算法的区别,有助于重置成本估算中方法的判断和选择。一项科学技术进步较快的资产,采用价格指数法估算的重置成本往往会偏高。当然,价格指数法和重置核算法也有其相同点,即都是建立在利用历史资料基础上。因此,注意分析、判断资产评估时重置成本口径与委托方提供历史资料的口径差异,是上述两种方法应用时需注意的问题。

　　3. 功能价值类比法

功能价值类比法是指利用某些资产的功能(生产能力)的变化与其价格或重置成本的变化呈某种指数关系或线性关系,通过参照物的价格或重置成本,以及功能价值关系估测评估对象价格或重置成本的技术方法。当资产的功能变化与其价格或重置成本的变化呈线性关系时,人们习惯把线性关系条件下的功能价值法称之为生产能力比例法,而把非线性关系条件下的功能价值法称之为规模经济效益指数法。

(1)生产能力比例法。生产能力比例法方法是寻找一个与被评估资产相同或相似的资产为参照物,根据参照资产的重置成本及被评估资产生产能力的比例,估算被评估资产的重置成本。计算公式为:

$$待评估资产的重置成本 = 参照物的重置成本 \times \frac{待评估资产的生产能力}{参照物的生产能力}$$

生产能力比例法运用的前提条件和假设是资产的成本与其生产能力呈线性关系。应用这种方法估算重置成本时,首先应分析资产成本与生产能力之间是否存在这种线性关系,如果不存在这种关系,这种方法就不可以采用。

【例 2-3】　运用生产能力比例法估算被估资产的重置成本

某面粉加工生产线的重置成本为 70 万元,年生产能力为 3000 吨面粉。待评估面粉生产线的年生产能力为 4500 吨面粉,如果面粉生产线的生产能力和价格呈线性关系,则待评估资产的重置成本:

$$待评估资产的重置成本 = 70 \times \frac{4500}{3000} = 105(万元)$$

(2)规模经济效益指数法。通过不同的生产能力与其成本之间关系的分析可以发现,许多资产的成本与其生产能力之间不存在线性关系,也就是说,资产生产能力和成本之间只成同方向变化,而不是等比例变化,这是由于规模经济效益作用的结果。两项资产的重置成本和生产能力相比较,其关系可用下列公式表示:

$$\frac{待评估资产的}{重置成本} = \frac{参照物的}{重置成本} \times \left(\frac{待评估资产的生产能力}{参照物的生产能力}\right)^x$$

公式中的 x 被称为规模经济效益指数,通常是一个经验数据。在美国,这个经验数据一般在 0.4~1.2,如加工工业一般为 0.7,房地产行业一般为 0.9。我国到目前为止尚未有统一的经验数据,评估过程中要谨慎使用这种方法。公式中参照物一般可选择同类资产中的标准资产。

上述方法均可用于确定资产的重置成本(估测资产重置成本的具体方法并不局限于上述几种方法)。至于选用哪种方法,应根据具体的评估对象和可以搜集到的资料来确定。这些方法中,对某项资产可能同时都能用,有的则不然,应用时必须注意分析方法运用的前提条件,否则将得出错误的结论。

4. 统计分析法

在用成本法对企业整体资产及某一同类型资产进行评估时,为了简化评估业务,节省评估时间,还可以采用统计分析法确定某类资产重置成本,这种方法运用的步骤如下:

(1)在核实资产数量的基础上,把全部资产按照适当标准划分为若干类别,如房屋建筑物按结构划分为钢结构、钢筋混凝土结构等,机器设备按有关规定划分为专用设备、通用设备、运输设备、仪器、仪表等。

(2)在各类资产中抽样选择适量具有代表性的资产,应用功能价值法、价格指数法、重置核算法或规模经济效益指数法等方法估算其重置成本。

（3）依据分类抽样估算资产的重置成本额与账面历史成本，资产的账面历史成本可从会计记录取得，计算出分类资产的调整系数。其计算公式为：

$$K=R'/R$$

式中，K——资产重置成本与历史成本的调整系数；

R'——某类抽样资产的重置成本；

R——某类抽样资产的历史成本。

（4）根据调整系数 K 估算被评估资产的重置成本，计算公式为：

被评估资产重置成本＝某类资产账面历史成本×K

【例 2-4】 运用统计分析法估算重置成本

评估某企业某类通用设备，经抽样选择具有代表性的通用设备 6 台，估算其重置成本之和为 25 万元，而该 6 台具有代表性的通用设备历史成本之和为 28 万元，该类通用设备账面历史成本之和为 400 万元。则：

调整系数 $K=25/28=89.3\%$

该类通用设备总重置成本＝$400×89.3\%=357$（万元）

2.2.4 资产的实体性贬值测算方法

1. 观察法

它是指由具有专业知识和丰富经验的工程技术人员对被评估资产的实体各主要部位进行技术鉴定，并综合分析资产的设计、制造、使用、磨损、维护、修理、大修理、改造情况及物理寿命等因素，将评估对象与其全新状态相比较，考察由于使用磨损和自然损耗对资产的功能、使用效率带来的影响判断被评估资产的实体性贬值率，从而估算实体性贬值。计算公式为：

资产实体性贬值＝重置成本×实体性贬值率

2. 使用年限法（或称年限法）

使用年限法是指利用被评估资产的实际已使用年限与其总使用年限的比值来判断其实际贬值率（程度），进而估测资产的实体性贬值。

使用年限法数学式表达为：

资产实体性贬值率＝实际已使用年限÷总使用年限

资产实体性贬值＝（重置成本—预计残值）×资产实体性贬值率

公式中：①预计残值是被评估资产在清理报废时净收回的金额。在资产评估中，通常只考虑数额较大的残值，如残值数额较小可以忽略不计。②总使用年限是实际已使用年限与尚可使用年限之和。计算公式为：

总使用年限＝实际已使用年限＋尚可使用年限

实际已使用年限＝名义已使用年限×资产利用率

由于资产在使用中负荷程度的影响，必须将资产的名义已使用年限调整为实际已使用年限。名义已使用年限是指资产从购进使用到评估时的年限。名义已使用年限可以通过会计记录、资产登记簿、登记卡片查询确定。实际已使用年限是指资产在使用中实际损耗的年限。实际已使用年限与名义已使用年限的差异，可以通过资产利用率来调整。资产利用率计算公式为：

$$资产利用率 = \frac{至评估基准日资产的累计实际利用时间}{至评估基准日资产的累计法定利用时间} \times 100\%$$

当资产利用率＞1 时，表示资产超负荷运转，资产实际已使用年限比名义已使用年限要长；

当资产利用率＝1 时，表示资产满负荷运转，资产实际已使用年限等于名义已使用年限；

当资产利用率＜1 时，表示开工不足，资产实际已使用年限小于名义已使用年限。

【例 2-5】 确定资产的实际已使用年限

某资产 1996 年 2 月购进，2006 年 2 月评估，名义已使用年限是 10 年。根据该资产技术指标，正常使用情况下，每天应工作 8 小时，该资产实际每天工作 7.5 小时。由此可以计算资产利用率：

资产利用率＝10×360×7.5/(10×360×8)×100%＝93.75%

由此可确定其实际已使用年限为 9.4 年。

实际评估过程中，由于企业基础管理工作较差，再加上资产运转中的复杂性，资产利用率的指标往往很难确定。评估人员应综合分析资产的运转状态，诸如资产开工情况、大修间隔期、原材料供应情况、电力供应情况、是否季节性生产等各方面因素分析确定。尚可使用年限是根据资产的有形耗损因素，预计资产的继续使用年限。

使用年限法所显示的评估技术思路是一种应用较为广泛的评估技术，在资产评估实际工作中，评估人员还可以利用资产的工作量、行驶里程等指标，利用使用年限法的技术思路测算资产的实体性贬值。

3. 修复费用法

这种方法是利用恢复资产功能所支出的费用金额来直接估算资产实体性贬值的一种方法，所谓修复费用包括资产主要零部件的更换或者修复、改造、停工损失等费用支出。如果资产可以通过修复恢复到其全新状态，可以认为资产实体性损耗等于其修复费用。

2.2.5 资产的功能性贬值测算方法

功能性贬值是由于技术相对落后造成的贬值。估算功能性贬值时，主要根据资产的效用、生产加工能力、工耗、物耗、能耗水平等功能方面的差异造成的成本增加或效益降低，相应确定功能性贬值额。同时，还要重视技术进步因素，注意替代设备、替代技术、替代产品的影响，以及行业技术装备水平现状和资产更新换代速度。

通常情况下，功能性贬值的估算可以按下列步骤进行：

(1)将被评估资产的年运营成本与功能相同但性能更好的新资产的年运营成本进行比较。

(2)计算两者的差异，确定净超额运营成本。由于企业支付的运营成本是在税前扣除的，企业支付的超额运营成本会引致税前利润额下降，所得税额降低，使得企业负担的运营成本低于其实际支付额。因此,净超额运营成本是超额运营成本扣除其抵减的所得税以后的余额。

(3)估计被评估资产的剩余寿命。

(4)以适当的折现率将被评估资产在剩余寿命内每年的净超额运营成本折现,这些折现值之和就是被评估资产功能性损耗(贬值)。

【例 2-6】 估算超额运营成本

某待评估的生产装置正常运行要 6 名操作人员,而目前的新式同类控制装置需要 4 名操作员。假定待评估资产与新装置的运营成本在其他方面相同,操作人员的年人均工资福利费为 12000 元,待评估资产还可以使用 3 年,所得税税率为33%,使用的折现率为 10%。根据上述资料,待评估资产相对于新装置同类资产的功能性贬值的测算过程如下:

(1)估算待评估资产的年超额运营成本:

$(6-4)\times 12000 = 24000$(元)

(2)测算待评估资产的年净超额运营成本折算额:

$24000\times(1-33\%) = 16080$(元)

(3)将待评估资产在剩余使用年限内的净超额运营成本折现为现值:

$16080\times(P/A,10\%,3) = 16080\times 2.4869 = 39989.35$(元)

应当指出,新老技术设备的对比,除生产效率影响工资成本超额支出外,还可对原材料消耗、能源消耗,以及产品质量等指标进行对比计算其功能性贬值。

此外,因功能过时而出现的功能性贬值,可以通过超额投资成本进行估算,即超额投资成本可视为功能性贬值的一部分。计算公式为:

功能性贬值 = 复原重置成本 — 更新重置成本

【例 2-7】 估算超额投资成本

待评估资产为一幢层高为 4 米的住宅,其复原重置成本为 1600 元/建筑平方米,而评估基准日建造的具有相同效用的层高为 2.5 米的住宅,更新重置成本为1450 元/建筑平方米。由此可以断定其单位建筑面积功能性贬值额为:

$1600-1450 = 150$(元/平方米)

当然如果评估某资产时所用的重置成本为更新重置成本,则不必考虑因功能过时造成的功能性贬值。在实际评估工作中也有功能性溢价的情况,即当评估对象功能明显优于参照资产功能时,评估对象就可能存在功能性溢价。

2.2.6 资产的经济性贬值测算方法

资产的经济性贬值主要表现为运营中的资产利用率下降,甚至闲置,并由此引起资产的运营收益减少。当有确实证据表明资产已经存在经济性贬值时,可从估测资产的经济性贬值率或经济性贬值额两个不同角度来确定:

$$经济性贬值率 = \left[1-\left(\frac{资产预计可被利用的生产能力}{资产原设计生产能力}\right)^x\right]\times 100\%$$

式中,x——规模经济效益指数。

$$经济性贬值额 = 资产年收益损失额 \times (1-所得税率) \times (P/A,r,n)$$

经济性贬值额的计算应以评估对象的重置成本为基数,按确定的经济性贬值率估测。

【例 2-8】 估算经济性贬值

某被评估生产线设计生产能力为年产 20000 台产品,因市场需要结构变化,在未来可使用年限内,每年产量估计要减少 6000 台左右,根据上述条件,该生产线的经济性贬值率大约在以下水平上:

$$
\begin{aligned}
经济性贬值率 &= [1-(14000/20000)^{0.6}] \times 100\% \\
&= [1-0.81] \times 100\% \\
&= 19\%
\end{aligned}
$$

又如,数据承上例,假定每年减少 6000 台产品,每台产品损失净利润 100 元,该生产线尚可继续使用 3 年,企业所在行业的投资回报率为 10%,所得税为 33%。该资产的经济性贬值额大约为:

$$
\begin{aligned}
经济性贬值额 &= (6000 \times 100) \times (1-33\%) \times (P/A,10\%,3) \\
&= 402000 \times 2.4869 \\
&= 999734(元)
\end{aligned}
$$

在实际评估工作中也有经济性溢价的情况,即当评估对象及其产品有良好的市场及市场前景,或有重大政策利好,评估对象就可能存在着经济溢价。

2.3　市场法

2.3.1　市场法的基本含义

市场法是指利用市场上同样或类似资产的近期交易价格,经过直接比较或类比分析以估测资产价值的各种评估技术方法的总称。

市场法是资产评估中若干评估思路中的一种,也是实现该评估技术思路的若干评估技术方法的集合。它根据替代原则,采用比较和类比的思路及其方法判断资产的价值,因为任何一个正常的投资者在购置某项资产时,他所愿意支付的价格不会高于市场上具有相同用途的替代品的现行市价。运用市场法要求充分利用类似资产成交价格信息,并以此为基础判断和估测被评估资产的价值。运用已被市场检验了的结论来评估被评估对象,显然是容易被资产业务各当事人接受的。因此,市场法是资产评估中最为直接、最具说服力的评估方法之一。当然,通过市场法进行资产评估,尚需满足一些最基本的条件。

2.3.2　市场法的基本前提

通过市场法进行资产评估需要满足两个基本的前提条件:①要有一个活跃的公开市场;②公开市场上要有可比的资产及其交易活动。

公开市场是一个充分的市场,市场上有自愿的买者和卖者,他们之间进行平等交易。

这就排除了个别交易的偶然性,市场成交价格基本上可以反映市场行情。按市场行情估测被评估资产价值,评估结果会更贴近市场,更容易被资产交易各方接受。

资产及其交易的可比性是指选择的可比资产及其交易活动在近期公开市场上已经发生过,且与被评估资产及资产业务相同或相似。这些已经完成交易的资产就可以作为被评估资产的参照物,其交易数据是进行比较分析的主要依据。

资产及其交易的可比性具体体现在以下几个方面:

(1)参照物与评估对象在功能上具有可比性,包括用途、性能上的相同或相似。

(2)参照物与被评估对象面临的市场条件具有可比性,包括市场供求关系、竞争状况和交易条件等。

(3)参照物成交时间与评估基准日间隔时间不能太长,应该在一个适度时间范围内。同时,时间对资产价值的影响是可以调整的。

2.3.3 市场法的基本程序

通过市场法进行评估大体上要经历以下程序。

1. 选择参照物

对参照物的要求关键是一个可比性问题,包括功能、市场条件及成交时间等。另外就是参照物的数量问题。不论参照物与评估对象如何相似,通常参照物应选择 3 个以上。因为运用市场法评估资产价值,被评估资产的评估值高低在很大程度上取决于参照物成交价格水平,而参照物成交价又不仅仅是参照物功能自身的市场体现,它还受买卖双方交易地位、交易动机、交易时限等因素的影响。为了避免某个参照物个别交易中的特殊因素和偶然因素对成交价及评估值的影响,运用市场法评估资产时应尽可能选择多个参照物。

2. 在评估对象与参照物之间选择比较因素

从大的方面讲,影响资产价值的基本因素大致相同,如资产性质、市场条件等。但具体到每一种资产时,影响资产价值的因素又各有侧重。如影响房地产价值的主要是地理因素,而技术水平则在机器设备评估中起主导作用。所以应根据不同种类资产价值形成的特点,选择对资产价值形成影响较大的因素作为对比指标,在参照物与评估对象之间进行比较。

3. 指标对比、量化差异

根据前面所选择的对比指标在参照物及评估对象之间进行比较,并将两者的差异进行量化。例如,资产功能指标,尽管参照物与评估对象功能相同或相似,但在生产能力、产品质量,以及在资产运营过程中的能耗、料耗和工耗等方面都可能有不同程度的差异。运用市场法的一个重要环节就是将参照物与评估对象对比指标之间的上述差异数量化和货币化。

4. 在各参照物成交价格的基础上调整已经量化的对比指标差异

市场法是以参照物的成交价格作为评定、估算评估对象价值的基础。在这个基础上将已经量化的参照物与评估对象对比指标差异进行调增或调减,就可以得到以每个参照物为基础的评估对象的初步评估结果。初步评估结果与所选择的参照物个数密切相关。

5. 综合分析确定评估结果

按照一般要求,运用市场法通常应选择 3 个以上参照物。所以一般情况下,运用市场法评估的初步结果也在 3 个以上。根据资产评估的一般惯例的要求,正式的评估结果只能是一个,这就需要评估人员对若干评估初步结果进行综合分析,以确定最终的评估值。在这个环节上没有硬性的规定,主要取决于评估人员对参照物的把握和评估对象的认识,采用算术平均法或加权平均法等方法将初步结果转换成最终评估结果也是可以的。

2.3.4　进行比较分析和调整的因素

在评估对象与参照物之间选择的比较因素包括以下几个方面。

1. 地域因素

由于同类资产特别是房地产即使在不同地区的市场上出售,也会有明显的价格差异,因而如果待评估资产与参照物资产处于不同地区市场上而产生价格差异,就需要对可参照交易价格进行地区差价调整。

2. 功能因素

资产的功能是资产使用价值的主体,是影响资产价值的重要因素之一。在资产评估中强调资产的使用价值或功能,并不是从纯粹抽象意义上去讲,而是从资产的功能并结合社会需求,从资产实际发挥效用的角度来考虑。也就是说,在社会需要的前提下,资产的功能越好,其价值越高;反之亦然。

3. 资产的实体特征和质量

资产的实体特征主要是指资产的外观、结构、役龄和规格型号等。资产的质量主要是指资产本身的建造或制造工艺水平。

4. 市场因素

市场因素主要是要考虑参照物成交与评估时的市场条件及供求关系的变化情况。在一般情况下,供不应求时,价格偏高;供过于求时,价格偏低。市场条件的差异对资产价值的影响应引起评估人员足够的关注。

5. 交易因素

交易因素主要包括交易批量、交易动机、交易时间等。交易批量不同,交易对象的价格可能不同。交易动机也对资产交易价格有影响。在不同时间交易,资产的交易价格也会有差别。

以上几个因素是运用市场法经常涉及的一些可比性因素。在具体运用市场法进行评估时,还要视评估对象的具体情况考虑其具体的可比性因素。如机器设备评估中的制造厂家、资产规格型号等。

2.3.5　市场法中的具体评估方法

市场法实际上是指在一种评估思路下的若干具体评估方法的集合。它们可以被分为两大类:直接比较法和类比调整法。

1. 直接比较法

直接比较法是指利用参照物的交易价格及参照物的某一基本特征直接与评估对象的同一基本特征进行比较而判断评估对象价值的一类方法。其基本计算公式为：

$$评估对象价值＝参照物成交价格×\frac{评估对象特征}{参照物特征}$$

或

$$评估对象价值＝参照物合理成交价格$$

直接比较法直观简捷，便于操作，但通常对参照物与评估对象之间的可比性要求较高。参照物与评估对象要达到相同或基本相同的程度，或参照物与评估对象的差异主要体现在某一明显的因素上，例如新旧程度、交易时间先后、生产规模、交易条件等。

【例 2-9】 **直接比较法的应用**

(1)评估某拟快速变现资产，在评估基准日与其完全相同的正常资产变现价为 20 万元，经评估师综合分析，认为快速变现的折扣率为 35%，因此，拟快速变现资产价值接近于 13 万元。则：

资产评估价值＝20×(1−35%)＝13(万元)

(2)被评估资产年生产能力为 90 吨，参照资产的年生产能力为 120 吨，评估基准日参照资产的市场价格为 20 万元，该类资产的规模经济效益指数为 0.7，由此确定被评估资产价值接近于 16.36 万元。

资产评估价值＝20×(90÷120)$^{0.7}$＝16.36(万元)

(3)与评估对象完全相同的参照资产 6 个月前的成交价格为 10 万元，半年时间该类资产的价格上升了 5%。则：

资产评估价值＝10×(1+5%)＝10.5(万元)

2. 类比调整法

类比调整法是市场法中最基本的评估方法。该法并不要求参照物与评估对象必须一样或者基本一样。只要参照物与评估对象在大的方面基本相同或相似。该法通过对比分析调整参照物与评估对象之间的差异，在参照物成交价格的基础上调整估算评估对象的价值。

类比调整法具有适用性强、应用广泛的特点。但该法对信息资料的数量和质量要求较高，而且要求评估人员要有丰富的评估经验、市场阅历和评估技巧。因为，类比调整法可能要对参照物与评估对象的若干可比因素进行对比分析和差异调整。没有足够的数据资料，以及对资产功能、市场行情的充分了解和把握，很难准确地评定估算出评估对象的价值。

在具体操作过程中，类比调整法中使用频率较高的是：

市场售价类比法。市场售价类比法是以参照物的成交价格为基础，考虑参照物与评估对象在功能、市场条件和销售时间等方面的差异，通过对比分析和量化差异，调整估算出评估对象价值的各种方法，其基本数学表达式：

$$资产评估价值＝参照物售价＋功能差异值＋时间差异值＋\cdots＋交易情况差异值$$

$$资产评估\atop价值 = 参照物\atop售价 \times 功能差异\atop修正系数 \times \cdots \times 时间差异\atop修正系数$$

市场法直接以市场为依托,评估所需要的数据直接来源于市场,反映了市场供求关系对资产价格的影响。评估结果能反映市场价格的变化趋势,易为交易双方所接受,是以市场价值为基础的资产评估首选方法。市场法一般不适用于专用机器设备、大部分无形资产,以及受地区、环境等严格限制的一些资产的价值评估。

【例 2-10】　运用市场法评估土地价格

1. 估价对象概况

委托地块位于 B 市 C 区 D 路 12 号,土地使用权属 A 公司。土地四至:东临东三环中路,南为某中心写字楼,西至某饭店,北为某办公楼。土地性质为国有划拨地,土地总面积为 3900 平方米,建筑占地面积为 2039.8 平方米。根据 B 市地价区类划分标准,委估土地位于一类地价区。

附近有 1 路、4 路、52 路、57 路、300 路等多路公共汽车经过,向北距离国际机场约 25 千米,向东距离某大街 4 千米,距离某广场 5 千米,对外交通及公交状况良好。

委托土地为"七通一平"熟地,土地形状成南北略长的规矩矩形(东西 60 米,南北 65 米),地势平坦,地质状况良好,自然环境好,少污染,委托土地位于市级主干道某大街和环城东路的交汇处,市级商贸圈内,附近有银行等大厦。

2. 地产状况(略)

3. 建筑物状况(略)

4. 价值类型

本次评估采用市场价值类型。估价中的地价是指土地性质为划拨、开发程度为"七通一平"、写字楼用途条件下的公开市场价格。

5. 评估方法及估价过程

采用市场法进行评估。

(1)市场法原理

市场法是指在求取待估价格时,将待估土地与接近评估基准日时期内已经成交的类似土地加以比较,依照这些已经成交的土地价格,通过多项因素的修正而取得待估土地价格的一种估价方法。

市场比较法测算土地价格的计算公式为:

委托评估土地的评估价格＝交易案例土地成交价格×交易情况修正系数×交易日期修正系数×区位因素修正系数×个别因素修正系数

(2)评估程序

第一,搜集 B 市有关土地成交价格的基础资料。主要是与委托土地相邻、用途相同、交易时点相近、交易情况相同的土地价格及其他相关内容。

第二,确定被评估对象与参照物之间可比因素,分别为:交易情况、交易日起、区域因素、个别因素等方面的差异。

第三,量化差异。

第四,计算委托土地现时价格,确定评估值。

(3)具体测算过程

由于 B 市近年来房地产市场中写字楼用地交易活跃,市场发育充分、完善,所以选取同一供需范围内近期成交的、与委托物业位置、设备、装修及结构等类似的多个档次相同写字楼用地作为参照物。在充分了解参照物及委托土地状况的前提下,以参照物的成交价格为基础,通过修正得出评估土地的公平市价。在此基础上得到委托宗地的总评估值。

选择 A、B、C 3 个交易案例进行比较:

第一,交易情况修正。经了解,所选案例均为正常市场交易,所以修正比率为 100/100。

第二,交易日期修正。所选案例均为评估基准日同一时期成交案例,所以修正比率为 100/100。

第三,区域因素修正。所选案例均位于环线以里,其中:

案例 A 位于中心附近,区域条件和交通状况较评估土地好,确定修正比率为 100/103。

案例 B 较委托评估地稍好,确定修正比率为 100/101。

案例 C 较委托评估地差,确定修正系数 100/96。

第四,个别因素修正。

主要对面积大小、地块形状、地质状况、土地使用年限、基础设施及共用设施的种类、水平及设施保证程度等因素进行比较,比较结果见表 2-1。

表 2-1　各因素比较

比较因子	面积大小	土地形状	地质地貌	使用年限	基础及共用设施	得　分
A	1%	1%	1%	1%	0	4%
B	2%	3%	2%	1%	0	8%
C	0	0	−1%	−1%	−2%	−4%

所以,修正比率分别为 100/104、100/108、100/96

修正结果如表 2-2 所示。

表 2-2　修正结果

比较实例	成交价格 元/平方米	交易情况修正	交易日期修正	区域因素修正	个别因素修正	比准价格 元/平方米
A	15960	100/100	100/100	100/103	100/104	14899
B	15530	100/100	100/100	100/101	100/108	14237
C	14280	100/100	100/100	100/96	100/96	15495

委托土地单位面积的评估价格为:

(14899+14237+15495)/3=14877(元/平方米)

委托土地的总评估价格为:

14877×3900=58020300(元)

2.4　收益法

2.4.1　收益法的基本含义

收益法是指通过估测被评估资产未来预期收益的现值来判断资产价值的各种评估方法的总称。用公式表示为：

$$P = \sum_{t=1}^{n} \frac{R_t}{(1+i)^t}$$

式中，P——待评估资产的价值；

　　i——折现率；

　　R_t——第 t 年资产的预期收益；

　　n——评估对象的收益期限。

收益法服从资产评估中将利求本的思路，即采用资本化和折现的途径及其方法来判断和估算资产价值。该思路认为，任何一个理智的投资者在购置或投资于某一资产时，所愿意支付或投资的货币数额不会高于购置或投资的资产在未来能给其带来的回报，即收益额。收益法利用投资回报和收益折现等技术手段，把评估对象的预期产出能力和获利能力作为评估标的来估测评估对象的价值。根据评估对象的预期收益来评估其价值，容易被资产业务各方所接受的。所以，从理论上讲，收益法是资产评估中较为科学合理的评估方法之一。当然，运用收益法评估尚需要满足一些基本条件。

2.4.2　收益法的基本前提

收益法是依据资产未来预期收益经折现或本金化处理来估测资产价值的，它涉及 3 个基本要素：①被评估资产的预期收益；②折现率或资本化率；③被评估资产取得预期收益的持续时间。因此，能否清晰地把握上述 3 个要素就成为能否运用收益法的基本前提。从这个意义上讲，运用收益法必须具备的前提条件如下。

1. 被评估资产的未来预期收益可以预测并可以用货币衡量

评估对象的预期收益必须能被较为合理的估测，同时，影响资产预期收益的主要因素，包括主观因素和客观因素也应是比较明确的，评估人员可以据此分析和测算出被评估资产的预期收益。

2. 资产拥有者获得预期收益所承担的风险也可以预测并可以用货币衡量

被评估对象所具有的行业风险、地区风险及企业风险是可以比较和测算的，评估对象所处的行业不同、地区不同和企业差别都会不同程度地体现在资产拥有者的获利风险上。对于投资者来说，风险大的投资，要求的回报率就高；投资风险小，其回报率也可以相应降低。

3. 被评估资产预期获利年限可以预测

评估对象获利期限的长短，即评估对象的寿命，也是影响其价值和评估值的重要因素之一。

2.4.3 收益法的基本程序和基本参数

采用收益法进行评估,其基本程序如下:

(1)搜集并验证与评估对象未来预期收益有关的数据资料,包括经营前景、财务状况、市场形势,以及经营风险;

(2)分析测算被评估对象未来预期收益;

(3)确定折现率或资本化率;

(4)用折现率或资本化率将评估对象未来预期收益折算成现值;

(5)分析确定评估结果。

运用收益法分析评估涉及许多经济技术参数,其中最主要的参数有 3 个:收益额、折现率和获利期限。

1. 收益额

收益额是使用收益法评估资产价值时的要确定的基本参数之一。在资产评估中,资产的收益额是指根据投资回报的原理,资产在正常情况下所能得到的归其产权主体的所得额。资产评估中的收益额有两个比较明确的特点:①收益额是资产未来预期收益额,而不是资产的历史收益额或现实收益额;②用于资产评估的收益额通常是资产的客观收益,而不一定是资产的实际收益。收益额的上述两个特点是非常重要的,评估人员在执业过程中应切实注意收益额的特点,以便合理运用收益法来估测资产的价值。因资产种类较多,不同种类资产的收益额表现形式亦不完全相同,如企业的收益额通常表现为净利润或净现金流量,而房地产则通常表现为纯收益等。关于收益额预测将在以后各章结合各类资产的具体情况分别介绍。

2. 折现率

从本质上讲,折现率是投资的期望报酬率,是投资者在投资风险一定的情况下,对投资所期望的回报率。确定折现率,应遵循以下原则:

(1)折现率就其构成而言,它是由无风险报酬率和风险报酬率组成的。无风险报酬率,亦称安全利率,一般是参照同期国库券利率。风险报酬率是指超过无风险报酬率以上部分的投资回报率。在资产评估中因资产的行业分布、种类、市场条件等的不同,其折现率亦不相同。

(2)资本化率与折现率在本质上是相同的。习惯上人们把将未来有限期预期收益折算成现值的比率称为折现率,而把将未来永续的预期收益折算成现值的比率称为资本化率。至于折现率与资本化率在量上是否恒等,主要取决于同一资产在未来长短不同的时期所面临的风险是否相同。

(3)折现率要与预期收益额相匹配。折现率与预期收益额的定义要确保口径一致。

3. 收益期限

收益期限是指资产具有获利能力持续的时间,通常以年为时间单位。它由评估人员根据被评估资产自身效能及相关条件,有关法律、法规、契约、合同等加以测定。

2.4.4 收益法中的主要技术方法

收益法实际上是预期收益还原思路下若干具体方法的集合。从大的方面来看,收益法中的具体方法可以分为若干类：①针对评估对象未来预期收益有无限期的情况划分，分为有限期和无限期的评估方法；②针对评估对象预期收益额的情况划分，又可分为等额收益评估方法、非等额收益方法等。为了便于学习收益法中的具体方法，先对这些具体方法中所用的字符含义做统一的定义。

P——评估值；

P_n——未来第 n 年的预计变现值；

R_i——未来第 i 年的预期收益；

r——折现率或资本化率；

r_i——第 i 年的折现率或资本化率；

n——收益年期；

t——第 t 年；

A——年金。

1. 未来收益每年保持不变（年金）

(1)收益期限有限的情况

$$P = A \times (P/A, r, n)$$

式中，$(P/A, r, n)$ 为年金现值系数。

(2)永续年金情况

$$P = A/r$$

2. 未来收益在若干年后保持不变

(1)无限年期的情况

$$P = \sum_{t=1}^{n} \frac{R_t}{(1+r)^t} + \frac{A}{r(1+r)^n}$$

(2)有限年期的情况，未来收益在第 n 年后仍保持不变，并且一直持续到第 m 年

$$P = \sum_{t=1}^{n} \frac{R_t}{(1+r)^t} + \frac{A}{r(1+r)^n}\left[1 - \frac{1}{(1+r)^{m-n}}\right]$$

3. 未来收益以一固定增长率 g 增长，并且收益无期限

$$P = \frac{R_1}{r-g}$$

式中，R_1 为未来第 1 年的收益额。

【例 2-11】　**收益法的应用**

预计某企业未来 5 年的税后净现金流分别是 150 万元、130 万元、120 万元、140 万元和 150 万元，假定该企业可以永续经营下去，且从第 6 年期开始每年收益均为 150 万元，折现率为 10%，试确定该企业的价值。

未来收益在第 6 年开始每年保持不变，收益无期限，则该企业的价值为：

$$P = \sum_{t=1}^{n} \frac{R_t}{(1+r)^t} + \frac{A}{r(1+r)^n}$$

$$= \frac{150}{(1+10\%)} + \frac{130}{(1+10\%)^2} + \frac{120}{(1+10\%)^3} + \frac{140}{(1+10\%)^4}$$

$$+\frac{150}{(1+10\%)^5}+\frac{150}{10\%\times(1+10\%)^5}$$

$$=136.36+107.44+90.16+95.62+93.14+931.38$$

$$=1454.06(万元)$$

2.5 资产评估方法的比较与选择

2.5.1 评估方法之间的关系

资产评估的市场法、收益法和成本法以及由以上3条基本评估思路衍生出来的其他评估思路共同构成了资产评估的方法体系。资产评估的专业性质决定了构成资产评估方法体系的各种评估方法之间存在着内在联系,而各种评估方法的独立存在又说明它们各有特点。正确认识资产评估方法之间的内在联系以及各自的特点,对于恰当地选择评估方法,高效地进行资产评估是十分重要的。

1. 资产评估方法之间的联系

评估方法是实现评估目的的手段。对于特定经济行为,在相同的市场条件下,对处在相同状态下的同一资产进行评估,其评估值应该是客观的。这个客观的评估值不会因为评估人员所选用的评估方法的不同而出现截然不同的结果。可以认为正是评估基本目的决定了评估方法间的内在联系。而这种内在联系为评估人员运用多种评估方法评估同一条件下的同一资产,并相互验证提供了理论根据。但需要指出的是,运用不同的评估方法评估同一资产,必须保证评估目的、评估前提、被评估对象状态的一致,以及运用不同评估方法所选择的经济技术参数合理。

由于资产评估工作基本目标的一致性,在同一资产的评估中可以采用多种方法,如果使用这些方法的前提同时具备,而且评估师也具备相应的专业判断能力,那么,多种方法得出的结果应该趋同。如果采用多种方法得出的结果出现较大差异,可能的原因如下:

(1)某些方法的应用前提不具备;

(2)分析过程有缺陷;

(3)结构分析有问题;

(4)某些支撑评估结果的信息依据出现失真;

(5)评估师的职业判断有误。

评估师应为不同评估方法建立逻辑分析框图,通过对比分析,有利于发现问题。评估师在发现问题的基础上,除了对评估方法做出取舍外,还应该分析问题产生的原因,并据此研究解决问题的对策,以便最后确定评估价值。

2. 资产评估方法之间的区别

各种评估方法独立存在本身就说明各种评估方法之间存在差异。各种评估方法都是从不同的角度去表现资产的价值。不论是通过与市场参照物比较获得评估对象的价值,还是根据评估对象预期收益折现获得其评估价值,或者是按照资产的再取得途径寻求评估对象的价值,都是对评估对象在一定条件下的价值的描述,它们之间是有内在联系并可相互替代的。但是,每一种评估方法都有其自成一体的运用过程,都要求具备相应的信息基础,评估结论也都是从某一角度反映资产的价值。因此,各种评估方法又是有区别的。

由于评估的特定目的的不同,评估时市场条件上的差别,以及评估时对评估对象使用状态设定的差异,需要评估的资产价值类型也是有区别的。评估方法由于自身的特点在评估不同类型的资产价值时,就有了效率上和直接程度上的差别,评估人员应具备选择最直接且最有效率的评估方法以完成评估任务的能力。

2.5.2　资产评估方法的选择

就评估方法选择本身而言,实际上包含了不同层面的资产评估方法的选择过程,即 3 个方面的选择:

(1)关于资产评估技术思路层面的选择,即分析 3 种资产评估基本方法所依据的资产评估技术思路的适用性;

(2)在各种资产评估技术思路已经确定的基础上,选择实现各种评估技术思路的具体评估技术方法;

(3)在确定了资产评估具体技术方法的前提下,对运用各种具体技术评估方法所涉及的经济技术参数的选择。

恰当选择评估方法,既包含了对恰当选择评估技术思路,以及实现该技术思路的具体评估技术方法的要求,也包括了对在运用各种评估方法时所涉及的经济技术参数的恰当选择。选择恰当的评估技术思路与实现评估技术思路的具体方法同恰当选择经济技术参数共同构成了恰当选择资产评估方法的内容。片面地强调某一个方面而忽略另一个方面,都有可能会导致评估结果的失实和偏颇。

资产评估方法的多样性,为评估人员选择适当的评估方法、有效地完成评估任务提供了现实可能。为了高效、简捷、相对合理地估测资产的价值,在评估方法的选择过程中应注意以下因素并有以下建议:

(1)评估方法的选择要与评估目的、评估时的市场条件、被评估对象在评估过程中所处的状态以及由此所决定的资产评估价值类型相适应。根据上述条件,当资产评估的价值类型为资产的市场价值时,可考虑按市场法、收益法和成本法的顺序进行选择。

(2)评估方法的选择受评估对象的类型、理化状态等因素制约。例如,对于既无市场参照物,又无经营记录的资产,只能选择成本方法进行评估;对于工艺比较特别且处在经营中的企业,可以优先考虑选择收益法。

(3)评估方法的选择受各种评估方法运用所需的数据资料及主要经济技术参数能否搜集的制约。每种评估方法的运用都需要有充分的数据资料作依据。在一个相对较短的时间内,搜集某种评估方法所需要的数据资料可能会很困难,在这种情况下,评估人员应考虑采用替代的评估方法进行评估。

(4)资产评估人员应当清楚,在选择和运用评估方法时,如果条件允许,应考虑 3 种基本评估方法在具体评估项目中的适用性,如果可以采用多种评估方法时,不仅要确保满足各种方法使用的条件要求和程序要求,还应当对各种评估方法取得的各种价值结论进行比较,分析可能存在的问题并作相应的调整,确定最终评估结果。

关于资产评估方法的选择和使用,实际上是评估人员根据实际条件约束下的资产或模拟条件约束下的资产的价值进行理性分析、论证和比较的过程,通过这个过程做出有足够理由支持的价值判断。任何将评估方法选择和运用的过程简单地理解为评估公式或评估模型的使用或计算的过程都是不正确的。

总之,在评估方法的选择过程中,应注意因地制宜和因事制宜,不可机械地按某种模式或某种顺序进行选择。但是,不论选择哪种评估方法进行评估,都应保证评估目的、评估时所依据的各种假设和条件与评估所使用的各种参数数据及评估结果在性质和逻辑上的一致。尤其是在运用多种方法评估同一评估对象时,更要保证每种评估方法运用中所依据的各种假设、前提条件、数据参数的可比性,以便能够确保运用不同评估方法所得到的评估结果的可比性和相互可验证性。

第 3 章

机器设备评估

⬡→**学习目标**

1. 了解机器设备和机器设备评估的特点；

2. 掌握市场法在机器设备评估中的应用；

3. 掌握成本法在机器设备评估中的应用。

3.1　机器设备评估概述

我国 2007 年发布的《资本评估准则——机器设备准则》中对机器设备的定义是指人类利用机械原理以及其他科学原理制造的装置，它们是被特定主体拥有或控制的不动产以外的有形资产，包括机器、仪器、器械、装置，以及附属的特殊建筑物等资产。

3.1.1　机器设备的定义

在自然科学中，机器设备是特指人们利用机械原理制造的装置。而在资产评估中所指的机器设备与自然科学中的定义是不同的，评估中所指的机器设备是广义的概念，除了机器设备，还包括人们根据声、光、电技术制造的电子设备、电器设备、仪器仪表等，包括单台设备及设备的组合。在《国际评估准则》中，对机器设备的有关定义是：设备、机器和装备是用来为所有者提供收益的、不动产以外的有形资产。设备，包括特殊性非永久性建筑物、机器和仪器在内的组合资产；机器，包括单独的机器和机器的组合，是指使用或应用机械动力的机械装置，由具有特定功能的结构组成，用以完成一定的工作；装备，用以支持企业功能的附属性资产。

3.1.2　机器设备的特点

1. 单位价值大，使用寿命长和流动性比较差

相对于流动资产，机器设备的单位价值大、使用年限长、流动性比较差，现行会计制度将单价在 2000 元以上、使用年限超过一年以上的列为固定资产。按照这个标准，大多数的机器设备都属于固定资产。

2. 工程技术性强,往往隐含着无形资产的价值

机器设备本身属于有形资产的范畴,但往往具有较高的技术成分或技术含量,隐含着一定的无形资产价值。因此机器设备评估应充分考虑其技术性、技术性含量越高,其价值就越大。

3. 价值补偿与实物更新周期不一致

现行管理制度下,机器设备的价值补偿是通过分期计提折旧来实现的;而机器设备的实物更新是通过对原有设备更新改造,或当设备结束使用寿命时予以报废来实现的。因此评估中应该充分考虑这一特点,对于维修及时或者经过大修理的机器设备可以适当高估,而对于未及时修理或未经过大修理的机器设备可以适当低估。

4. 涉及专业面广,工程技术性强

机器设备种类繁多,工程技术性强,这就为评估工作带来一定的困难。因此评估时应该结合机器设备的日常管理和技术特点综合分析研判、合理确定其评估价值。由于机器设备具有上述特点,这也决定了机器设备评估具有以下特征:

(1)以技术检测为基础。由于机器设备使用寿命长,在使用过程中由于磨损程度不同,维修保养状况也存在一定差异,因此不能简单地根据使用年限来确定其新旧程度,必须通过技术检测来确定其实际磨损程度,以确定其成新率。

(2)以单个机器设备为评估对象。由于机器设备使用保养差异大等原因,即使同一型号、同一使用年限的机器设备,它们的新旧程度也会有所不同。因此必须单台、单件逐一评估,以正确确定其价值。

3.1.3 机器设备的分类

机器设备种类繁多,分类方法十分复杂,这里介绍 2 种常用的分类方法。

1. 按照机器设备的应用范围

(1)通用设备。通用设备是指普遍应用于各行业,不具备专门或特定用途,如普通机床、起重机、卡车、电机、机电设备等。

(2)专用设备。专用设备是专门为某行业、某部门或某企业设计制造的设备,具有很强的行业特点或个性,如专门为电视机厂制造的彩电生产线,为冰箱厂制造的生产流水线。

(3)非标准设备。非标准设备一般没有国家统一的制造标准,通常须根据企业需要自行制造或委托加工而成,属于非国家定型设备。

2. 按照机器设备的组合程度

按照机器设备的组合程度,机器设备的评估对象可分为单台机器设备和机器设备组合。

(1)单台机器设备是指以独立形态存在,可以单独发挥作用或以单台形式进行销售的机器设备。除了少部分单台设备可以独立用于经营,具有独立获利能力;大多数单台设备所能够独立实现的价值形态是单台、独立销售的变现价值。

(2)机器设备组合是指为了实现特定功能,由若干机器设备组成的有机整体。机器设备组合的价值不必然等于单台机器设备价值的简单相加。组成该机器设备组合的每一台机器设备,都是以与其他机器设备一起继续使用为前提的,它们在机器设备组合中能够实现的价值取决于该机器设备对机器设备组合的贡献。

3.1.4 机器设备评估

1. 机器设备评估定义

机器设备评估是指注册资产评估师依据相关法律、法规和资产评估准则,对单独的机器设备或作为企业资产组成部分的机器设备的价值进行分析、估算并发表专业意见和行为和过程。

2. 常见机器设备评估目的

注册资产评估师执行机器设备评估业务,应当了解评估结论的用途,明确评估目的。通常,机器设备评估的目的有:整体企业价值评估、购买价格的分配、设立公司、企业、合伙关系以及婚姻的解体、破产清算、保险、抵押、管理建议、搬迁补偿和资产出售等。

3. 机器设备评估假设

注册资产评估师应当根据机器设备的预期用途,明确评估假设。评估假设包括:

(1)继续使用、或变现、或报废

一台机器设备,或者被视为整体资产的一部分,或者被视为脱离整体资产存在的独立资产单独销售,所能够实现的价值是不同的。前者所能够实现的价值取决于该设备对整体的贡献,后者只能实现该设备单独销售的变现价值。

在对持续经营前提下的企业价值进行评估时,机器设备作为企业资产的一个组成部分,其价值取决于它对企业价值的贡献程度。机器设备作为企业整体资产的一个组成部分,它所能够实现的价值一般不等于这些设备单台、独立销售时实现的市场价值。

(2)原地使用或移动使用

在机器设备中,一部分机器设备属于动产,不需安装,可以移动使用。一部分属于不动产或介于动产与不动产之间的固置物,需要永久的或在一段时间内以某种方式安装在土地或建筑物上,移动这些资产将可能导致机器设备的部分损失或完全失效。

(3)现行用途使用或改变用途使用

机器设备是否按现行用途(原设计用途)继续使用,对机器设备的价值评估有很大影响。如果机器设备所生产的产品、工艺等发生变化,可能会导致一些专用设备报废,或者要对这些专用设备进行改造,以适应新产品或新工艺的要求;设备的移动也会对某些机器造成损伤或完全报废,设备原有的安装、基础等完全失效。

3.1.5 机器设备评估的程序

1. 评估准备阶段

评估人员及评估机构在签订了资产评估委托协议,明确评估目的、评估对象和评估范围之后,就应着手做好评估的准备工作。具体如下:

(1)指导委托方做好机器设备评估的基础工作,如待评机器设备清册及分类明细表的填写,待评机器设备的自查及盘盈盘亏事项的调整,机器设备产权资料及有关经济技术资料的准备等。

（2）分析研究委托方提供的待评资产清册及相关表格，明确评估重点和清查重点，制定评估方案，落实人员安排，设计主要设备的评估技术路线。

（3）广泛收集与本次评估有关的数据资料，为机器设备价值的评定估算做好准备。

2. 现场工作阶段

现场工作是机器设备评估的一个非常重要的工作步骤。在机器设备评估的现场工作中，应抓住待评机器设备的工作特点，考察工艺过程，确实了解待评估设备的现状、磨损程度和匹配状况等。

（1）逐台（件）核实评估对象。现场工作的第一项工作就是对已列入评估范围的机器设备逐台进行清查核实，以确保评估对象真实可靠。要求委托方根据现场清查核实的结果，调整或确定其填报的待评机器设备清册及相关表格，并以清查核实后的待评估机器设备作为评估对象。

（2）抽样调查。当机器设备数量很大的时候，评估师可以通过抽样调查的方法推断整体设备的状态。采用抽样调查，评估师具体观察到每一个评估对象的状况，但他们必须对所抽取样本以外的机器设备进行一定的假设和推断。在采用抽样调查之前，评估人员应当了解这种调查方式的局限性，同时，也要在评估报告中进行恰当的披露。评估师对机器设备所进行的现场调查一般包括宏观调查和微观调查。

宏观调查是以机器设备所服务的主体为调查对象，调查内容一般包括：工厂的名称、地址、生产的产品、基本生产工艺、建设日期、设计生产能力、实际生产能力、收益或亏损情况及原因、生产作业方式、市场情况、生产经营历史数据、维护政策及历史维护费用、安全环保情况等。

微观调查是以单台设备为调查对象，内容一般包括：设备名称、型号规格、制造厂家、设计技术参数、设备的出厂日期、购置日期、役龄，是否包括附件、基础、无形资产，安装方式，目前的技术状态，维护保养情况，使用负荷等。

上述内容并不是对每一项机器设备评估都是必需的，同样也不是对任何一项评估业务都是充分的。注册资产评估师需要根据评估对象的具体情况来判断哪些信息是与评估相关的信息，确定应该收集的信息。

（3）设备鉴定。对设备进行鉴定是现场工作的重点。对设备进行鉴定包括对设备的技术鉴定、使用情况鉴定、质量鉴定以及磨损鉴定等。设备的生产厂家、出厂日期、设备负荷和维修情况等是进行鉴定的基本素材。

对设备技术状况的鉴定主要是对设备满足生产工艺的程度、生产精度和废品率，以及各种消耗和污染情况的鉴定。判断设备是否有技术过时和功能落后的情况存在。

对设备使用情况鉴定主要了解设备是处在在用状态还是闲置状态，使用中设备的运行参数、故障率、零配件保证率、设备闲置的原因和维护情况等。

对设备质量进行鉴定主要应了解设备的制造质量，设备所处环境、条件对设备质量的影响，设备现时的完整性、外观和内部结构情况等。

对设备的磨损程度鉴定主要是了解和掌握设备的有形损耗，如锈蚀、损伤、精度下降以及无形损耗如功能不足及功能过剩等。

现场工作要有完整的工作记录，特别是设备的鉴定工作更要有详细的鉴定记录。这些记录将是评估机器设备价值的重要数据，也是工作底稿的重要组成内容。

3. 确定设备评估经济技术参数阶段

评估的目的、评估的价值类型和运用的评估方法不同,评估所需要的经济技术参数亦有区别。根据评估的目的和评估项目对评估价值类型的要求,以及评估所选择的途径和方法,科学合理地确定评估所需要的各类经济技术参数。这一环节是体现评估师执业水平和执业技巧的阶段。评估所需的经济技术参数不仅要在性质上与评估目的、评估价值类型、评估的假设前提保持一致,而且在量上也要恰如其分。另外,对产权受到某种限制的设备,包括已抵押或作为担保品的设备、将要强制报废的设备等,其有关数据资料要单独处理。

4. 评定估算阶段

根据评估目的、评估价值类型的要求,以及评估时的各种条件,选择适宜的评估途径及其方法,运用恰当的经济技术参数对评估设备的价值进行评定估算。在评定估算过程中,要始终使评估目的、评估的价值类型、评估假设前提、评估参数与评估结果保持内在联系。应尽可能选择高效、直接的评估途径和方法,使机器设备评估实现快速、合理、低成本、低风险。在机器设备评定估算阶段,要注意与委托方有关人员进行信息交流,沟通评估中遇到的问题和困难。在保证资产评估独立性的前提下,可以听取和吸纳委托方的合理化建议,以保证评估结论的相对合理性。

5. 撰写评估报告及评估说明阶段

按照当前有关部门及行业管理组织对评估报告撰写的要求,在评定估算过程结束之后,应及时撰写评估报告书和评估说明。

6. 评估报告的审核

评估报告完成以后,要有必要的审核,包括复核人的审核、项目负责人的审核和评估机构负责人的审核。在三级审核确认评估报告无重大纰漏后,再将评估报告送达委托方及有关部门。

3.2　机器设备评估中成本法的应用

3.2.1　机器设备评估成本法概述

1. 机器设备评估中成本法原理及公式

成本法是机器设备评估中最常用的一种方法。机器设备评估中的成本法同样符合前面所讲的成本法原理,即在评估中首先确定资产的重置成本,而后再扣减资产的各种贬值来估测资产的价值。成本法用公式表示为:

评估值＝重置成本－有形损耗－功能性损耗－经济性贬值

＝重置成本×成新率－功能性损耗－经济性贬值

2. 机器设备评估中成本法的适用范围

虽然成本法是机器设备评估中最常用的一种方法,但仍然有它的适用范围:

(1)成本法适用于持续使用假设前提下的机器设备评估。运用成本法评估处于在用、续用状态下的机器设备,无论是重置成本构成或其他别的因素,不需要作太大的调整。

(2)成本法一般不宜评估非续用状态下的机器设备。但如果待估设备无市场参照物,也只能运用成本法评估非续用状态下的机器设备,但相应地需要在成本项目构成要素和其他因素方面上做出必要的调整。

3.2.2　机器设备重置成本的构成

资产的重置成本有两种:复原重置成本和更新重置成本。机器设备也是如此。复制一个与被评估设备一模一样的全新设备的现时成本,就叫设备的复原重置成本。而在效用上与被评估设备最接近的类似新设备的现行购置成本就是设备的更新重置成本。评估人员在评估过程中首先要明确自己所估测的重置成本的确切含义,以便在选择各参数进行估测时充分考虑到重置成本的性质因素。一般来说,评估人员应该优先考虑更新重置成本,尤其是针对技术更新快的机器设备。

机器设备的重置成本在构成上包括设备的直接费用和设备的间接费用。其构成如图 3-1所示。

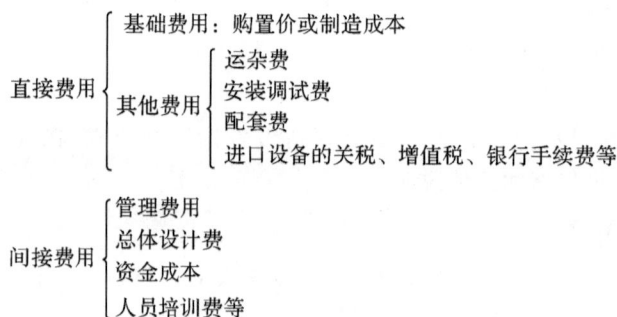

```
            ┌ 基础费用:购置价或制造成本
            │            ┌ 运杂费
    直接费用 │            │ 安装调试费
            │ 其他费用 ┤ 配套费
            └            └ 进口设备的关税、增值税、银行手续费等

            ┌ 管理费用
    间接费用 │ 总体设计费
            │ 资金成本
            └ 人员培训费等
```

图 3-1　机器设备重置成本的构成

图 3-1 列出了一台机器设备成本构成中有可能发生的费用。但并不是上述的所有费用都会发生在每一台机器设备上。由于设备取得的方式和渠道不同,其重置成本构成会不完全一样。按照设备取得的方式,设备可以分为外购和自制设备。而外购设备又可分为国产设备和进口设备,它们的成本构成完全不一样。

机器设备重置成本的构成中,对基础费用的确定是关键。首先,基础费用在重置成本中所占的比重最大,基础费用估算正确,重置成本就正确了大半;其次,重置成本的其他费用和间接费用通常都是以基础费用为估算基数的,即以基础费用乘以一定的费率计算,因此基础费用估算正确是重置成本估算正确的基础。自制设备的基础费用就是设备的制造成本,外购设备的基础费用就是购置价。

3.2.3　自制设备重置成本的构成

自制设备的重置成本主要包括:制造成本、期间费用、合理利润、设计费用、安装调试费用等。

制造成本可以理解为直接费用,它是自制设备的基础费用,即最终凝结到机器设备本体上的材料和劳务费用。包括主材费、辅助材料费、制作人工费和机械使用费。期间费用即为间接费用,如应摊销的管理费用和财务费用等。

此外,还要考虑合理的制造利润和其他必要的合理费用,如设计费用、论证费用等前期费用和最终的安装调试费用等。

自制设备也可分为标准设备和非标准设备。对于标准设备的重置成本应参考专业生产厂家的标准设备价格,在通盘考虑了质量因素的前提下,运用替代原则合理确定。

对于自制设备,通常采用重置核算法和物价指数调整法来估算重置成本。

(1)重置核算法。该法是通过分别测算机器设备的各项成本费用来确定设备重置成本的方法。在常见的估价方法中,根据设备的性质特点,有依据设备材料费来确定设备重置成本的,也有根据设备人工费来确定设备重置成本的。

【例 3-1】

一座自制水箱的材料费用为 5000 元,制作安装等相关费用为材料价格的20%,那么这座自制水箱的重置成本为:

$$5000 \times 1.2 = 6000(元)$$

(2)物价指数法。该方法是以设备的原始建造价格为基数,根据同类设备的价格变动指数来估算待估机器的设备净价。物价指数可分为定基物价指数和环比物价指数。

定基物价指数是以固定时期为基期的指数,通常以 100 为基础。当物价指数大于 100,表示物价上涨;物价指数小于 100,表明物价下降。其公式为:

设备净价＝原始设备净价×(当前年份指数/基年指数)

环比物价指数是以上期为基期的指数。如果环比期以年为单位,则环比物价指数表示该类产品当年比上一年的价格变动幅度。其公式为:

设备净价＝原始设备净价×(当前年份指数/上一年指数)

在机器设备评估中,对于一些难以获得市场价格的机器设备,采用物价指数法时,应注意以下问题:①选取的物价指数应与评估对象匹配,一般采用某一类产品的分类物价指数,不可采用综合物价指数。②应注意审查原始成本的真实性,因为在设备的使用过程中,其账面价值可能也进行了调整,当前的账面价值已经不能反映真实的历史成本。③企业账面的设备历史成本一般还包括运杂费、安装费等其他费用,上述费用的物价指数与设备价格指数往往是不同的,应该分别计算。

【例 3-2】

一台锅炉 2014 年的建造价格为 100000 元,其中 10000 元为本体钢材的材料费,2015 年,该锅炉在技术水平和制作工艺上没有太大的改变,但 2014—2015 年钢材价格上升了 50%,求 2015 年的评估价格。

解:评估价格为 90000＋10000×1.5＝105000(元)

3.2.4　外购设备重置成本的构成

外购设备就其重置成本构成的大项来说,主要包括:设备自身的购置价格,运杂费和安装调试费三大项。但是,外购设备又包括了外购国产设备和进口设备两种,而进口设备的重置成本除包括上述三大项以外,还包括设备进口时的有关税费,如关税、银行手续费等。

1. 国产设备重置成本估算

(1)设备购置价格

设备购置价格也就是通常意义上的设备净价,指设备的出厂价格,它是外购设备的基础价格,该价格不包括运杂费和安装调试费。估算设备购置价格的方法有直接法,功能价值法和生产能力调整法。

①直接法。直接法就是根据市场交易数据直接获得设备价格的方法,这种方法最简单同时可信度也最高。但使用这种方法的前提是必须具备充分的市场资料。通常通用设备由于具备充足的市场资料而适用于这种方法,而非标准设备则不适用。

在使用这种方法的时候,需要注意机器设备的价格变动有时是非常大的,特别是那些技术进步特别快的机器设备,如电子产品、计算机和汽车等。

②功能价值法。对于无法取得设备现行购置价的设备,可采用功能价值法获取设备的购置价格。根据被评估对象的具体情况,寻找现有同类设备的市价,然后根据该同类设备与被评估设备的功能比较,调整得到被评估机器设备的购置价格。当然获取的资料也可能已经包含了设备的运杂费和安装调试费,这样就可以直接得出同类设备的重置成本了。

③生产能力调整法。生产能力调整法通常用来评估设备机组的价格,机组是指由多台(件)机器设备所组成的,具有相对独立的生产能力和一定收益能力的生产装置。

评估机组价格可以先计算出构成机组(套)设备的所有单件设备的重置成本,然后加和得到机组的重置成本。但是在实际估测中应注意机组在建设过程中所发生的一些整体性费用是难以计入各单台(件)设备中的,如机组的设计费用、建设期的投资利息等。特别是对于那些大型连续生产系统,机组中包括的机器设备种类和数量都很多,这些设备在生产经营过程中可能几经更新改造或维修,而且机组的整体费用也十分复杂。这些都使得采用分项评估再加总的评估方式存在某些不足。因此,把机组作为一个完整的生产系统,以整体方式运用成本法评估可能更合适。

生产能力是影响机器设备价值的重要因素,在利用参照物估测被评估机组的重置成本时,当参照物的生产能力与被评估机组不同时,需要利用规模效益指数调整参照物与被评估机组之间因生产规模和生产能力不同而引起的价值偏差。调整的过程可用下列数学式表示:

$$\frac{\text{被评估机组的}}{\text{重置成本}} = \frac{\text{参照机组的}}{\text{重置成本}} \times \left(\frac{\text{被评估机组}}{\text{生产能力}} \div \frac{\text{参照机组}}{\text{生产能力}}\right)^x$$

其中,x 为规模效益指数,一般大型机组、生产线等的规模效益指数可以在相应的专业工程造价书中寻找,或向有关部门查询。

另外需要注意的是,在选择参照物时,应尽可能考虑参照物所在地点和购建时间与被评估机组的评估基准日是否相同,否则还要对时间和空间上的差异做出调整。

【例 3-3】

某企业 2000 年购建一套年产 50 万吨某产品的生产线,账面原值为 500 万元。2015 年进行评估,评估时选择了一套与被评估生产线相似的生产线,该生产线2014 年建成,年产同类产品 75 万吨,造价为 1000 万元。经查询,该类生产线的规模效益指数为 0.7,根据被评估生产线与参照物生产能力方面的差异,调整计算

2014 年被评估生产线的重置成本为：

$$重置成本＝1000×(50÷75)^{0.7}＝753（万元）$$

以上介绍了评估外购机器设备购置价格时常用的几种方法,但在现实评估中很多机器设备无法取得现行购置价,也无法取得同类设备的重置成本,对于这样的机器设备可采用物价指数法估测其重置成本。但要注意,这种方法通常只适用于技术进步速度不快,技术进步因素对设备价格影响不大的设备的重置成本估测。而技术进步速度较快,技术进步因素对设备价格影响较大的设备,不宜采用物价指数法估测其重置成本。

（2）运杂费

国产设备的运杂费是从生产厂家到安装使用地点发生的装卸、运输、采购、保管、保险及其他费用。

设备运杂费的计算方法可以根据设备的生产地点、使用地点以及重量、体积、运输方式,根据铁路、公路、船运、航空等部门的运输计费标准计算。也可以按照设备的购置价格一定的比率作为设备的运杂费率,比如,目前国内在建筑安装工程中设备的运杂费率按照 1.8% 计算。其公式为：

$$国产设备运杂费＝国产设备购置价格×国产设备运杂费率$$

（3）安装调试费用

机器设备安装调试费用包括安装过程中发生的所有人工费、材料费、机械费和其他相关费用。由于设备的性能及存在形式不同,其安装调试费用可能差异会很大,比如小型、单价不高的设备通常不考虑安装费用,而对于一些安装周期较长的设备,还要考虑安装调试资金所占用的资金成本。估算安装调试费用的方法有定额套用法和费率计算法。

①定额套用法。国家的相关部门（如建设部）通常会颁布一些机器设备的安装价格标准,即所谓的安装定额,在定额中规定了安装不同类型设备的安装调试费用,即包含了安装一台设备所需要的人工费、机械费、材料费等相关的所有费用。用这种方法计算出来的安装调试费用精度较高,但采用这种方法一是比较烦琐复杂,二是要求评估人员熟悉掌握相应的安装定额,难度较大。

②费率计算法。费率计算法的公式为：

$$设备安装费＝设备原价×设备安装费率$$

公式中,设备安装费率按照所在行业概算指标中规定的费率计算。该法比较简单,但是精度相对较低,可以想象同样型号和功能的设备理论上安装费用应该是相同的,但在使用这种方法的时候可能因为品牌和设备原价的不同造成安装费率也出现差异。

除了上述三大项费用以外,在估算设备的重置成本时往往还存在一个基础费。设备的基础是为安装设备而建造的特殊构筑物。基础费是指建造设备基础所发生的人工费、材料费、机械费及其他所有费用,属于配套费。评估中需要注意的是有些设备基础是当作建筑物来估算的。通常,设备的基础费率按设备所在行业颁布的概算指标中规定的标准取值,行业标准中没有包括的特殊设备的费率,应自行测算。

2. 进口设备重置成本估算

进口机器设备重置成本的估测在思路上与国产设备的重置成本估测没有大的区别,通过询价的方式当然是估测进口设备重置成本最直接的方法。但是,由于进口设备生产厂家在国外,向国外的设备生产厂家询价有相当的困难,并不是每一个评估机构都能做得到。

另外,由于企业拥有外贸进出口权,进口设备的进口渠道也比较多,进口设备的方式也极不统一。加之国家对机器设备的进口有各种各样的政策规定,这些政策规定也在不断地调整和变化。这就使得进口设备重置成本的估测较国产设备更为复杂。

(1)进口机器设备重置成本构成

进口机器设备重置成本的基本构成是:现行国际市场的离岸价格(FOB)、境外途中保险费、境外运杂费、进口关税、增值税、消费税、银行及其他手续费、国内运杂费、安装调试费。

(2)进口设备重置成本估算

①查询现行价格。可查询到进口设备现行离岸价(FOB)或到岸价(CIF)的,可按下列数学式估测:

重置成本=(FOB 价格+途中保险费+国外运杂费)×现行外汇汇率+进口关税
+增值税+消费税+银行及其他手续费+国内运杂费+安装调试费

重置成本=CIF 价格×现行外汇汇率+进口关税+增值税+消费税+银行及其他
手续费+国内运杂费+安装调试费

②查询替代产品价格。无法查询进口设备的现行 FOB 价格或 CIF 价格的,如可以获取国外替代产品的现行 FOB 或 CIF 价格的,可采用功能价值法或比较法估测被评估进口设备的重置成本。如没有国外替代产品的现行 FOB 或 CIF 价格的,可利用国内替代设备的现行市价或重置成本推算被评估进口设备的重置成本。

③物价指数法。若上述几条渠道都行不通时,也可以利用物价指数法估测进口设备的重置成本。使用指数调整法估测进口设备重置成本时需要注意两点:一是国外机器设备的技术更新期较短,设备更新换代快,一旦旧型号设备被淘汰,其价格会大幅度下降。对于技术已经更新的进口设备不宜采用指数调整法。二是运用指数调整法调整计算进口设备重置成本时,其价格变动指数应使用设备生产国的价格变动指数,而不是国内的价格变动指数。但国内的进口关税税率变动率、增值税、消费税及其他费用变动率可按国内有关时期的数据测算获取。这样,采用指数法测算进口设备重置成本,就可用下列数学式表达:

重置成本=账面原值中的到岸价值÷进口时的外汇汇率×进口设备生产国同类
资产价格变动指数×评估基准日外汇汇率×(1+现行进口关税税率)
×(1+其他税费率)+账面原值中支付人民币部分价格×国内同类资
产价格变动指数

该数学表达式是假定进口设备的到岸价格全部以外汇支付,其余均为人民币支付。如实际情况与此假设不符,应自行调整。在运用物价指数法对进口设备重置成本进行估测时,应尽量将支付外汇部分与支付人民币部分或者说将受设备生产国物价变动影响部分与受国内价格变动影响部分分开,分别运用设备生产国的价格变动指数与国内价格变动指数进行调整,最好不要综合采用国内或设备生产国的价格变动指数一揽子调整。

【例 3-4】

某公司欲以公司拥有的进口机器设备等资产对外联营投资,故委托某评估机构对该进口设备的价值进行评估,评估基准日为 2015 年 11 月 30 日。评估人员根据掌握的资料,经调查分析后,决定采用成本法评估。

设备名称:图像设计系统

规格型号:STORK

设备产地:A 国××厂家

启用日期:2013 年 7 月

账面价值:11000000 元

账面净值:9000000 元

一、计算公式

CIF 价＝FOB 价＋国外运输费＋国外运输保险费

重置成本＝CIF 价＋银行财务费＋外贸手续费＋海关监管手续费＋商检费＋国内运杂费＋国内安装调试费 ＋资金成本

二、重置成本的估算

(1)FOB 价为 EUR(欧元)650000 元。该价格系向 A 国××厂家询得,按评估基准日汇率计算,折合 USD(美元)762460 元,评估基准日美元与人民币汇率中间价为 6.2。

(2)国外运输费率取 5.5%。

(3)国外运输保险费率取 0.4%。

(4)CIF 价＝FOB 价＋国外运输费＋国外运输保险费＝762460×(1＋5.5%＋0.4%)×6.2＝5006160(元)。

(5)关税及增值税:被评估设备根据《当前国家重点鼓励发展的产业、产品和技术目录》及《中华人民共和国上海海关公告——外商投资项目不予免税的进口商品目录》规定,除设备控制系统中的微型计算机不予免关税外,其余机器设备均予免税,由于微型计算机所占金额很少,故计算中未计关税与增值税项目。

(6)银行财务费率取 0.4%。

(7)外贸手续费率取 1.5%。

(8)海关监管手续费率取 0.3%。

(9)商检费率取 0.3%。

(10)国内运杂费率取 3%。

(11)设备基础费:该设备不需专门建设设备基础,故略计此费用。

(12)国内安装调试费率取 3%。

(13)资金成本:评估基准日一年期贷款利率 5.85%,半年期贷款利率 5.58%。从合同签订至设备安装调试完毕 12 个月。付款方式为:首期支付 CIF 价的 30%(计息期 12 个月),设备进关开始安装调试支付 60%(计息期 6 个月),安装调试费均匀投入(计息期 3 个月),余款 10%于调试运行后支付(计息期为零)。

资金成本＝CIF 价×30%×5.85%×12/12＋(CIF 价×60%＋银行财务费＋外贸手续费＋海关监管手续费＋商检费＋国内运杂费)×5.58%×6/12＋安装调试费×5.58%×3/12＝5006160×30%×5.85%×12/12＋[5006160×60%＋5006160 ×(0.4%＋1.5%＋0.3%＋0.3%＋3%)]×5.58%×6/12＋5006160×3%×5.58%×3/12＝87858＋91485＋2095＝181438(元)。

(14)进口设备重置成本＝FOB 价＋国外运输费＋国外运输保险费＋银行财

务费＋外贸手续费＋海关监管手续费＋商检费＋国内运杂费＋安装调试费＋资金成本＝[FOB价×(1＋国外运输费率)×(1＋保险费率)×基准日外汇汇率]×(1＋银行财务费率＋外贸手续费率＋海关监管手续费率＋商检费率＋国内运杂费率＋安装调试费率)＋资金成本＝[571000×(1＋5.5%＋0.4%)×8.2789]×(1＋0.4%＋1.5%＋0.3%＋0.3%＋3%＋3%)＋181438＝5613121(元)(取整)。

3.2.5　机器设备有形损耗率及成新率的估测

机器设备的有形损耗率亦称实体性贬值率,是由于使用磨损和自然损耗造成的贬值相对于机器设备重置成本的比率,有形损耗率也可以理解为机器设备实体损耗状况与全新状态的比率。

成新率反映评估对象现时的新旧程度,亦可以理解为机器设备的现时状态与设备全新状态的比率。

机器设备的有形损耗率与机器设备的成新率的关系为:

　　成新率＝1－有形损耗率

设备有形损耗率或成新率的估测通常采用使用年限法、观测分析法和修复费用法进行。估测机器设备的有形损耗率或成新率,要求评估人员必须具备过硬的专业技术知识和丰富的评估经验,以便自如地运用上述3种估测方法,而不致于机械地照套公式。

1. 运用使用年限法估测设备的成新率

使用年限法首先是建立在假设机器设备在整个使用寿命期间,实体性损耗是随时间线性递增的,设备价值的降低与其损耗的大小成正比。因此,使用年限法用数学式表示为:

$$成新率＝\frac{设备尚可使用年限}{设备已使用年限＋设备尚可使用年限}×100\%$$

或

$$成新率＝\frac{设备总使用年限－设备已使用年限}{设备总使用年限}×100\%$$

从上述表达式可知,运用年限法估测设备的成新率涉及3个基本参数:设备的总使用年限、设备的尚可使用年限和设备的已使用年限。

(1)设备的总使用年限。设备的总使用年限即设备的使用寿命。关于机器设备的使用寿命,通常又可以分为物理寿命、技术寿命和经济寿命。设备的物理寿命是指机器设备从开始使用到报废为止经历的时间。机器设备物理寿命的长短,主要取决于机器设备的自身质量、运行过程中的使用、保养和正常维修情况。机器设备的技术寿命是指机器设备从开始使用到技术过时经历的时间。机器设备的技术寿命在很大程度上取决于社会技术进步和技术更新的速度和周期。机器设备的经济寿命是指机器设备从开始使用到因经济上不合算而停止使用所经历的时间。所谓经济上不合算,是指维持机器设备的继续使用所需要的维持费用大于机器设备继续使用所带来的收益。机器设备的经济寿命与机器本身的物理性能、物理寿命、技术进步速度、机器设备使用的外部环境的变化等都有直接的联系。

在运用机器设备总使用年限估测机器设备的成新率或实体性陈旧贬值率时,通常首选机器设备的经济寿命作为其总使用年限,这是国际上资产评估行业普遍采用的做法。当然,机器设备经济寿命的确定并不是一件很容易的事。到目前为止,国内尚无可供机器设备评估使用的经济年限的规定。机器设备的经济寿命作为确定机器设备总使用年限的首选指标,并不排除把机器设备的物理寿命或技术寿命作为机器设备总使用年限的可能性。能否运用机器设备的物理寿命和技术寿命作为机器设备的总使用年限,应根据机器设备评估的总体思路和总体要求,在保证确定机器设备评估值的各经济技术参数前后一致、前后协调的前提下,使用机器设备的物理寿命或技术寿命作为机器设备的总使用寿命也是可行的。

(2)设备的已使用年限。机器设备的已使用年限是一个比较容易确定的指标。它是指机器设备从开始使用到评估基准日所经历的时间。在采用已使用年限确定设备的成新率或实体性贬值率时,应注意以下几点:

第一,运用使用年限法估测设备成新率或实体性贬值率,使用年限是代表设备运行量或工作量的一种计量。这种计量是以设备的正常使用为前提的,包括正常的使用时间和正常的使用强度。例如,在正常情况下,各种加工机器设备一般是以两班制生产为前提的。因此,在实际评估过程中,运用已使用年限指标时应充分注意设备的实际已使用时间,而不是简单的日历天数。

第二,关于使用已计提折旧年限作为估测成新率中的已使用年限问题。折旧年限是国家财务会计制度以法的形式规定的机器设备计提折旧的时间跨度。它综合考虑了机器设备物理使用寿命、技术进步因素、企业的承受能力,以及国家税收状况等因素,旨在促进企业加强经济核算,适时地实施机器设备技术更新。从理论上讲,机器设备的已折旧年限并不一定能全面地反映出机器设备的磨损程度。已提折旧年限并不完全等同于估测成新率中的设备已使用年限。所以,在使用已提折旧年限作为设备的已使用年限求取成新率时,一定要注意已提折旧年限与设备的实际耗损程度,以及与机器设备评估的总体构思是否吻合,并注明使用前提和使用条件。

(3)设备的尚可使用年限。机器设备的尚可使用年限,即机器设备的剩余使用寿命。严格地讲,它应该通过技术检测和专业技术鉴定来确定。事实上,在机器设备评估中难以实现对机器设备的逐台(件)进行技术检测和专业技术鉴定。替代的方法是,用设备的总使用年限减去设备的实际已使用年限来求取设备的尚可使用年限。尤其是对较新的设备,这种方法更是简便易行。对于已使用较长时间的老设备,采用总使用年限减去已使用年限的方法有一定的局限。因为有些老设备的已使用年限已经达到甚至超过了预计的设备总使用年限。此时必须直接估测其尚可使用年限,估测的依据就是设备的实际状态和评估人员的专业经验。当然也不排除运用较为简捷的方法,如利用设备的一个大修期作为设备尚可使用年限的上限,减去设备上一次大修至评估基准日的时间,余下的时间便是设备的尚可使用时间。

对于国家明文规定限期淘汰、禁止超期使用的设备,其尚可使用年限不能超过国家规定禁止使用的日期,而不论设备的现时技术状态如何。

对于经过大修,特别是经过技术改造的机器设备,应适当增加其尚可使用年限,或减少其实际已使用年限。这需要专业技术人员进行专业技术判断,另外还可以参考下列数学式进行近似计算:

成新率 = 尚可使用年限 ÷ (加权投资年限 + 尚可使用年限) × 100%

加权投资年限 = $\sum$(加权更新成本) ÷ $\sum$(更新成本)

其中：

加权更新成本＝已使用年限×更新成本

【例 3-5】

某企业 2004 年购入一台设备，账面原值为 30000 元，2009 年和 2011 年进行两次更新改造，当年投资分别为 3000 元和 2000 元，2014 年对该设备进行评估。假定：从 2004—2014 年年通货膨胀率为 10%，该设备的尚可使用年限经检测和鉴定为 7 年，试估算设备的成新率。

第一步，调整计算现行成本。如表 3-1 所示。

表 3-1 现行成本计算

投资日期(年份)	原始投资额(元)	价格变动系数	现行成本(元)
2004	30000	2.60	78000
2009	3000	1.61	4830
2011	2000	1.33	2660
合计	35000		85490

第二步，计算加权更新成本。如表 3-2 所示。

表 3-2 加权更新成本计算

投资日期(年份)	现行成本(元)	投资年限 (年)	加权更新成本(元)
2004	78000	10	780000
2009	4830	5	24150
2011	2660	3	7980
合计	85490		812130

第三步，计算加权投资年限。

$$加权投资年限＝\frac{812130}{85490}≈9.5(年)$$

第四步，计算成新率。

$$成新率＝7÷(9.5＋7)×100\%＝42\%$$

2. 运用观测分析法估测设备的成新率

观测分析法是评估人员根据对设备的现场技术检测和观察，结合设备的使用时间、实际技术状况、负荷程度、制造质量等经济技术参数，经综合分析估测设备的成新率。

运用观测分析法时应主要关注以下指标：

(1)设备的现时技术状态；

(2)设备的实际已使用时间；

(3)设备的正常负荷率；

(4)设备的原始制造质量；

(5)设备的维修保养状况；

（6）设备重大故障（事故）经历；

（7）设备大修、技改情况；

（8）设备工作环境和条件；

（9）设备的外观和完整性等。

另外，在运用观测分析法估测设备的成新率时应首先确定和划分不同档次成新率标准。简便易行的办法是先确定两头，即全新或刚投入使用不久基本完好的设备和将要淘汰处理或待报废的设备。然后再根据设备评估的精细程度要求，在全新设备与报废设备之间设若干档次，并规定不同档次的经济技术参数标准。如表 3-3 所示。

表 3-3　美国评估协会使用的实体性贬值率参考

设备状态		贬值率（%）
全新	全新，刚刚安装，尚未使用，资产状态极佳	0
		5
很好	很新，只轻微使用过，无需更换任何部件或进行修理	10
		15
良好	半新资产，但经过维修或更新，处于极佳状态	20
		25
		30
		35
一般	旧资产，需要进行某些修理或更换一些零部件，如轴承之类	40
		45
		50
		55
		60
尚可使用	处于可运行状况的旧资产，需要大量维修或更换零部件，如电机等	65
		70
		75
		80
不良	需要进行大修理的旧资产，如更换运动机件或主要结构件	85
		90
报废	除了基本材料的废品回收价值外，没有希望以其他方式出售	97.5
		100

表 3-3 是就一般设备有形损耗率或成新率判定的经验数据，但该表只能供评估人员参考，在实际判断机器设备成新率时，还必须广泛听取设备实际操作人员、维修人员和管理人员对设备情况的介绍和评判。切不可简单地采取"对号入座"的方式，把机器设备成新率评估参考表作为唯一的标准对待。特别是在评估精密设备、成套设备和生产线时，条件许可的情况下，可组成专家组共同判断这些设备的成新率。

运用观测分析法估测设备的成新率，不论是否有设备成新率评估参考表，评估人员的专业水准和评估经验都是十分重要的。选派称职的评估人员来估测设备的成新率，是准确判断设备成新率的基本前提。

3. 运用修复费用法估测设备的成新率

修复费用法是以修复机器设备的实体有形损耗，使之达到全新状态所需要支出的金

55

额。作为估测被修复机器设备实体有形损耗的一种方法,它适用于具有特殊结构的机器设备的可补偿性实体有形损耗的估测。可补偿性实体有形损耗,是指机器设备的实体有形损耗在技术上是可修复的,而且这种修复在经济上是合理的。

修复费用的大小与修复的难度及工作量直接相关,而修复工作量又与设备的实际损耗程度相联系。用修复设备损耗所需要的支出费用与全新设备的重置成本相比较,就是设备的实体有形损耗率。如果需要进一步求取设备的成新率,即可按下式计算:

成新率=1-设备修复费用/重置成本

修复费用法有着比较广泛的使用领域,尤其是对需定期更换易损件的机器设备(如纺织机械、机组、生产线等)的成新率评估,就更为适用。

【例 3-6】

被评估设备为一生产线,购入时间不足 3 年,使用时间约为两年。由于该生产线执行部分质量不好,严重影响整个生产线的正常使用,故障多,产品质量上不去。评估人员经现场观察了解,该生产线除执行部分以外,性能、质量都还很好,只要换掉生产线的数控部分,以一个新的数控装置替换在用的数控装置,生产线的整体功能和生产能力都能达到工艺要求。根据上述分析,评估人员决定采用修复费用法估测该生产线的成新率。评估人员经查阅生产线购买合同,并向有关部门询价,了解到数控装置的重置价大约是整个生产线重置价的 2/5。原数控装置因质量不好不宜继续使用,故可以认为该生产线的 2/5 价值已经丧失。由于该生产线已经使用了一年,生产线有一定的有形损耗,假如一定要通过修理来恢复生产线的有形损耗,其修理费用大约会占生产线价值的 10%。根据上列数据求,该

生产线的成新率:修理费用占重置成本比例为:$\dfrac{2}{5}+\dfrac{3}{5}\times 10\%$

成新率为:$(1-2/5)\times(1-10\%)=54\%$

在运用修复费用法估测机器设备的成新率时,必须注意该修理费用是否包括了对被评估机器设备技术更新和改造的支出,以便在考虑设备的功能性贬值时避免重复计算或漏评。

3.2.6 机器设备功能性贬值和经济性贬值的估测

1. 设备的功能性贬值及其测算

机器设备的功能性贬值主要是由于技术进步引起的。在机器设备这类资产上具体有两种表现形式。

第一种是由于技术进步引起劳动生产率的提高,其再制造成本的社会必要劳动时间减少,成本降低,从而造成原有设备的价值贬值。具体表现为原有设备价值中有一个超额投资成本将不被社会所承认。

第二种是由于技术进步出现了新的、性能更优的设备,致使原有设备的功能相对新式设备已经落后,从而引起价值贬值。具体表现为原有设备在完成相同生产任务的前提下,在能源、动力、人力、原材料等方面的消耗增加,形成了一部分超额运营成本。原有设备的超额投资成本和超额运营成本便是评估人员判断其功能性贬值的基本依据。

(1)超额投资成本形成的功能性贬值的测算。从理论上讲,设备的超额投资成本就等于该设备的更新重置成本与其复原重置成本的差额。即:

设备超额投资成本＝设备复原重置成本－设备的更新重置成本

在实际评估工作中,设备的复原重置成本往往难以直接获得。根据上面的算式可以看出,直接使用设备的更新重置成本,其实就已经将被评估设备价值中所包含的超额投资成本剔除掉了。

现实中的情况有可能是被评估的设备现已停产,评估时只能参照其替代设备。而这些替代设备的性能通常要比被评估设备更好,其价格通常也会高于被评估设备。在这种情况下,就不应机械地套用超额投资成本计算公式去估测设备的超额投资成本。而应该利用参照设备的价格,采用类比法(如功能价值法、生产能力比较法等)估测被评估设备的更新重置成本。利用参照设备采用类比法估测的被评估设备的更新重置成本,至少已经将被评估设备价值中的超额投资成本所形成的功能性贬值剔除掉了(也可能还剔除了一部分超额运营成本)。

(2)超额运营成本形成的功能性贬值的测算。超额运营成本引起的功能性贬值通常按以下步骤测算:①选择参照物,并将参照物的年操作运营成本与被评估设备的年操作运营成本进行对比,找出两者之间的差别及年超额运营成本额;②估测被评估设备的剩余使用年限或工作量;③按企业适用的所得税率,计算被估设备因超额运营成本而抵减的所得税,得出被评估设备的年超额运营成本净额;④选择适当的折现率,将被评估设备在剩余使用年限中的每年超额运营成本净额折现,累加计算被估机器设备的功能性贬值。

【例 3-7】

某被评估对象是一生产控制装置,其正常运行需 6 名操作人员。目前同类新式控制装置所需的操作人员定额为 3 名。假定被评估控制装置与参照物在运营成本的其他项目支出方面大致相同,操作人员平均年工资福利费约为 15000 元,被评估控制装置尚可使用 3 年,所得税税率为 33％,适用的折现率为 10％。根据上述数据资料,被评估控制装置的功能性贬值测算如下:

(1)计算被评估生产装置的年超额运营成本额:

$(6-3) \times 15000 = 45000$ (元)

(2)测算被评估控制装置的年超额运营成本净额:

$45000 \times (1-33\%) = 30150$ (元)

(3)将被评估控制装置在剩余使用年限内的每年超额运营成本净额折现累加,估算其功能性贬值额:

$30150 \times (P/A, 10\%, 3) = 30150 \times 2.4869 = 74980$ (元)

2. 设备的经济性贬值及其测算

设备的经济性贬值是因设备外部因素引起的设备价值贬值。例如,设备所生产的产品滞销、原材料价格上升、竞争加剧等,最终表现为设备利用率下降、闲置,收益额减少,从而使在用设备相对不值钱。

(1)估测前提和对象范围。设备经济性贬值的估测主要是以评估基准日以后是否闲置、停用或利用不足为依据。

计算设备经济性贬值的对象主要包括:生产线或机组、大型重要设备等。对一般中小型单台设备、季节性使用设备、辅助生产设备等,通常不单独计算其经济性贬值。对于评估基准日后不再继续使用或无继续使用价值的设备不专门估算其经济性贬值。

(2)估测方法。由于设备利用率下降而使设备相对闲置造成收益损失的,可参照下列算式估测设备的经济性贬值率:

$$经济性贬值率=\left[1-\left(\frac{设备预计可被利用的生产能力}{设备原设计生产能力}\right)^{x}\right]\times100\%$$

式中,x 为规模效益指数,实践中多用经验数据。机器设备的 x 指数一般选取 $0.6\sim0.7$。

经济性贬值额一般是以设备的重置成本扣除了有形损耗和功能性贬值后的余值乘以经济性贬值率获得的。

【例 3-8】

某家电生产厂家,其家电生产线年生产能力为 10 万台,由于市场竞争加剧,该厂家电产品销售量锐减,企业不得不将生产量减至年产 7 万台(销售价格及其他条件未变)。这种局面在今后很长一段时间难以改变,试估测该生产线的经济性贬值率。

根据以上公式和提供的有关资料,不难计算出设备的经济性贬值率。

$$经济性贬值率=\left[1-\left(\frac{70000}{100000}\right)^{0.6}\right]\times100\%=[1-0.81]\times100\%=19\%$$

如果设备由于外界因素变化,造成的收益减少额能够直接测算出来的话,可直接按设备继续使用期间每年的收益损失额折现累加得到设备的经济性贬值额。用数学式表达如下:

$$经济性贬值额=设备年收益损失额\times(1-所得税税率)\times(P/A,r,n)$$

式中,$(P/A,r,n)$ 为年金现值系数。

【例 3-9】

承上例,如果家电生产企业不降低生产量,就必须降价销售家电产品。假定原产品销价为 2000 元/台,要使 10 万台产品能够卖掉,产品售价需降至 1900 元/台,每台产品损失毛利 100 元。经估测,该生产线还可以继续使用 3 年,企业所在行业的投资报酬率为 10%,试估算该生产线的经济性贬值额。

根据上式和提供的有关资料,

$$
\begin{aligned}
经济性贬值额&=(100\times100000)\times(1-33\%)\times(P/A,r,n)\\
&=6700000\times2.4869\\
&=16662230\ (元)
\end{aligned}
$$

在实际评估工作中,机器设备的经济性贬值和功能性贬值有时是可以单独估测的,有时不能单独估测。这主要取决于在设备的重置成本和成新率的测算中考虑了哪些因素。所以,在具体运用重置成本法评估机器设备时,应时刻注意这一点,避免重复扣减贬值因素,以及漏评贬值因素。

对于那些今后肯定要继续使用,但近期内仍将闲置的设备,可按其闲置时间和资金成本估算其经济性贬值。

3.3　机器设备评估中市场法的应用

3.3.1　机器设备评估市场法概述

如前所述,市场法是获取资产价值的较为简捷的方法。对机器设备评估而言也是如此。在市场经济及市场发育比较完善的国家和地区,运用市场法评估机器设备价值是比较普遍的。

市场法根据目前公开市场上与被评估对象相似的或可比的参照物的价格来确定被评估对象的价格。如果参照物与被评估对象是不完全相同的,则需要根据评估对象与参照物之间的差异对价值的影响做出调整。

市场法评估机器设备,要求有一个有效、公平的市场。有效是指市场所提供的信息是真实可靠的,评估参照物在市场上的交易是活跃的。而公平是指市场应该具备公平交易的所有条件,买卖双方的每一步决策都是在谨慎和充分掌握信息的基础上做出的,并且假定这价格不受不适当刺激的影响。

市场法适用于市场发育较完善的地区,当存在有同类设备的二手设备交易市场或有较多的交易实例,是获取资产价值较为简捷的方法。但当前我国的市场经济尚在逐步健全的进程中,二手设备市场交易品种单调、频率不高,交易信息不透明,可采用案例贫乏,这限制了市场比较法在现实资产评估中的广泛运用。

采用市场法评估时,应注意评估的是机器设备的成交价,而不是一台持续使用的机器设备的完全重置成本,得出成交价后应加计运输费、安装调试费、设备基础费,安装调试时间较长的还应加计管理费用、资金成本等。运用市场法评估不存在成新率、功能性贬值和经济性贬值等问题。

3.3.2　采用市场法评估设备的基本步骤和要点

1. 明确并鉴定被评估对象

需要鉴定的被评估对象,主要包括设备类别、名称、规格型号、生产厂家、生产日期、设备性能、现时技术状况及预估尚可使用年限等。

2. 选择参照物

在市场中选择参照物,最重要的是各个比较因素之间具有可比性。比较因素是一个指标体系,它要能够全面反映影响价值的因素。不全面的或仅使用个别指标所做出的价值评估是不准确的。一般来说,设备的比较因素可分为四大类,即个别因素、交易因素、地域因素和时间因素。

比较因素具体包括以下分类:

(1)设备的规格型号(个别因素);

(2)设备的生产厂家(个别因素);

(3)设备的制造质量(个别因素);

（4）设备的附件、配件情况（个别因素）；

（5）设备的实际使用年限（个别因素）；

（6）设备的实际技术状况（个别因素）；

（7）设备的出售目的和出售方式（交易因素）；

（8）设备的成交数量和成交时间（交易因素）；

（9）设备交易时的市场状况（时间因素）；

（10）设备的存放和使用地点（地域因素）。

要认真分析上述可比因素，确认其成交价具有代表性和合理性，才可以将其作为参照物。在条件允许的情况下，参照物最好能有多个。

3. 选择适当的方法估测比准价值

在选定参照物之后，就要选择适当的方法具体分析、对比、调整评估对象与参照物之间的可比因素，估测评估对象的初步结果。评估设备可选用的具体评估方法有直接匹配法、因素调整法和成本比率法等。

4. 确定评估结果

如果评估时所选择的参照物不止一个，可能就会出现若干个评估对象的比准价值，按照资产评估的要求，最终要给出一个评估结论。这就需要估价师结合每个比准价值及其参照物的情况，分析给出最终评估结论。

3.3.3 具体方法介绍

1. 直接匹配法

直接匹配法是指利用二手设备市场上已成交的相同设备的交易资料，通过与被评估设备的直接对比、调整得到被评估设备价值的方法。此方法运用的前提是市场有与评估对象相同且已经成交的设备交易数据和资料，同时评估对象和参照物基本相同，需要调整的项目较少，其公式为：

$$V = V' + \Delta_i$$

式中，V——评估值；

V'——参照物的市场价值；

Δ_i——差异调整。

比如评估一辆汽车时，如果二手汽车交易市场能够发现与评估对象基本相同的汽车，它们的制造商、型号、年代、附件都相同，只有行驶里程和实体状态方面存在差异，在这种情况下就可以利用直接匹配法将评估对象和市场上正在销售的汽车进行比较，得出评估对象的评估价格。

【例 3-10】

评估一辆汽车，评估师从市场上获得市场参照物和被评估汽车在型号、购置年月、行驶里程、发动机等各方面都相同。区别在于：①评估对象的大灯损坏，更换需要费用 200 元；②参照物的车辆后加装 CD 音响一套，价值 1000 元。若参照物的市场交易价格为 80000 元，则：

$$V＝80000－200－1000＝78800(元)$$

2. 因素调整法

因素调整法指利用与评估对象相似的且已经在市场上成交的设备的交易数据和资料，通过对评估对象与参照物之间可比因素进行逐项对比分析，经调整后得到评估对象价值的方法。这种方法是在无法获得基本相同的市场参照物的情况下，以相似的参照物作为分析调整的基础。例如，评估一台由 A 厂制造的车床，评估师发现在市场上没有 A 厂生产的相似的车床，但是有 B 厂和 C 厂生产的相似的车床，在这种情况下就需要采用因素调整法。

3. 成本比率调整法

成本比率调整法是通过了解相似的市场参照物的交易价格与全新设备售价的比率关系，用此比率作为确定被评估机器设备价值的依据。比如评估师在评估 A 公司生产的 8 米直径的车床，但市场上没有相同的或者类似的参照物，只有其他厂家生产的 4 米或 6 米机床的二手价格，其成交价格相当于全新的该类设备价格的 70％，那么可以认为，评估对象的价格也应该是其重置成本的 70％。

【例 3-11】　二手车评估

品牌型号：天津一汽夏利 7101A 骏雅（两厢）

发动机：TJ376QE 直列三缸、电喷汽油机

车身颜色：蓝色

初登日期：2013 年 5 月

已行驶里程：52000km

该车为专人驾驶的家庭自备车，规定使用年限为 15 年，手续齐全。

配置说明：此车排量 1.0L，四挡手动变速器，基本配置。另外，加装了 CD 机、低音炮以及四门电动车窗。

静态检查：从该车的保养状况看，还算得上良好。该车车漆属原车漆，前后保险杠有划痕，部分漆面脱落，属一般性擦伤，对车辆本身并未造成影响，建议修复；车内没有损坏的部件；空调器制冷不够，经检测非空调器质量问题，添加氟即可；变速器正常，离合器、制动器使用无异常；发动机无维修记录，电路整齐，胎面正常。

动态检查：经试车，该车发动机整体性能良好。由于该车为三缸发动机，排量 1.0L，故马力相对不足，启动后怠速较不稳，发动机抖动较厉害。比较出人意料的是，该车加速有力，且变速器不像一般微型车那样生涩，入挡相当轻松，可以判断该车机械部件保养良好，运转正常。检查底盘和悬挂系统时，并没有发现悬挂系统出现其他异常。只是在行驶过程中，车厢内来自路面的噪音较大，影响了乘坐的舒适性。据介绍，这是大部分经济型轿车为了节省成本而落下的通病，如果车主实在介意，可以通过做底盘隔音纠正。由于该车无助力转向，令驾驶人员感觉打方向较费力，这不能不说是一个遗憾。除此之外，该车其他一切正常良好。

鉴定评估：该车上牌至评估日期为 2 年 6 个月（30 个月），如今市面上新车净价为 35800 元，含牌价约为 39000 元，车价比较没有大幅度调整，可见其保值性比

较高。另外,该品牌车保有量大,维修费用低,经济省油,也是值得考虑的因素。

　　总体来说,该车车况良好,52000千米的里程对一部已使用两年多的轿车来说并不算多。根据实际检查及其他各方面因素综合考虑,得出该车成新率为65%。另外,考虑到车主平日保养汽车有道,并且加装了比较实用的汽车音响,因此该车的评估价值为26800元。

　　夏利车虽然外形不够靓丽,动力性能较为欠缺,但对那些经济不宽裕却需要汽车代步的人来说,依然是非常不错的选择。另外,加装了CD机和低音炮,初步完善了汽车的听音系统,对于爱好音乐的买家来说,不失为一个不错的选择,预计该车在二手车市场上很容易售出。

第 4 章

房地产评估

▷学习目标

1. 了解房地产及房地产评估特点;
2. 掌握市场法、收益法和成本法在房地产评估中的应用;
3. 掌握在建工程的评估特点;
4. 了解房地产评估中的批量评估法。

4.1 房地产及房地产评估概述

4.1.1 房地产的概念

目前,关于"房地产"的定义尚存在歧义。有人认为房地产是土地和建筑物的合成体,应该区别于单独的土地或单独的建筑物。而有人认为,房地产既指土地和建筑物的合成体,也包括了单独的土地或单独的建筑物。为了避免这样的歧义,本章对"房地产"一词采用英文"real estate"的译法——"不动产"。即无论是土地和建筑物的合成体,还是单独的土地和单独的建筑物都属于不动产。

对于不动产,除了要认识其实物属性,还要认识其权益属性,不动产可以可视为实物和权益两者的结合,本章将分别从实物和权益两个层面来介绍不动产的特性。

4.1.2 实物层面上的不动产

在实物层面上,不动产包括房屋和土地两个方面。

1. 实物层面上的房屋

房屋,可以理解为建造在土地上的建筑物,包括房屋和构筑物两类。房屋是指能够遮风避雨,并且供人们居住、工作、学习、娱乐、储藏、纪念或者进行其他活动的建筑物。构筑物是指房屋以外的其他建筑物,区别于房屋的最大特点是人们一般不直接在内从事生产和生活活动,如水塔、桥梁。在不动产评估中,房屋属于我们主要的评估对象。关于房屋,可以从以下几个方面来进行基本的认识:

(1)层数和高度。①低层住宅:指 1~3 层的住宅。②多层住宅:指 4~6 层的住宅。

63

③中高层住宅:指 7~9 层的住宅。④高层住宅:指 10 层及 10 层以上的住宅。

(2) 面积。①建筑面积:住宅的建筑面积是指建筑物外墙外围所围成空间的水平面积,如果计算多、高层住宅的建筑面积,则是各层建筑面积之和。建筑面积包含了房屋居住的可用面积、墙体柱体占地面积、楼梯走道面积、其他公摊面积等。②使用面积:住宅的使用面积,指住宅各层平面中直接供住户生活使用的净面积之和。计算住宅使用面积,可以比较直观地反映住宅的使用状况,但在住宅买卖中一般不采用使用面积来计算价格。计算使用面积时有一些特殊规定。③公用面积:住宅的公用面积是指住宅楼内为住户出入方便、正常交往、保障生活所设置的公共走廊、楼梯、电梯间、水箱间等所占面积的总和。开发商在出售商品房时计算的建筑面积存在公共面积的分摊问题。④实用面积:它是"建筑面积"扣除公共分摊面积后的余额。⑤容积率:容积率是建筑总面积与建筑用地面积的比。例如,在 1 万平方米的土地上,有 4000 平方米的建筑总面积,其容积率为 0.4。⑥建筑密度:建筑密度是指在居住区用地内各类建筑的基底总面积与居住区用地的比率(%),它可以反映出一定用地范围内的空地率和建筑密集程度。⑦绿化率:绿化率是指项目规划建设用地范围内的绿化面积与规划建设用地面积之比。对购房者而言,绿化率高为好。

(3)结构。房屋的结构主要针对的是房屋承重材料的不同,大致可以分为钢结构,钢、钢筋混凝土结构,钢筋混凝土结构,混合结构,砖木结构和其他结构,具体区别见表 4-1。

表 4-1 房屋结构分类

钢结构	是指承重的主要构件是用钢材料建造的,包括悬索结构。
钢、钢筋混凝土结构	是指承重的主要构件是用钢、钢筋混凝土建造的。
钢筋混凝土结构	是指承重的主要构件是用钢筋混凝土建造的。包括薄壳结构、大模板现浇结构及使用滑模、升板等建造的钢筋混凝土结构的建筑物。
混合结构	是指承重的主要构件是用钢筋混凝土和砖木建造的。如一幢房屋的梁是用钢筋混凝土制成,以砖墙为承重墙,或者梁是用木材建造,柱是用钢筋混凝土建造。
砖木结构	是指承重的主要构件是用砖、木材建造的。如一幢房屋是木制房架、砖墙、木柱建造的。
其他结构	凡不属于上述结构的房屋都归此类。如竹结构、砖拱结构、窑洞等。

高层建筑采用的都是钢结构和钢筋混凝土结构,多层建筑可以采用混合结构,而一般低矮的建筑才采用砖木结构。

在单独评价房屋价格的时候,房屋结构的差异是构成房屋价格差异最主要的因素,钢结构和钢筋混凝土结构的房屋单方造价最高,混合结构相对较低,砖木结构的最低。

(4)装修。房屋的装修包括内装修和外装修,内装修指的是房屋内部的装修,包括地面装修,墙面装修,天棚装修和门窗装修等;外装修指的是房屋外表面的装修,常见有玻璃幕墙,石材饰面和涂料饰面。装修根据档次不同,单方造价会有很大的差别。

(5)设备。房屋为满足人类的使用功能还要配备相应的给排水工程、电气照明工程、电气动力工程、空调工程、通风工程、消防工程、通信工程、安防工程和楼宇智能化工程等。

2. 实物层面上的土地

土地即田地、地面,这是一般人通常最直观的认识。1972 年联合国粮农组织对土地的定义是:土地包含地球特定地域表面及其以上和以下的大气、土壤和目前人类活动的种种结果,以及动物对目前和未来人类利用土地所施加的重要影响。从中我们可以看出土地是一个四维空间的概念，它还包含着人类和动物活动。

在实物层面上对一宗土地的认识通常包含以下几个要素：

(1)坐落：包括所处的区域和具体地点，可从国家、地区、城市、邻里、地点5个从宏观到具体的层次来认识。

(2)面积：依法确认的面积。

(3)形状：通常用图(如宗地图)来说明。

(4)四至：是土地四邻的名称，对其描述的顺序最好为东、南、西、北。

(5)地势：包括地势高低、自然排水状况、被洪水淹没的可能性。

(6)周围环境：通常用文字加照片来说明。

(7)利用现状：包括现状用途，土地上有无建筑物、其他附着物等。

(8)基础设施完备程度和土地平整程度：指道路、给水、排水、电力、通信、燃气、热力等设施的完备程度和土地的平整程度，即通常所说的"三通一平"，"五通一平"和"七通一平"。

4.1.3　权益层面上的不动产

不动产权益是指不动产中无形的、不可触摸的部分，包括权利、利益和收益。不动产的权益是以不动产的权利为基础的，包括不动产的各种权利，可以统称为产权。"产权"(property right)一词来源于西方，其本意是指财产所有权。《牛津法律大辞典》对"产权"的定义是："存在于任何客体之中或之上的完全权利，包括占有权、出借权、转让权、用益权、消费权和其他与财产有关的权利。"但是，随着人类经济社会的发展，仅所有权已经不能满足人们日益复杂的经济社会关系和需要，人们除了对自己的物享有权利外，往往还需要他人之物或与他人之物发生关系，如为了便于土地耕种或便于通行而设地役权，为了获得借贷资金而设(不动产)抵押权，为了充分利用土地增加收益而设地上权。因此，在他人的所有权上设定一定的物权以满足自己的需要是必要和可能的。事实上，产权的内涵不仅包含了财产所有权，也包括了以所有权为主体的财产他物权和因财产而设定的两人之间即债权人和债务人之间的债权。

因此，不同的产权设置，产权人(所有者和使用者)的权利是不同的。不同的权利将给产权人带来不同的收益或效用，而不同的收益将会产生不同的价格。

不动产价格从本质上来说是其权益的价格，而非实体的价格。不动产的产权性质决定了不动产权益人对不动产这一特殊商品占有、使用、收益和处分的权利及其程度。因此，了解产权状况，实质是了解不动产的权益及其未来可能的收益。反之，只有了解不动产的产权状况，才可能了解其效用或者未来可能的收益，才能正确地评估不动产的价值。

不动产评估实务中，可能存在各种复杂的产权状况，如共有、分割、兼具抵押与租赁、产权纠纷、历史遗留问题等，不同产权类型设置及其权益会对不动产价格具有直接的影响。对于复杂产权的不动产，应根据我国产权制度，结合产权理论、类型及其主要特点，仔细分析待估不动产的实际产权情况及其合法性，研究各类产权设置对不动产价格的影响程度，正确评估不动产。

4.1.4　不动产价格及其影响因素

1. 不动产价格和价值

不动产评估必须明确两个概念,即不动产价格和不动产价值。不动产价格,通常称之为不动产市价,它是不动产交易双方的实际成交价格。作为成交价格,它是一种历史事实。同一宗不动产的成交价格,即使在同一时点上,也会因交易双方的地位、心态、偏好、动机、素质的不同而不同。资产评估中的不动产价值并不是一种历史事实,而是在该不动产尚未进入市场之前,由评估人员根据评估对象的自身状况、周边环境及市场条件,经过一系列假设或限定,将评估对象置于一种既符合客观事实、又不完全是客观事实的境地中所给出的公正性价值判断。为了避免在概念上混淆,不动产价格可以理解为在市场上实现了交换的成交价格。而不动产的评估结果或结论称为不动产价值。

2. 不动产价格的种类

尽管不动产评估并不是直接去评估不动产的实际成交价格,但不动产的评估值是不可以完全脱离不动产的市场价格的,它应非常接近不动产的市场价格。因此,每一位评估人员都应熟悉不动产价格的种类和每一种不动产价格的确切含义。按照不动产3种形态为标准划分,不动产价格有以下3种价格形态:

(1)土地价格(简称地价)。通常是指空地的价格。根据目前我国的地价体系,地价又可以具体划分为基准地价、标定地价、出让地价、转让地价和其他地价(如出租价格、抵押价格等)等若干种。

(2)建筑物价格。是指纯建筑物部分的价格,不包含其占用的土地价格。在人们日常生活中纯粹的建筑物价格并不多见。人们脑海中的建筑物价格通常是包含地价的。

(3)房地价格。是指建筑物连同其占用的土地的价格在一起的价格。房地价格情况比较复杂,以住宅为例,在房改之后,住宅价格包括职工购买现住房价格、动迁房价、安居工程房价和商品房价等。从形式上看,上述几种房价大都是在市场上形成的,而价格却相差很大。

除以上基本的不动产价格外,还有以下几种价格形态:

(1)不动产单位价格。它可以是土地的单位面积价格,建筑物单位面积的价格和房地合一状态下的单位面积价格。对于单位价格首先应弄清面积单位和面积含义。我国在不动产计量方面通常使用每平方米作为面积单位。面积含义因不动产的种类不同亦有所差异,如住宅面积含义包括建筑面积和使用面积等。

(2)楼面地价。又称单位建筑面积地价,是平均到每单位建筑面积上的土地价格。用数学式表示为:

楼面地价＝土地总价格÷建筑总面积

以上不动产单位价格和楼面地价都是反映不动产价格水平高低的指标。其中楼面地价在反映某一具体宗地地价时,往往比单位地价更能说明地价水平。楼面地价是一个比较有用的价格指标。

(3)拍卖价格。是指采用拍卖方式出让或交易的不动产成交价格。

(4)招标价格。是指采用招标方式出让或交易的不动产价格。

拍卖、招标与正常的协商交易不同,竞买者或竞标者的出价动机在很大程度上会影响拍卖价格和招标价格。从形式上看,拍卖价格和招标价格也是在公开市场上形成的,但是,拍卖价格和招标价带有很大的随机性和偶然性。

3. 影响不动产价格的因素

不动产的市场价格受到许多因素的影响。这些因素对不动产价格的影响方向、影响程度都不尽相同。熟悉和掌握影响不动产价格的各种因素,并了解这些因素在影响不动产价格中的关系,无疑有助于不动产的评估。为了便于了解影响不动产价格的因素,可以将这些因素进行适当的归类。通常将影响因素分为自然因素、社会因素、行政因素和经济因素等 4 个方面。此外,还可以将影响因素划分为一般因素、区域因素和个别因素。这里着重介绍后一种分类方法,因为这种分类方法是采用市场法进行对比分析影响因素时通常采用的分类方法。

(1)一般因素。所谓一般因素,是指对不动产价格及其变化具有普遍性和共同性的影响因素。或者说是对某市场范围内不动产价格总体水平发挥影响作用的因素,主要包括行政因素、经济因素和社会因素。①行政因素。影响不动产价格的行政因素,是指影响不动产价格的制度、政策、法规、行政措施等方面的因素。如土地制度、住房制度、不动产价格政策、城市规划、城市发展战略、税收政策、交通管制等。②经济因素。影响不动产价格的经济因素较为复杂。它包括国民经济的发展速度、发展规模,企业、事业单位、居民的收入和消费水平,政府的财政收入和支出的规模及结构,金融状况和物价水平等。上述因素通常集中表现在不动产的供求状况上,通过不动产的供不应求、供求平衡或供过于求影响不动产价格。③社会因素。影响不动产价格的社会因素主要是指社会发展状况、社会安定程度、社会环境等因素。社会发展状况是国民经济发展状况的一种反映,它直接关系到社会的安定,包括政治安定和人民安居乐业的程度。社会环境既包括人们的生活工作环境、自然和人文环境,也包括社会治安状况。好的社会环境有助于不动产价格的提高。

(2)区域因素。所谓区域因素,是指不动产所在地区的自然条件、社会条件、经济发展状况和行政条件相结合所形成的地区性特点或区域性特点。这些特点集中表现在区域的繁华程度、交通通达程度、公共公用配套设施状况、地区或区域环境、城市规划限制等。由于不动产的种类较多,上述各区域因素对不同用途的不动产的价格影响程度是不同的。例如,繁华程度对商业用途的不动产的价格影响程度最大,而区域环境对住宅价格影响较大,交通通达情况则可能是影响工业不动产价格的重要因素之一。但不论是何种用途的不动产,规划限制(包括建筑高度、建筑容积率、建筑密度等)的影响都是不容忽视的。

(3)个别因素。所谓个别因素,是指某具体不动产所表现的个别特性,如面积大小、地形地貌、临街情况、朝向、楼层、土地使用权年限、容积率、土地生熟程度、建筑结构、装修水平、新旧程度等。

4.1.5 不动产估价的原则

不动产评估除了遵循一般资产评估原则外,还要遵循合法原则和最佳使用原则。

1. 合法原则

不动产评估的合法原则是指不动产评估必须以不动产的合法取得、合法使用、合法交易、合法处分等为前提。不动产的合法取得通常是以不动产的合法产权证明文件为依据；合法使用一般是以城市规划为准绳；合法交易和合法处分主要是以不动产有关法规以及有关文件、批件、合同、协议为根据。在不动产评估中，合法使用是需要评估人员着重掌握的。在不动产用途、容积率、覆盖率、建筑高度和建筑风格等方面，必须符合城市规划的要求及其他有关的政府规定。

2. 最佳使用原则

不动产评估中的最佳使用原则是指不动产评估应以估价对象的最佳使用为前提。这种最佳使用的含义是法律上允许、技术和功能上可能、经济上可行，经过充分合理的论证，并能给估价对象带来最高价值。

在评估实践中，不动产的最佳使用通常是选择能使估价对象获利最多的用途。当估价对象在评估时点的具体用途为最佳时，评估就可以按此用途进行。如果估价对象的使用不是最佳用途，就应当根据最佳使用原则，对估价前提做出下列之一的判断和选择，并在估价报告书中予以说明。

(1)直接将估价对象的在用用途转换为最佳使用用途，并以此作为评估的前提。

(2)如果在在用状态前提下通过装修改造能使该不动产得到最佳使用，可按装修改造继续使用前提进行评估。

(3)当经装修改造再转换用途能够使不动产最佳使用，则应按装修改造转换用途前提进行评估。

(4)如果评估对象的用途极不合理，且又无改造的价值，拆除重新利用能够实现其最佳用途的话，应按拆除重新利用作为评估前提。

4.1.6 不动产的评估程序

不动产的评估程序，是不动产评估全过程的各个具体环节按其内在联系所排列出的逻辑顺序，主要由以下环节组成：明确评估基本事项；拟定评估工作方案；实地查勘收集数据资料；选用评估方法评定估算；确定评估结果，撰写评估说明或评估报告。不动产评估的每一步骤主要内容如下。

1. 明确评估基本事项

评估机构在接受不动产评估委托后，在评估委托协议中除了要明确评估收费、违约责任等事项外，还必须明确评估对象、评估目的、评估时点和评估的具体工作时间等具体事项。

明确评估对象首先从物质实体上明确不动产的名称、坐落、用途、面积、四至、层数、结构、装修、基础设施、取得时间、使用年限、维修保养状况等。其次从权益状况看，要明确产权性质和产权归属等。

明确评估目的就是要确定评估结果的具体用途，即为何种需要而进行不动产评估。明确评估目的不仅有助于明确评估方向，便于更好地确定评估对象和评估范围，同时也限制了评估报告的使用范围，也有助于评估人员选择恰当的评估价值类型和评估价值基础。

明确评估时点就是要有明确的评估基准日。资产评估结果是某一具体时点的资产评估值。评估结果是否合理主要是针对评估基准日而言的。

　　明确评估的具体工作时间是指委托方与受托方要事先明确，评估机构从接受委托到提交评估报告的工作时间。在没有特殊原因的情况下，评估机构应按期保质地完成评估工作。

　　2. 拟订评估工作方案

　　在明确了评估的基本事项的基础上，应当对评估项目进行充分分析，拟定评估工作方案。具体包括：根据评估对象和评估目的，以及可能收集到的数据资料，初选评估方法和评估的技术路线，并确定评估人员及其分工；按评估的要求和评估方法调查收集数据资料；拟订作业步骤和作业时间表；初算评估成本。

　　3. 实地查勘收集数据资料

　　不动产评估人员必须到评估现场进行实地查勘。了解不动产的位置和周围环境、自然和人文景观、公共设施和基础设施，以及评估对象的物质状况，如四至、外观、结构、面积、装修、设备等。并对委托方提供的和事先收集到的有关资料进行核实和验证，进一步丰富和落实此项评估所需的数据资料。

　　4. 选用评估方法评定估算

　　在不动产评估中，除了使用其他资产评估常用的市场法、收益法和成本法外，还可以根据具体情况运用假设开发法、路线价估价法、基准地价修正法等。如果条件允许，每一个评估项目最好能选择两种或两种以上的方法进行评估。通常情况下，应先选用市场法，再用收益法，最后是选用其他评估方法进行评定估算，得到评估结果。

　　5. 确定评估结果，撰写评估说明或评估报告

　　用两个或两个以上的评估方法进行评估，会得到几个初步评估结果。评估人员应当在充分分析论证的基础上给出评估的最终结果，并撰写评估说明或评估报告。

4.2　收益法在不动产评估中的应用

4.2.1　收益法在不动产评估中的应用原理

　　收益法的理论前提是：被评估资产能够在未来的时期内形成源源不断的收益。现实中，大多数的不动产都具备这个特性。不动产产权所有者可以凭借对不动产合法产权取得相应的收益，这是不动产的产权在经济上的体现。

　　对于具备收益性的不动产来说，很多购买者的目的就是为了取得该项不动产所能带来的直接或潜在的收益，因此用收益法进行评估是非常适合的，诸如旅店、商场、写字楼、公寓；而对于政府机关、学校、公园等公用、公益性不动产由于不具备收益性，则不适用收益法。

　　在不动产交易时，随着该不动产产权的让渡，不动产的收益转归不动产购买者。不动产购买者必须一次性支付一定的金额，补偿不动产所有者所失去的收益。这一货币额应该等于该不动产所有者每年通过该项不动产所获得的净收益现值之和，用公式表示为：

　　　　不动产价格＝净收益/资本化率

该公式包含着3个假设前提：①净收益每年不变；②资本化率固定；③收益为无限年期。现实生活中大多不存在同时满足上述3个假设的不动产交易，但这些假设有助于我们理解问题的本质。

【例 4-1】

假设有一宗不动产每年能产生100万元的净收益，同时假设经营不动产行业的平均年收益率为10％，求这宗不动产的价格。

根据公式：不动产价格＝净收益/资本化率，上述不动产价格为1000万元。

在实际评估中，不同的不动产类型都有具体不同的收益年限规定。因此，净收益、资本化率（折现率）和收益年限是不动产评估中需要确定的3个主要参数。

4.2.2 净收益

1. 净收益的概念

净收益是每年不动产产权的所有者通过不动产取得的总收益和为了取得收益而必须支付相关费用的差额。用公式可以表示为：

净收益＝总收益－总费用

净收益可以为正也可以为负，如果为正表示盈利，如果为负表示亏损。

2. 总收益

总收益是指以收益为目的的不动产和与之有关的各种设施、劳动力及经营管理者要素结合产生的收益，也就是指待估不动产在一年内所能得到的所有收益。

在这里我们需要区别客观总收益和实际总收益之间的差别。在实际的评估过程中，我们通常都会将被评估的不动产在评估基准日已经具备的收益状况或者是已经确定的未来一定年限内的收益状况作为重要的参考依据，这就是实际总收益。但实际总收益由于受到多种因素的影响，通常不能直接用于评估。例如：当前产权所有人在法律上、行政上由于享有某种特权导致目前的实际总收益高于正常水平，而正常的购买者由于没有特权在购买后无法达到目前的收益状况；或是目前的产权所有人经营不善导致收益明显低于正常水平，这些非正常因素在评估当中都应该被修正。

在现实经济中，客观总收益即为正常使用下的正常收益。在计算以客观总收益为基础的总收益时，不动产必须处于最佳利用状态下。最佳利用状态是指该不动产处于最佳利用方向和最佳利用程度。区别客观总收益和实际总收益并不意味着要完全舍弃实际总收益。由于现实经济过程的复杂性，呈现在估价人员面前的收益状况也非常复杂，因而客观总收益的确定较难，通过对实际总收益进行修正往往是得到客观总收益的捷径。

3. 总费用

总费用是指取得该收益所必需的各项支出，即我们通常所说的运营费用，如维修费、管理费等，也就是为创造总收益所必须投入的正常支出。

在实际评估中，总费用所包含的项目随待估不动产的状态不同而有区别。有些费用支出是正常支出，有些是非正常支出。在估价时总费用也应该是客观费用，因此要对实际发生的费用作认真分析，剔除不正常的费用支出。

运营费用一般分为两类:固定费用和可变费用。固定费用是不随建筑物占用水平而变化的成本,包括不动产税、保险费和一些维护费用;可变费用通常随着建筑物的占用水平而发生变化,如维修成本、管理费等。

4. 各种不同类型不动产的净收益

(1)出租型不动产。总收益包括有效的租金收入、租赁保证金和押金的利息收入。总费用的计取应根据租赁协议。若协议规定维修费、管理费、保险费和税金应该由出租方承担,应该将 4 项费用全部扣除;若这些费用部分或全部由承租方承担,则应对这些费用作相应的调整。

(2)商业经营型不动产。总收益即为商品销售收入,总费用包括销售成本、经营费用、商品销售税金及附加、管理费用、财务费用和商业利润。

(3)生产型不动产。总收益即为产品销售收入,总费用包括生产成本、销售费用、商品销售税金及附加、管理费用、财务费用和商业利润。

(4)混合不动产。对于现实中包含上述多种收益类型的不动产,其净收益可以采用下列方式求取:一是把它看成是各种单一收益类型不同的简单组合,分别求出各自的净收益,然后进行加总。二是先测算各种类型的收入,再测算各种类型的费用,然后将两者相减。三是把费用分为固定费用和变动费用,将测算出的各种收益分别减去相应的变动费用,加总后再减去固定费用。

4.2.3　资本化率

资本化率是决定评估价格最关键的因素。因为评估价格对资本化率最为敏感,资本化率的每个微小变动,都会使评估价格发生显著改变。这就要求评估人员确定的资本化率的精度要远远高于纯收益的精度。由于确定资本化率是一项复杂的、精度要求高的工作,所以运用收益法的评估人员必须具有较高的评估水平和丰富的经验。

1. 资本化率的实质

资本化率的实质就是被评估资产所在行业的平均资产收益率。

资本化率的大小同投资风险的大小成正相关的关系,资本化率越高,意味着投资风险越大。比如,银行存款的风险很小,因而存款利息率较低。大多数投资行为,比如投资不动产,其风险都要比存款于银行要高,因此不动产行业的资本化率肯定要比银行存款利率高。而处于不同用途、不同区位、不同交易时间的不动产,投资风险各不相同,因此各种不同特性的不动产的资本化率也各不相同,并会随着市场状况的变化而变化。

【例 4-2】

有一种观点认为:不动产在交易时,随着该不动产产权所有者权利的让渡,不动产的收益转归不动产购买者。不动产购买者必须一次性支付一定的金额,补偿不动产所有者失去的收益。这一货币额给不动产所有者带来的利息收入,必须等于他每年能从不动产获得的净收益。比如,有一宗不动产每年能产生 100 万元的净收益,收益期限无限,同时银行同期的存款利率为 10%,那么这宗不动产的转让价格应该为 1000 万元,因为我们可以理解为存入银行 1000 万元也能产生 100 万元的年收益,因此,对该项不动产所有者来说,1000万元的资本与不动产每年所能带来的100万元的纯收益是等价的,则该宗不动产价格为1000万元。请问:这种观点错在什么地方?

这种观点没有区分不同资产在获得相同收益的时候风险是不同的,同样每年获得100万的收益,经营不动产要比存银行的风险大得多,因此如果把银行的利息收入等同于经营房地产净收益的资本化率,就等于忽略了经营不动产的风险,从而夸大了不动产的真实价格。

2. 求取资本化率的方法

(1)纯收益与售价比率法。评估人员从市场上搜集近期交易的与待估不动产相同或相近似的不动产的纯收益、价格等资料,反算出它们各自的资本化率,这种方法称为纯收益与售价比率法。该方法运用的是不动产商品的替代性,选取的交易案例均来自市场,它最直接地反映了市场供求状况。因此,反算出来的资本化率基本上能够反映投资该不动产的利润率。此时求得的各资本化率是用实际收益与不动产价格之比求出来的,可以通过选取多个案例的资本化率取平均值的办法来消除各种偶然因素的干扰。具体可以根据实际情况,采取简单算术平均值或加权算术平均值。这种方法要求市场发育比较充分、交易案例比较多。评估人员必须拥有充裕的资料,并尽可能以与待估不动产情况接近的资料作为参照。

(2)安全利率加上风险调整值法。首先选择市场上无风险的资本投资的收益率作为安全利率,通常选择银行一年期存款利率作为安全利率。然后根据影响待估不动产的社会经济环境,估计投资风险程度和预期的通货膨胀率,确定一个调整值,在安全利率基础上加调整值。在这种方法中,对市场要求不高,应用比较广泛,但风险调整值的确定主观性较强,不容易掌握。

(3)各种投资风险、收益率排序插入法。评估人员搜集市场上各种投资的收益率资料,然后把各项投资按收益率的大小排队,估计待估不动产投资风险在哪个范围内,并把它插入其中,然后确定资本化率的大小。

3. 收益年限

不动产的收益期限根据不同的评估对家分为以下几种情况:

(1)单独评地。土地的使用年限即为收益年限。比如,在我国的城镇土地中,居住用地的使用年限为70年,工业用地为50年,文、教、科、卫、体用地为50年,商业用地为40年,综合用地或其他用地为50年。

(2)单独评房。建筑物的经济寿命即为收益年限。

(3)房地合一。房地合一进行评估时分为两种情况:当建筑物的经济寿命大于土地使用年限时,土地的使用年限即为收益年限;当建筑物的经济寿命小于土地使用年限时,可先根据建筑物的经济寿命确定收益年限,然后计算土地超出建筑物经济寿命部分的价值。

【例 4-3】

一、评估项目名称

A公司综合楼新楼。

二、房屋评估对象概况

建筑物概况：委估房产包括一座综合写字楼和附房。综合楼高 14 层，有一层地下层，建筑面积总共 7631 平方米，平均每层建筑面积 500 平方米，该综合楼按照中档写字楼的标准建造，没有安装中央空调。附楼高 3 层，建筑面积 476 平方米，底层目前为出租店面，第 2、3 层为配电房。委估房产目前主要用于办公出租，4 层以上的楼层每层分割为 13 个办公房间，根据已经租赁的情况，平均每个房间的租赁价格为 700～750 元/月，4 层以下为大开间，平均每层楼的租赁价格为 12 万，其中 3～4 层已经租赁出去，1～2 层正在商洽中。附楼目前每年的租赁价格为 65000元。

建筑物周围环境状况：委估房产位于 B 路 159 号，该位置位于城东，具体位置在 C 路和 D 路的丁字路口，周围马路宽阔，交通顺畅，市政设施建设发达，商业设施也很齐全，周围新开发楼盘的平均售价为 4000 元/平方米。

三、评估方法

由于委估资产为租赁性资产，适于采用收益现值法。

计算公式：

$$P = \frac{R-C}{I-S} \times \left[1 - \left(\frac{1+S}{1+I} \right)^N \right]$$

式中，P——评估价格；

　　　R——平均每年出租收益；

　　　C——平均每年费用；

　　　I——还原利率；

　　　N——收益期限；

　　　S——平均每年收益增长率。

四、评估过程如表 4-2 所示

表 4-2　评估过程

1. 求取年租金收入 $R = R_1 + R_2 + R_3 + R_4 + R_5$	2013800 元
委估房产目前主要用于办公出租，4 层以上的楼层每层分割为 13 个办公房间，根据已经租赁的情况，平均每个房间的租赁价格为 700～750 元/月，4 层以下为大开间，平均每层楼的租赁价格为 12 万，其中 3～4 层已经租赁出去，1～2 层正在商洽中。附楼目前每年的租赁价格为 65000 元。因此考虑：	
R_1：3～14 层年租金收入，按照每层 120000 元/年	1440000 元
R_2：1～2 层作为一个整体单元出租，考虑到一层为沿街店铺，租金应该比楼上的租金高出一倍	48000 元
R_3：附楼一层租金为 65000 元/年	65000 元
R_4：地下室车库，共有 8 个泊位，车位停车费按照 300 元/月计算	28800 元
R_5：附楼 2～3 层为整个大楼的配电房，它的价值已经体现在整个大楼的租金的收入当中，本次评估不考虑它的价值	0

续表

2.求取年费用 C	608662.2 元
C_1:房租损失准备费,每年按照租金收入的 10% 考虑	175460 元
C_2:应交纳的税费:房产税 12%,营业税 5%,教育税 0.2%,城建税 0.35%	363202.2 元
C_3:管理费:主要由租赁户缴纳物业管理费支付,其他管理费用每年考虑 20000 元	20000 元
C_4:修缮费:由于租赁户都会对本身的租赁物业进行装修,实际所支付的维修费用不高,考虑 50000 元/年	50000 元
3.还原利率:	
I:参考目前 1～3 年期贷款利率为 5.76%,同时考虑一定的风险利率 1.5%	0.0726
4.收益年限:	
本地块一部分为划拨用地;一部分为出让用地,收益年限为 2050 年,因此本案假设收益年限统一按照 45 年计算。	45 年
5.收益递增比率	
S:假设以后平均每年租金收益增加 2%	0.02
6.评估价格	23935431 元

4.3　市场法在不动产评估中的应用

4.3.1　不动产评估市场法概述

在不动产评估中,市场法是指利用市场上同样或类似不动产的近期交易价格,经过直接比较或类比分析,找出评估对象与每个参照物之间影响价值方面的差异,并据此调整参照物的交易价格,估测出不动产的价格。其基本公式为:

$$P = P' \times A \times B \times C \times D \times E$$

式中,P ——待评估房不动产评估价格;

P' ——可比交易案例价格;

A、B、C、D、E ——各种因素的修正系数,主要有交易情况、交易日期、区域因素和个别因素等。

市场法的理论依据,就是经济学中的替代原理。根据替代原理,市场上任何经济主体都谋求以最小的代价取得最大利润或效用。因此,效用均等的物品或服务其价格应该相等。在一个完全竞争的市场上,两个以上具有替代关系的商品同时存在,商品的价格就会由于替代关系而相互竞争,最终促使商品的价格趋于一致。在不动产市场上也是这样,从理论上讲,效用相等的不动产经过市场的竞争,其价格最终会基本趋于一致。

4.3.2　适用条件

市场法估价结果具有较强的现实性,因此具有一定的说服力和可信度,在市场经济发达的国家通常作为首选的估价方法。随着我国市场经济程度的不断加深,市场交易不断活跃,市场法在我国的应用范围也在不断扩大。

市场法适用于有丰富交易案例的估价环境,如果交易案例不丰富或不可靠则不适用。因此,应用市场法评估不动产应符合下列条件。

1. 不动产市场发育良好

显然,要有丰富的交易案例资料,其不动产市场必须有良好的发育。一般认为,在采用市场法评估时,估价人员所掌握的交易案例资料不少于 10 个,以便于评估人员从中选取 3 个进行比较。

2. 交易案例资料客观

采用市场法进行评估,除了要求交易案例资料丰富外,还要求资料具有客观性及代表性。如果不动产市场发育不健全,存在大量的虚价、隐价、瞒价或黑市等情况,用这样的案例来进行比较反而会严重影响评估价格的客观性和真实性。

3. 比较案例与估价对象具有替代性

丰富而可靠的交易资料是采用市场法的一个基本条件,而从丰富可靠的交易资料中选择与评估对象具有替代关系的比较案例则是采用市场法的又一重要方面。只有比较案例和评估对象之间存在良好的替代关系,才能保证评估对象价格评估的客观性。

相反,以下情况就很难采用市场法进行评估:

(1) 没有不动产交易发生或在不动产交易发生较少的地区;

(2) 某些类型很少见的不动产或交易案例很少的不动产,如古建筑等;

(3) 对那些很难成为交易对象的不动产,如教堂、寺庙等;

(4) 图书馆、体育馆、学校等公用性不动产。

4.3.3　评估过程

运用市场法评估不动产价格,一般经过下列程序:交易资料收集,可比交易案例确定,比较因素包括交易情况、交易日期、区域因素、个别因素、土地容积率、土地使用年期的修正,不动产价格的确定。

其中土地容积率修正和土地使用年期修正也可并入区域因素与个别因素修正,但这两项因素比较重要,本书特专门列出进行阐述。

1. 交易资料收集

运用市场法评估不动产的价格,必须有充裕的交易资料,这是市场法运用的基础和前提条件。这就要求评估人员必须注意日积月累,在平时就要时刻关注不动产市场变化,随时收集有关不动产的交易案例。如果等到需要时才去临时找案例,往往因为时间紧迫,很难来得及收集到足够的交易案例,而交易案例太少,用市场法评估出的价格难免不够客观、合理,甚至会使市场法无法使用。交易资料的收集可以采用以下途径:

(1)查阅政府有关部门关于不动产交易的资料,如不动产权利人转让不动产时申报的成交价格资料、交易登记文件,政府出让土地使用权的地价资料,政府确定、公布的不动产价格指数,基准地价、标定地价和房屋重置价格标准。

(2)查阅各种报刊上有关不动产出售、出租的广告。

(3)假装成不动产购买者与不动产出售者,如开发商、代理商等洽谈,取得真实的不动产价格资料。

(4)从不动产交易中介处获取资料。

(5)向购房方、租赁方了解实际出价。

(6)同行之间相互提供。

(7)充分利用网络资源对不动产交易信息进行跟踪。

2. 可比交易案例确定

在进行一宗不动产价格评估时,需要针对待估不动产的特点,从平时收集的众多不动产交易案例中选择符合一定条件的交易案例,作为供比较参照的交易案例。案例选择是否适当,直接影响到运用市场法评估结果的精度,因此对比较案例的选择应特别慎重。在选取比较案例的时候通常要注意以下几个方面:

(1)所选取的交易案例不动产的用途应该与评估对象不动产的用途相同。这种用途主要是指大类用途,如居住、商业、办公、旅馆、工业、农业等。小类用途主要是指多层建筑、高层建筑、公寓、写字楼等。在保证大类用途相同的前提下,能做到小类用途相同更好。

(2)所选取的交易案例应该与评估对象不动产处于同一地区或同一市场供求范围内。由于市场法的理论依据是替代原理,所以用来比较的交易案例不动产与评估对象之间要有替代关系,因此,交易案例必须是在同一供求范围内的类似不动产交易,最好是在同一地区内的。

(3)所选取的交易案例不动产的交易时间应该与评估对象不动产的交易时间接近。从国外有关资料来看,如果不动产市场较为稳定,估价日期与案例交易日期可相差较远。如果市场变动剧烈,变化较快,则只宜选取较近时期的交易实例,总的原则参照物交易价格距离评估基准日时间越近越好。

3. 比较因素修正

比较因素修正包括:交易情况修正、交易日期修正、区域因素修正、个别因素修正、土地容积率修正、土地使用年期修正等。

(1)交易情况修正。由于不动产的独特特性,决定了不动产市场不可能成为完全竞争市场,而是一个不完全竞争市场。在不动产市场上,不动产价格的形成往往具有个别性,因此运用市场法进行不动产估价,需要对选取的交易案例进行交易情况修正,将交易中由于特殊情况所产生的价格偏差予以剔除,使其成为正常价格。不动产交易中的特殊情况较为复杂,主要有以下几种:①有特殊利害关系者相互间的交易。如父子之间转卖不动产为了避税而有意压低价格;有利害关系的公司之间,比如母公司和子公司之间会因为各种商业目的而导致实际成交价格高于或低于市场公允价格;公司与本单位职工之间,通常都会以低于市价的价格进行交易。②交易时有特别的动机。这以急于脱售或急于购买最为典型,如有人必须在一定时间内得到一定的现金,在没有充分时间的情况下交易会导致成交价格偏低;再比如有人为了扩大经营面积,收买邻近的建筑用地,往往会使得交易价格偏高。

③买方或卖方不了解市场行情,往往使不动产交易价格偏高或偏低。买方不了解市场行情,盲目购买,会导致成交价格偏高;而卖房不了解市场行情,盲目出售,会导致成交价格偏低。④特殊的交易方式。不动产正常成交价格的形成条件之一是买卖双方经过充分讨价还价,从而形成成交价格。但特殊的交易方式如采用拍卖、招标、哄抬或抛售等会影响交易双方的即时情绪,从而影响价格。一般情况下拍卖和招标会导致成交价格偏高,而采用协议方式确定的价格会偏低。

分析了交易情况的特殊性后,就要将特殊情况的交易修正到正常交易。即将可比案例价格修正为正常交易情况下的价格。计算公式为:

$$情况修正后的正常价格 = 可比案例价格 \times \frac{正常情况指数}{可比案例情况指数}$$

通常将正常情况指数设定为 100,则公式可表示为:

$$情况修正后的正常价格 = 可比案例价格 \times \frac{100}{可比案例情况指数}$$

如果可比案例交易时的价格低于正常情况下的交易价格,则分母小于 100;反之,则大于 100。

(2)交易日期修正。交易案例的交易日期与待评估不动产的评估基准日往往有一段时间差。在这一期间,不动产市场可能不断发生变化,不动产价格可能升高或降低。因此需要根据不动产价格的变动率,将交易案例不动产价格修正为评估基准日的不动产价格,这就是交易日期修正。

不动产价格的变动率一般用价格指数来表示。与其相关的价格指数包括以下方面:①一般物价指数;②建筑造价指数;③建筑材料价格指数;④土地价格指数;⑤不动产价格指数;⑥建筑人工费变动指数。

利用价格指数进行日期修正的公式如下:

$$评估基准日交易实例价格 = 交易案例价格 \times \frac{评估基准日指数}{交易日期指数}$$

【例 4-4】

假设评估基准日为 2006 年 1 月,现选取到一可比案例,成交价格为 6000 元/平方米,成交日期为 2005 年 1 月。假设 2006 年 1 月的房地产价格指数为 150,2005 年 1 月的房地产价格指数为 120,则对该可比案例进行交易日期修正后的不动产价格为:

$$P = 6000 \times 150/120 = 7500(元/平方米)$$

(3)区域因素修正。对交易案例进行交易情况修正和交易日期修正后,还需要对交易案例进行区域因素修正,区域因素是影响不动产价格的重要因素。交易案例不动产与待评估不动产如果不是处于同一地区,应将交易案例不动产所处地区与待评估不动产所处地区的区域因素加以比较,找出由于区域因素的差别而引起的交易案例不动产与待评估不动产价格的差异,对交易案例不动产价格进行修正。如果交易案例不动产与待评估不动产处在同一地区,则不必进行此项修正。

(4)个别因素修正。对交易案例进行交易情况修正、交易日期修正和区域因素修正后,还需要对交易案例进行个别因素修正。个别因素修正是否适当,对不动产价格评估结果也有重大影响。将交易案例不动产与待评估不动产的个别因素加以比较,找出由于个别因素的差别而引起的交易案例不动产与待评估不动产价格的差异,对交易案例不动产价格进行修正。

(5)土地容积率修正。土地容积率修正从原理上应该属于个别因素修正,但这个因素在土地评估中尤为重要,容积率越高的土地,地价越高。作为土地评估的要素本章将它单独列出来进行修正。

容积率与地价并非呈线性关系,需根据具体区域的情况分析。容积率修正可采用下式计算:

$$\text{经容积率修正后可比案例价格} = \text{可比案例价格} \times \frac{\text{待估宗地容积率修正系数}}{\text{可比案例价格容积率修正系数}}$$

【例 4-5】

待估土地的容积率为 4.5,比较案例土地的容积率为 4,两宗不动产处于同一区域内,该区域的容积率修正系数如表 4-3 所示,求待估不动产的容积率修正系数。

表 4-3 该区域不同容积率下的条件指数

容积率	3.5	4	4.5	5
修正系数	0.8	1.0	1.1	1.2

从表 4-3 中可以看出,容积率为 4 时系数为 1,容积率为 4.5 时系数为 1.1,因此待估不动产的容积率的修正系数为 1.1/1=1.1。

(6)土地使用年期修正。国外的市场法一般进行交易情况修正、交易日期修正、区域因素修正和个别因素修正 4 个方面即可。由于我国的不动产价格是建立在土地有偿有期限使用这一基本制度上,同一不动产,若使用年限不同,即使其他条件均不发生变化,价格也必定存在较大差异。因此,我国运用市场法进行评估时,必须增加土地使用年期修正这一步骤。

如何进行土地使用年期修正,显然不能简单地用两宗不动产的剩余使用年限之比进行(如待估不动产剩余使用年限为 20 年,比较案例不动产的剩余使用年限为 30 年,则年期修正系数就为 20/30)。根据资金的时间价值概念,不动产在近期的年收益与远期的年收益的现值是有较大差异的,因此,具体的修正应该按照以下公式进行。

$$k = \frac{1 - 1/(1+r)^m}{1 - 1/(1+r)^n}$$

式中,k——使用年期修正系数;

r——还原利率;

m——待估不动产的剩余使用年限;

n——可比案例的剩余使用年期。

土地使用年期修正后地价=比较案例价格×k

【例 4-6】

若选择的比较案例成交地价为每平方米 5000 元,剩余使用年期为 30 年,而待

估房产剩余使用年期为 20 年,还原率为 8%,则土地使用年期修正如下:

$$土地使用年期修正后地价 = 5000 \times \frac{1-1/(1+8\%)^{20}}{1-1/(1+8\%)^{30}}$$

$$= 4300(元/平方米)$$

4. 不动产价格的确定

经过上述的交易情况修正、交易日期修正、区域因素修正、个别因素修正、土地容积率修正、土地使用年期修正后,就可得到在评估基准日的待估不动产的若干比较价格,如果交易案例选取 5 个,就可能有 5 个价格。

通过计算公式求取的若干个价格,可能不一定完全一致。但是我们要评估的不动产的价格却只能有一个。求取最终的不动产价格可采用统计学方法,如简单算术平均数法、加权算术平均数法、众数法、中位数法、混合法等。

【例 4-7】

以下共选择了杭州市 A、B、C、D 4 宗案例作为比较,评估某一商品房的交易单价,详见表 4-4。

表 4-4 案例 A、B、C、D 各自情况

比较案例	案例 A	案例 B	案例 C	案例 D
位置	戒坛寺巷	体育场路与武林路交叉口	庆春路家友超市北	直戒坛寺巷
所处地区	下城区一级	下城区一级	下城区一级	下城区一级
交易日期	2013.06	2013.07	2013.05	2013.07
交易情况	正常	正常	正常	正常
交易单价(元)	31200	30600	25200	19800

1. 交易情况修正

案例均为正常情况下进行交易,无须进行交易情况修正。

2. 交易日期修正

$$买卖案例价格 = \frac{现估价日期价格指数}{交易时期价格指数} \times 买卖当时成交价格$$

因为杭州市商品住宅交易活跃,所选取的案例交易日期均与评估基准日接近,故无须进行交易日期修正。

3. 区域因素修正

案例所在地区与评估对象所在地区区域因素比较结果见表 4-5。

表 4-5 区域因素比较结果

区域因素	案例 A	案例 B	案例 C	案例 D
基础设施条件	相同	相同	相同	相同
交通状况	稍好	较好	较好	相同

续表

区域因素	案例 A	案例 B	案例 C	案例 D
距商业服务中心距离	相同	较差	稍差	相同
公用设施方便程度	相同	相同	相同	相同
人文绿化等环境质量	相同	稍好	相同	相同
规划限制	相同	相同	相同	相同
灾害发生的可能性	相同	相同	相同	相同

设评估对象所在地区为 100,则由表 4-6 判定案例 A 为 102,B 为 104,C 为 102,D 为 100。

4. 个别因素修正

以评估对象的状况为基准,比较案例的不动产与评估对象进行逐项比较打分,详见表 4-6。

表 4-6　个别因素比较结果

个别因素	案例 A	案例 B	案例 C	案例 D
面积(20)	27	25	22	20
建筑结构(10)	14	14	12	10
楼层(15)	22	20	22	13
临街状况、朝向(15)	17	18	15	15
施工质量(10)	12	12	11	10
新旧程度(20)	30	30	26	20
物业管理(10)	14	14	12	10
合计	136	133	120	98

5. 土地容积率修正

由于评估对象为一套商品房住宅,土地容积率因素相对次要,而且 4 个比较案例与待估房产的土地容积率不存在较大差异,因此这里的土地容积率不做修正。

6. 土地使用年期修正

相对于 4 个比较案例,委估对象建成时间较早,计算得出年期修正系数分别为 0.9,0.95,0.92,0.88(省略计算过程)。

7. 评估价格的计算

根据以上各项因素的修正,得出各修正后的单价,见表 4-7。

表 4-7　修正后的单价

项　目	案例 A	案例 B	案例 C	案例 D
交易价格(元)	31200	30600	25200	19800
交易情况修正	100	100	100	100

续表

项　　目	案例 A	案例 B	案例 C	案例 D
交易日期修正	100	100	100	100
区域因素修正	102	104	102	100
个别因素修正	136	133	120	98
容积率修正	100	100	100	100
使用年期修正	0.9	0.95	0.92	0.88
修正后单价(元)	20244	21018	18924	17778
平均单价(元/平方米)	19494			

4.3.4　基准地价修正法

1. 基准地价的概念

基准地价是城镇国有土地基本的和标准的地价,是指在一定时间内,根据城镇各种用地类型、交易情况和土地实际收益状况,按照科学的评估方法,评出各级别土地或者均质地域内的商业、工业、住宅等土地利用类型的平均价格,是分用途的土地使用权区域平均价格。基准地价一般由政府组织或委托具有相应资质的评估机构评估,评估结果须经过政府鉴定认可,定期公布。基准地价在土地市场中起着基准的和标准的作用,具体表现如下:

(1)宏观控制地价。基准地价及其变化反映了土地市场中地价水平及其变动趋势,为政府适时地利用规划和计划手段宏观配置城镇土地,制定相关的土地管理政策,调控地价变化和土地收益分配,调节土地在总量和结构上的供求平衡等提供了基本的价格依据。

(2)国家征收土地使用税的依据。一般西方发达国家和地区,不动产税一般是从价征收的。我国目前仍缺乏系统的价格标准,土地使用税征收偏低,远不能体现土地级差收益,达到利用税收这一经济杠杆调节土地利用和级差收益的目的。科学、合理、公开、适时调整具有统一"基准"的基准地价为科学征收土地使用税等提供了客观依据。

(3)评估宗地地价的基础。基准地价反映了城镇土地级别或均质地域内宗地的平均价格水平,该区域内的各宗地价格分布在以基准地价为平均值的一定幅度范围内。因此,根据具体宗地条件对基准地价进行适当修正,即可方便地评估出具体宗地的地价水平。

(4)制定城市国有土地使用权出让价格的依据。

2. 基准地价修正法的基本思路

基准地价修正法是利用城镇基准地价和基准地价修正系数表等评估成果,按照替代原则,将待估宗地的区域条件和个别条件等与其所处区域的平均条件相比较,并对照修正系数表选取相应的修正系数对基准地价进行修正,从而求取待估宗地在估价日期价格的方法。在我国许多城市,尤其是不动产市场发育不成熟的城市,基准地价修正系数法是常用的方法。

基准地价修正法的基本原理是替代原理,即在正常的市场条件下,具有相似土地条件和使用功能的土地,在正常的不动产市场中,应当具有相似的价格。基准地价是某级别或均质地域内分用途的土地使用权平均价格。基准地价相对应的土地条件,是土地级别或均质地域内该类用途土地的平均条件。因此,通过待估宗地条件与级别或区域内同类用地平均条件的比较,并根据两者在区域条件、个别条件、使用年期、容积率和价格日期等方面的差异大小,对照因素修正系数表选取适宜的修正系数,对基准地价进行修正,即可得到待估宗地地价。

基准地价修正法的计算公式如下:

$$宗地地价=基准地价×区域因素修正系数×个别因素修正系数×年期修正系数$$
$$×交易日期修正系数×容积率修正系数$$

3. 基准地价修正法的适用范围

(1)适用于完成基准地价评估的城镇的土地估价,即该城市具备基准地价成果图和相应修正体系成果。

(2)基准地价修正法可在短时间内大批量进行宗地地价评估,因此,可快速方便地进行大面积的和数量众多的土地价格评估。

(3)基准地价修正法估价的精度取决于基准地价及其修正系数的精度,该方法一般在宗地地价评估中不作为主要的评估方法,而作为一种辅助方法。

4. 基准地价修正法估价的程序

(1)收集、整理土地定级估价成果资料。土地定级估价资料是采用基准地价修正法评估宗地地价必不可少的基础性资料。在估价前必须收集当地土地定级估价的成果资料,主要包括:土地级别图、基准地价图、样点地价分布图、基准地价表、基准地价修正系数表和相应的因素条件说明表等,并归纳、整理和分析,作为宗地估价的基础资料。

(2)确定修正系数表。根据待估宗地的位置、用途、所处的土地级别、所对应的基准地价,确定相应的因素条件说明表和因素修订系数表,以确定地价修订的基础和需要调查的影响因素项目。

(3)调查宗地地价影响因素的指标条件。按照与待估宗地所处级别和用途相对应的基准地价修正系数表和因素条件说明表中所要求的因素条件,确定宗地条件的调查项目,调查项目应与修订系数表中的因素一致。

宗地条件指标的调查,应充分利用已收集的资料和土地登记资料及有关图件;不能满足需要的,应进行实地调查采样,在调查基础上,整理归纳宗地地价因素指标数据。

(4)制定待估宗地因素修正系数。根据每个因素的指标值,查对相对应用途土地的基准地价影响因素指标说明表,确定因素指标对应的优劣状况,按优劣状况再查对基准地价修正系数表,得到该因素的修正系数。对所有影响宗地地价的因素都作同样处理,即得到宗地的全部因素修正系数。

(5)评估宗地地价。依据前面的分析和所计算得到的修正系数,求算出待估宗地的地价水平。

【例 4-8】

评估对象为上海徐家汇的一块土地,采用基准地价修正法进行评估,评估过程见表 4-8。

表 4-8　上海徐家汇一块土地的具体评估过程

项目名称	权重	说明	取值	修正系数
基准地价(楼面地价)		待估宗地为四级综合熟地,商业用地	33200元/平方米	
交易情况修正系数		交易情况正常	0	100%
交易日期修正系数		综合指数 2008 年 6 月(765),2012 年 6 月(823)	7.58%	107.58%
区域因素修正系数				101.83%
商业服务繁华度	0.38	临近徐家汇商圈商服较繁华	3.00%	1.14%
交通便捷度	0.23	有多条公交线路交通便捷	3.00%	0.69%
环境优劣条件	0.14	周边环境与同级地区基本相同	0.00%	0.00%
城市基础设施	0.25	城市基础设施基本相同	0.00%	0.00%
个别因素修正系数				102.00%
临街状况	0.5	两面临街,东临中漕路南临凯旋路条件较好	4.00%	2.00%
宗地形状	0.2	不等边四边形	0.00%	0.00%
临街深度	0.1	深度一般	0.00%	0.00%
地质条件	0.2	地质达到要求	0.00%	0.00%
容积率修正系数		容积率与同地区相近	100.00%	100.00%
使用年期修正系数		土地使用年限 50 年,已使用 8 年	97.47%	97.47%
待估宗地楼面地价				36165元/平方米

4.4　成本法在不动产评估中的应用

4.4.1　基本思路

成本法又称成本逼近法、承包商法、原价法或重置成本法等,是指通过估算开发或建造待估不动产或类似不动产所需要的各项正常费用来评估待估对象价格的方法。成本法是不动产评估的基本方法之一。

虽然成本法评估中的成本都是全部的、客观的和现实的,但成本的加总价格并不完全等同于不动产真实的市场价格。在很多情况下,成本增加,并不能增加不动产的效用和价值,有时反而会出现相反的情况。而且不动产价格受许多成本以外的因素的影响,如人们的投资消费心理,当时当地的市场行情等。因此,那些收益性强或者具有丰富市场资料的不动产一般不采用成本法,即使采用,也只是一种辅助方法。

4.4.2　适用范围

成本法一般适用新开发土地的估价,特别适用于土地市场不发育,土地成交案例不多,无法利用市场法等方法进行土地的估价。具体可以分为以下几种情况:

(1) 无交易、无收益不动产估价。有些不动产既无收益又很少有交易情况,如政府用房、军队营房、学校、医院、体育场馆、公园等公用、公益性不动产。其价格就无法采用市场法或收益法,可选择成本法。

(2) 特殊目的的不动产估价。如不动产保险,由于属于保险范围内容中,受损害的往往是建筑物,计算保险价值构成的最适宜的方法就是用成本法评估建筑物的价值。又如以某种补偿为目的的估价,如拆迁补偿,如果采用的补偿方法是换地重建,则对建筑的补偿金额也是以成本法评估的。

(3) 特殊建造的不动产估价。有些不动产因为个别用户的特殊需要而设计建造,具有显著的独一无二性,如安装特殊设施设备的厂房或机场、码头、桥梁、隧道等。

(4) 狭小市场上的不动产估价。由于市场狭小或者不完善,很难找到可参照的案例,同时该不动产又不具有收益,无法使用市场法和收益法,所以只能采用成本法。

4.4.3　计算公式

根据不动产开发程度的不同,成本法的计算公式分为 3 种不同情况。

(1) 新开发土地,计算公式:

土地价格＝土地取得成本＋土地开发成本＋投资利息＋正常利税＋土地增值收益

(2) 新开发不动产,计算公式:

不动产价格＝土地价格＋建筑物建造成本＋正常利税

(3) 旧有不动产,计算公式:

不动产价格＝土地价格＋建筑物现值

＝土地价格＋建筑物重新建造价格－累计折旧

在评估实务中,如果一宗不动产需要采用成本法来评估,或者这宗不动产中的建筑物部分或是土地部分需要单独采用成本法评估,都要土地和建筑物进行分别评估,然后再汇总两部分的评估价格。因此,本节将分别讲解土地价格的成本法评估和建筑物价格的成本法评估。

4.4.4　土地价格的成本法评估

用成本法评估土地价格的程序一般为:计算土地取得费用,计算土地开发费用,计算投资利息,计算投资利润和税费,土地增值收益确定,计算土地价格。

1. 计算土地取得费用

土地取得费是指为取得土地而向原土地使用者所支付的费用,在我国分为 3 种情况。

(1) 新征用地。国家征用集体土地而支付给农村集体经济组织的费用,包括土地补偿费、地上附着物和青苗补偿费及安置补助费等。一般认为,土地补偿费中包含一定的级差地租。地上附着物和青苗补偿费是对被征地单位已投入土地而未收回的资金的补偿,类似地租中所包含的投资补偿部分。安置补助费是为保证被征地农业人口在失去其生产资料后的生活水平不致降低而设立的。

关于征地费用各项标准,《中华人民共和国土地管理法》明确规定:征用耕地的土地补偿费,为该耕地被征用前 3 年平均产值的 6～10 倍。征用耕地的安置补助费,按照需要安置的农业人口数计算,需要安置的农业人口数,按照被征用的耕地数量除以征地前被征用单位平均每人占有耕地的数量计算。每一个需要安置的农业人口的安置补偿费标准,为该耕地被征前 3 年平均年产值的 4～6 倍,但是,每公顷被征用耕地的安置补助费,最高不得超过被征用前 3 年平均年产值的 15 倍。征用其他土地的土地补偿费和安置补助费标准,由各省、自治区、直辖市参照征用耕地的土地补偿费和安置补助费的标准规定。被征用土地上的附着物和青苗的补偿标准,由各省、自治区、直辖市规定。征用城市郊区的菜地,用地单位应当按照国家有关规定缴纳新菜地开发建设基金。按照以上规定支付土地补偿费和安置补助费,尚不能使需要安置的农民保持原有生活水平的,经各省、自治区、直辖市人民政府批准,可以增加安置补助费。但是,土地补偿费和安置补助费标准的总和不得超过土地被征用前 3 年平均年产值的 30 倍。在特殊情况下,国务院根据社会经济发展水平,可以提高被征用耕地的土地补偿费和安置补助费标准。

土地征用是国家依法为国家建设而采取的强制性行政手段,不是土地买卖活动,征地费用自然也不是土地购买价格。征地费用可能远高于农地价格,这与农地转为建设用地而使价格上涨有关。

(2)旧城改造用地。包括城市建设配套费、拆迁安置补偿费等。与新征土地相比,取得旧城改造用地需要对地面上的原房屋进行拆迁,要对被拆迁人进行补偿,即支付拆迁补偿费,拆迁安置补偿费用通常较高。国务院 2001 年 6 月 13 日发布的 305 号令《城市房屋拆迁管理条例》,明确规定城市房屋拆迁的货币补偿金额,根据被拆迁房屋的区位、用途、建筑面积等因素,以房地产市场评估价确定。

(3)出让转让用地。出让转让用地是指通过在市场上"购买"取得的土地。出让是指购买政府出让的土地,目前政府出让土地的方式包括协议出让、招标、拍卖和挂牌。转让是指向其他开发商转让已经完成征用或者拆迁补偿安置的熟地,土地取得成本包括购买土地的价款和在购买时由买方交纳的税费等。

2. 计算土地开发费用

一般来说,土地开发费用涉及基础设施配套费、公共事业建设配套费和小区开发配套费。

(1)基础设施配套费。对于基础设施配套常常概括为"三通一平"和"七通一平"。"三通一平"指通水、通路、通电、平整地面。"七通一平"指通上水、通下水、通电、通讯、通气、通热、通路,平整地面。作为工业用地,"三通一平"只是最基本的条件,还不能立即上工业项目,只有搞好"七通一平",项目才能正常运行。因此,作为基础设施配套费用应以"七通一平"为标准计算。

(2)公共事业建设配套费用。主要指邮电、图书馆、学校、公园、绿地等设施的费用。这与项目大小、用地规模有关,各地情况不一,视实际情况而定。

(3)小区开发配套费。同公共事业建设配套费类似,根据各地用地情况确定合理的项目标准。

3. 计算投资利息

土地从取得到开发完成需要一定的周期,当土地取得费用、土地开发费用有贷款时,在开发期内开发商要负担贷款利息。利息就是资金的使用成本。在土地评估中,投资者贷款需要向银行偿还贷款利息,利息应计入成本;投资者利用自有资金投入,也可以看作损失了利息,从这种意义上看,也属于投资机会成本,也应计入成本。

在用成本法评估土地价格时,投资包括土地取得费和土地开发费两大部分。由于两部分资金的投入时间和占用时间不同,土地取得费在土地开发动工前即要全部付清,在开发完成销售后方能收回,因此,计息期应为整个开发期和销售期。土地开发费在开发过程中逐步投入,销售后收回,若土地开发费是均匀投入,则计息期为开发期的一半。

在计算利息时应注意利息的计算方式,在不动产评估中,利息一般以复利计算,公式为:

$$R = Q[(1+r)^n - 1]$$

式中,R——利息额;

Q——资金额;

r——利率;

n——计息期。

4. 计算投资利润和税费

投资的目的是为了获取相应的利润,作为投资的回报,对于土地投资,当然也要获取相应的利润。该利润计算的关键是确定利润率或投资回报率。利润率应该是当时不动产行业的平均回报率。此外利润率计算的基数可以是土地取得费和土地开发费,也可以是开发后土地的地价。计算时,要注意所用利润率的内涵,不同的利润率要和相应的计算基数匹配。

税费是指在土地取得和土地开发过程中所必须支付的有关费用。主要有耕地占用税、新菜地开发建设基金、教育费附加、土地管理费等。不同省(市、自治区)规定的税费项目和标准并不完全相同。

5. 土地增值收益确定

土地增值收益主要是由于土地的用途改变或土地功能变化而引起的。由于农地转变为建设用地,新用途的土地收益将远高于原用途土地,必然会带来土地增值收益。由于这种增值是土地所有权人允许改变土地用途带来的,因此这部分收益应该归土地所有人所有,在我国即为国家所有。

其他类型的土地增值收益如经济发展导致土地利用效率提高及土地需求量增大造成地价上涨,人口增加导致土地利用集约化程度提高及需求量增大造成地价上涨。这些增值属于自然增值,应为社会公共所有,即为国家所有。

再如城市的基础设施发生了变化,或是城市规划发生变化造成土地价格上涨,这样的增值收益应该归地方政府所有。

6. 计算土地价格

以上 5 项之和为成本价格,即为土地价格。

需要注意的是,这种方法计算出来的土地价格是从土地所有者的角度出发,而土地使用者能否接受这个价格,需要土地使用者分析土地预期收益能力或相应的市场价格水平后确定。因此,成本法计算土地价格后,应通过市场资料进行比较和修正。

【例 4-9】

A 市的一个高新技术开发区内一块土地面积为 15000 平方米,该地块的土地征地费用(含安置、拆迁、青苗补偿费和耕地占用税)为 10 万元/亩,土地开发费为每平方千米 2 亿元,土地开发周期为两年,第一年投入资金占总开发费用的 35%,开发商要求的投资回报率为 10%,当地土地出让增值收益率为 15%,银行贷款年利率为 6%,试评估该土地的价格。

该土地的各项投入成本均已知,可用成本法评估。

(1)计算土地取得费

土地取得费＝10 万元/亩＝150 元/平方米

(2)计算土地开发费

土地开发费＝2 亿元/平方千米＝200 元/平方米

(3)计算投资利息

土地取得费的计息期为 2 年,土地开发费为分段均匀投入,则:

土地取得费利息＝$150 \times [(1+6\%)^2 - 1] = 18.54$(元/平方米)

土地开发费利息＝$200 \times 35\% \times [(1+6\%)^{1.5} - 1] + 200 \times 65\% \times [(1+6\%)^{0.5} - 1]$

$\qquad\qquad = 6.39 + 3.84 = 10.23$(元/平方米)

(4)计算开发利润

开发利润＝$[(1)+(2)] \times 10\% = 35$(元/平方米)

(5)计算土地价格

土地价格＝$[(1)+(2)+(3)+(4)] \times (1+15\%)$

$\qquad = (150+200+18.54+10.23+35) \times (1+15\%)$

$\qquad = 475.84$(元/平方米)

该宗地单价为 475.84 元/平方米,总价为 7137600 元。

4.4.5 建筑物价格的成本法评估

1. 建筑物重置成本的含义及评估思路

建筑物评估中的成本法通常称为重置成本法(或者称为重置价格)。建筑物的重置成本,是指在当前建筑及装修材料价格和人工劳务费用的情况下,可以采用新的建筑材料、建筑技术与工艺,重新建造一幢与原建筑物在结构、功能、效用上相同的新建筑物的正常价格。

需要和重置成本区分的是重建价格。重建价格是指在当前建筑及装修材料价格和人工劳务费用的情况下,采用原有的建筑材料、建筑技术与工艺,重新建造一幢与原建筑物完全相同的新建筑物的正常价格。对于一般建筑物的价格评估应采用重置成本法,只有那些具有非常特殊意义和保护价值的建筑物,如特殊性的宗教建筑物,才可能采用重建价格。计算公式:

建筑物的评估价格＝建筑物重置价格－折旧

该公式的含义如下：首先估算出建筑物在全新状态下的重置成本，再扣减由于各种折旧因素造成的贬值，最后得出建筑物的评估值。该公式涉及两个基本要素，即建筑物的重置成本和折旧，折旧包括实体有形损耗、功能性贬值和经济性贬值。

2. 重置成本的构成

基于建筑物的再建造费用或投资的角度考虑，运用成本法估测建筑物的价格，必须清楚建筑物的价格组成或重置成本构成，这样才能有的放矢地进行估测。建筑物的重置成本主要包括以下几个方面。

(1)前期工程费。前期工程费包括：①规划和可行性研究费，按各地现行定额计算。②场地临时用水、电、路和场地平整费，通常按实际工程量估算。③测量、勘察、设计费，按定额计算。

(2)建筑安装工程费。建筑安装工程费包括：①建安工程费。是按建筑安装工程预算定额计算的工程造价，包括定额系数调整和主要建筑材料差价。②工程附加支出。包括招投标费、工程预算编制和审计费、质量监督费、竣工质检费等。

(3)建设期利息。按照建设期内投入资金的数量和相应的贷款利率计算。

(4)建设单位管理费。建设单位管理费通常按建安工程费的一定比例估算。

(5)税金。税金是指在房屋开发建设过程中需缴纳的各种税项，如营业税、固定资产投资方向调节税，以及其他国家规定的税费。

(6)利润。指房屋开发建设企业应得的正常利润。

3. 建筑物重置成本的测算方法

测算建筑物重置成本有许多方法，这里就较常用的方法概要地作介绍。

(1)重编预算法。此法是按工程预算的编制方法，对待估建筑成本构成项目重新估算其重置成本。具体地说，就是根据待估建筑物工程竣工图纸，或者按评估要求绘制工程图，按照编制工程预算方法，计算工程直接费用，再按现行标准计算间接成本，两者相加后得计算出建筑物重置成本。此法的数学表达式如下：

$$建筑物重置成本＝\sum\left[(实际工程量×现行单价或定额)×(1＋工程费率)＋/－\right.$$
$$\left.材料差价\right]＋按现行标准计算的各项间接成本$$

就建筑物投入价值的角度来说，用这种方法估算其重置成本，准确性相对比较高。但是，此法所需的技术经济资料较多，而且费时、工作量大。因此，在实务中通常不采用，只有对那些构造比较简单的建筑物，如道路、围墙、设备基础、非标构架等建筑物评估。评估这些建筑物，重编预算法的工作量不会太大。

(2)决算调整法。此法是以待估建筑物经过审计后的决算中的工程量为基础，按现行工程预算价格、费率将其调整为按现价计算的建筑工程造价，再加上间接成本，估算出建筑物重置成本。运用这种方法不需要对工程量进行重新计算，它是以建筑物原工程量是合理的为假设前提，所以只需对建筑物预算价格及费率用评估基准日时的标准取代建筑物购建时的标准，计算出调整后的工程决算造价，再加上按评估基准日现行标准计算的间接成本即可，其计算过程如下：①取得完整的工程竣工决算、竣工图及竣工验收文件等资料，根据分项分部工程项目按基准日的工程预算价格、材料市场价格、间接费率等计算出建筑物的工程造价;②根据评估基准日的国家和地方规定的税费标准和实际情况计算出间接成本;③将估算出的建筑物工程造价加上间接成本,作为建筑物的重置成本。

这种方法相对于重编预算法效率更高一些。但是,此法要求委托方必须能够提供比较完整的建筑物工程结算资料。

(3)价格指数调整法。价格指数调整法是指根据待估建筑物的账面成本,运用建筑物价格指数或其他相关价格指数推算出建筑物重置成本的一种方法。价格指数法由于方法本身的缘故,在推算待估建筑物重置成本的准确性方面略显不足。因此,应尽量控制此法的使用范围。对于大型、价高的建筑物一般不宜采用此法。此法一般只限用于单位价值小、结构简单,以及运用其他方法有困难的建筑物的重置成本估算。另外,待估建筑物账面成本不清、不实的,也不宜采用此法。

价格指数法能否运用好,除了委托方要提供可靠的待估建筑物账面成本外,关键在于价格指数的选择和价格变动指数的计算上。对于价格指数的选择,可参考建筑价格指数,该指数基本上能反映出建筑产品价格变化的趋势。而价格变动指数的计算则要注意所选择的价格指数是定基价格指数,还是环比价格指数。不同性质的价格指数,在计算价格变动指数时方法有所不同。

①对于定基价格指数,在计算价格变动指数时应按:

$$价格变动指数 = \frac{评估时点价格指数}{建筑物购建时价格指数} \times 100\%$$

②对于环比价格指数,在计算价格变动指数时应按:

$$X = (1 + a_1) \times (1 + a_2) \times (1 + a_3) \cdots (1 + a_n) \times 100\%$$

式中,X——价格变动指数;

a——从建筑物竣工年度后第 1 年至评估基准日年度的各年环比价格指数。

价格指数调整法用数学式表达为:

$$重置成本 = 账面原值 \times 价格变动系数$$

【例 4-10】

A 公司有一简易仓库,账面价值为 300000 元,建筑面积为 1000 平方米,竣工于 2000 年底。要求估算 2005 年底该仓库的重置成本。

经查询,企业所在地区建筑价格环比指数分别为:

2001 年 11.7%,2002 年 17%,2003 年 30.5%,2004 年 6.9%,2005 年 4.8%。

①计算价格变动指数:

$$\begin{aligned} X &= (1 + 11.7\%) \times (1 + 17\%) \times (1 + 30.5\%) \times (1 + 6.9\%) \times (1 + 4.8\%) \\ &\quad \times 100\% \\ &= 191\% \end{aligned}$$

②估算仓库重置成本:

$$重置成本 = 300000 \times 191\% = 573000(元)$$

(4)类比调整法。这种方法也可以称为典型建筑物类比法。很多建筑物由于缺少竣工资料,无法采用重编预算法和结算调整法,或者没有账面成本或是其他原因不适宜采用价格指数调整法,在这种情况下,类比调整法较为适用。

类比调整法的原理在于用途结构大致相同相似、建筑物的单方造价基本相同。因此，可以通过选择若干有代表性的典型建筑物评估得出其重置成本，然后将待估建筑物与典型建筑物进行比较，在典型建筑物重置成本的基础上，调整差异，推算出待估建筑物的重置成本。

4. 建筑物的折旧

建筑物的折旧是因各种原因所造成的价值损耗，其数额为建筑物在估价时点时的市场价值与其重新构建价格之间的差额。

从折旧原因上分析，建筑物折旧分为实体性贬值、功能性贬值和经济性贬值。

（1）建筑物的实体性贬值

建筑物的实体性贬值是指建筑物在物质实体方面的损耗所造成的建筑物价值的损失，如使用磨损、风吹日晒、建筑物材料老化或腐朽等由于人工使用及受自然力影响所引起的价值损失。实体性贬值在实务中也就是通常所说的对建筑物成新率的测算，主要采用使用年限法和打分法。

①使用年限法。使用年限法是指利用建筑物的实际已使用年限占建筑物耐用年限的比率作为建筑物有形损耗率或以估测出的建筑物尚可使用年限占建筑物耐用年限的比率作为建筑物的成新率。

$$建筑物有形损耗 = \frac{建筑物实际已使用年限}{建筑物实际已使用年限 + 建筑物尚可使用年限} \times 100\%$$

$$建筑物成新率 = \frac{建筑物尚可使用年限}{建筑物实际已使用年限 + 建筑物尚可使用年限} \times 100\%$$

运用使用年限法的关键在于，测定一个较为合理的建筑物尚可使用年限。关于各类建筑物的耐用年限，目前国家尚无统一的标准，这对估测建筑物的尚可使用年限不能不说是一种困难。这就要求评估人员需要有相当丰富的实践经验，结合国家以前曾制定过的固定资产折旧年限等数据，根据待评建筑物的实际状态和维修保养状况，估算待评建筑物的尚可使用年限。

【例 4-11】

某建筑物建筑面积为 320 平方米，重置价为 2500 元/平方米，耐用年限为 40 年，已使用 7 年，残值率为 4%。试用耐用年限法估算其现值。

现值 = 800000 - 19200 × 7 = 665600（元）

②打分法。打分法是指评估人员借助于建筑物成新率的评分标准，包括建筑物整体成新率评分标准，以及按不同构成部分的评分标准进行对照打分，得出或汇总得出建筑物的成新率。

建筑物成新率评分标准可参考和借鉴原城乡建设环境保护部于 1984 年 11 月 8 日颁发的《房屋完损等级评定标准》。根据上述标准，按房屋的结构、装修、设备等组成部分的完好程度，划分为 5 个等级。

- 完好房，指成新率在 80% 以上的房屋。房屋的结构、构件、装修、设备齐全完好，成色新，使用良好。
- 基本完好房，指成新率在 60%～70% 的房屋。房屋的结构、构件、装修、设备基本完好,成色略旧,并有少量或微量损坏,基本能正常使用。

- 一般损坏房,指成新率在 40%～59% 的房屋。房屋的结构、构件、装修、设备有部分损坏或变形、老化,需进行中、大修理。
- 严重损坏房,指成新率在 39% 以下的房屋。房屋的结构、构件、装修、设备有明显的损坏和变形,并且不齐全,需进行大修或翻建。
- 危房。房屋的结构、构件已处危险状态,随时有倒塌的可能。

从理论上讲,按房屋的结构、装修、设备等方面的完损程度综合确定建筑物的成新率,比单一按建筑物使用年限测算成新率更合理一些,因为使用年限法完全忽略了不同房屋之间的维护差别,有的房屋使用环境比较恶劣同时维护得比较差,这样采用年限法就会高估其成新率;而有的房屋使用环境比较好,而且在使用过程中维护较好甚至进行过两次装修或翻新,采用年限法就会低估其成新率。

但采用打分法是否有效和评估人员对打分标准掌握和运用的水平很有关系。打分标准是固定的,而待估建筑物情况却是多样性的。在一般情况下,评估人员及评估机构都要在统一打分标准基础上,根据实际情况,制定不同类型建筑物成新率评分修正系数,作为按统一打分标准评分后的进一步调整和修正。

房屋建筑物完损等级评定一般是按房屋的结构、装修和设备 3 个部分分别规定标准,并具体规定评定的部位内容,可参照下列数学式进行:

$$\text{成新率} = (\text{结构部分合计得分} \times G + \text{装修部分合计得分} \times S + \text{设备部分合计得分} \times B) \div 100 \times 100\%$$

式中,G——结构部分的评分修正系数;

　　　S——装修部分的评分修正系数;

　　　B——设备部分的评分修正系数。

【例 4-12】

某钢筋混凝土 5 层框架楼房,经评估人员现场打分,结构部分得分为 80 分,装修部分得分为 70 分,设备部分得分为 60 分。再经查表4-9列示的修正系数 $G=0.75$,$S=0.12$,$B=0.13$,则该楼房的成新率如表4-9所示。

表 4-9　该楼房的成新率

	钢筋混凝土结构			混合结构			砖木结构			其他结构		
	结构部分 G	装修部分 S	设备部分 B	结构部分 G	装修部分 S	设备部分 B	结构部分 G	装修部分 S	设备部分 B	结构部分 G	装修部分 S	设备部分 B
单层	0.85	0.05	0.1	0.7	0.2	0.1	0.8	0.15	0.05	0.87	0.1	0.03
二至三层	0.8	0.1	0.1	0.6	0.2	0.2	0.7	0.2	0.1			
四至五层	0.75	0.12	0.13	0.55	0.15	0.3						
六层、七层以上	0.8	0.1	0.1									

成新率 $= (80 \times 0.75 + 70 \times 0.12 + 60 \times 0.13) \div 100 \times 100\% = 76.2\%$

(2)建筑物的功能性贬值

建筑物功能性贬值是指由于建筑物用途、使用强度、设计、结构、装修、设备配备等不合理造成的建筑物功能不足或浪费形成的价值损失。

建筑物用途与使用强度不合理是相对于其所占用的土地的最佳使用而言的。如果出现了建筑物用途及使用强度与其占用土地的最佳使用不一致的时候,土地的最佳效用没有发挥出来,土地的价值就没有得到充分实现。但是,在资产评估中,土地使用权的评估通常是按其最佳使用为依据进行的,对土地与建筑物用途不协调所造成的价值损失一般以建筑物的功能性贬值体现。有时当建筑物的用途、使用强度等与其占用的土地的最佳使用严重冲突的时候,甚至可能出现建筑物的功能性贬值超过了它的剩余的价值。例如,繁华商业区内的低矮非商业用建筑物的功能性贬值可能就会很大,以至于出现建筑物部分的价值为负值,即建筑物不仅没有价值,反而由于拆迁还要扣减土地使用权的一部分价值。关于建筑物用途及使用强度与其占用土地最佳使用不一致、不协调形成的功能性贬值的量,从理论上讲,相当于建筑物所占用土地的现实用途与其最佳使用之间的价值差。当然在具体测算建筑物由于用途、使用强度形成的功能性贬值时,还要考虑建筑物是连同土地一并评估,即房地合一评估,还是房地分估合一,再来分析判定其功能性贬值。

建筑物的设计以及结构上的缺陷,将导致建筑物不能充分发挥其应有的功能和最大限度地发挥其效用。不合理的设计及结构可能出现建筑物面积较大而有效使用面积却与建筑面积不成比例,从而影响了建筑物的有效利用。建筑物有效使用面积与其建筑面积的比例低于正常建筑物有效使用面积与其建筑面积的比例部分所形成的价值损失,是建筑物功能性贬值的表现。

建筑物的装修、设备与其总体功能的不协调,也会造成建筑物的功能性贬值。尤其是建筑物豪华装修和设备超标准安装使用,在建筑物使用价值增加不明显的情况下,往往形成建筑物局部功能浪费,其部分价值无法实现。

无论是哪种原因形成的建筑物功能性贬值,在测算过程中都要与建筑物重置成本测算以及成新率测算一并统筹考虑,避免重复考虑和漏评现象出现。

(3)建筑物的经济性贬值

建筑物经济性贬值是指由于外界条件的变化而影响建筑物效用的发挥,导致其价值贬损。从现象上看,建筑物出现经济性贬值,一般都伴随着利用率下降,如商业用房的空房率增加,出租面积减少;工业用房大量闲置等。从建筑物出现经济性贬值所造成的后果看,最终都会导致建筑物的收益下降。所以,在测算建筑物经济性贬值时,可参照下列公式进行:

经济性贬值＝建筑物年收益损失额/正常资产收益率

或

$$经济性贬值 = \sum_{i=1}^{n} R_i (1+r)^{-1}$$

式中,R_i——第 i 年的建筑物年收益净损失额;

R——折现率;

N——预计建筑物收益损失持续的时间,通常以年为单位。

【例 4-13】

对海南省 B 公司秀英路器材仓库进行评估,该仓库位于 C 市秀英路砖瓦厂内,仓库为 6 层框架,局部 7 层,柱距 6 米,建筑面积为 14028.58 平方米,建成于 1994 年。仓库装饰外墙条形面砖,铝合金窗,内墙为较好粉刷,楼地面除三楼局部地砖外余均为水泥砂浆地面,3 楼局部地砖面积 576 平方米,屋顶设有 500 米×500 米隔热板。除 2 层有砖墙隔断外,余各层均为大开间仓库,无隔断墙。仓库底层高为 4.8 米,2~6 层高均为 3.9 米,7 层高为 3.87 米,加权平均层高为 4.0 米。

评估方法:本次评估采用重置成本法,仓库有关技术资料除取得各层的平面示意图外,未取得任何资料,所以评估方法采用类比调整法,求取重置价格(计算中的技术参数均取自当地的房屋重置价格表)。

计算式:评估值=重置价格×成新率

一、重置价格的计算

1. 结构:钢筋砼基础,柱、梁、板承重。单价,527 元/平方米

由于仓库大部分为大开间房屋,相应砖砌体较少,内门较少,需进行调整。

砖砌体调整:内外墙比例为,外墙 1/3,内墙 2/3,即原有分隔墙内墙应扣除 (2/3)×(6/7)=12/21,相当于每平方米建筑面积应扣除内墙 0.145 立方米。

砖砌体扣除调整:$-0.145×316=-58.6$(元/平方米)

层高调整:加权平均层高为 4 米

$$527×6×2.5\%=79.1(元/平方米)$$

调整后结构部分为:$S_1=547.5$(元/平方米)

2. 门窗(铝合金外窗,基本无内门):

$$S_2=53×0.5+(铝合金调整)S×0.125×195/S=50.9(元/平方米)$$

(注:S 为建筑面积)

3. 抹灰:内墙较好抹灰,外墙条形面砖

$$S_3=69+S×0.25×55/S=83(元/平方米)$$

4. 楼地面:现浇砼板上水泥砂浆楼地层,3 层有 576 平方米地砖

$$S_4=72+576×44/14028.58=73.8(元/平方米)$$

5. 水电安装:根据现场情况,向海南省二建公司咨询

$$S_5=80(元/平方米)$$

6. 建安重置价格:$S_1+S_2+S_3+S_4+S_5=990$(元/平方米)

7. 各项专业费、附加规费计算:

(1)建设单位管理费:2.4%(建标字〔1988〕182 号)

$$F_1=990×2.4\%=23.8(元/平方米)$$

(2)工程监理费:2%(国家物价局,建设部价费字〔1992〕479 号)

$$F_2=990×2\%=19.8(元/平方米)$$

(3)设计勘察费:包括设计费 1.5%,预算编制费 0.15%,勘察费 0.5%,合计:2.15%(国家物价局,建设部价费字〔1992〕375 号)

$$F_3=990×2.15=21.3(元/平方米)$$

(4)定额编制管理费:0.1%(邮部〔1995〕626 号)

$$F_4=990×0.1\%=1(元/平方米)$$

(5)工程质量监督费：0.15%（邮部〔1995〕626 号）

$$F_5 = 990 \times 0.15\% = 1.5（元/平方米）$$

(6)建设配套费（海南省房地产开发总公司咨询）

$$F_6 = 45（元/平方米）$$

(7)消防设施配套费（海府〔1996〕71 号）

$$F_7 = 3（元/平方米）$$

(8)投资方向调节税：10%，据了解该基业未缴纳该项费用

$$F_8 = 0$$

(9)材料差价：每平方米钢材用量为 67 千克

$$F_9 = 67 \times (2435 - 915)/1000 = 99.8（元/平方米）$$

(10)建设期利息：根据工期定额，该工程工期为两年，第一年资金投入为70%，第二年为 30%，按当时一年期贷款利息计算：

$$F_{10} = 86.6（元/平方米）$$

(11)重置价格 $F = \sum_{n=1}^{N} F_N + 990 = 1291.8（元/平方米）$

二、成新率

该仓库建于 1994 年，已使用 5 年，经济使用寿命年限为 50 年，根据现场勘察情况，结构整齐，墙、楼地面无开裂情况，无不均匀下沉，门窗完整无损，墙面无粉刷，无剥落，属完好房。

$$成新率 = (1 - \frac{已使用年限}{经济使用寿命年限}) \times 100\% + 调整成新率$$
$$= 90\%$$

三、该建筑使用正常，不存在功能性贬值和经济性贬值

四、评估值：$1291.8 \times 90\% \times 14028.58 = 16309908（元）$

4.5 假设开发法在不动产评估中的应用

4.5.1 假设开发法的基本概念及思路

假设开发法又称剩余法、倒算法或预期开发法。假设开发法是将待估不动产的预期开发价值，扣除正常投入费用、正常税金及合理利润后，以此估算估价对象的客观合理价格或价值的方法，是一种估价的辅助方法。

假设开发法通常用来估算土地的价格，它可以看成是前面所学的收益法和成本法相结合的一种方法，即首先根据收益法的思路估算出开发完成后不动产正常交易的价格。然后，按照成本法的思路计算出开发该项不动产的相关费用，包括建筑物建造费用和与建筑物建造、买卖有关的专业费用、利息、利润、税收等费用，最终将计算出来的费用从不动产价格中扣除，根据其余额来确定待估土地价格。

具体来说，作为一个不动产开发商，他购买这块土地进行开发的目的是将其出售赚取

利润。开发商买地,进行地价投入,必须有收益,而且这个收益越高越好。我们可以大致勾勒出开发商对项目的整体运作过程。

首先,开发商要分析土地的坐落位置、交通条件、商业繁华程度、周围环境区位条件。

其次,根据规划部门对该地块的限制条件,如用途、容积率、绿地覆盖度、最高层数、朝向等,以及有关法律法规的限制,来确定该块土地的最佳使用状况。比如是开发成商业楼、写字楼还是住宅楼。

然后根据目前的不动产市场状况,预测建筑完成后不动产的销售价格或租赁价格,以及为完成这一开发所需花费的建筑费、设计费、相关税费、各类预付资本的利息和开发商应得的正常利润,开发商就知道了他为取得这块土地所支付的最高价格可能是多少。也就是说,这个最高价等于开发完成后的不动产价值扣除开发成本和相应利息、利润等之后的余额。

4.5.2　操作步骤

根据假设开发法估价的基本思路,其估价的程序为:调查待开发不动产的基本情况;确定最佳开发利用方式;估计开发经营期;预测开发完成后不动产的价值;测算开发成本、管理费用、销售税费、投资利息、开发利润及购买者应负担的税费;最终确定待估对象(通常为土地)的价格。

1. 调查待开发不动产的基本情况

(1)调查区位状况。待估不动产所在城市的性质及其在城市中的具体位置,以及周围土地条件和利用现状。比如所在的城市是大城市还是功能型城市;不动产所在区位是繁华的商业区、住宅区还是工业区等。

(2)调查实物状况。调查土地面积大小和土地形状、地质状况、地形地貌、基础设施状况和生活设施状况以及公用设施状况等。

(3)调查权益状况。调查此地块的权益状况,包括弄清权益性质、使用年限、能否续期以及是否已设定抵押权等。这些权益状况对确定开发完成后的不动产价值、售价及租金水平都有着非常密切的关系。

(4)调查待估不动产的利用要求和限制条件。土地的限制条件和不动产的利用要求,如土地政策的限制,城市规划、土地利用规划的制约,城市规划对此宗地的规划用途、容积率、覆盖率、建筑物高度限制等对该不动产开发完成后的市场价格具有重要影响。

(5)调查市场状况。调查的市场状况内容包括:土地的供应计划;不动产的市场情况,如供求状况、空置率、收益率等;近期拟开发的不动产类型、档次、数量、交付日期等。

2. 确定最佳的开发利用方式

根据调查的土地状况和不动产市场条件等,在城市规划及法律法规等限制所允许的范围内,确定地块的最佳利用方式,包括确定用途、建筑容积率、土地覆盖率、建筑物高度、建筑装修档次等。在选择最佳的开发利用方式中,最重要的是选择最佳的土地用途。土地用途的选择,要与不动产市场的需求相结合,并且要有一定的预测。最佳的开发利用方式就是开发完成后销售时能获得最高的收益。

3. 估算开发经营期

开发经营期的起点是估价时点,终点是将开发完成后的不动产全部租售完毕的时间,从大的方向看它由两部分构成,即开发期和租售期。

确定开发经营期的目的,是为了把握开发成本、管理费用、销售费用、销售税费等发生的时间和数额,预测开发完成后不动产售价或租金以及各项收入和支出的折现或计算投资利息。

根据等量资本要获取等量利润的原理,利息应为开发全部预付资本的融资成本,不仅是建造工程费用的利息,还应包括土地资本的利息。不动产开发的预付资本包括地价款、开发建造费、专业费和不可预见费等,即使这些费用是自有资金,也要计算利息。这些费用在不动产开发建设过程中投入的时间是不同的。在确定利息额时,必须根据地价款、开发费用、专业费用等的投入额、各自在开发过程中所占用的时间长短和当时的贷款利率高低进行计算。例如:预付地价款的利息额应以全部预付的价款按整个开发建设工期计算;开发费用、专业费用假设在建造期内均匀投入,则利息以全部开发费用和专业费用为基数,按建造期的一半计算。若有分年度投入数据,则可进一步细化。如建造期两年,第一年投入部分计息期为一年半,第二年投入部分计息期为半年等。开发费用、专业费用在建筑竣工后的空置及销售期内应按全额全期计息。

4. 预测不动产售价

我们都知道,不动产项目的开发周期较长。在这段时间内,市场行情是不可能毫无变化的,需要明确的是开发完成后不动产价值指的是开发完成时的市场价值,而不是评估时点的市场价格,对开发完成后不动产价值的预测是使用这个方法的重点也是难点。

根据所开发不动产的类型,对开发完成后的不动产总价,可通过两个途径获得:

(1)对于出售的不动产,如居住用商品房、工业厂房等,可采用市场法确定开发完成后的不动产总价。

(2)对于出租的不动产,如写字楼和商业楼宇等,其开发完成后不动产总价的确定,首先采用市场法,确定所开发不动产出租的纯收益,再采用收益法将出租纯收益转化为不动产总价。

5. 估算各项成本费用

(1)估算开发建筑成本费用。开发建筑成本费用(包括直接工程费、间接工程费、建筑承包商利润及由发包商负担的建筑附带费用等)可采用比较法来测算,即通过当地同类建筑物当前平均的或一般建造费用来测算,也可通过建筑工程概预算的方法来估算。

(2)估算专业费用。专业费用包括建筑设计费、工程概预算费用等,一般采用建造费用的一定比率估算。

(3)估算税金。税款主要指建成后不动产销售的营业税、印花税等,应根据当前政府的税收政策估算,一般以建成后不动产总价的一定比例计算。

(4)估算开发完成后的不动产租售费用。租售费用主要指用于建成后不动产销售或出租的中介代理费、市场营销广告费用、买卖手续费等,一般以不动产总价或租金的一定比例计算。

6. 投资利息

无论是自由资金还是借入资金,都应该计算投资利息,在计算投资利息时,首先要明确哪些费用是要计算利息的,一般情况下包括土地取得开发费用、建筑成本费用和各项专业费用。

计息期的起点为该项费用发生的时间点,终点通常是开发期结束的时间点。需要注意的是,这些费用不是发生在一个时间点,而是在一段时间内连续发生,因此在计算时可以认为这笔费用发生在这段时间的中点。

利率存在两种形式,单利利率和复利利率。选用不同的利率,就应选择其对应的计息方式,反过来,选用不同的计息方式,也应该选择相对应的利率。

7. 确定开发商的合理利润

开发商的合理利润一般以不动产总价或预付总资本的一定比例计算。投资回报利润的计算基数一般为地价、开发费用和专业费用 3 项,销售利润的计算基数一般为不动产售价。

8. 确定待估不动产价格

待估不动产价格计算公式如下:

$$\text{土地价格} = \text{开发完成后的不动产价值} - \text{开发建筑费用} - \text{专业费用} - \text{利润} - \text{利息} - \text{税费}$$

【例 4-14】

以下根据一个真实的评估案例改编,请根据学到的不动产评估方法和知识对这个评估案例进行分析,并指出其中你认为不正确的操作。

一、概况

1. 委托评估方:A 房地产公司
2. 评估项目名称:富秋湾新民区块
3. 评估对象概况:

(1)土地登记状况如表 4-10 所示。

表 4-10 土地登记状况

序 号	项 目	内 容
1	土地使用证号	
2	土地登记机关	富秋市土地管理局
3	土地使用者	A 房地产开发有限公司
4	土地坐落	富秋镇白鹤村
5	土地用途	房地产
6	总面积	86100 平方米
7	独自使用权面积	86100 平方米
8	共有使用权面积	0
9	使用期限	70 年,于 2080 年 7 月 4 日止
10	地号	200001589082
11	图号	
12	土地四至	东:黄公望小学,西:白鹤村耕地,南:富春江支流北江,北:黄公望森林公园

（2）土地权利状况：该土地系有偿出让国有土地。该土地使用权所有者为富秋市 A 房地产开发有限公司，目前无抵押、租赁等他项权利登记，无共有土地使用权。

（3）建筑物和地上附着物状况：至评估基准日时止，该地块已完成拆迁及平整工作，地面上有 A 房地产开发有限公司的两幢一层工作用房及两片树木植被（为今后别墅区开发绿化所用），地块四周建有围墙。

二、地价影响因素分析

1. 一般因素

富秋市位于浙江省西北部，杭州市郊，沪、杭、甬金三角的交汇点上，距离杭州37 千米，距离上海 240 千米。富秋是富春江—新安江—千岛湖—黄山国家级风景旅游线上的一颗明珠。

2. 区域因素

（1）交通便捷度：该地块位于富秋滨江大道北侧，距离富秋市中心 6.5 千米，交通状况较好。

（2）环境质量度：沿江地块，周围多为耕地，北面有黄公望森林公园，西侧 2 千米为富秋高尔夫球场，环境较好，但西侧有一些造纸厂，光电企业，不可避免存在一些污染隐患。

（3）规划限制：根据建设规划用地许可，容积率均在 2.2 以下。

（4）商业繁华度：无商业设施。

3. 个别因素：该地块"三通一平"已完成，基本具备开工条件

三、地价定义

本评估报告所称地价是该地块住宅用途，已完成拆迁，达到"三通一平"开发程度的熟地。

四、评估方法与评估过程

1. 评估方法

根据位置及周边环境，该块地具有较好的住宅开发前景，因此本次评估采用假设开发法。假设开发法是在估算未来房地产正常交易价格的基础上，扣除建筑物建造费用和建筑物建造、买卖有关的专业费用、利息、利润，税收等费用，将地价和房价分离以计算土地价格的方法。基本计算公式是：

地价＝楼价－建筑费－专业费用－利息－利润－税费

2. 开发建设和销售情况分析

参照周边富秋山居等别墅区的开发和销售状况，假设该宗地块上将建成别墅区。

3. 相关指标

（1）容积率为 0.25；

（2）总建筑面积＝86100×0.25＝21525（平方米）；

（3）开发期为 2 年；

（4）平均售价为 33000 元/平方米；

（5）建筑安装费用和专业费用为建设期内第一年投入 60％，第二年投入 40％；

（6）销售按第一年预售 20％期房，第二年预售 40％期房，第三年销售 40％现房设定；

（7）银行中长期贷款利率 5.94％。

（8）贴现率按 8％计算。

4．计算过程

（1）总楼价＝21525 平方米×33000 元/平方米×[20％/(1＋8％)$^{0.5}$＋40％/（1＋8％)$^{1.5}$＋40％/(1＋8％)$^{2.5}$]＝62430460（元）

（2）建筑费和专业费用总投入。此项费用包括土建安装费，小区基础设施费和专业费用等 3 项。根据同类型住宅，设土建安装费为 3200 元/平方米，小区道路、绿化、电话、有线电视，前期、勘察、规划、设施等专业费用为建筑造价的 16％。

总费用＝(3200＋3200×0.16)元/平方米×21525 平方米×[60％/(1＋8％)$^{0.5}$＋40％/（1＋8％)$^{1.5}$]＝74547448（元）

（3）利息＝

$$\frac{地价×(1.0594^3-1)+3200×1.16×21525×[60％×(1.0594^{2.5}-1)+40％×(1.0594^{1.5}-1)]}{(1+8％)^3}$$

＝0.15×地价＋8182188

（4）总销售费用：包括广告代理、手续费及销售税金。其中主要为 5.94％营业税附加、契税和广告费，按总收入的 12％计，则：

总销售费用＝总楼价×12％＝74916560（元）

（5）总利润：根据目前房地产市场的收益状况，确定净投资收益率为 15％，则：

总利润＝（地价＋建筑费＋专业费）×15％

（6）地价＝楼价－建筑费－专业费－利息－税费－利润

总地价＝350366405（元）

单位地价＝16277（元/平方米）

4.6　在建工程评估

4.6.1　在建工程的概念

在建工程是指已经开工建设，尚未竣工的建设项目。在建工程的评估相对一般的不动产抵押较为复杂，必须十分谨慎操作，才能防范风险。一方面，在建工程从基础到主体完成，再到竣工验收，这个过程跨越的时间较长，随着工程的进展，其价值往往发生变化；另一方面，在建工程评估经常会牵涉到在建工程被抵押的状况，在评估中同时涉及企业、银行、购房人（商品房开发在建工程）、在建工程承包人、保险人、抵押登记部门等多方当事人。因此，在建工程评估有着很强的特殊性和复杂性。

4.6.2　在建工程的评估特点

为保证评估价格的公正、合理、准确，对在建工程价值的评估必须把握好在建工程的特点及其价值构成的特殊性,选用适宜的评估方法,科学地评估出在建工程现实的价值。相对于一般不动产的估价,在建工程估价有以下几个特点:

(1)注意评估对象的合法性。房屋在建工程,必须是经国家法定机关或有关部门在其职权范围内,依照法律规定的程序进行审批后取得相关批文(如5证)的合法工程,未经审批取得规划红线图、施工许可证等的违章建筑不受法律保护,更不能用以抵偿债务。

(2)在建工程的范围十分广泛,情况复杂,估价中对专业技术有很强的要求。在建工程的个性差异往往比较突出,各个委估项目完成的工程量各不相同,有的是刚刚完成了设计地坪以下的基础工程(包括地下室结构部分);有的是刚刚完成了裙房的结构部分;有的已完成全部的结构封顶等。大部分的项目,其装修及设备安装工程还没有进行。因此不同工程之间的可比性较差,对在建工程估价要建立在对其全面分析了解的基础上。

(3)在建工程资金投入与工程实际进度存在着时差和量差,这是在建工程抵押评估中经常会考虑的因素。建设资金的投入量与实际形成的工程资产价值量和形象进度往往不尽一致,有时偏差还很大,对于那些未安装并固定在建筑物主体上的材料和设备,就不能纳入在建不动产项目的评估范围,因此实际的费用支出并不能客观地反映在建工程的真实价值。

(4)在建工程存在着债权债务问题和投资风险问题,在估价中要格外关注。最高人民法院在《关于建设工程价款优先受偿权问题的批复》中指出:"应当依《中华人民共和国合同法》第二百八十六条规定,认定建筑工程承包人的优先受偿权优于抵押权和其他债权受偿。"因此在建工程的资产价值可以在估价的假设和限制条件中说明,未考虑可能存在的负债,或者说明在建工程完工部分的工程款及各项费用均已付清等内容。

(5)对工期较长或停建多年的工程,由于市场和外部条件的变化,其技术性、功能性贬值不可忽视,特别是在采用成本法估价时。有的项目还没建成,在市场上就已经落后了,市场价值远低于实际的投入。

(7)在建工程的价值并非各项投入的累加,要根据市场情况才能体现出其潜在的利润,并且利润并不是一成不变的,在建工程潜在利润随着工程的形象进度也会发生变化。

(8)按照工程项目的建设程序,土地费用和不构成工程实体的前期费用(道路建设、各项配套建设等)往往是先行投入的,与工程的实际进度无关,在估价时不可遗漏,应给予充分考虑。

(9)有些委估的不动产在建项目,已领有商品房预售许可证,并已预售了部分楼盘。评估时,必须清楚地把握两个问题:一是预售许可证所允许预售的楼层及其建筑面积,即可售部分;二是开发商已实际出售了多少建筑面积。评估时必须将已售部分的在建实物工程量价值及相应的土地使用权价值从整个在建不动产项目的评估值中扣除。因为已售部分楼盘的权利价值已不属于委托单位所有,委托人无权将其抵押。

由于在建工程的上述特点,使得在建工程评估难以用统一的模式或公式一概而论。比如,对于建设工期较短、工程投资与工程形象进度大体相当、其账面价值基本上能反映评估时点的重置成本的,评估时可以考虑按在建工程的账面值作为评估值。又如,整个建设工程已经完成或接近完成,只是尚未交付使用的在建工程,完全可以考虑按房屋建筑物或其他固定资产的评估思路进行评估。属于停建的在建工程,要查明停建的原因,确因工程的产、供、销及工程技术等原因而停建的,要考虑在建工程的功能性及经济性贬值。对于正常的在建工程,一般应按在建工程的重置成本来估价。事实上,只要在建工程的预期收益率处于社会平均水平,在建工程的重置成本基本上可以反映其收益价格。如果确实可以证明在建工程的预期收益明显地高于或低于社会平均水平,则要考虑在建工程超额收益或减额收益对在建工程评估值的影响。

4.6.3　在建工程评估的准备工作

前面已经提到,对于已完成建设工作只是尚未投入使用或转作固定资产的在建工程,完全可以参照房屋建筑物及有关固定资产的评估思路进行评估。这里将着重介绍未完工的在建工程的评估。未完工的在建工程评估的准备工作在很大程度上接近于房屋建筑物的评估。现对在建工程评估的准备工作说明如下:

(1)要求企业提供待估在建工程详细资料。如项目名称、建筑面积、工程结构、工程预算、实际用款和完工程度以及需要安装的设备名称、规格、型号、数量、合同金额、实际付款额、到货和工程安装情况等。上述资料通常以在建工程评估申报表的形式由委托方填列。

(2)要求提供并查阅企业在建工程批准文件、工程图纸、工程预算书、施工合同、有关账簿及原始记录等。

(3)评估人员到工程现场查实工程进度和工程形象进度。

(4)检查工程质量。包括在建工程的各组成部分是否存在缺陷及待修理的因素,建筑材料质量是否过关,在建工程整体布局是否合理,在建工程工期是否符合计划等。

(5)收集与该项工程评估所需的有关数据资料。如有关部门规定或制定的当地建筑工程预算定额、建筑工程间接费用标准、地方建筑材料价差指数、建筑工程预备费用及其他费用标准(如在建工程贷款利率)等。

在以上准备工作就绪后,即可根据收集到的有关数据资料对在建工程进行评估。

4.6.4　在建工程的评估方法

在建工程的种类较多,情况也很复杂,下面就较为常见的在建工程的评估方法介绍如下。

1. 工程进度法

工程进度法是指以工程预算为依据,按勘察时确定的完工程度评估在建工程价值的一种方法。这种方法主要适用于施工期较短且价格变化较小的在建工程。该方法的数学表达式为:

$$\text{在建建安工程评估值} = \text{在建建安工程预算造价} \times \text{在建建安工程完工程度}$$

整个建安工程分为建筑工程部分和设备安装工程部分,它们的完工程度可分别用以下公式表示:

$$\text{在建建筑工程完工工程度} = \sum \left[\text{各部位完成进度(\%)} \times \text{各部位占建筑工程预算的比例(\%)} \right]$$

$$\text{在建设备安装工程评估值} = \left(\text{设备价值} + \text{安装工程价} \right) \times \text{工程完工程度(\%)}$$

【例 4-15】

某建设项目将要建筑混合结构仓库 1000 平方米,在建建筑工程预算造价为 200000 元,在建设备安装工程预算为 50000 元(不含设备价格),设备价值 100000 元,设备已到工地。评估时该库房正在建设中,其中建筑工程中的基础工程已完工,基础工程造价占总建筑工程造价的 10%;结构工程完成了 30%,结构工程占工程总造价的 60%;装修工程占建筑工程总造价的 30%;设备安装工程尚未进行,对该在建工程进行评估。

在建建筑工程完工程度=10%+60%×30%=28%

在建建安工程评估值=200000×28%+100000=156000(元)

2. 成本法

运用成本法对在建工程价值评估的公式为:

$$\text{在建不动产价格} = \text{土地价格} + \text{已完工部分的建筑费用} + \text{相应的专业费用} + \text{利息} + \text{正常利润} + \text{各项税费}$$

在建不动产价格一般包括前期费用(勘察、设计、"七通一平"等)、直接费(人工、材料、机械)、间接费用、其他费用、资金成本、合理利润、调节税等。其评估思路和普通不动产的评估思路基本相同。

3. 假设开发法

假设开发法是评估在建工程的一种科学实用的估价方法。假设开发法是估价对象未来开发完成后的价值减去未来的正常开发成本、税费和利润等。以此估算估价对象的客观合理价格或价值的方法,其评估的计算公式如下:

$$\text{在建工程价值} = \text{开发完成后不动产的价值} - \text{续建开发建筑费用} - \text{续建专业费用} - \text{投资利息} - \text{利润} - \text{税费}$$

(1)确定开发完成后的不动产总价。根据所开发不动产的类型,预测开发完成后的不动产总价(总开发价值),可通过以下两个途径确定:对于出售的不动产,如居住用商品房、工业厂房等,应按当时的市场交易价格,采用市场比较法确定;对于习惯出租的不动产,如写字楼和商业不动产等,可根据当时的租金水平,确定所开发不动产出租的纯收益,采用收益还原法将出租纯收益转化为不动产总价。

(2)估算续建成本。后续开发建筑成本费用是指后期按设计要求的直接和间接工程费及由发包商负担的建筑附带费用等,可采用建筑工程概预算的方法来估算。

(3)估算续建专业费用。专业费用包括建筑设计费、工程概预算费用等。对于在建工程来说,部分专业费用可能已在前期工程中投入。

(4)估算后续开发建设周期内发生的预付资本利息。后续开发建设周期指自估价基准日至工程竣工并出租或出售完毕的这一段时间,预付资本在这段时间内发生的利息也是成本的一部分。

(5)估算税金。税金主要指工程建成后不动产销售的营业税、工商统一税、印花税、契税等,应根据当前的政府税收政策估算,一般以不动产总价的一定比例计算。

(6)估算开发完成后的不动产租售费用。租售费用主要指建成后不动产销售或出租的中介代理费、市场营销广告费、买卖手续费等,一般以不动产总价或租金的一定比例计算。

（7）估算开发商的合理利润。该利润是指开发商所有投入的合理利润，计算总数包括地价、前期投入的建筑开发费用、后期投入的建筑开发费用和专业费用。

（8）计算在建工程价值。

4.7　不动产的税基评估及批量评估法

4.7.1　不动产税基评估概述

不动产批量评估法是源于税基评估的需要。对于不动产，世界上各个国家都通过不同的形式对其征收财产税。比如，目前世界上很多发达国家和地区对不动产征收物业税，物业税就是财产税的一种，其收入占了财政收入很大的比例，在为国家提供可靠收入来源方面扮演着举足轻重的角色。当需要对不动产征税的时候，就牵涉一个计税基数如何计取的问题。

我国目前对不动产分别征收城市不动产税、房产税与城镇土地使用税。现行房产税是以房产的账面原值按一定比例给予扣除后作为计税依据，城镇土地使用税按纳税人占有的土地面积课税，这使得房产税和城镇土地使用税成为最缺乏弹性的税种。合并城市不动产税、房产税与城镇土地使用税转化为房产保有阶段统一收取的物业税已是大势所趋，即把买房子前已经缴的税，放到买房子后按年收取。多方观点认为，此举可以彻底解决目前我国不动产征税中存在的"范围过窄、税基覆盖不全、计税依据不科学"等问题。

物业税主要针对土地、房屋等不动产，要求其所有者或承租人每年都缴付一定税款，所缴的税款随房产的升值而提高。在物业税的征收管理系统中，计税价格的评估是关键的环节，同时也是难点。物业计税价格的评估具有量大面广的特点，须同时在大范围内对大量的不动产进行估价。如何在规定的时间内准确地评估出物业的市场价值是关系到公平税赋、顺利征税的一个重要方面。通过不动产评估得出的土地使用权和房产的市场价值作为物业税的计税依据，使得物业税和评估紧密联系起来。事实上，我国现行的土地增值税中，就有根据需要对不动产进行评估的情况的规定。因此，税基评估在不动产评估中的地位将越来越重要。

4.7.2　不动产税基评估方法

税基评估可以采用 3 种基本的评估方法，即市场法、收入法和重置成本法。市场法需要在不动产市场中寻找与待估不动产类似的实际交易，分析待估不动产与实际交易不动产的差异，针对这些差异对实际交易价格进行调整从而得出待估不动产的价值。由于评估市场价值唯一直接的证据是实际交易价格，因而市场法从理论上讲优于其他两种方法，但市场法对不动产市场的发育程度（足够多的卖方、足够多的买方、足够多的交易等）和信息的可获得性、完备性提出了很高的要求。当由于缺乏足够的交易信息而无法使用市场法时，可使用收入法，将实际或预期的从待估不动产取得的收入（租金或其他形式）资本转化为其在评估基准日的价值。成本法往往是在上述两种方法都受到限制而无法使用时采取的，它由重新取得土地使用权或重新建造房产所需的成本减除实体性贬值、功能性贬值和经济性贬值等得出应税不动产的评估价值。

4.7.3 税基评估技术——批量评估

同其他目的的评估不同,为得出物业税的税基,要求同时对大量的不动产进行评估,工作量大且密集;另外其他评估行为中往往对特定不动产进行个别评估,个别评估的成本对于税收行政来说是难以接受的。为保证物业税的行政效率,需要将其征管成本中的评估成本有效控制在一定的范围之内。控制评估成本的方法是通过运用批量评估(mass appraisal)来实现的。

在对不动产征收财产税的国家中,税基的批量评估已被广泛应用。批量评估的过程包括3个步骤:

(1)对辖区内所有不动产进行基本描述,内容包括不动产位置、土地面积和允许用途、建筑物的面积、年代、材料、质量等,大量不动产的基本信息经过整理,储存在特定的数据库中,这样的数据库一般被称为财政不动产簿(fiscal cadastre)。

(2)收集市场信息,包括不动产的市场交易价格、市场租金水平和建造成本信息等。

(3)估价,首先要进行市场分析。市场分析的目的是要确定位置、土地面积、建筑物面积和质量以及其他种种因素对不动产市场价值的影响,分析的结果是将上述各因素和市场价值的关系通过估价模型的方式表现出来。估价模型可能是数学模型,也可能是列示各种类型的土地和房产的单位面积价值的图表。一旦估价模型建立,就可以将待估不动产基本信息逐个输入,得出评估值。值得注意的是,对上述批量评估得出的评估值,评估人员需要进行适当检查以确定其是否符合市场价值,对具有明显特性(特殊位置、特殊用途等)的不动产更需要仔细地复查。

在实际操作中,批量评估法都要借助计算机系统的帮助,因此批量评估法也可以称为计算机辅助批量评估法(computer-assisted mass appraisal, CAMA),它是应用统一程序及统计学知识系统估价大量物业的一种方法。

1. CAMA 的一般原理和主要程序

CAMA评估法一个重要的前提是要建立庞大的数据库并利用事先编好的标准计算机程序进行运算,自动估价并输出最后结果。尽管这一方法20世纪20年代就开始在美国运用,但直到20世纪70年代随着计算机科学的迅猛发展,这一方法才被迅速加以推广开来。CAMA评估法是以传统的成本法、收益法、市场比较法等估价方法为基础,借助现代计算机强大的储存和运算功能来完成的。这里主要介绍CAMA评估方法中运用比较多的两个原理即"指标物业"比较法和复回归分析法。

(1)"指标物业"比较法

"指标物业"比较法一个重要的步骤是指标物业的选取,所谓指标物业指的是一座物业内一个典型的单元,一般选在物业的中心位置。一旦选定指标物业以后,可以将物业内的其他单元与指标物业的各种影响其市场价值的因素及特点作相对比较,建立数学关系。指标物业的估价一经评定以后,其他单元的估价可通过计算机算出来。

这种方法的基本工作流程如下:①选取指标物业;②确定指标范围;③确定各种影响物业市场价值的因素,并进行相关调整:包括面积调整、楼层调整、附设值调整、综合调整等;④确定基本物业的市场价值。

【例 4-16】

假设指标物业的市场价格为 $P=5000$ 元/平方米,求:相关物业的市场价值。

$$V=P_0 \times 面积 \times 调整系数$$

式中,V——待估不动产的评估价格;

P——指标物业的市场价格。

(2)复回归分析法

CAMA另一个重要原理是运用统计技术进行复回归分析来推算结果,一般形式为:

$$Y=b_0+b_1 X_1+b_2 X_2+\cdots+b_n X_n+e$$

式中,Y 为因变量,通常表示售价;b_0 为常数项;e 为误差;X_n 为自变量,通常表示面积、楼龄、景观、电梯、楼宇级别、室内装修等级等。

2. CAMA 评估法中数据的收集和管理

数据收集管理系统是整个 CAMA 评估系统的"心脏",全面、真实、客观地收集各个地区内的有关物业的信息资料是准确、公正地对物业进行估价的前提条件。同时,数据的收集和管理也是 CAMA 评估中花钱最多、耗时最多的环节。决定收集何种数据以及怎样管理这些数据都必须仔细加以衡量。因此,本节将专门讨论 CAMA 评估法中的数据收集和管理问题。

(1)收集数据的种类。物业资料的收集可以由政府成立专门的部门来完成,也可将这部分工作外包,委托专业咨询机构(主要是物业代理公司)来进行,不动产估价机构和交易管理部门可以做相关指导和协调工作。在收集数据之前应该确定以下几个方面的问题:①所涉及物业的编号和类型;②有效数据的质量和数量;③数据来源的质量和数量;④所用估价方法要求的条件;⑤所用 CAMA 评估系统的容量和能力。

所收集的数据按照不同的用途可以分为以下六大类:①管理数据,包括:宗地号、物业类型、目前业主、通讯地址、物业所在位置、建筑许可证及其编号、建筑许可日期;②物业特征数据(所有物业),包括:占地面积、临街状况、建筑风格、建筑质量等级、总建筑面积、所在楼层数、地下室装修状况、管道设置状况、空调设施、取暖装置、外墙类型、竣工日期;③住宅物业特征数据,包括:居住状况、是否有阁楼、洗手间的数量、卧室的数量、房间的数量、内墙及地板种类、车库状况、花园和游泳池面积;④非住宅物业特征数据,包括:建筑物的高度、电梯状况、层高、使用率、净营业收入、资本化率;⑤产权和销售数据,包括:产权转移情况及日期、契约清册及其类型、物业所有者、售价、销售日期;⑥其他方面的备选数据,包括:景观、消防通道及设施、冷藏室、停车位的数量、交通状况、屋顶的类型和材料、网络通信状况。

(2)数据收集和管理的质量控制。对数据收集和管理的质量控制应贯穿在整个收集工作的始终,是每一个参与估价的人员都应关注的问题。在收集数据的各个部门、工作组、个人之间要建立持续的双向反馈机制。要保证所收集数据的真实性、可靠性、一致性。具体要做好以下几个方面的工作:①保证数据收集清册的完整。数据收集清册是物业各个特征情况的详细登记文件,它是估价人员重要的参考资料。因此,数据收集清册应书写规范、描述详尽、保存完整,必要时还要附上物业的照片。②对数据收集工作人员进行教育培训。通过必要、有效的教育培训,使工作人员了解如何收集数据以及明确所收集数据的用途、目的是非常重要的。培训可采用室内理论培训、现场实习培训以及工作情景模拟培训等多种方式。③数据输入的计算机辅助控制。在进行 CAMA 评估系统的数据输入系统的程序设计时,应规定有效数据的格式、分布范围,如果是无效数据,则计算机可进行自动识别,限制此类数据的输入,此时,数据录入人员应与收集人员进行沟通、核对,弄清问题的真实原因。

(3)对所收集数据的分析处理。对所收集的数据进行必要的分析处理可以使估价人员更好地了解物业的类型、市场状况以及不同年代、大小、价值范围的物业分布状况,具体有以下几个方面的用途:①有助于对售价比率分析法(sales ratio study)进行准确有效的解释;②有助于确定同一层级里的物业的类型、质量等级、楼龄、单位租金、单位成本和单位价格;③有助于找到与待估物业特征相似的指标物业;④有助于了解当地物业总量和市场趋势。

3. CAMA 评估法的质量评价指标

CAMA 评估法的质量评价指标主要用以检验估价人员的工作效果,决定是否要重新进行批量估价。质量评价指标主要有销售比率、销售比率中值、离散系数和价格相关差额4 种:

(1)销售比率(sales ratio)。是指估价值与其市场销售值之比。若某物业的估价值为61360 元,销售价为 78000 元,则:

销售比率=估价值/销售价=61360/78000=0.787

它表示估价值是销售价的 78.7%,在比率研究中,要算出所有的销售比率以此来计算估价水平(level of appraisal)。

(2)销售比率中值(median ratio)。是指当所有的销售比率按照大小顺序进行排列以后,位于中间的那个值。中值受数列两头的数据的影响较小,因此,它是衡量估价质量的重要工具。

(3)离散系数(coefficient of dispersion,COD)。是指销售比率与其中值偏差的程度,通常被用来衡量同一类型的物业估价结果的一致性。离散系数越低,则估价的结果更具有一致性。

(4)价格相关差额(price related differential,PRD)。等于平均销售比率除以评估价值总和与市场价格总和的比值。如果 PRD 的值接近于 1,表示估价的结果一致性较好。

在实际的批量估价中,通常用上述指标对估价结果进行检验。对于不同类型的物业都规定了不同的质量标准。如对于物业类型均一的家庭住宅的估价,通常要求销售比率中值位于 0.90~1.10,COD 小于 10%,PRD 要位于 0.98~1.03;对于物业类型不均一的家庭住宅的估价,通常要求销售比率中值位于 0.90~1.10,COD 小于 15%,PRD 要位于 0.98~1.03。如果不符合以上标准,则需要对估价结果进行修正或重新估价。

4. GIS 在 CAMA 评估法中的应用

地理信息系统(geographical information system,GIS)是 20 世纪 60 年代兴起的一门新兴学科,是计算机与地理信息学相结合的产物。它具有对各种空间信息进行收集、储存、分析以及可视化表达的强大功能。GIS 不仅能够提供文字和数据,还可以提供直观形象的空间图形和图像。它可以对空间属性的对象进行输入、输出、编辑、修改、查询。图形信息和属性数据一旦输入地理信息系统,就可进行动态管理和查询。另外,GIS 具有强大的空间分析和统计运算功能,能对已有资料进行加工处理,得到科学的结果,避免因人而异的主观随意性,有利于科学管理与决策。正因为如此,GIS 在 CAMA 评估中有着良好的应用前景。

目前,在大多数运用 CAMA 评估法的国家,都将 GIS 作为基本的平台,进行二次开发,使之更加适应不动产估价的要求。例如,在运用"指标"物业法进行估价时,我们可以通过该系统自动搜索与待估物业相似的交易案例,然后再根据影响价格的因素种类,从数据库中提取与价格修正有关的数据,送入专家系统的知识库中,通过模拟专家推算过程,将待估物业与可比案例在各具体因素上的差异定量化,求出修正系数并最终自动输出估价结果。

第 5 章

无形资产评估

学习目标
1. 了解无形资产的特征、分类及特点;
2. 熟悉无形资产评估价值的影响因素;
3. 掌握收益法、成本法中基本参数的计算;
4. 掌握专利权、专有技术、商标、著作权和特许权的评估方法。

5.1 无形资产评估概述

5.1.1 无形资产的概念及分类

1. 无形资产的概念

我国 2001 年颁布的《资产评估准则——无形资产》中指出:无形资产是指特定主体所控制的,不具有实物形态,对生产经营长期发挥作用且能带来经济利益的资源。该定义体现出无形资产以下基本特征:

(1)非实体性。相对有形资产而言,无形资产不具有独立的物质实体,没有具体的实物形态,它必须依附于一定的物质实体作为载体来发挥作用。例如,土地使用权依附于土地,专利权和专有技术要通过工艺设备、生产线等来实现,商誉则内含于企业整体资产中。由于无形资产的非实体性,因此,它只存在无形损耗,而不存在有形损耗。

(2)排他性。无形资产往往是由特定主体排他占有,凡不能排他或者不需要任何代价即能获得的都不是无形资产。这种排他性有的是企业自身采取措施保护(如:专有技术,经营秘密);有的则是适当公开其内容,取得广泛而普遍的法律保护(如专利权,商标、著作权等);有的借助于法律保护并以长期生产经营服务中的信誉取得社会的公认(如商誉)。

(3)效益性。不是任何无形的事物都是无形资产。成为无形资产的前提是,它必须能够以一定的方式,直接或间接地为其控制主体(所有者、使用者或投资者)创造效益,而且能够在较长时期内持续产生经济效益。那些已经公开的技术就不能构成无形资产,而那些尽管能产生效益,但不能给特定主体创造效益的技术或其他资源,也不能被确认为无形资产。

2. 无形资产的分类

无形资产种类很多,可以按不同标准进行分类:

(1)按能否独立存在来分,可以分为可确指无形资产和不可确指无形资产。凡是那些具有专门名称,可以单独取得、转让的无形资产,称为可确指的无形资产,如专利权、商标权、专有技术、租赁权、土地使用权等。那些不可单独取得、不可辨认,离开企业就不复存在的无形资产,称为不可确指的无形资产,如商誉。

(2)按取得无形资产的方式来分,可分为企业自创(或自身拥有)无形资产和外购无形资产。自创无形资产是由企业自己开发研制的或由于客观原因形成的无形资产,如自创专利、专有技术、商标、商誉等。外购无形资产是指企业以一定的代价从外界购入的无形资产。如外购专利权、商标权、土地使用权等。

(3)按无形资产的性质和内容构成来分,可分为知识型无形资产、权利型无形资产、关系型无形资产和结合型无形资产。知识型无形资产是指主要依靠人的知识、智力、技术创造的知识密集型资产,如专利权、专有技术、著作权等。权利型无形资产是指通过法律行为创设的非知识型无形资产,如特许权、商标权、许可证等。关系型无形资产是指可以获得盈利条件的特殊关系,如客户关系、客户名单、销售网络等。结合型无形资产是指由多种因素综合形成的无形资产,如商誉。

(4)按无形资产的存在期限来分,可分为有期限无形资产和无期限无形资产。有期限无形资产是指资产的有效期是法律或合同规定了的,如专利权、特许权、商标权等。而无期限无形资产是指资产的有效期限没有以法律或合同形式规定的,如商誉、非专利技术等。

3. 无形资产的功能特征

无形资产发挥作用的方式明显区别于有形资产,因而在评估时须牢牢把握其固有的特点。

(1)共益性。无形资产区别于有形资产的一个重要特点是,它可以作为共同财产。一项无形资产可以在不同的地点,同一个时间,由不同的主体所使用,而一项有形资产则表现为不可能在不同地点,同一时间由不同的主体所使用、控制。例如,一项先进技术可以使一系列企业提高产品质量、降低产品成本;一项技术专利在一个企业使用的同时,并不影响转让给其他企业使用。但是,无形资产的共益性也受到市场有限性和竞争性的制约,例如由于追求自身利益的需要,各主体对无形资产的使用还必须受相关合约的限制。因此,有形资产的界定是通过物质实体直接界定,而评估无形资产则需要根据其权益界限而确定。

(2)积累性。无形资产的形成基于其他无形资产的发展,同时无形资产自身的发展也是一个不断积累和演进的过程。因此,一方面无形资产总是在生产经营的一定范围内发挥特定的作用,另一方面,无形资产的成熟程度、影响范围和获利能力等也处在变化中。

(3)替代性。在承认无形资产具有积累性的同时,还要考虑到它的替代性。例如一种技术取代另一种技术,一种工艺替代另一种工艺等,其特性不是共存或积累,而是替代、更新。因而在无形资产评估中要考虑它的先进性、成熟度、未来收益等诸多因素。

5.1.2　影响无形资产评估价值的因素

1. 无形资产价值评估的前提

一项无形资产是否存在价值,其前提是看该项无形资产是否能产生超额利润。如果一项无形资产的使用,不能够给买方带来预期的超额利润,对买方来讲也就没有投资购买的价值。只有能产生超额利润的无形资产才有其存在的价值。

2．影响无形资产评估价值的因素

(1)取得成本。相对有形资产而言,无形资产成本的确定不是十分明晰和易于计量的。对于外购无形资产,一般都有购置价款和购置费用的原始记录,较易确定其成本,而对于自创无形资产的成本,由于其形成过程的特殊性,计量就困难多了。一般来说,无形资产的成本主要包括开发成本、转化成本、获权及维权成本、交易成本等,其成本越高价值越高,这是运用成本法计算无形资产价值的理论基础。但是,这个规律也并不是绝对的。

(2)获利能力。获利能力因素主要是指无形资产的预期收益能力,也就是一项无形资产预期所能带来的超额收益,这是影响无形资产评估价值的最重要的因素之一。一项无形资产,在环境、制度允许的条件下,获利能力越强,其价值越高;获利能力越弱,其价值越低。有的无形资产,尽管其创建成本很高,但不为市场所需求,或收益能力低微,其价值就很低。分析获利能力因素对无形资产评估价值的影响时,主要考虑以下几个因素：①被评估无形资产的获利能力因素,包括技术因素、法律因素、经济因素；②被评估无形资产的获利方式；③被评估无形资产获利的取得与其他资产的相关性；④收益与成本费用、现金流量；⑤收益期限；⑥收益风险因素。

(3)同类无形资产的市场状况。①市场供需状况。无形资产的评估价值也会受到市场因素的制约和影响。例如市场供需状况,它一般反映在两个方面：一是无形资产市场需求情况及无形资产的适用程度。对于可出售、转让的无形资产,其价值随市场需求的变动而变动。市场需求大,则评估价值就高;市场需求小,评估价值就低。二是无形资产的供给,即是否有同类无形资产替代,供给越大,替代无形资产越多,无形资产的评估价值就越低。②同类无形资产的价格水平。同类无形资产的市场价格与无形资产相关产品或行业的市场状况也会影响无形资产的价值。与待估无形资产相关的无形资产的市场价格,直接制约着待估无形资产的价值。由于评估一般是以市场价值为基础的,也就是在公开市场上进行的交易,因此,买方对相关无形资产的市场价格是有充分了解的。根据经济人的有限理性假设,他是不可能在偏离市价很多的情况下购买待估无形资产的,这样,相关无形资产的市价将极大地制约待估无形资产的市场交易价,也就影响了其评估价值。无形资产产品及相关行业的市场状况,指市场容量的大小、市场前景、市场竞争状况及产品供需状况等因素,这些因素将影响待估无形资产的获利额,从而对无形资产评估构成影响。

(4)风险因素。无形资产从开发到受益会遇到多种类型的风险,包括：开发风险、转化风险、实施风险、市场风险等,这些风险因素使无形资产价值的实现存在一定的不确定性,从而对无形资产价值产生影响。

(5)产权因素。知识产权是无形资产的主要组成部分,作为一种法律赋予的权利,知识产权的获得及在经济活动中的运用,必然受到相关法律条款的影响,从而影响知识产权的价值。对于不同类型的知识产权而言,适用不同的法律,具体的影响因素也是不同的。

(6)使用期限。每一项无形资产,一般都有一定的使用期限。无形资产的使用期限,除了应考虑法律保护的期限外,更主要的是考虑其具有实际超额收益的期限。比如某项发明专利保护期20年,但由于无形损耗较大,拥有该项专利实际能获超额收益期限为10年,则这10年即为评估该项专利时所应考虑的期限。商标权法律保护年限为10年,但可以续展。

对于某种产品的商标,其商标的使用期限受产品寿命影响。企业的商标受企业寿命的影响。而对商誉的评估,商誉使用期限受企业的寿命影响。

(7)技术因素。技术因素主要是影响技术型无形资产的评估价值,技术型无形资产包括专利权及专有技术等。对于商标等知识产权的价值,技术因素的影响程度较小。技术成熟程度及国内外该种无形资产的发展趋势、更新换代情况和速度等因素都将影响技术型无形资产的价值。专利技术和专有技术的成熟程度如何,也会直接影响到技术型无形资产的评估值。

(8)其他因素。除了上述的因素将对无形资产的价值产生影响外,其他因素如宏观经济政策、转让内容等也会影响待估无形资产的价值。从转让内容看,无形资产转让有完全产权转让和许可使用。在转让过程中有关条款的规定,会直接影响其评估值。同一无形资产的完全产权转让的评估值高于许可使用的评估值。在技术贸易中,同是使用权转让,由于许可程度和范围不同,评估值也不同。

5.1.3 无形资产评估的程序

无形资产评估程序是无形资产评估的操作规程。评估程序既是评估工作规律性的体现,又是评估结果科学性、正确性的保障。无形资产评估一般按下列程序进行。

1. 明确评估业务的基本事项

评估机构及评估部门在接受业务委托前,应根据业务的具体情况,对自身专业胜任能力、独立性以及风险进行分析和评价,再决定是否承接该业务。承接业务后,需明确评估目的、评估对象和评估范围、价值类型、评估基准日等事项。

同样的无形资产,由于发生的经济行为不同,其评估的价值类型和选择的评估方法也不一样。无形资产评估的具体目的有无形资产转让、出资、股份制改造、纳税和保险需要等。

明确评估目的,有利于正确确定无形资产评估的范围。过去在中外合资、股份制改造过程中,由于忽视无形资产的存在,造成评估值降低,损害了所有者的权益。

2. 鉴定无形资产

无形资产是附着于企业、与企业共存的资产,许多无形资产并未在企业财务报表中列示。因此,对无形资产进行评估,评估人员应对被评估的无形资产进行鉴定。这是无形资产进行评估的基础工作,直接影响到评估范围和评估价值的科学性。通过鉴定,可以解决以下问题:

(1)确认无形资产存在。可以从以下几方面进行:①查询被估无形资产的内容、国家有关规定、技术人员评价情况、法律文书(如专利证书、技术鉴定书等),核实有关资料的真实性、可靠性和权威性。②分析无形资产所要求的与之相适应的特定技术条件和经济条件,鉴定其适用性和获取经济利益的情况。③确定无形资产的所有权是否归委托者所有,要考虑其存在的条件和要求,对于仿造的无形资产要加以鉴别,有的无形资产要分析其历史渊源,看其是否符合国家的有关规定。

(2)区别无形资产种类。主要是确定无形资产的种类、具体名称、存在形式。有些无形资产是由若干无形资产综合构成,应加以确认合并或分离,避免重评和漏评。

（3）确定无形资产的有效期限。无形资产有效期限是其存在的前提。某项专利权,如果超过法律保护期限,就不能作为专利权评估。有效期限对无形资产有很大影响,如即将到期的发明专利,其价值受剩余期限的影响较大。

3. 确定评估方法,收集相关资料

根据待评无形资产的具体类型、特点、评估目的、评估假设前提、评估原则和外部市场条件等具体情况,恰当选用收益法、成本法、市场法等评估方法。

采用收益法时应注意下列事项:

（1）合理确定无形资产的超额获利能力和预期收益,分析与之相关的受益期限、成本费用、配套资产、现金流量、风险因素及货币时间价值。

（2）确信分配到包括无形资产在内的单项资产的收益之和不超过企业资产总和带来的收益。

（3）预期收益口径与折现率口径保持一致。

（4）折现期限一般选择经济寿命和法定寿命较短者。

（5）当预测趋势与现实情况明显不符时,分析产生差异的原因。

采用成本法时应注意下列事项:

（1）被评无形资产处于继续使用状态,无法预测收益额,市场上无类似无形资产可采用成本法进行评估。

（2）要根据现行条件下重新形成或取得该项无形资产所需的全部费用和持有者的合理收益确定评估值。

（3）要扣除实际存在的功能性贬值和经济性贬值。

采用市场法时应注意下列事项:

（1）确定具有合理比较基础的类似的无形资产,确认可比性明显。

（2）收集类似的无形资产交易市场信息和被评估无形资产以往的交易信息。

（3）所依据的价格信息具有代表性,且在评估基准日是有效的。

（4）根据宏观经济、行业和无形资产情况的变化,考虑时间因素,对被评估无形资产以往交易信息进行必要调整。

对同一无形资产使用多种评估方法时,评估人员应当对取得的各种评估价值结论进行比较,分析可能存在的问题并作相应调整,确定最终的评估价值。

4. 整理并撰写评估报告

无形资产评估报告,是无形资产评估过程的总结,也是评估人员承担法律责任的依据。评估报告的编写要简洁、明确、避免误导。

评估人员应当在评估报告中明确说明有关评估项目的下列内容:①无形资产的性质;②评估基准日;③评估目的、范围;④重要的前提、假设、限定条件及其对评估价值的影响;⑤评估报告日期等。

5.2　无形资产价值评估的一般方法

从理论上讲,无形资产价值的评估与有形资产价值的评估一样,也适用于 3 种基本方法,即收益法、成本法和市场法。而根据无形资产的具体情况和前提条件不同,又可派生演化出多种不同的具体评估方法。但是由于无形资产的特殊属性,实践中市场法的运用受到了限制。因此,这里主要介绍收益法和成本法。

5.2.1　无形资产评估中收益法的应用

根据无形资产预期收益额获取途径的不同,收益法在应用上可以表示为下面的形式。

无形资产所有者通过直接使用无形资产或许可他人使用无形资产来实现超额收益,此时无形资产的评估值为:

$$无形资产评估值 = \sum_{i=1}^{n} \frac{R_i}{(1+r)^i}$$

式中,R_i——被评估无形资产第 i 年的超额收益;

r——折现率;

i——收益期限序号;

n——收益期限。

1. 无形资产超额收益的确定

将使用和不使用无形资产两种情况下的预期收入、预期成本进行比较分析,将前者相对于后者的收入增加额和成本节约额归功于无形资产所创造的经济价值,该经济价值即为超额收益。超额收益的具体测算方法可分为直接估算法、差额法和分成法。

(1)直接估算法

从无形资产为特定持有主体带来的超额收益的形式来看,可将无形资产划分为收入增长型和成本费用节约型。

①收入增长型。收入增长型无形资产是指无形资产应用于生产经营过程,能使生产的产品以高出同类产品的价格销售,或者在与同类产品价格相同的情况下,销售数量大幅度增加,市场占有率增大,从而使产品的销售收入大幅增加,获得超额收益。

在销售价格上涨,销售量不变、单位成本不变的情况下,形成的超额收益可表示为:

$$R = (P_2 - P_1) \times Q \times (1-T)$$

式中,R——超额收益;

P_2——使用无形资产后产品的单位价格;

P_1——未使用无形资产产品的单位价格;

Q——产品的销售量;

T——所得税税率。

在销售量大幅增加,单位价格和单位成本不变的情况下,形成的超额收益可表示为:

$$R = (Q_2 - Q_1) \times (P-C) \times (1-T)$$

式中,R——超额收益;

Q_2——使用无形资产后产品的销售量;

Q_1——未使用无形资产产品的销售量;

P——产品价格;

C——产品的单位成本;

T——所得税税率。

②成本费用节约型。费用节约型无形资产，是指无形资产的应用，使得生产产品中的成本费用降低，从而形成超额收益。在成本费用下降、销售量不变、价格不变时，形成的超额收益可表示为：

$$R=(C_2-C_1)\times Q\times(1-T)$$

式中，R——超额收益；

C_2——使用无形资产后产品的单位成本；

C_1——未使用无形资产产品的单位成本；

Q——产品的销售量(假定不变)；

T——所得税税率。

实际上，在通常情况下，无形资产应用后，其超额收益是收入变动和成本变动共同形成的结果。评估人员应根据上述特殊情况，加以综合运用和测算，以科学地测算超额收益。

【例 5-1】

一个生产自行车的公司因购买国内某大型自行车厂的商标使用权进行贴牌生产，在产量仍继续保持年产 5000 辆的基础上，销售价格由原先的 100 元/辆提高到 150 元/辆。假定所得税税率为 25%，那么如何计算该无形资产的价值？

$$P_1=100, P_2=150, Q=5000, T=25\%$$
$$R=(P_2-P_1)\times Q\times(1-T)=(150-100)\times 5000\times(1-25\%)$$
$$=187500(元)$$

(2)差额法

当无法将使用了无形资产和未使用无形资产的收益情况进行对比时，采用无形资产和其他类型资产在经济活动中的综合收益与行业平均水平比较，得到无形资产的超额收益。具体可按如下程序操作：

首先，收集有关使用无形资产的产品生产经营活动的财务资料进行盈利分析，得到经营利润和销售利润率等基本数据。

其次，对上述生产经营活动中的资金占用情况进行统计。

再次，收集行业平均资金利润率等指标。

最后，计算无形资产带来的超额收益。

$$\text{无形资产带来的超额收益}=\text{经营利润}-\text{资产总额}\times\text{行业平均资金利润率}$$

或

$$\text{无形资产带来的超额收益}=\text{销售收入}\times\text{销售利润率}-\text{销售收入}\times\text{每元销售平均占用资金}\times\text{行业平均资金利润率}$$

但是，评估人员应注意使用上述方法计算的超额收益，有时不完全由被评估无形资产带来(除非能够认定除这种无形资产之外没有其他可使收益增加的因素存在)，还需进行分解处理。

【例 5-2】

一个国有大型化工企业多年来一直处于行业平均利润率水平线附近，约为

15％,由于一年前引进国外先进专利技术,生产效率得到提高,全年实现利润总额为 5 亿元。该企业资产总额为 20 亿元,那么引进该专利技术带来的超额收益为多少?

$$专利技术的超额收益=利润总额-总资产×行业平均资金利润率$$
$$=5-20×15\%=2(亿元)$$

(3)分成率法

根据无形资产贡献原则,通过销售收入提成率(或收益分成率)将无形资产的收益从全部收益中"分离"出来,并将无形资产收益折现得到无形资产评估值的一种评估方法即:

$$无形资产带来收益额=销售收入(利润)×销售收入(利润)分成率×(1-T)$$

上式中,销售收入(利润)的测算相对比较简单,关键是无形资产分成率的确定。

既然分成对象是销售收入或销售利润,就有两个不同的分成率。而实际上,由于销售收入和销售利润有内在的联系,可以根据销售利润分成率推算出销售收入分成率,反之亦然。因为:

$$收益额=销售收入×销售收入分成率×(1-T)$$
$$=销售利润×销售利润分成率×(1-T)$$

所以:

$$销售收入分成率=销售利润分成率×销售利润率$$
$$销售利润分成率=销售收入分成率÷销售利润率$$

在无形资产转让实务中,一般应是确定一定的销售收入分成率。实际上,从销售收入分成率本身很难看出转让价格是否合理,但是,换算成利润分成率,就可以加以判断了。例如,在国际市场上,技术产品的转让费一般不超过销售收入的 3％~5％,假设社会平均销售利润率为 10％,当技术转让费为销售收入的 4％时,则利润分成率为 40％。而评估人员在无形资产评估中,则一般以利润分成率为基础,确定利润分成率主要有以下几种方法:

①边际分析法。边际分析法是以使用无形资产前后企业实现的利润差额即追加利润,占无形资产使用后企业总利润的比例来确定利润分成率的方法。计算公式为:

$$无形资产的利润分成率=\frac{\sum 无形资产使用后的追加利润现值}{\sum 无形资产使用后的总利润现值}$$

$$=\frac{\sum(无形资产使用后的利润增量×折现系数)}{\sum(无形资产使用后的总利润×折现系数)}$$

利用上述公式测算无形资产的利润分成率,主要按以下程序进行。首先,对无形资产边际贡献因素进行分析;其次,根据上述边际贡献因素测算无形资产寿命期间的利润总额及追加利润总额,并进行折现;最后,按利润总额现值和追加利润总额现值计算利润分成率。

【例 5-3】

企业转让彩电显像管新技术,购买方用于改造年 10 万只彩电显像管生产线。经过无形资产边际贡献因素的分析,测算在其寿命期间各年度分别可带来新增利润 100 万元、120 万元、90 万元、70 万元,分别占年利润总额的 40%、30%、20%、15%,试计算无形资产的利润分成率。

无形资产的利润分成率

$$=\frac{100\times0.9091+120\times0.8264+90\times0.7513+70\times0.6830}{100/0.4\times0.9091+120/0.3\times0.8264+90/0.2\times0.7513+70/0.15\times0.6830}$$

$$=25.15\%$$

②约当投资分析法。约当投资分析法是基于无形资产是一种高度密集的知识智能资产的特点,在重置成本的基础上,是将卖方的无形资产投资与买方的资产投资,按照各自的适用成本利润率,拆分成约当投资量,然后按照各自约当投资量的比例关系确定利润分成率的一种方法。其公式为:

$$\text{无形资产的利润分成率}=\frac{\text{无形资产约当投资额}}{\text{无形资产约当投资额}+\text{购买方约当投资额}}\times100\%$$

其中:

$$\text{无形资产约当投资额}=\text{无形资产的重置成本}\times\left(1+\text{适用的成本利润率}\right)$$

$$\text{购买方约当投资额}=\text{购买方投入的总资产的重置成本}\times\left(1+\text{适用的成本利润率}\right)$$

【例 5-4】

甲企业以制造四轮驱动汽车的技术向乙企业投资,该技术的重置成本是 100 万元,乙企业拟投入合营的资产的重置成本 8000 万元,甲企业无形资产成本利润率为 400%,乙企业拟合作的资产原利润率为 12.5%。试计算无形资产投资的利润分成率。

$$\text{无形资产约当投资额}=100\times(1+400\%)=500(\text{万元})$$

$$\text{购买方约当投资额}=8000\times(1+12.5\%)=9000(\text{万元})$$

$$\text{无形资产的利润分成率}=500/(500+9000)\times100\%=5.26\%$$

③利用测评体系确定分成率。由于边际分析法和约当投资分析法中部分数据很难直接获取,在评估业务实践中,较多的采用技术分成率法,其理论基础是专利资产的价值取决于它对总收益的贡献程度。分成率取值范围可以根据众多交易案例认可的技术分成比率范围确定。

根据分成率的调整系数以及分成率的取值范围,可以计算最终的分成率。

$$K=m+(n-m)\times r$$

式中,K——待估专利技术的分成率;

m——分成率的取值下限;

n——分成率的取值上限;

r——分成率的调整系数。

分成率的调整系数可以采用专家打分法确定,如表 5-1 所示。

表 5-1　综合评价表

权重	考虑因素		权重	分值					
				100	80	60	40	20	0
	法律因素	法律状态(权属是否完整)							
		许可程度(是否独占)							
		保护程度(法律法规鼓励或禁止)							
	技术因素	先进性(与现有技术相比先进程度)							
		创新性(是否首创)							
		成熟度(是否产业化生产)							
		适用性(通用还是特殊)							
	市场因素	供求关系(是否解决了行业必需的技术问题)							
		市场前景(产品需求)							
		竞争程度(是否垄断)							
	社会因素	对科技进步的推动(是否明显推动了科技进步)							
		对社会和经济发展的促进作用							
		对自然和生命环境的影响程度							

④市场提取法。根据以往市场成交案例确定分成率或提成率。比如影视剧、图书的版权,市场上有比较多的参考案例可参考,一部电影的票房制片方、发行方、院线公司和影院的分账比例都有比较成熟的市场机制和惯例。

⑤要素贡献法。有些无形资产已经成为生产经营的必要条件,由于某些原因不可能或者很难确定其带来的超额收益,这时可以根据构成生产经营的要素在生产经营活动中的贡献,利用经验从正常利润中粗略估计出无形资产带来的收益。

我国常用"三分法":技术产品的利润是资金、劳动力和技术三项因素共同创造的,技术占 33%;"四分法":技术产品的利润是资金、劳动力、技术和管理四项因素共同创造的,技术占 25%。

2. 收益法评估无形资产价值中折现率的确定

折现率是将无形资产的未来预期收益折算成现值的比率,其本质是无形资产的投资回报率,一般由无风险利率、市场风险溢价、与无形资产特有风险相关的溢价构成。

无形资产投资收益高,风险大,因此,无形资产评估时,折现率往往要高于有形资产评估的折现率。从企业投入资产类型分,可分为流动资产、固定资产和无形资产,由于无形资产一般不能单独发挥作用,需要与其他有形资产一起发挥作用,因此企业整体资产投资回报率可以理解为对该企业全部资产回报率的加权平均值,即:

$$\text{企业整体投资回报率} R = \frac{\text{流动资产市场价值}}{\text{全部资产市场价值之和}} R_{流动} + \frac{\text{固定资产市场价值}}{\text{全部资产市场价值之和}} R_{固定}$$
$$+ \frac{\text{无形资产市场价值}}{\text{全部资产市场价值之和}} R_{无形}$$

企业整体投资回报率 R 为 $WACC$，在流动资产回报率及固定资产回报率已知的情况下，可以推导出无形资产回报率：

无形资产回报率 $R=$

$$\frac{\left(\begin{array}{c}\text{企业整体}\\\text{投资回报率}\end{array}-\dfrac{\text{流动资产市场价值}}{\text{全部资产市场价值之和}}R_{\text{流动}}+\dfrac{\text{固定资产市场价值}}{\text{全部资产市场价值之和}}R_{\text{固定}}\right)\times\begin{array}{c}\text{全部资产}\\\text{市场价值之和}\end{array}}{\text{无形资产市场价值}}$$

3. 收益法评估无形资产价值时收益期限的确定

无形资产的收益期限由其剩余经济寿命决定，但无形资产的法律保护期限也会对其收益期限产生影响。无形资产的收益期限可按下列方法确定：

(1)法律、合同分别规定有效期限和受益年限的，可按两者孰短的原则确定。

(2)法律没有规定有效期限，企业合同中规定了受益年限的，则按受益年限确定。

(3)法律和合同均未规定期限的，按预计受益期限确定。预计受益期限可采用同类资产比较得出，也可根据技术成熟程度及其所处的生命周期确定。

应当注意的是，无形资产的有效期限要比它们的法定保护期限短得多，因为它们要受到许多因素的影响，如弃而不用、经济形势变化等，特别是科学技术飞速发展的今天，无形资产更新周期加快，使得其有效期限越来越短，评估时应予足够的重视。

5.2.2 无形资产评估中成本法的应用

1. 无形资产的成本特性

确定无形资产的成本，是运用成本法评估的一项重要内容，它是影响无形资产评估值的重要因素之一。无形资产成本与有形资产成本相比具有明显的特性，评估时应予以重视。

(1)不完整性。与构建无形资产相对应的各项费用是否计入无形资产的成本，是以费用支出资本化为条件的。在企业生产经营过程中，科研费用一般都是比较均衡地发生的，并且比较稳定地为生产经营服务，因而，我国现行财务制度一般是把科研费用列入当期生产经营费用，而不是先对科研成果进行费用资本化处理，再按无形资产摊销的办法从生产经营费用中补偿。财政部颁发的财会〔2006〕3 号文件《企业会计准则》中规定：企业内部研发项目区分为研究和开发阶段。处于研究阶段的不进行资本化处理。处于开发阶段的要作区别，其中满足一定条件的要进行资本化处理。这种办法简便易行，大体上符合实际，并不影响无形资产的再生产。但这样一来，企业账簿上反映的无形资产成本就不完整，账外无形资产的存在是不可忽视的事实。同时，即使是按国家规定对其进行费用资本化处理，一般也是不完整的。因为知识资产的创建具有特殊性，有大量的前期费用，如培训、基础开发费、相关实验费等往往不计入该知识资产的成本，而是通过其他途径进行补偿。

(2)弱对应性。知识资产的创建历经基础研究、应用研究和工艺生产开发等漫长过程，成果的出现带有较大的随机性、偶然性和关联性。常常会出现这类情形：在一系列的研究失败后，偶尔出现一些成果，若由其承担全部的研究费用，则显然不够合理。而在大量的先行研究(无论是成功，还是失败)成果的基础上，往往会产生一系列的知识资产，然而，继起的这些研究成果是否应该以及如何承担先行研究的费用也很难明断。因而，开发无形资产的费用——对应估算是比较困难的。

（3）虚拟性。既然无形资产的成本具有不完整性、弱对应性的特点，因而，无形资产的成本往往是相对的。特别是当一些无形资产的内涵远远超出它的外在形式的涵义时，这种无形资产的成本只具有象征意义。

2. 成本法在无形资产评估中的应用

成本法是指在评估无形资产时，以无形资产的重置成本扣减各种贬值后的余额作为其评估值的一种方法。其基本公式是：

无形资产评估值＝无形资产重置成本×（1－贬值率）

从上述公式可以看出，要测算无形资产的评估值，关键是估算无形资产的重置成本和贬值率，从而科学地确定无形资产的评估值。无形资产的重置成本是指现时市场条件下重新创造或购置一项全新无形资产所耗费的全部货币总额。根据企业取得无形资产的方式来分，无形资产可划分为自创无形资产和外购无形资产两大类。不同类型的无形资产，其重置成本所包含的内容和计量方法存在差别，因此，其重置成本需要分别进行估算。

（1）自创无形资产重置成本的估算。自创无形资产的成本是由创制该资产所消耗的物化劳动和活劳动支出构成的。自创无形资产如果已有账面价格，则可按照物价指数作相应调整，即得到重置成本。如果无账面价格，则需要按无形资产开发时支出的原始会计记录和现行价格进行估算。主要有两种方法。

①核算法。核算法的基本计算公式为：

无形资产重置成本＝成本＋期间费用＋合理利润

其中，期间费用是指管理费用、财务费用、销售费用 3 项费用合计，是创建无形资产过程中分摊到该项无形资产的费用。

②倍加系数法。由于无形资产是创造性劳动的成果，考虑到复杂劳动所创造的价值远远超过简单劳动所创造的价值，因而，在计算活劳动支出时，应当设置一个调整变量——创造性劳动的倍加系数 β_1。另外，无形资产在研制开发过程中面临的风险要大于一般商品，它往往在经历无数次的失败之后才得以研制成功，因此，在评估自创无形资产的重置成本时，要特别注意选用适当的风险系数 β_2。自创无形资产重置成本的估算公式如下：

$$无形资产的重置成本＝\frac{C_0＋\beta_1 V}{1－\beta_2}×（1＋L）$$

式中，C_0——物化劳动支出；

V——活劳动支出；

β_1——创造性劳动的倍加系数；

β_2——科研的平均风险系数；

L——无形资产投资报酬率。

（2）外购无形资产重置成本的估算。外购无形资产一般都有购置费用的原始记录，也可能有以资参照的现行交易价格，评估相对比较容易。外购无形资产的重置成本包括购买价格和购置费用两部分，一般可采用以下两种方法计算：①市价类比法。在无形资产交易市场选择类似的有一定可比性的参照物，再从技术的先进性、适用性等方面对其进行调整，从而确定其现行购买价格。购置费用可根据现行标准和实际情况核定。②物价指数法。它是以无形资产的账面历史成本为依据，用物价指数进行调整，进而估算其重置成本。计算公式为：

$$无形资产重置成本＝无形资产账面成本×\frac{评估时物价指数}{购置时物价指数}$$

(3)无形资产贬值的估算。通常,无形资产贬值率的确定,可以采用剩余经济寿命预测法和专家鉴定法进行。

①剩余经济寿命预测法。无形资产在发挥作用的过程中,其贬值是客观存在的,这种贬值是科学技术进步引起的,主要由下列 3 种情况产生:

● 一种新的、更为先进、更为经济的无形资产出现,这种新的无形资产可以替代旧的无形资产,使采用原无形资产无利可图时,原无形资产价值就丧失了。

● 由于无形资产传播面扩大,其他企业普遍掌握这种无形资产,获得该项无形资产已不需要任何成本,使拥有这种无形资产的企业不再具有获取超额收益的能力时,它的价值就大幅贬值或丧失。

● 企业所拥有的某项无形资产所决定的产品销量骤减,需求大幅下降时,这种无形资产价值就会减少,以至丧失。

无形资产贬值的主要表现形式为功能性贬值和经济性贬值,由于无形资产不具有独立的物质形态,因而,也就不存在实体性贬值。

功能性贬值表现为由于科学技术进步,使得拥有该项无形资产的单位或个人对其的垄断性减弱,降低了获取垄断利润的能力而导致的贬值。

经济性贬值在于无形资产外部环境因素的变化而造成的贬值。例如,某项技术的使用,尽管目前技术水平很高,但使用该项技术生产的产品可能会导致环境污染,国家有关法规限制或禁止该项技术产品的生产,这样,就使得该项无形资产贬值或报废。

上述两种贬值都可体现为无形资产经济寿命的缩短,因此,可通过估算无形资产的剩余经济寿命来计算无形资产时效性贬值率,从而确定其贬值额。计算公式为:

$$无形资产时效性贬值率＝\frac{无形资产已使用年限}{已使用年限＋剩余经济寿命}×100\%$$

②专家鉴定法。此外,无形资产时效性贬值率的确定,还可以采用专家鉴定法进行。专家鉴定法是指邀请有关技术领域的专家,对被评无形资产的先进性、适用性作出判断,从而确定其贬值率。

值得注意的是,无形资产贬值只影响无形资产价值,而不影响其使用价值。对于许多知识性资产,特别是科学定理、基本原理来说,它是知识财富,永葆"辉煌",并不存在实际"贬值"。所以,无形资产贬值完全是相对意义上来说的,且仅仅是从知识运用的替代性、积累性、更新和发展的角度来说的;也仅仅是从它为持有者带来超额收益的角度来说的,而不是说知识的废止和陨灭。

5.3　专利权和非专利技术的评估

5.3.1　专利权的评估

1. 专利权的概念及特点

专利权是指专利权人在法定期限内对其发明创造成果享有的专有权利。它是国家专利行政部门授予发明人或申请人生产经营其发明创造并禁止他人生产经营其发明创造的某种特权,是对发明创造的独占的排他权。任何人如果要利用该专利进行生产经营活动或出售使用该项专利制造的产品,必须事先征得专利权所有者的许可,并付给报酬。

专利权主要包括发明、实用新型和外观设计。发明是指对产品、方法或者其改进所提出的新的技术方案,包括产品发明和技术发明,前者如电子计算机、超导材料等,后者如汉字输入方法等。实用新型是指对产品的形状、构造或者其结合所提出的适于实用的新的技术方案。外观设计是指对产品的形状、图案或者其结合以及色彩与形状、图案的结合所作出的富有美感并适于工业应用的新设计。与其他的技术资产相比,专利权具有如下特点:

(1)专利资产确认复杂。专利技术成为资产的前提是可以为特定权利人带来经济利益,专利技术的获利能力是通过法律保护获得的。法律在对专利技术提供保护的同时,也对专利技术获得保护的条件作了明确的规定。也就是说,专利技术成为资产,必须符合法律的相关规定。另外,法律同时还对专利技术获得保护的范围及时限等作了明确规定。这使专利资产与一般有形资产相比,在资产确认方面比较复杂。此外,对专利资产的确认除核实专利证书外,还应核查专利权利委托书、说明书及其附图,以及专利年限的缴纳情况。

(2)收益能力有一定的不确定性。专利资产的收益能力与有形资产相比,具有一定的不确定性。这种不确定性主要体现在专利资产在应用过程中存在的风险,包括技术风险、市场风险、资金风险及管理风险。后面的章节将对专利资产在应用过程中存在的风险进行详细分析。另外,由于专利资产属于无形资产,在交易过程中,与有形资产相比,存在一定的困难,增加了专利技术价值实现的难度。这些困难包括:专利技术交易价格的不确定性,专利技术移植的难度及专利技术交易的多样性。评估人员在对专利资产进行评估的过程中,必须充分考虑其收益能力不确定的特性,并且体现在参数的选取上。

(3)专利资产除具有无形资产的基本特性外,专利资产还具有自身特征:①独占性,也称排他性。同一内容的发明创造只授予一次专利,而且专利的拥有者,具有在专利权的有效期内,排他性地运用该专利的特权。任何单位和个人未经专利权人许可,都不得实施其专利。如果要实施其专利,必须与专利权人签订书面合同,向专利权人支付专利使用费。否则,专利权人有权提出诉讼,依法要求侵权人停止侵权行为并赔偿损失。②时间性。依法取得的专利权在法定期限内有效,受法律保护。期满后,专利权人的权利自行终止,任何人都可以使用该项专利。我国专利法规定,发明专利的保护期为 20 年,实用新型专利和外观设计专利的保护期限为 10 年。③可转让性。专利权可以转让,专利权的转让包括使用权转让和所有权转让。专利权使用权的转让是指专利权人通过许可合同,以一定条件允许被许可方实施该项专利,被许可方因而获得该项专利的使用权,但专利权的主体并未发生变更。转让专利权的所有权时，由当事人签订合同，并经原登记机关变更登记和公告后才能生效。专利权的所有权一经转让，原专利权人不再拥有该专利权，由购入者继承专利权。④地域性。任何一项专利只能在授予专利权的国家或地区内有效，超出这个地域范围，专利权就失去了法律保护。⑤共享性特征。专利资产的共享性指专利权人可以在同一时间同时使用专利资产。

2. 收益法在专利权评估中的应用

收益法应用于专利资产评估，基本评估方法已在上一节作了详细介绍。关键的问题还是如何测算收益法中的三大基本要素，即专利权的预期收益、折现率和收益期限。

(1)预期收益。专利权的收益额是指直接由专利权带来的预期收益，对于预期收益的测算，可采用超额收益法和分成法。

①超额收益法。由于专利权没有独立的物质实体，它只有与企业有形资产共同作用才能发挥效益。所以，一般情况下无法直接取得该项专利权在使用过程中所带来的超额收益，必须通过一定的途径进行测算。一般来讲，可考虑的途径是，选择不具有该项专利权的类似企业进行两者之间的预期收益的对比，将其差额作为该专利权的超额收益；也可选择同一企业在使用该项专利权前后的收益比较，将其差额作为该项专利权带来的超额收益。超额收益的来源，在于收入的增加和成本费用的节约，因此，可以把专利权划分为收入增长型专利和费用节约型专利。

收入增长型专利是指专利权应用于生产经营过程，能够使得生产产品的销售收入大幅增长。增长的原因有两方面。

* 生产的产品能够以高出同类产品的价格销售，获得垄断利润。

这种原因形成的超额收益可以用以下公式计算：

$$R_t = [(P_2 - P_1) \times Q] \times (1 - T)$$

式中，R_t——超额收益；

P_2——使用专利产品的单位价格；

P_1——未使用专利产品的单位价格；

Q——产品销售量(此处假设销售量不变)；

T——所得税率。

* 生产的产品采用与同类产品相同价格的情况下，销售量大幅增加，市场占有率扩大，从而获得超额收益。

这种原因形成的超额收益可用下式计算：

$$R_t = [(Q_2 - Q_1) \times (P - C)] \times (1 - T)$$

式中，R_t——超额收益；

Q_2——使用专利权产品的销售量；

Q_1——未使用专利权产品的销售量；

P——产品的价格(此处假设价格不变)；

C——产品的单位成本。

上述两式应用的假定前提是，生产产品的销售收入增加，而生产产品的成本费用没有变化。但是，专利技术的采用引起销售收入增加时，往往也会增加一些必需的成本费用。例如，由于产品检验环节的增加，引起检验费用的增加；由于新增加的销售收入引起流转税额的增加等,这些在计算中应予以考虑。

费用节约型专利是指专利权的应用,使得生产产品中的成本费用降低,从而形成超额收益,可用下列公式计算:

$$R_t = [(C_2 - C_1) \times Q] \times (1 - T)$$

式中,R_t——超额收益;

C_2——使用专利权的产品单位成本;

C_1——未使用专利权的产品单位成本;

Q——产品销售量(此处假设销售量不变)。

实际上,收入增长型和费用节约型专利的划分,是为了明晰专利形成超额收益来源情况的一种人为划分方法。通常,专利技术应用后,其超额收益产生是收入变动和成本变动共同形成的结果。评估人员应根据上述特殊情况,加以综合性的运用和测算,以科学地测算超额收益。

②分成法。专利权的许可使用是较为普遍的形式,当投资人自己没有投资所需的重要技术时,可以向专利权的拥有者支付一定的费用,从而得到许可,在一定时间、一定区域内利用该项技术生产产品。分成法是以专利技术运用于生产经营过程产生的收益为基础,按一定比例(销售收入分成率或利润分成率)计算出专利技术的分成收益,进而确定专利权的预期收益。计算公式为:

$$R_i = K \times F_i$$

式中,F_i——分成(或提成)基数(即销售收入或销售利润);

K——专利技术分成率(或提成率);

i——专利技术分成期限。

专利技术分成率代表技术转让方分享受让方使用该专利所获得收益的比例。在确定分成收益时,涉及 3 个参数:一是分成基数;二是分成率;三是分成期限。这 3 个参数中关键是分成率的确定。

分成率的确定主要采用综合评价法。综合评价是对评价对象的多种因素的综合价值进行权衡、比较、优选和决策的活动。利用综合评价法确定分成率,主要是通过对分成率的取值有影响的各个因素,即法律因素、技术因素及经济因素进行评测,确定各因素对分成率取值的影响度,再根据由多位专家确定的各因素权重,最终得到分成率。具体步骤为:

● 建立评测体系。

第一,建立评价指标体系,并确定指标标值。评价指标体系的确立,是综合评价法的关键,也是体现其科学性的一个重要环节。主要经过以下 3 个阶段:①系统分析。由于分成率的影响因素较多,因此在确定评价指标体系时,首先对分成率及它的各种影响因素进行系统分析。在前面对专利资产价值影响因素的分析中可以看出,专利资产价值主要受到 4 方面因素的影响,即法律因素、技术因素、经济因素及风险因素,其中,风险因素对专利资产价值的影响主要在折现率中体现,其余 3 个因素均可在分成率中得到体现。②评测指标分解。在系统分析的基础上,对影响因素按照其内在的因果、隶属等逻辑关系进行分解,并形成评测指标的层次结构。③征求专家意见,确定评价指标体系及标值。通过系统分析,初步拟出评价指标体系之后,征求有关专家的意见,对指标体系进行筛选、修改和完善,最终确定评价指标体系。如图 5-1 所示。

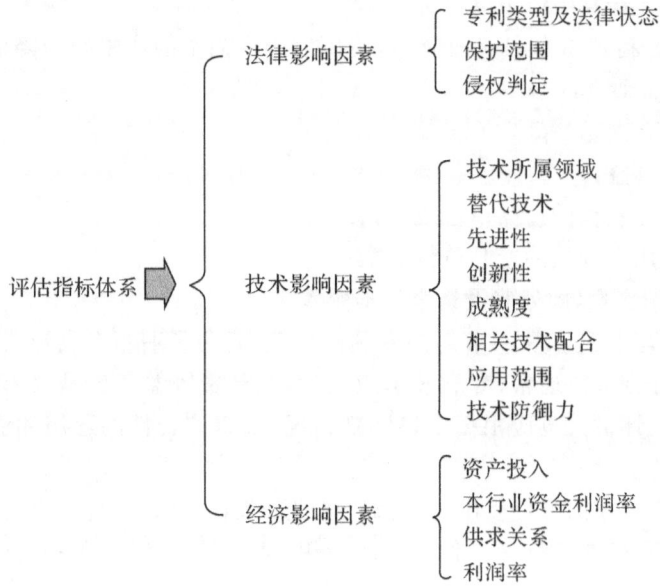

图 5-1　评价指标体系的确定

指标的取值 y_{ij}（第 j 个影响因素中第 i 个指标的取值，如技术影响因素中，创新性的取值）范围为 0～100 分，即指标最优值为 100 分，最劣值为 0 分。

第二，指标权重的确定。指标权重的确定采用对比求和评分法，在确定过程中，运用德尔菲法，征求专家的意见。具体做法为：首先将待定权重的评估指标列出，设计调查表，请专家根据自身对各指标相对重要程度的判断，采用多对分值、按照两两比较得分和一定的原则，将某项指标同其他各项指标逐个比较、评分。如运用 5 对数值：1∶9，2∶8，3∶7，4∶6，5∶5。专家意见返回后，做出统计处理，检查意见的离散程度，若达到要求后，进行归一处理，得到各指标权重，否则，进行下一轮调查，直至专家的意见趋于一致。例如，经过 3 次的意见回馈，专家意见达到一致性要求，则权重值的计算如表 5-2 所示。计算公式为：

$$W_j = \frac{a_j}{\sum a_j}$$

表 5-2　权重值计算

	A	B	C	权重评分 $a_j = \sum a_{ij}$	权重值 $W_j = \dfrac{a_j}{\sum a_j}$
A		9	6	15(9+6)	0.5(15/30)
B	1		2	3(1+2)	0.1(3/30)
C	4	8		12(4+8)	0.4(12/30)
	$\sum a_j$			30(15+3+12)	

针对已确定的评价指标体系（见图 5-1）中的各个指标，依照上述的对比求和比较法计算各自的权重值。首先确定各影响因素涉及的各个指标权重值。其结果见分成率的综合评价表（见表 5-3）。

表 5-3　分成率的综合评价表

权重	考虑因素		权重	分值					
				100	80	60	40	20	0
	法律因素	专利类型及法律状态(1)							
		保护范围(2)							
		侵权判定(3)							
	技术因素	技术所属领域(4)							
		替代技术(5)							
		先进性(6)							
		创新性(7)							
		成熟度(8)							
		应用范围(9)							
		技术防御力(10)							
	经济因素	资产投入(11)							
		本行业资金利润率(12)							
		供求关系(13)							
		利润率(14)							

在评估过程中,评估人员可以根据待估专利技术的具体情况,对照取值说明,确定所列各影响因素的取值。对于处在所列取值情况中间状态的,可取中间值。

综合评价表 5-3 所列出的权重以及所做的取值说明,是针对权利主体所获得的全部收益做出的,如果在评估过程中所计算的是权利主体所获得的超额收益,则可按上述方法进行重新标值。

第三,综合评价模型。最后,根据表 5-3 中各个指标的取值及权重系数,采用加权算术平均确定分成率的调整系数,即待估专利技术的分成率在可能取值的范围内所处的位置。其公式为:

$$r = \sum_{j=1}^{3} W_j \sum_{i=1}^{m} W_{ij} \times y_{ij}$$

式中,r——分成率的调整系数;

y_{ij}——第 j 个影响因素中第 i 个指标的取值;

W_j——第 j 个影响因素的权重;

W_{ij}——第 j 个影响因素中第 i 个指标的权重。

- 利用评测体系确定待估专利的分成率。

第一,确定待估技术分成率的取值范围。分成率的取值范围应根据国际技术贸易中已被认可的技术分成比率范围确定。

在评估实践中,经常使用利润分成法,此时,可根据国家有关的统计数字,确定待估技术应用行业的平均利润率,用上述的分成率除以该行业的平均利润率,从而得到待估技术的利润分成率的取值范围。

第二,根据分成率的评测表,确定待估专利技术分成率的调整系数。分析待估技术自身的特征,根据分成率的综合评价表 5-3 及相关说明,确定各影响因素的取值,再由上式得到待估专利技术分成率的调整系数。

第三,根据待估专利技术分成率的取值范围及调整系数,可最终得到分成率。计算公式为:

$$K = m + (n - m) \times r$$

式中,K——待估专利技术的分成率;

　　m——分成率的取值下限;

　　n——分成率的取值上限;

　　r——分成率的调整系数。

下面通过案例说明专利权评估过程。

【例 5-5】

北京某科技发展公司 5 年前自行开发了一项大功率电热转换体及其处理技术,并获得发明专利证书,专利保护期 20 年。现在,该公司准备将该专利技术出售给京郊某乡镇企业,现需要对该项专利技术进行评估。评估分析和计算过程如下:

(1)评估对象和评估目的。由于北京某科技发展公司出售该项专利,因此,转让的是专利技术的所有权。

(2)专利技术鉴定。该项技术已申请专利,该技术所具备的基本功能可以从专利说明书以及有关专家鉴定书中得到。此外,该项技术已在北京某科技发展公司使用了 5 年,产品已进入市场,并深受消费者欢迎,市场潜力较大。因此,该项专利技术的有效功能较好。

(3)评估方法选择。该项专利技术具有较强的获利能力,而且,同类型技术在市场上被授权使用情况较多,分成率容易获得,从而为测算收益额提供了保证。因此,决定采用收益法进行评估。

(4)判断确定评估参数。根据对该类专利技术的更新周期以及市场上产品更新周期的分析,确定该专利技术的剩余使用期为 4 年。根据对该类技术的交易案例的分析,以及该技术对产品生产的贡献性分析,采用销售收入的分成率为 3%。

根据过去经营绩效以及对未来市场需求的分析,评估人员对未来 4 年的销售收入进行了预测,结果如表 5-4 所示。

表 5-4　预期销售收入测算结果　　　　　　　　单位:万元

年　份	销售收入
1	600
2	750
3	900
4	900

根据当期的市场投资收益率,确定该专利技术评估中采用的折现率为10%。

(5)计算评估值。得出结论见表5-5。

表5-5 评估值计算表 单位:万元

年 份	销售收入	分成额	收益现值
1	600	18	16.36
2	750	22.5	18.60
3	900	27	20.29
4	900	27	18.44
合 计			73.69

因此,该专利技术转让价的评估值为73.69万元。

(2)折现率。专利权评估采用的折现率是指与投资于该项专利技术相适应的投资报酬率(或投资收益率),它是对专利技术投资活动中的风险、获利因素的补偿,通常以投资收益的年率来表示。

专利折现率可以用以下方法计算:

①累加法。专利权评估中的折现率包括两部分,即无风险报酬率和风险报酬率。其基本表达式为:

折现率＝无风险报酬率＋风险报酬率

无风险报酬率一般应考虑社会平均报酬率,对我国的资产进行评估时,一般选取当年中国人民银行发行的国债利率,换算为复利计算的年利率。

风险报酬率的确定。对专利技术投资而言,风险系数由技术风险系数、市场风险系数、资金风险系数及管理风险系数之和确定。根据无形资产的特点及目前评估惯例,各风险系数的取值在一定范围之内,而具体的数值则根据评测表求得。当任何一项风险大到一定程度,不论该项风险在总风险中的比重多低,该项目都没有意义。下面对各风险系数选取时应考虑的影响因素进行分析。

● 专利技术风险。取值时应考虑的因素包括技术转化风险、技术替代风险、技术权利风险及技术成熟风险。

● 市场风险。取值时应考虑的因素包括市场容量风险及市场竞争风险。

● 资金风险。取值时应考虑的因素包括融资固定资产风险及流动资产风险。

● 经营管理风险。取值时应考虑的因素包括经营管理团队风险,生产控制风险及经营管理制度。

②投资收益率法。投资收益率的取得,直接采用统计分析法进行,即对专利权使用企业所在行业的其他同类企业近几年的相应指标进行统计分析,并考虑该专利权的先进性和实用性,得出较为合理的可用数据。这种选取折现率的方法,在目前我国的实际状况下,是一种简便可行的方法。

(3)收益期限。专利权超额收益期限由专利权剩余经济寿命决定。专利权剩余经济寿命的确定方法有以下几种:

①依据法定年限或合同规定的年限确定。在测算专利权的剩余经济寿命时,可以依据

法律法规和合同中所规定的保护期限,结合专利权的实际使用状况、技术更新周期等因素综合确定。

②依据专利权的更新周期确定。更新周期包括技术更新周期和产品更新周期。采用该方法时,应根据同类专利的历史资料,运用统计模型加以分析确定。一般产品的寿命周期可分为4个时期:导入期、成长期、成熟期和衰退期。产品所处的时期不同,其销售量和收益增长率不同。通过调查分析,判断产品所处的时期,从而确定专利权的剩余经济寿命。

③专家鉴定确定。该方法采用专家讨论评议形式,根据市场竞争状况、技术进步及其更新趋势等因素,预测专利权的剩余经济寿命。

国内专利技术转让的实践情况表明:技术市场上最活跃、成交率最高的专利是授权3~5年的专利;专利文献的应用统计表明,使用率最高的文献是最近10年的专利文献。由此可以推测,对大多数专利来说,专利的价值在专利授权后的5~8年内将达到最大值。

3. 成本法在专利权评估中的应用

成本法是指在评估专利权时,按专利权的重置成本扣减各种损耗后的金额来确定其评价值的一种方法。成本法应用于专利技术评估,重要的在于分析计算其重置成本的构成、数额以及相应的损耗率。计算公式:

$$P = C \times (1 - d)$$

式中,C——专利权重置成本;

d——专利权时效性贬值率。

(1)重置成本的测算。专利分为外购专利和自制专利,外购专利技术的重置成本包括买价和购置费用,确定比较容易,其估算方法可参看前述的相关内容。这里介绍自制专利技术重置成本的测算。自制专利技术的成本主要包括研制成本和交易成本。

①研制成本。研制成本可分为直接成本和间接成本两类。直接成本是指研制过程中直接投入发生的费用,间接成本是指与研制开发有关的费用。

• 直接成本。直接成本一般包括以下项目:材料费、工资费、专用设备费、资料费、咨询鉴定费、协作费、培训费、差旅费、其他费用。

• 间接成本。间接成本主要包括:管理费、非专用设备折旧费、应分摊的公共费用以及能源费用。在实际工作中,为简化计算手续,对间接成本采用按占直接成本的若干比例进行估算。

②交易成本。交易成本是指发生在交易过程中的费用支出,主要包括:技术服务费、交易过程中的差旅费及管理费、手续费、税金、广告宣传费等。

③专利费。专利费是指申请和维护专利所发生的费用。包括专利代理费、专利申请费、实质性审查请求费、维护费、证书费、年费等。

由于评估目的不同,其成本构成项目也不一样,在评估时应视不同情形考虑以上成本构成的全部或一部分。

【例 5-6】

某实业股份有限公司由于经营管理不善,企业经济效益不佳,亏损严重。将被另一股份公司兼并,现在需要对该实业公司全部资产进行评估。该公司有一项专利技术,于两年前自行研制开发,并已获得专利证书,期限为 10 年。现需要对该专利技术进行评估。评估分析和计算过程如下：

（1）确定评估对象

该专利技术是企业自行研制开发并申请获得专利权，因此，该企业对其拥有所有权。目前，该企业被利民公司整理兼并。其中也包括该项专利技术，因此，确定的评估对象是专利技术的所有权。

（2）技术功能鉴定

该专利技术的专利权证书、技术检验报告书均齐全。根据专家鉴定和现场勘察，表明该项专利技术应用中对于提高产品质量，降低产品成本均有很大作用，效果良好，与同行业同类技术相比，处于领先水平。至于企业经济效益不佳，产品滞销的原因，在于企业管理人员质量较低，管理混乱所致。

（3）评估方法选择

由于该公司经济效益欠佳，很难确切预计该项专利技术的超额收益；同时，同类技术在市场上尚未发现有交易案例，因此，决定选用成本法评估。

（4）参数的估算

①重置成本的测算。由于该专利技术是企业自行开发的，其开发过程中的成本资料可从企业获得。

该技术开发时的历史成本资料如下：

材料费用	45000 元
工资费用	10000 元
专用设备费用	6000 元
资料费	1000 元
咨询鉴定费用	5000 元
专利申请费用	3600 元
培训费	2500 元
差旅费	3100 元
管理费分摊	2000 元
非专用设备折旧费分摊	9600 元
合计	87800 元

由于专利技术难以复制，因此各类消耗仍按过去实际发生的消耗量计算，对其价格可按现行价格计算。根据考察和测算，近两年人工费用价格上涨指数分别为 5% 和 7%；生产资料价格上涨指数分别为 3% 和 5%，根据上述资料，计算的重置成本为：

$$重置成本 = (87800 - 10000) \times (1 + 3\%) \times (1 + 5\%) + 10000 \times (1 + 5\%)$$
$$\times (1 + 7\%) = 95370（元）$$

②时效性贬值率的计算。该项专利技术，法律的保护期限为 10 年。虽然还有 8 年的保护期限，但根据专家鉴定分析和预测，该专利技术的剩余经济寿命为 4 年。则：

$$时效性贬值 = \frac{2}{4 + 2} \times 100\% = 33.3\%$$

（5）计算评估值

该项专利技术的评估值＝95370×（1－33.3％）＝63898（元）

5.3.2 专有技术的评估

1．专有技术的概念及特点

专有技术又称非专利技术、技术秘密，是指未经公开或申请专利但具有实用性，能为拥有者带来经济利益或竞争优势的技术，主要包括设计资料、技术规范、工艺流程、材料配方、图纸数据、操作秘诀、特殊的产品存储方法等。

与专利权相比，专有技术具有如下特点：

（1）实用性。专有技术必须是能够在生产经营中使用，能给企业带来经济利益的技术。专有技术的实用性是经过实践检验过的，不能应用的技术不能成为专有技术。

（2）保密性。凡是公众容易得知的技术、经验、方法等技术内容，均不能作为专有技术，这是专有技术区别于专利权最重要的特点，专有技术所有者通过保密手段进行自我保护。

（3）可传授性和可转让性。专有技术可以传授和转让他人，其传授方式除书面文字图表等形式外，可采用视听实际操作演示等形式进行传授，还可以通过使用许可的方式进行转让。

（4）没有保护期限。专有技术没有明确的保护期限，只要技术没有被泄漏，它就可以无限期地使用下去。

专有技术与专利权相比，其主要区别表现在：

（1）公开程度不同。专利权按专利法的规定，必须在专利说明书中全部阐明，在有效期满后必须公布于众，而专有技术是不公开的，是社会公众所不了解的。

（2）范围不同。专利权的领域是有限的，而专有技术的领域很广，包括技术、管理、商业等各个方面的知识、诀窍。

（3）保护期限不同。专利权有明确的法律保护期限，而专有技术没有法律保护期限。

（4）专利技术受《中华人民共和国专利法》的保护，而对专有技术来说，可引用的保护法律主要有《技术合同法》、《反不正当竞争法》。

2．影响专有技术评估值的因素

在专有技术评估中，应注意研究影响专有技术评估值的各项因素。这些因素包括如下方面：

（1）使用年限。专有技术依靠保密措施进行自我保护，没有法定保护期限，但这个并不意味着它的保护期无限长。专有技术作为一种知识和技巧，会因为技术进步、市场变化、保密措施等因素，影响其保护期。专有技术一旦成为一项公认的使用技术，它就不存在价值了。因此，专有技术的使用期限，应由评估人员根据本领域的技术发展情况、市场需求情况以及技术保密性情况进行估算，也可根据双方合同的规定期限估算。

（2）预期获利能力。专有技术具有使用价值和价值，使用价值是专有技术本身应有的，而价值则在于专有技术的使用所能产生的超额获利能力。因此，评估时应充分研究分析专有技术的直接和间接获利能力，这是确定专有技术评估值的关键，也是评估过程中的困难所在。

（3）市场供求情况。技术商品的价格也取决于市场供求情况。市场需求越大，其价格越高，反之，越低。一项专有技术价值的高低，取决于其技术水平在同类技术水平中的领先程度。在科学技术高速发展的情况下，技术的更新换代速度加快，无形损耗加大，一项专有技术很难持久地处于领先水平。另外，专有技术的成熟程度和可靠程度对其价值也有很大的影响。技术越成熟、可靠，其获利能力越强，风险越小，卖价越高。

（4）开发成本。专有技术的取得成本，也是影响其价值的因素，评估中应根据不同技术的特点，研究开发成本和其获利能力的关系。

（5）保密措施。对专有技术的保密措施的核查，是核查专有技术是否处于保密状态及是否易于公开。评估中，评估人员可从核心技术人员的流动情况、保密协议及保密制度以及其他相关的保密措施入手核查。

3. 收益法在专有技术评估中的应用

【例 5-7】

某评估公司对中佳股份有限公司准备投入中外合资企业的一项专有技术进行评估。根据双方协议，确定该专利技术收益期限为 5 年，试按有关资料确定该专利技术的评估值（所得税税率为 25%）。

评估过程如下：

（1）预测计算未来 5 年的收益（假定评估基准日为 2014 年 12 月 31 日）。预测结果如表 5-6 所示。

表 5-6　未来 5 年专有技术收益预测表　　单位：万元

项　目	2015 年	2016 年	2017 年	2018 年	2019 年	合计
销售量（件）	35	45	45	45	45	215
销售单价	2.2	2.2	2.2	2.2	2.2	
销售收入	77	99	99	99	99	473
减：成本、费用	21.48	27.935	27.935	27.935	27.935	133.58
利润总额	55.16	71.07	71.07	71.07	71.07	339.42
减：所得税	13.79	17.77	17.77	17.77	17.77	84.86
税后利润	41.37	53.3	53.3	53.3	53.3	254.57
专有技术分成率（%）	40	40	40	40	40	
专有技术收益	16.65	21.32	21.32	21.32	21.32	101.83

（2）确定折现率。根据银行利率，确定的安全利率为 5%；根据该技术所属行业及市场情况，确定的风险收益率为 10%。由此确定的折现率为 15%。

（3）计算评估值。该专有技术的评估值：

$$P = \sum_{i=1}^{5} \frac{F_i}{(1+r)^i}$$

$$=16.65\times0.8696+21.32\times0.7561+21.32\times0.6575+21.32\times0.5718+21.32$$
$$\times0.4972$$
$$=67.32(万元)$$

4. 成本法在专有技术评估中的应用

【例 5-8】

某企业现有不同类型的设计图纸 10 万张,需进行评估。估算过程如下:

第一步,鉴定图纸的使用状况。评估人员根据这些图纸的尺寸和所给产品的种类、产品的周期进行分析整理。根据分析,将这些图纸分成以下 4 种类型(这也是一般用于确定图纸类型的标准)。

(1)活跃/当前型:8.2 万张。指现正在生产,可随时订货的产品零部件、组合件的工程图纸及其他工艺文件。

(2)半活跃/当前型:0.6 万张。指目前已不再成批生产但仍可订货的产品零部件、组合件的工程图纸及其他工艺文件。

(3)活跃/陈旧型:0.9 万张。指计划停止生产但目前仍可供销售的产品的零部件、组合件的工程图纸及其他工艺文件。

(4)停止生产而且不再销售的产品的零部件、组合件的工程图纸及其他工艺文件,计 0.3 万张。

根据分析确定,继续有效使用的图纸为 8.2 万张。

第二步,估算图纸的重置完全成本。根据图纸设计、制作耗费及其现行价格分析确定,这批图纸每张的重置成本为 120 元。由此可计算出这批图纸的重置完全成本。

图纸的重置完全成本=82000×120=9840000(元)

5.4 商标权和著作权的评估

5.4.1 商标权的评估

1. 商标权的概念及分类

商标是商品和商业服务的标志,它是商品生产者或经营者用以表明自己所生产或销售的商品,或是商品服务者用以表明自己所提供的服务,区别于其他商品或服务而采用的文字、图形、符号或它们的组合,是代表商品质量、性能、技术水平和其他特征的标志。

商标的作用表现在:商标表明商品或服务的来源,说明该商品或服务来自何企业或何地;商标能把一个企业提供的商品或服务与其他企业的同一类商品或服务相区别;商标标志一定的商品或服务的质量;商标反映向市场提供某种商品或服务的特定企业的声誉。消费者通过商标可以了解这个企业形象,企业也可以通过商标宣传自己的商品或服务,提高企业的知名度。从经济学角度,商标的这些作用最终能为企业带来超额收益。从法律角度来说,保护商标也就是保护企业获取超额收益的权利。商标的种类很多,可以依照不同的标准予以分类。

(1)按商标的构成,可以分为文字商标、图形商标和组合商标。文字商标是指文字构成的商标,图形商标是指由图形构成的商标,组合商标是指由文字、图形和其他方式组合而成的商标。

(2)按商标的用途,可分为商品商标和服务商标。商品商标是指使用在商品上的商标,服务商标是指使用在商业性质的服务项目上的商标。例如:中国的"民航"与英国的"英航"均有自己的服务标志。

(3)按商品有无专用权,可分为注册商标和未注册商标。注册商标是指依照法定程序,经国家有关商标管理部门注册登记,法律对使用者拥有的专用权予以保护的商标。未注册商标是指未经核准注册,使用者不享有专用权的商标。

2. 商标权的内容及特点

商标权是商标注册后,商标所有人依法享有的权益,它受法律保护。商标权主要包括以下几个方面内容:

(1)独占权。商标的独占权是一种排他性的专用权,商标经过注册后,受国家法律保护,禁止他人在同类商品上使用与注册商标相同或相似的商标。

(2)使用权。注册商标的所有人有权在其注册商标所核定的商标上使用该商标并从中取得合法经济利益。

(3)转让权。注册商标的所有人有权依照法律程序,将其注册商标有偿或无偿转让给他人。

(4)许可使用权。注册商标的所有人在保证商品质量相同的前提下,有权将其注册商标有偿或无偿许可他人使用。

从法律角度看,商标权具有如下特点:

(1)商标权取得的合法性。商标权必须经过商标注册的法定程序才能取得,且取得的条件是商标具有显著性、不重复性和不违反禁用的有关规定。

(2)商标权使用的时间性。各国商标法一般都规定了注册商标的有效期,同时也规定了注册商标有效期满前可以续展。我国《商标法》规定,注册商标的有效期为 10 年,自核准注册之日起计算。注册商标有效期满,需要继续使用的应当在期满前 6 个月内申请续展注册,每次续展的有效期为 10 年,延期次数没有规定。在合法续展下,商标权可以为永久性收益的无形资产。

(3)商标权的地域性。商标权只在一定地域范围内有效,即使某国参加了保护商标的国际公约,其涉外商标权能否得到缔约国的保护,仍取决于缔约国的法律。因此,我国在出口商品上使用的商标,应及时在商品销售的国家和地区申请注册。

(4)商标权的可转让性。注册商标的所有人可以向他人转让商标所有权,也可以通过签订许可合同,许可他人使用其注册商标。

(5)商标权价值的依附性。注册商标必须与特定的商品结合使用才能为其使用者带来经济利益。如果没有与特定商品结合使用,注册商标就不能发挥应有的作用,也无法产生良好的经济效益。

3. 影响商标权价值的因素

商标权作为一种无形资产,其经济价值并非简单由设计、制作、申请、保护等方面所耗费用而形成的,广告宣传有利于扩大商标的知名度,并需要花费高额费用,但这些费用对商标权价值起影响作用,而不是决定作用。商标权的经济价值体现为它能获得超额收益,不能带来超额收益,商标权也就不具有经济价值。商标带来超额收益的原因,是它所代表的企业的商品质量、性能、服务等效应因素的综合性、重复性的显示,甚至是一定的效用价格比的标志。它实际上是对企业生产经营的素质,尤其是技术状况、管理状况营销技能的综合反映。另外,商标权的评估价值还与评估基准日的社会、经济状况以及评估目的等密切相关。因此,商标权价值的评估应重点考虑如下几个方面:

(1)商标的法律状态。商标的法律状态包括如下几种情况:①商标注册情况。我国实行的是"不注册使用与注册使用并行,仅注册才能产生专用权"的商标专用权制度。按照这种制度,只有获得了注册的商标使用人才享有专用权,才有权排斥他人在同类商品上使用相同或相似的商标,也才有权对侵权活动起诉。因而只有注册了的商标才具有经济价值。未注册的商标即便能带来经济效益,其经济价值也得不到确认。②商标权的失效。在我国,注册商标的有效期是10年,10年届满如果没有申请续展,则商标的注册将被注销,商标权失效。另外还有几种情况可能导致商标权的失效,如自行改变注册商标,自行改变注册商标的注册人名义、地址或者其他注册事项,自行转让注册商标,连续3年停止使用注册商标。商标权一旦失效,原商标所有人不再享有商标专用权,也就失去了评估对象,商标也就不再具有经济价值。③商标权的续展。商标注册人按期提出续展申请,经商标局核准,商标权可以无限续展。在合法续展的情况下,商标权可成为永久性收益的无形资产,驰名老牌商标权的价值一般与其寿命成正比,寿命越长,价值越高。如果没有商标续展的规定,一个驰名商标在临近保护期的前一年进行评估,其评估值可能不如一个刚刚注册、有效期还有10年的非驰名商标。但实际上,由于有续展期的规定没有人愿意出高价购买非驰名商标,原因是驰名商标通过续展可以长期为购买者带来比较高的超额收益。④商标权的地域性。商标权的地域范围对商标权的价值有很大影响。商标权具有严格的地域性,商标权只有在法律认可的一定地域范围内受到保护。由于不同国家存在着不同的商标保护原则,商标权并不是在任何地方都受到保护。商标所有者所享有的商标权,只能在授予该项权利的国家领域内受到保护,在其他国家则不发生法律效力。如果需要得到其他国家的法律保护,必须按照该国的法律规定,在该国申请注册,或向世界知识产权组织国际局申请商标国际注册。国际上一些经济学家们在评估"可口可乐"商标权价值为434.27亿美元时,并未注明该商标权是在美国本土转让还是在世界各国转让的价值,而这两者之间的转让价值可能相差100倍。因此,商标注册的地域范围也是影响商标权价值的因素。⑤商标权在特定的商品范围内有效。商标注册的商品种类及范围影响商标权的价值。商标注册申请采用"一类商品、一个商标、一份申请"的原则。评估商标权价值时,要注意商标注册的商品种类及范围,要考虑商品使用范围是否与注册范围相符合,商标权只有在核定的商品上使用时才受法律保护,对超出注册范围部分所带来的收益不应计入商标权的预期收益中。

(2)商标的知名度。商标的知名度,即商标的驰名度。商标的知名度越大,其价值就越高。很多国家对驰名商标的保护力度远大于非驰名商标,对驰名商标的认定一般也有着苛刻的条件和复杂的手续。因而一般情况下,同一行业内驰名商标价值高于非驰名商标价值,取得驰名商标认定的商标,其价值高于普通商标的价值。因此,是否完成驰名商标认定影响着商标权的价值。

不同的商标可为商标权人带来不同的收益,以致同样的商品给企业带来的收益也会相差甚远。从《保护工业产权巴黎公约》、世界贸易组织的《知识产权协议》以及大多数国家的商标法来看,驰名商标都享有受特殊保护的权利,这样,驰名商标的法律地位也会提高商标本身的价值。

(3)商标所依托的商品。商标权是商标所有者享有禁止他人未经许可在同一种商品、劳务或类似商品、劳务上使用其商标的权利。商标权本身不能直接产生收益,其价值大都是依托有形资产来实现的。商标权的经济价值是由商标所带来的效益决定的,带来的效益越大,商标权价值越高。商标所带来的效益是依托相应的商品来体现的。主要与以下因素有关:①商品所处的行业及前景。一种商品离不开其所在的行业,该行业的状况直接影响到商品的生产规模、价格、利润率等经济指标,进而影响到商标的价值。另外,一个行业,很难持续保持繁荣与稳定。总有一些新兴的行业不断产生,一些陈旧的行业不断衰退,甚至消亡。商标所依托的商品所在的行业发展情况,对商标权的价值能产生重大影响。商标权的价值在于其获得超额利润的能力,在销量相同的情况下,新兴行业往往是产品附加值高的行业,其商标权价值也高。②商品的生命周期。商标权的价值与所依附的商品所处的生命周期有关。商品的生命周期一般有4个阶段:研制阶段、发展阶段、成熟阶段、衰落阶段。若有形的商品处于发展或成熟阶段,获得超额利润的能力强,其相应的商标权价值高;若处于衰退阶段,获得超额利润的能力弱,其商标权价值相对较低。若处于研制阶段,要考虑商品是否有市场、单位产品可获得的利润等因素综合确定商标权的价值。③商品的市场占有率、竞争状况。商品的市场占有率标志着商标权的价值范围。商标权的价值体现在其获得超额利润的能力。同样单价的商品,若其市场占有率大,则其销售量就越大,利润及超额利润也随之增大,商标权价值也就越大。竞争状况同样影响着商标权价值,市场竞争越激烈,其他知名商标越多,商标权价值就越小。④商品的利润情况。商标权的价值最终体现在能给拥有者带来的超额收益上。商品所带来的利润越大,才有可能获得更高的超额利润,商标权才有可能有价值。因此,商品的利润率大小是影响商标权价值的重要因素。⑤商品经营企业的素质。一个商标在有些企业手中,可能是价值连城的无形资产;而在另一些企业手中,也可能变得一文不值。良好的企业经营素质可为企业带来优秀的管理、良好的商品质量和优良的企业信誉等。企业的经营素质同样影响到商标权的价值。⑥经营业绩。使用商标的商品,历史上的经营业绩的好坏可能影响到对未来收益的预测情况。好的经营业绩,预测的未来收益可能大,超额利润才可能更大,商标权价值也更高;反之,则商标权价值低。因此,历史上的经营业绩是采用收益法评估商标权价值的基础依据。

(4)宏观经济形势。商标权的价值与宏观经济形势密切相关,在评估基准日宏观经济景气高涨时,评估值相对较高,低迷时评估值较低。另外,宏观经济政策对商标价值评估也有一定影响,财政政策、货币政策是紧是松,尤其是与所评估商标的行业相关的政策走向,是商标评估时所必须考虑的因素。

(5)评估目的。商标权评估目的即商标权发生的经济行为,评估目的会直接影响到评估方法的选择。同样的资产,因为评估目的不同,其评估方法的选择可能会不同,同一评估方法中各项评估参数的选取也会不同,因而评估值也往往不同。

从商标权转让方来说,可分为商标权转让和商标权许可使用。商标权转让是指转让方放弃商标权,归受让方所有,实际上是商标权的出售。商标权许可使用是指拥有商标权的商标权人,在不放弃商标所有权的前提下,特许他人按照许可合同规定的条款使用商标。商标权转让方式不同,评估值也不同。一般来说,商标所有权转让的评估值高于商标权许可使用的评估值。

从股份制企业商标评估情况来说,通常包括以商标权投资入股、商标权许可使用、商标权转让等。根据评估目的的不同,评估出商标权的不同价值。

(6)类似商标的交易情况。市场上类似商标的交易情况也影响商标权的价值。当使用市场法进行商标价值评估时,可比案例及其交易情况对商标价值评估起着决定性的作用。这些因素包括可比案例的交易价格、交易情况、本身情况、交易日期等。

(7)商标设计、广告宣传。商标的优劣关系到企业的胜败兴衰。一个好商标的设计要求美观、内涵丰富并能展示企业风格,而商标设计的基础则在于商标名称的创意和设计。

商标的广告宣传是扩大商标知名度和影响力的重要因素。通过广告宣传使大众熟悉该种产品或服务,刺激和维持消费需求,从而扩大产品销量,为企业带来更多的超额利润。另外,商标的广告宣传费用,也是商标成本的重要组成部分。因而商标的广告宣传对其价值产生重大影响。

(8)其他因素。除上述影响商标价值评估的因素外,还有其他一些情况对商标价值评估也构成影响,例如商标的注册、使用、购买成本,商标注册时间、有无许可使用等都是影响商标权价值的重要因素。

4. 收益法在商标权评估中的应用

目前情况下,我国商标权价值评估主要目的有以下几个方面:一是企业发生整体产权变动时,商标权作为企业整体资产的一部分而进行的评估;二是商标权单独对外转让或投资;三是商标权使用许可。

商标权的评估主要是以商标权转让和商标权使用许可为目的的。商标权之所以能独立转让或许可他人使用,是因为使用商标可以带来超额收益或提成收益。因此,商标不是作为一般商品,而是作为一种获利能力进行转让的,商标权价值应依据其提供的超额收益或提成收益来确定。商标权价值评估方法一般采用收益法。

(1)超额收益法。商标权作为一种无形资产,其价值体现在商标为企业所提供的超额收益上。具体计算公式为:

$$p = \sum_{t=1}^{n} \frac{R_t}{(1+i)^t}$$

式中,R_t——年超额收益;

i——折现率。

【例 5-9】

某公司拟将使用了 10 年并已续展 10 年的 A 产品注册商标转让给甲企业。经过调查,该公司使用该商标生产的产品比其他企业生产的同类产品单价高 200 元。甲企业每年生产该产品 20 万件。假设该产品还能生产 10 件,假设折现率为 15%,试对该注册商标价值进行评估。

运用超额收益法,该注册商标价值计算如下:

$$p = \sum_{t=1}^{n} \frac{R_t}{(1+i)^t} = \sum_{t=1}^{10} \frac{200 \times 20}{(1+15\%)^t}$$
$$= 4000 \times 5.0188 = 20075.2(万元)$$

(2)提成收益法。提成收益法是通过确定无形资产提成率和提成年限以及无形资产的获利能力来确定其评估价值的一种方法。提成收益法可用于商标使用许可的评估(商标使用权评估)。

商标许可证贸易通常是伴随着技术转让、管理咨询、质量监督等一起进行的。对商标使用权评估,要根据被许可方的新增收益来进行,一般情况下,被许可方的新增收益额年限较容易确定,关键是要确定一个合理的分成率。下面举例说明提成收益法在商标使用权价格评估中的应用。

【例 5-10】

某公司通过签订许可使用合同,许可大江企业使用其拥有的 A 产品注册商标,合同约定使用期限 3 年。经预测,大江企业使用该商标后,每台产品利润 180元,每年的销售量分别为 30 万台、35 万台和 38 万台。确定的利润分成率为 30%,折现率为 15%。试评估该商标使用权价值。

$$p = \sum_{t=1}^{n} \frac{F_t}{(1+i)^t} = 30\% \times \left[\frac{180 \times 30}{(1+15\%)} + \frac{180 \times 35}{(1+15\%)^2} + \frac{180 \times 38}{(1+15\%)^3} \right]$$
$$= 4187.03(万元)$$

5.4.2　著作权评估

1. 著作权的概念及特征

著作权,也称版权,是指作者对其文学、艺术和科学作品所享有的各项专有权利。它包括发表权、署名权、修改权、保护作品完整权、使用权和获得报酬权。这种基于文学、艺术和科学作品而产生的专有权,有的国家称为版权,有的国家称为著作权。著作权具有以下特征:

(1)自动保护原则。我国著作权法对作品的保护采用自动保护原则,即作品一旦产生,作者便享有著作权,登记与否都受法律保护,这些与商标权及专利权的获得是不同的;但由于著作权的获得不需要行政部门的批准,因此著作权人所享有的权利范围不易判定。根据《专利法》的规定,专利权的权利范围依据"权利要求书"的记载。而依据《商标法》,商标权的权利范围可以表述为,"相同或近似的标识"使用在"相同或类似的商品"上。对于著作权而言,其权利的获得是自动的,而权利的范围,必须根据具体的对象作具体分析。正是由于著作权的权利范围不易确定,因而较易出现相关权利纠纷。随着著作权纠纷的增多,许多作者纷纷要求将自己的作品交著作权管理部门登记备案。作品办理自愿登记后,则有了一个法律上的初步证据。著作权人在领取《作品登记证》后,即可适当宣传,以对侵权者起威慑作用;在打官司时,《作品登记证》可以起证据作用;但《作品登记证》与作品的出版、发行无任何直接联系。在著作权的评估实践中,《作品登记证》可以作为该著作权稳定性、可靠性的依据。

(2)形式的局限性。著作权从根本上说是为某些思想、观点的原创表达形式提供法律保护,但并非保护这些思想本身,这是它区别于《专利法》的重要特征。例如,由于在很多情况下,艺术类著作如文学作品、音乐舞蹈作品、美术摄影作品、电影电视等作品,其描述的对象具有一致性,因此,如何界定"思想"及"表达"相对比较困难。目前司法界在进行著作权判定时,一般采用"三段论侵权确认法"。对于历史题材的作品,仅因主题相同,不构成侵权。如一个作家计划写一部有关知识青年下乡的小说,知识青年下乡这个事件本身不受著作权法保护,任何人都可以以任何形式写知识青年下乡的故事,只有故事形成作品后,该故事才能受到保护,并且每一个作者自己创作的作品都受到保护。另外,如果某事物只有唯一选择的表达方式,则该表达方式应该属于创作构思,不受著作权法的保护。

(3)独立性。著作权对保护的内容强调创作的独立性,而不强调新颖性,即思想相同的不同人创作的作品,只要是独立完成的,即分别享有著作权。区分抄袭与巧合一般不是直接引用著作权法的条款,而是需要对事实进行分析。如果后一作者创作完成时间明显在前一作者之后,并明显接触过、阅读过前一作者的有关作品;同时后一作者的作品中有与前一作者完全相同的内容,一般判定为抄袭。否则,每个作者对自己的作品分别享有著作权。

(4)权利的多样性。根据《著作权法》的规定,著作权人享有的权利多达十几项,其中法律明确规定著作权人享有的经济权利有12项,而且这些权利的行使可以是彼此独立的。例如作品的摄制权与翻译权,它们在行驶过程中,彼此独立,这点是著作权很重要的特征。对于专利权及商标权而言,虽然两者在许可或转让方式上,具有多种形式,但在权利内容方面,一般体现为使用权,而不存在公开的表演权、播放权、翻译权等其他权利。著作权权利内容的多样性,使其在参与经济活动时,具有最强的灵活性,著作权交易中,很多情况中实际是部分权利的交易。一般来说,著作权的受让方或者被许可人没有必要也不会打算获得供方著作权的全部。例如,某影视公司需要将一部小说改编成影视作品,向原作者购买著作权,其真正需要购买的是该作品的改编权以及摄制权等,并不需要购买该作品的所有著作权。

(5)法律特性。根据法律规定,著作权是自动获得的权利,但是,法律同时规定了著作权的权利内容、保护期以及权利的限制,因此,著作权具有显著的法律特性。主要体现在时间性及地域性,这与专利权和商标权相同。

(6)使用特性。与专利和商标相比,著作权在使用过程中,除了具有共享性外,还具有扩散性。著作权的扩散性是指具有著作权的作品在使用过程中可以产生新的具有著作权的作品。如一部小说,若被改编成剧本,则改编人对改编后的作品享有著作权;若将作品翻译成其他语言,则翻译人对翻译后的作品享有著作权。

2. 影响著作权评估价值的因素

著作权价值评估中,影响评估价值的因素很多。现列举几项主要的影响因素。

(1)成本因素。著作权的成本,是指为取得著作权而付出的全部费用。由于其中富于创造性的活劳动占大部分,且该部分难以用可确定的量化指标表示,所以,著作权的成本很难用完全的量化值表示。另一方面,著作权的价值并不全由成本决定。社会对著作权的承认与需求同样影响其价值。因此,著作权的成本与其价值之间不存在完全的一一对应关系。但是,著作权的成本可以成为评估著作权价值的分析依据。对于以财务记账及摊销为目的的著作权评估而言,著作权的成本是重要和必要的依据。

（2）收益因素。著作权的收益，是指拥有著作权，特别是拥有其使用及许可使用权时所得到的净收益。例如，拥有一部小说的著作权，可以通过出版发行获得收入。一项著作权，可获得的经济效益越大，得到社会承认的程度越高，其价值就越高。因此，著作权的评估价值可以通过计算其收益的方式获得。

（3）经济寿命的影响。著作权的经济寿命，是指著作权能给所有者带来经济效益时间的长短。著作权的经济寿命与法律上的著作权保护期是两个概念，其含义是不同的。法律上的著作权保护期是指著作权受法律保护的期限，而经济寿命则是依据著作权客体的社会经济效益而定的，有的经济寿命很短，例如：流行歌曲、通俗小说等作品，其经济寿命可能就是一两年；有的经济寿命很长，例如，一些经典名曲、名著，其经济寿命比法律保护期长得多，有的可达数 10 年、数百年。一项著作权，在法律保护期内的经济寿命越长，其价值越高。因此，在评估著作权价值时，应当考虑著作权的经济寿命。此外，著作权许可使用权价值评估时，尚需考虑许可合同期限。

（4）市场供求关系。著作权作为一种特殊资产参与经济活动，同样受市场供求关系以及同类产品价值的影响。特别对于一些通俗小说、通俗录像制品等，著作权交易是比较常见的。对这些作品进行评估，市场上相关作品交易的价格，将直接影响其价值。此外，在进行评估时，还应注意到新版本问题，例如字典或辞典等新版本的推出，会使原有的版本价值受到一定的影响。

（5）转让许可的方式。转让许可的方式对著作权价值的影响体现在以下几个方面：①著作权的使用权在转让时，有多种方式，包括独家许可、普通许可等方式。每一种方式对应的著作权的价值也是不同的。②由于著作权的权利内容多达十几项，在转让许可时，可以有多种组合形式，如一本书的著作权，包括翻译权、演出权、电影改编权、发行权等权利，权利人在许可他人使用时，可以单独将某一种权利许可，也可以将几种权利同时许可他人使用。③著作权人在许可他人使用著作权时，可以通过时间、地域范围、语言、使用类型等对授予他人的权利加以限制，这些限制条件也将影响著作权的价值。

3. 著作权价值的评估方法

由于著作权所包括的具体权利种类多，且权利之间相互交叉，因此，著作权价值评估具有相当的难度。虽然其适用的评估方法，如成本法、市场法和收益法在原理上与评估其他资产是一样的，但在实际运用到著作权的评估时，又具有其特殊性。下面主要用具体的例子说明收益法的应用。

【例 5-11】

某书画家拥有 300 幅书画作品，均有著作权，现许可某公司出版作品集，许可合同期限为 3 年。其中第一年办展览一次，每年出版作品集一次。经预测，举办展览的预期收益为 18 万元；出版作品集每年的收益分别为 15 万元、13 万元和 10 万元。设折现率为 10%，试评估该书画作品著作使用权的价值。

该书画作品著作使用权的价值计算如下：

$$p = \sum_{i=1}^{n} \frac{R_i}{(1+r)^i} = \frac{18+15}{1+10\%} + \frac{13}{(1+10\%)^2} + \frac{10}{(1+10\%)^3}$$
$$= 48.26（万元）$$

5.5　特许经营权和商誉的评估

5.5.1　特许经营权的评估

1. 特许经营权的概念及分类

特许权又称特许经营权或专营权,是政府或公司给予法人或自然人在一定时间和一定地域范围内经营或销售某种商品的特殊权利。

特许经营权具有较强的时效性,其价值与剩余的许可有效期密切相关。特许权也有较大的限制性,有的不能转让;有的可以转让,但有期限和地域限制。特许经营权按对象分,主要有以下几类:

(1)特种行业经营权。特种行业是指要得到特别准许才能开业的行业。在我国,特种行业是对旅馆业、旧货业、修理业、印铸刻字业、按摩业等行业的总称。这类企业的数量是受到限制的,其获利情况一般较好。

(2)专卖垄断经营权。专卖垄断经营权是指国家对某种商品生产、销售和进出口实行垄断经营的权利。专卖一般是由法律确认,较专营更为规范,其目的是调节消费,稳定秩序,增加国家收入。烟草专卖是专卖的一种主要形式。

(3)实施许可证制度行业的经营权。实施许可证制度行业的经营权主要包括生产许可证,进出口许可证,水产捕捞许可证等。

(4)纯商业性的特许经营权。纯商业性的特许经营权主要体现为总公司给予加盟公司以特许生产权或营销权,并收取一定的费用。如可口可乐特许生产、经营权,现代商业连锁店等。

(5)资源性资产特许经营权。资源性资产特许经营权主要包括探矿权、采矿权、探矿许可证等。

2. 特许经营权的评估方法

特许经营权的价值主要体现在特许经营权的购买人,在生产经营中因特许权的使用而取得的经济效益,通常是超额利润或垄断利润,这是特许经营权价值评估的依据。评估时可采用收益法。

【例 5-12】

某烟草公司开业 5 年来一直具有良好的经济效益,为扩大公司规模拟设立联营公司,要求评估其烟草专卖许可证的价值。

经预测,该公司今后 5 年的税后利润分别是 2000 万元、2200 万元、2400 万元、2700 万元和 3000 万元。经分析,采用的折现率为 10%,特许权提成率为 30%。假定以第 6 年的收益作为永续年金收益,适用的本金化率为 15%。试确定该特许权的评估值。

计算公式为:

$$P = K \times \sum_{i=1}^{n} \frac{F_i}{(1+r_1)^i} + \frac{A}{r_2}$$

式中, A——$(n+1)$年后的年金化收益;

　　r_1——折现率;

　　r_2——永续收益期的本金化率;

　　K——特许权提成率。

$$
\begin{aligned}
特许权评估值 &= 30\% \times \left[\frac{2000}{(1+10\%)} + \frac{2200}{(1+10\%)^2} \right. \\
&\quad \left. + \frac{2400}{(1+10\%)^3} + \frac{2700}{(1+10\%)^4} + \frac{3000}{(1+10\%)^5} \right] \\
&\quad + 30\% \times \frac{3000}{(1+10\%)^5} \times \frac{1}{15\%} \\
&= 2743.93 + 3725.53 = 6469.46(万元)
\end{aligned}
$$

5.5.2　商誉的评估

1. 商誉的概念及特点

商誉是指企业在一定条件下,能获得高于正常投资报酬率的收益所形成的价值。这是由于企业所处地理位置的优势,或由于企业经营效率高、经营基础好、生产历史悠久、人员素质高等原因,与同行企业相比较,可获得的超额利润。

商誉是不可确定的无形资产,商誉具有以下特点:

(1)商誉不能离开企业而单独存在,不能与企业可确指的资产分开出售;

(2)商誉是多项因素作用形成的结果,但形成商誉的个别因素,不能以任何方法单独计价;

(3)商誉本身不是一项单独的、能产生收益的无形资产,而只是超过企业可确指的各单项资产价值之和的价值;

(4)商誉是企业长期积累起来的一项价值。

2. 商誉评估的方法

(1)割差法。割差法是根据企业整体资产评估值与各单项资产评估值之和的差额来确定企业商誉价值的一种方法。计算公式如下:

$$
\begin{array}{c}
商誉的 \\
评估值
\end{array} = \begin{array}{c}
企业整体资产 \\
评估值
\end{array} - \begin{array}{c}
企业各单项资产 \\
评估值之和
\end{array} (含可确指的无形资产)
$$

企业整体资产评估值可以通过预测企业未来的预期收益并进行折现或资产化而得到。对于上市公司,也可按股票市价总额来确定。

由上式可知,商誉的评估值可能是正值,也可能是负值。当商誉为负值时,有两种可能:一是亏损企业;二是收益水平低于行业或社会平均收益水平的企业。商誉为负值时,对商誉的评估来说,也就失去了意义。因此,商誉价值的评估,限于盈利企业,或经济效益高于同行业或社会平均水平的企业。

【例 5-13】

明星企业进行股份制改造,根据企业过去经营状况和未来的市场形势,预测其未来 5 年的净利润分别是 12 万元、16 万元、13 万元、12 万元和 15 万元。并假定从第 6 年开始,以后各年净收益均为 16 万元。根据银行利率和企业经营风险等情况,评估人员确定的折现率和本金化率均为 10%。并且,采用单项资产评估方法,评估的各单项资产评估值之和(含可确指的无形资产)为 95 万元。试确定该企业商誉的评估值。

计算步骤:

(1)采用收益法确定该企业整体资产价值

$$企业整体资产价值 = 12 \times 0.9091 + 16 \times 0.8264 + 13 \times 0.7513 + 12 \times 0.6830$$
$$+ 15 \times 0.6209 + 16/10\% \times 0.6209$$
$$= 51.41 + 99.34$$
$$= 150.75(万元)$$

(2)计算商誉的价值

因为企业各单项资产评估值之和为 90 万元,根据公式,则:

$$明星企业的商誉价值 = 150.75 - 90 = 60.75(万元)$$

(2)超额收益法。由于商誉是指企业能获得高于正常投资报酬率所形成的价值,因而可把商誉价值理解为:企业收益与按行业平均收益率计算的收益差额的本金化价格。

以企业超额收益为评估对象进行商誉评估的方法称为超额收益法。根据企业经营状况,超额收益法又可分为超额收益本金化价格法和超额收益折现法两种具体方法。

①超额收益本金化价格法。超额收益本金化价格法是把被评估企业的超额收益经本金化还原,来确定该企业商誉价值的一种方法。计算公式为:

$$商誉价值 = \frac{企业预期年超额收益}{适用的本金化率}$$

其中:

$$\begin{matrix}企业预期 \\ 年超额收益\end{matrix} = \begin{matrix}企业预期 \\ 年收益额\end{matrix} - \left(\begin{matrix}该企业各单项 \\ 资产评估值之和\end{matrix} \times \begin{matrix}行业平均 \\ 收益率\end{matrix}\right)$$

【例 5-14】

A 公司全部单项资产评估值之和为 500 万元,该公司所在行业的平均收益率为 20%,公司预期收益率为 25%,假设以行业平均收益率为本金化率。试计算 A 公司的商誉价值。

根据公式,则:

$$A 公司的商誉价值 = 500 \times (25\% - 20\%)/20\% = 125(万元)$$

超额收益本金化价格法主要适用于经营状况一直较好、超额收益稳定的企业。如果在预测企业预期收益时,发现企业的超额收益只能维持有限期,则这类企业不宜采用超额收益本金化价格法,而应改按超额收益折现法进行评估。

②超额收益折现法。超额收益折现法是把企业可预测的若干年的预期超额收益进行折现,把其折现值确定为企业商誉价值的一种方法。计算公式为:

$$商誉价值 = \sum_{i=1}^{n} \frac{C_i}{(1+r)^i}$$

式中,C_i——企业预期超额收益;

r——折现率。

【例 5-15】

某企业经预测在今后 5 年内具有超额收益能力。2007—2011 年超额预期收益额分别为 90 万元、120 万元、140 万元、110 万元和 100 万元。该企业所在行业的平均收益率为 10%。评估基准日为 2003 年 12 月 31 日。试计算该企业的商誉价值。

根据公式,则:

$$
\begin{aligned}
该企业的商誉价值 &= 90 \times 0.9091 + 120 \times 0.8264 + 140 \times 0.7513 \\
&\quad + 110 \times 0.683 + 100 \times 0.6209 \\
&= 81.8 + 99.2 + 105.2 + 75.1 + 62.1 \\
&= 423.4(万元)
\end{aligned}
$$

3. 商誉评估应注意的有关问题

由于商誉本身的特点,决定了商誉评估的困难性。商誉评估的理论和操作方法争议较多。在商誉评估中,应明确以下问题:

(1)商誉只存在于那些长期具有超额收益的少数企业之中,不是所有的企业都有商誉。一个企业在同类企业中超额收益越高,商誉评估值就越大。因此,在商誉评估过程中,应全面了解被评估企业所属行业的收益水平。

(2)商誉评估必须坚持预期原则。企业是否拥有超额收益是判断企业有无商誉和商誉大小的标志。这里所说的超额收益,指的是企业未来的预期超额收益,并不是企业过去或现在的超额收益。在评估过程中,对于目前亏损的企业,经分析预测,如果其未来超额收益潜力大,则该企业也会有商誉存在。评估时,必须加以综合分析和预测。

(3)商誉是由众多因素共同作用形成的,但形成商誉的个别因素又不能够单独计量,因此,决定了商誉评估不能采用现行市价法进行,因为影响商誉的各项因素的定量差异调整难以运作。

(4)商誉价值形成既然是建立在企业预期超额收益基础上,那么商誉评估值高低与企业中为形成商誉投入的费用没有直接关系,并不会因为企业为形成商誉投资越多,其评估值就越高。尽管所发生的投资费用可能影响商誉评估值,但它是通过未来预期收益的增加得以体现的。因此,商誉评估不采用重置成本法进行。

(5)商誉评估必须在产权变动的前提下才可进行。因为商誉不能离开企业而单独存在,不能与企业可确指的资产分开出售,因此,企业在持续经营情况下,如果不发生产权变动,尽管该企业具有商誉,但也无须评估商誉。

(6)商誉与商标是有区别的,反映两个不同的价值内涵。企业中拥有某项评估值很高的知名商标,但并不一定意味着该企业一定就有商誉。为了更科学地确定商誉的评估值,注意商誉与商标的区别是必要的。

第 6 章

金融资产评估

⮕学习目标

1. 理解金融资产评估的概念及特点；
2. 掌握运用收益法评估债券、股票的价值；
3. 理解金融不良资产的类别和评估方法。

6.1 金融资产评估概述

6.1.1 金融资产评估的概念

1. 金融资产与金融工具

资产是指经济主体拥有或控制的、能以货币计量的、能够给经济主体带来经济效益的经济资源。按资产存在形态分类分为实物资产和金融资产。

关于金融资产没有一个明确而统一的定义。美国学者威廉·D. 米勒在《金融资产评估》中将金融资产定义为银行拥有的一切资产。米勒在书中分析了银行并购中的资产价值评估问题。

杨子江在《金融资产评估》中定义金融资产是经济主体所拥有的以价值形态存在的资产，是一种索取实物资产的权利凭证。权利凭证分为所有权凭证、债权凭证、信托凭证。此外还可衍生出以金融资产为标的的衍生金融资产。

通常在金融学中，金融资产被认为是一切可以在有组织的金融市场上进行交易、具有现实价格和未来估价的金融工具的总称。金融资产的最大特征是能够在市场交易中为其所有者提供即期或远期的货币收入流量。

在我国的会计准则中，CAS22 金融工具确认和计量采用举例的方式对金融资产进行描述：金融资产通常是指企业的下列资产：现金、银行存款、应收账款、应收票据、贷款、股权投资、债权投资等；金融负债通常指企业的下列负债：应付账款、应付票据、应付债券等。

国际会计准则 IAS 32 金融工具将金融资产定义为任何符合下述情况之一的资产[①]：

① 摘自会计研究发展基金会、国际会计准则翻译覆审项目委员会翻译的 2011 版 IAS。

(a)现金；

(b)另一企业之权益工具；

(c)合约权利：

(i)以自另一企业收取现金或另一金融资产；或

(ii)以按潜在有利于企业之条件与另一企业交换金融资产或金融负债；或

(d)将以或可能以企业本身权益工具交割之合约，且该合约系：

(i)企业有或可能有义务收取变动数量企业本身权益工具之非衍生工具；或

(ii)将以或可能以固定金额现金或另一金融资产交换固定数量企业本身权益工具以外之方式交割之衍生工具。基于此目的，该企业本身权益工具不包括依第 16A 及 16B 段规定分类为权益工具之可卖回金融工具、课予企业仅于清算时交付按该企业净资产之持分比例份额予另一方之义务之工具，且依第 16C 及 16D 段规定分类为权益工具者，或该工具系于未来收取或交付企业本身权益工具之合约。

按照目前国际会计准则和我国国际会计制度，企业应当结合自身业务特点和风险管理要求，将取得的金融资产在初始确认时分为以下几类：①以公允价值计量且其变动计入当期损益的金融资产或金融负债；②持有至到期投资；③贷款和应收款项；④可供出售金融资产。上述分类一经确定，不得随意变更。如图 6-1 所示。

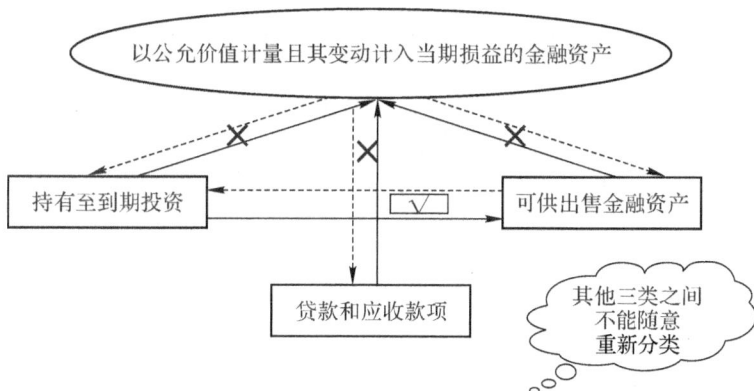

图 6-1　我国会计准则中金融资产的分类

金融工具是指形成一个企业的金融资产，并形成其他单位的金融负债或权益工具的合同。金融工具包括金融资产、金融负债和权益工具。[①]

金融工具一般规定了资金盈余者向短缺者转让金融剩余的金额、条件和期限等。例如股票、企业债券、国债、存折等都是联系资金盈余者与短缺者之间桥梁的工具。

金融资产包括一切提供到金融市场上的金融工具。但金融工具并不等于金融资产，只有当金融工具是持有者的投资对象时方能称作金融资产（见图 6-2）。

---

① 《CAS22 金融工具确认和计量》准则讲解：金融工具是指形成一个企业的金融资产，并形成其他单位的金融负债或权益工具的合同。金融工具包括金融资产、金融负债和权益工具。其中，金融资产通常是指企业的下列资产：现金、银行存款、应收账款、应收票据、贷款、股权投资、债权投资等；金融负债通常是指企业的下列负债：应付账款、应付票据、应付债券等。从发行方看，权益工具通常是指企业发行的普通股、认股权等。金融工具可以分为基础金融工具和衍生工具。

<table>
<tr><td>甲公司</td><td></td><td>乙公司</td></tr>
<tr><td>发行公司债券</td><td>⟶</td><td>债券投资</td></tr>
<tr><td>（金融负债）</td><td></td><td>（金融资产）</td></tr>
<tr><td>发行公司普通股</td><td>⟶</td><td>股权投资</td></tr>
<tr><td>（权益工具）</td><td></td><td>（金融资产）</td></tr>
</table>

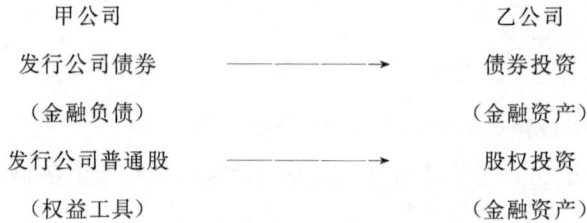

图 6-2 金融资产

结合金融资产的分类，不同的金融工具可分类如表 6-1 所示。[①]

表 6-1 不同的金融工具分类

分 类	工具类型		
	债务证券投资	公允价值能够可靠计量的权益证券的投资	衍生工具和嵌入衍生工具
以公允价值计量且其变动计入损益： • 为交易而持有 • 指定为以公允价值计量且其变动计入损益	■ ■	■ ■	■
贷款和应收款项	■		
持有至到期	■		
可供出售	■	■	

金融资产评估是指由评估机构接受委托方的委托，依据国家的法律和有关资料，按照科学的程序、方法和标准，对金融资产的现时价值进行评定和估算。

由于金融资产本身具有与其他资产不同的特点，金融资产评估除了具有资产评估的共性以外还有一些自身的特点。一方面，金融资产的现时价值由它的收益和风险决定，金融资产评估就是对金融资产的收益和风险进行界定的过程；另一方面，金融资产为其所有者或支配者提供货币收入流量。货币收入流量最直接的表现形式就是利息、股息、红利等。当人们用自己的货币以一定的价格购买金融资产时，这种金融资产提供的收入流量并不是现时的收入，而是在未来一定时期内陆续实现的货币收入。因此，在这种待实现的货币收入流量转化为实际货币收入流量时必须考虑时间因素。由于金融资产在未来的时期内到底能产生多大的货币收入存在不确定性，这种不确定性就是通常所说的金融风险。

6.1.2 金融资产评估的目的

金融市场的发展和繁荣是以金融交易的便捷公正为基础的，金融资产评估业务的发展保障了金融交易正常可持续地进行。因而可以说，金融资产评估活动是伴随着金融市场的发展和金融交易而发展起来的。在金融资产出现以后，它和其他资产的交易一样，也要求交易双方在等价原则的基础上进行交易，只有普遍地实现等价交换，金融交易才能得以持续。在金融市场发展不成熟期，金融交易并不频繁，最初的金融评估活动也是非专业性和

---

① 参见《iGAAP 金融工具相关准则实务指南》第 23 页。

偶然性的。但随着金融市场的快速发展,金融交易量也迅猛增加,为了保障金融资产交易的正常和具有可持续性,实现金融市场有效配置经济资源功能,实现金融交易的等价进行,金融资产评估日益走上规范化和专业化的道路。所以金融资产评估的根本目的,就微观而言在于保障金融资产所有者和购买者双方合理正常地进行交易,提供一种公平的价值尺度实现交易双方利益的合理平衡;从宏观上看在于维护金融市场运行机制的有效性,保证经济资源有效合理的配置。可以说没有金融资产评估,就不可能顺利地进行金融交易;没有金融交易,金融资产评估也同样没有必要。因此,金融资产评估是金融交易的前提,金融交易是金融资产评估的主要目的。

一般而言,它可分为以下两个方面:

(1)为编制财务报告目的的评估,如为抵押、企业清算、破产、企业融资和业绩报表的编制等对金融资产的评估,此时侧重于采用实际市场价值概念,结合会计持续经营假设和市场有效的假设下,利用编制财务报告中所涉及的金融资产市场现行价格信息或其他可比较信息,评估金融资产在当前状态下的现行价格。其实质是通过金融资产评估对标的物的评估,使评估的结果与金融市场认可的价格相一致。

(2)以交易为目的的评估,如金融资产的转让、个人遗产的继承、证券的发行与回购、担保抵押等,此时以市场完全有效或弱式有效为基本假设,以最佳用途市场价值为资产评估价值标准,通过评估资产持有人在目前使用或拟将使用状态下是否可达到最佳的使用状态,结合金融资产市场的有效程度,进而比较目前持有人资产的以未来收益表示的市场价值与现行市场价格的关系,在此基础上做出持有或出让资产的决策。其实质是通过向市场传递资产增值的信息,使市场不断认知与认可金融资产的市场价值。

明确金融资产评估的目的,是金融资产评估业务的前提,是正确确定金融资产评估业务采取方法和标准的基础。只有在明确金融资产评估目的的条件下,才能保证整个评估过程和结果的科学性与有效性。

6.1.3　金融资产评估的一般功能

金融资产评估在金融交易中的功能主要取决于金融资产评估所要完成的任务。金融资产评估的任务主要有 4 个方面:一是全面核实资产的数量和质量;二是准确评定和估算被评估金融资产的现时价值;三是科学合理地评价金融资产的运营状况,为金融资产的所有者、经营者的经济决策提供依据;四是在必要的情况下进行产权界定。

1. 金融资产评估是确定资产的现时价值

金融资产评估是对被评估金融资产的现时价值进行评定和估算,为金融资产交易提供基础依据。由于金融资产的现时价值处于不断变化之中,账面价值难以反映金融资产的真实价值,因此需要通过金融资产评估来确定金融资产的现时价值。

2. 金融资产评估是评价金融资产

金融资产评估是对各种金融资产组合的经济效果进行评价,反映不同条件下金融资产价值和营运绩效的差异性,以此来检查、考核和评价金融资产管理者的经营状况。

3. 金融资产评估含有公证内涵

金融资产评估结果的真实性、公平性和合法性在法律上具有公证效力,可以为金融交易的顺利进行提供一定的可信度保障。

4. 金融资产评估具有"稳定器"的作用

金融资产评估是保障市场安全稳定的关键,因为资产评估能够发现金融资产的真实和内在价值,具有"去资产泡沫化"和"稳定器"的作用。资产评估具有资产流动的价值"媒介"和"底线"的作用,可以有效抑制和减轻金融风险,维护金融市场安全与稳定。同时,资产评估具有金融监管"预警"和"标尺"的作用,是有效进行金融监管的手段。

6.2 债券评估

6.2.1 债券及其特点

债券是政府、企业、银行等债务人为了筹集资金,按照法定程序发行的并向债权人承诺于指定日期还本付息的有价证券。大多数债券都是固定收入证券,即在债券的有效期内,各期的利息收入相等。但也有些债券能带来可变的收入,这些债券被称为浮动利率债券。

与股票相比较,债券具有以下特点:

(1)投资风险较小,安全性较高。因为国家对债券发行有严格的规定,发行债券必须满足国家规定的基本要求。例如,政府发行国库券由国家担保;银行发行金融债券需以其信誉和一定的资产作为后盾;企业发行债券需以其实力及发展潜力作为保证。债券的风险主要体现在发行主体出现财务困难,以至于债券投资者遭受损失的可能性。但是,相对于股票而言,债券具有较高的安全性,因为根据破产法规,在破产清算时,债券持有者具有优先受偿权。

(2)到期还本付息,收益相对稳定。因为影响债券收益的票面金额和票面利率是事前约定的,在通常情况下,往往高于同期银行存款利率。只要债券发行主体不发生较大变故,债券的收益是稳定的。

(3)具有较强的流动性。如果债券可以上市流通,则可以随时在证券市场上变现,体系出较强的变现能力和良好的流动性。

6.2.2 债券评估的主要参数

从理论上讲,债券价值是其收益现值的市场反应。债券的收益体现在债券发行者每期支付的利息和在到期日归还的本金。因此,在评估时,需要明确债券的预期收益、折现率以及债券持有期限等参数。

债券价值的计算公式为:

$$P = \sum_{t=1}^{n} \frac{C_t}{(1+i)^t} + \frac{M}{(1+i)^n}$$

式中,P——债券的评估价值;

C_t——第 t 年的预期利息收入;

M——债券票面金额(或到期兑付值);

i——折现率;

n——评估基准日距离到期还本付息日的期限。

1. 预期收益

对于债券来说,预期货币收入包括每期利息收入和到期兑付值(面值),因为票面利率和票面金额是印刷在债券票面上的,因此,债券的预期货币收入是相对稳定的。

2. 折现率

债券价值评估时采用的折现率包括无风险报酬率、风险报酬率。无风险报酬率通常以银行储蓄存款利率或国库券利率为准;风险报酬率取决于债券发行主体的具体情况,比如:国库券、金融债券具有良好的担保条件,其风险报酬率可以近似为零,企业债券的风险报酬率需要评估师根据债券发行企业的经营业绩和还本付息能力分析确定。在评估实务时,评估人员通常通过求取市场中交易的与委估债券类似的债券的到期收益率的近似值来作为折现率。

3. 债券持有期限

债券的持有期限是指从评估基准日至债券到期日止的期限。

6.2.3　债券价值的评估

1. 上市流通债券的评估

上市流通债券是指可以在证券市场上交易、自由买卖的债券。对此类债券的评估一般采用市场法,即按照评估基准日的收盘价格确定其评估价值。

运用市场法,债券价值的计算公式为:

债券评估价值=评估基准日债券的市价(收盘价)×债券数量

值得注意的是,采用市场法评估债券的价值,应在评估报告书中说明所用评估方法和结论与评估基准日的关系,并说明此评估结果应随市场价格的变化进行调整。

【例 6-1】

某评估公司接受委托对 A 公司的长期债权投资进行评估,债券面值 100 元,票面利率 6%,期限 3 年,债券数量 1000 张,长期债权投资的账面余额为 10 万元,该债券已上市交易。评估师调查发现,此债券于评估基准日的收盘价格为 120 元,则该债券的评估价值为:

$$120 \times 1000 = 120000(元)$$

2. 非上市流通债券的评估

非上市流通债券价值的大小取决于债券的预期货币收入。对此类债券的评估一般采用收益法,即将债券的预期货币收入折算到评估基准日的现值。

根据债券付息方法,债券又可分为到期一次还本付息债券和分次付息、一次还本债券两种。评估时应采用不同的方法计算其价值。

(1)到期一次还本付息债券的价值评估

如果债券按单利计息,则评估价值计算公式为:

$$P = \frac{M(1+q \cdot r)}{(1+i)^n}$$

如果债券按复利计息,则评估价值计算公式为:

$$P=\frac{M(1+r)^q}{(1+i)^n}$$

式中,P——债券的评估价值;

M——票面金额(或到期兑付值);

q——计息期限;

r——票面利率;

i——折现率;

n——评估基准日距到期还本付息日的期限。

【例 6-2】

某评估公司接受委托对 B 公司的长期债权投资进行评估,债券的账面余额为 10 万元,该债券于 2005 年 7 月 1 日发行,期限 3 年,债券面值 100 元,票面利率 5%,债券数量 1000 张,评估基准日为 2006 年 6 月 30 日。假设当时的国库券利率为 4%,评估师经过调查分析,发现目前债券发行企业的经营状况尚可,推断两年后具有还本付息能力,确定风险报酬率为 2%。

如果该债券按单利计息,则评估价值为:

$$P=\frac{M(1+q\cdot r)}{(1+i)^n}=\frac{100000\times(1+3\times5\%)}{(1+6\%)^2}=102349.59(元)$$

如果债券按复利计息,则评估价值为:

$$P=\frac{M(1+r)^q}{(1+i)^n}=\frac{100000\times(1+5\%)^3}{(1+6\%)^2}=103028.21(元)$$

(2)分次付息,到期一次还本债券的评估

债券价值的计算公式为:

$$P=\sum_{t=1}^{n}\frac{C}{(1+i)^t}+\frac{M}{(1+i)^n}$$

式中,P——债券的评估价值;

C——每期的预期利息收入;

M——票面金额(或到期兑付值);

i——折现率;

n——评估基准日距到期还本付息日的期限。

【例 6-3】

仍以例 6-2 的资料,假定该债券是每年付息一次,到期一次还本。则其评估价值为:

$$P=\sum_{t=1}^{n}\frac{C}{(1+i)^t}+\frac{M}{(1+i)^n}$$
$$=\frac{100000\times5\%}{1+6\%}+\frac{100000\times5\%}{(1+6\%)^2}+\frac{100000}{(1+6\%)^2}$$
$$=98166.61(元)$$

6.3　股票评估

6.3.1　股票及其特点

股票是股份公司发行的,表示持有人投资入股,并据此享有一定利益的凭证。股票的拥有者即为股东,股东是股份公司的所有人。股票可以转让、买卖和作为质押物。

股票问世至今已有几百年的历史,股票的种类也越来越多。按股东是否具有全部权利划分为普通股和优先股;按是否记名划分为记名股票和不记名股票;按有无面额划分为面额股票和无面额股票;按是否公开上市分为公开上市股票和非上市股票等。我国目前证券市场上的股票,按股本结构分为国家股、法人股、社会流通股(个人股),而流通股中可分有A股、B股和H股等。

股票一般具有以下基本特征:

(1)股票没有期限。股票一般没有规定期限届满的日子,属于无期限证券。只要股份公司存在一天,股东就不能要求股份公司退股抽回投资,结束投资的方法可以在股票交易市场将股票出售。

(2)股票具有流动性。股票属于有价证券,可以在证券市场上买卖交易,投资人在股票买卖中可能获利,也可能受损。

(3)股票具有风险。与债券相比较,股票的市场价格涨跌频繁,使投资者面临资本受损的风险。风险一般又分为系统性风险和非系统性风险,前者指证券交易所处的大环境中,政治、经济、利率、通货膨胀以及突发性事件对证券市场的影响,此风险会波及所有同类股票;后者只针对发行股票的公司而言,主要是公司的经营管理能力、劳资纠纷、消费观念改变等因素影响公司的盈利能力,从而导致某些股票的价格走低。

6.3.2　股票价值的评估

1. 上市流通股票的评估

上市流通股票是指股份公司公开发行的、可以在证券市场上市交易的股票。在正常情况下,对此类股票的评估一般采用市场法,即按照评估基准日的收盘价格确定其评估价值。所谓正常情况是指股票市场发育正常,股票自由交易,不存在非法炒作的现象。此时股票的市场价格可以代表评估时点被评估股票的价值,否则,应采用非上市流通股票的评估方法。

运用市场法,股票价值的计算公式为:

股票评估价值＝评估基准日股票的市价(收盘价)×股票数量

值得注意的是,采用市场法评估股票的价值,应在评估报告书中说明所用的评估方法,并说明该评估结果应随市场价格的变化进行调整。

2. 非上市流通股票的评估

非上市流通股票价值的大小取决于股票的未来预期收入。对此类股票的评估一般采用收益法,即将股票的未来预期收入折算到评估基准日的现值。

非上市流通股票按普通股和优先股的不同采用不同的评估方法。

(1)普通股的价值评估。常见的股份公司股利政策有零增长型、稳定增长型和分段增长型等3种类型,在不同类型的股利政策下,股票价值的评估方法不完全相同。

第一,零增长型股利政策下股票价值评估。零增长型是假设股份公司经营稳定,未来红利增长率为零,即每期分配红利相等,并且一直维持同一水平。在此假设前提下,股票价值的计算公式为:

$$P = \frac{R}{i}$$

式中,P——股票的评估价值;

R——未来每期的红利收入;

i——折现率。

【例 6-4】

某评估公司接受委托对 C 公司拥有 M 股份公司的非上市普通股票进行评估,每股面值 1 元,普通股数量 20000 股。据评估师调查了解,M 股份公司未来的红利分配比率为 10%,且能一直保持此水平,评估时点国库券利率为 4%,风险报酬率测定为 3%。则该股票的评估价值为:

$$P = \frac{R}{i} = \frac{20000 \times 10\%}{7\%} = 28571.43(元)$$

第二,稳定增长型股利政策下股票价值评估。稳定增长型是假设股份公司发展潜力大,收益率会逐步提高,红利分配呈稳定增长趋势,且红利支付是永久性的。在此假设前提下,股票价值的计算公式为:

$$P = \frac{R_0(1+g)}{i-g}$$

式中,P——股票的评估价值;

R_0——股份公司初始的红利;

i——折现率;

g——股利增长率。

股利增长率的确定方法有两种:一是统计分析法,即根据过去股利的实际数据,利用统计学的方法计算出的平均增长率,作为股利增长率;二是趋势分析法,即根据股份公司的股利分配政策,以公司剩余收益中用于再投资的比率与净资产利润率相乘确定股利增长率。

【例 6-5】

某评估公司接受委托对 D 公司拥有 M 股份公司的非上市普通股票进行评估,每股面值 1 元,普通股数量 100000 股。据评估师调查了解,M 股份公司当年的红利分配比率为 10%,每年股利增长 5%,评估时点国库券利率为 4%,风险报酬率测定为 3%。则该股票的评估价值为:

$$P = \frac{R_0(1+g)}{(i-g)} = \frac{100000 \times 10\% \times (1+5\%)}{7\%-5\%} = 525000(元)$$

第三,分段型股利政策下股票价值评估。零增长型、稳定增长型股利政策是在严格的假设条件下得出的过于理想化的分配政策。为了更加准确地预测股票的真实价值,可将股票的未来收益划分为两个阶段:第一阶段为异常增长阶段;第二阶段为永续稳定增长阶段,而且股利增长率一直保持不变。

股票价值的计算公式为:

股票评估价值＝异常增长阶段红利的现值＋稳定增长阶段红利的现值

$$P = \sum_{t=1}^{n} \frac{R_0(1+g)^t}{(1+i)^t} + \frac{P_n}{(1+i)^n}$$

$$= \frac{R_0(1+g)\left[1 - \frac{(1+g)^n}{(1+i)^n}\right]}{i-g} + \frac{R_{n+1}}{(i'-g') \times (1+i)^n}$$

式中,P——股票的评估价值;

R_0——股份公司初始的红利;

n——异常增长阶段的期限;

i——异常增长期的折现率;

i'——稳定增长期的折现率;

g——异常增长期的增长率;

g'——稳定增长期的增长率。

【例 6-6】

某评估公司接受委托对 E 公司拥有 M 股份公司的非上市普通股票进行评估,每股面值 1 元,普通股数量 100000 股。据评估师调查预测,M 股份公司前 5 年每年的红利分配比率可达到 10%,股利增长率为 5%;从第 6 年起进入稳定增长阶段,第 6 年的红利分配可提高 2 个百分点,此时股利增长率为 3%,并将长期持续下去。评估时点国库券利率为 4%,异常增长期风险报酬率测定为 3%,稳定增长期风险报酬率测定为 5%。则该股票的评估价值为:

$$P = \sum_{t=1}^{n} \frac{R_0(1+g)^t}{(1+i)^t} + \frac{P_n}{(1+i)^n}$$

$$= \frac{100000 \times 10\% \times (1+5\%)\left[1 - \frac{(1+5\%)^5}{(1+7\%)^5}\right]}{7\%-5\%} + \frac{100000 \times 12\%}{(9\%-3\%) \times (1+7\%)^5}$$

$$= 189862.40(元)$$

在实际工作中,如何划分异常增长阶段和稳定增长阶段是一个难点,这需要评估师充分了解股份公司的经营状况。通常具有以下特征的股份公司适合于运用分段型股利政策的价值评估:一是公司目前处于高速增长阶段,并预期今后一段时期内仍保持这一较高的增长率,在此之后,支持高速增长的因素消失。如公司拥有一项专利权,在未来的几年内能带来超额收益,预期公司将实现超常增长,一旦专利权到期,公司将无法保持超常增长,而转入稳定增长阶段。二是公司的经营存在较高的进入壁垒,如国家政策限制、基础设施的限制等,预计这一壁垒在今后的几年内能够继续阻止新的进入者进入该行业。

(2)优先股的价值评估。在正常情况下,优先股在发行时就已规定了股息率。评估优先股主要是判断股票发行主体是否有足够税后利润用于优先股的股息分配。这种判断是建立在对发行股票的股份公司的全面了解和分析的基础上,包括公司生产经营情况、利润实现情况、股本构成中优先股所占的比重、股息率的高低,以及公司的负债状况等。如果股份公司资本结构合理,企业盈利能力强,具有较强的支付能力,评估师就可以根据事先确定的股息率计算出优先股的年收益额,然后进行折现,得出优先股的评估值。优先股股票价值的计算公式为:

$$P = \sum_{t=1}^{\infty} \frac{R_t}{(1+i)^t} = \frac{A}{i}$$

式中,P——优先股的评估价值;

R_t——第 t 年的优先股的收益;

i——折现率;

A——优先股的年等额股息收益。

【例 6-7】

某评估公司接受委托对 F 公司拥有 M 股份公司累积性、非参加分配的优先股进行评估,每股面值 1 元,优先股数量 100000 股,股息率为年息 12%。评估时,根据评估师的调查发现,M 股份公司的资本结构不尽合理,负债率较高,可能会对优先股股息的分配产生消极影响,因此,评估师对 F 公司拥有 M 股份公司的优先股的风险报酬率定为 5%,假设银行存款利率为 3%,根据上述数据,该优先股的评估价值为:

$$P = \frac{A}{i} = \frac{100000 \times 1 \times 12\%}{3\% + 5\%} = 150000(元)$$

如果非上市优先股有上市的可能,持有人又有转售的意向,则该类优先股可按照下列公式计算:

$$P = \sum_{t=1}^{n} \frac{R_t}{(1+i)^t} + \frac{F}{(1+i)^n}$$

式中,P——优先股的评估价值;

R_t——第 t 年的优先股的定额股息;

F——优先股的预期市场转让价格。

6.4 金融不良资产评估

6.4.1 金融不良资产的概述

1. 金融不良资产的概念

金融不良资产指银行持有的次级、可疑及损失类贷款,金融资产管理公司收购或接管的金融不良债权,以及其他非银行金融机构持有的不良债权,主要表现为不良贷款和以物抵贷资产,以及资产处置过程中由于对部分不良贷款实施了债转股或以资抵债等形成的资产。从总体上看,此类资产具有分布广、质量差、权利瑕疵较多、有一定的处置价值等特点。

2. 金融不良资产的分类

金融不良资产大致可以分为实物类资产、股权类资产、债权类资产等。

(1)实物类资产。该类资产主要是借款人无力偿还银行贷款时,由法院裁定或双方协商,由债务人将其具有处分权的财产转让给银行,以抵偿其全部或部分债务。此资产的种类较多,包括房地产、机器设备、交通设备、商品物资等。在借款人申请抵押贷款时,抵押资产的价值由评估师评估或借款人与银行协商定价。由于借款人无力偿还银行贷款行为发生在贷款后的若干年,因此,在以物抵债时,通常要求重新评估抵押物的价值,以反映其真实价值。另外,这类资产还存在权属不明确、资产形态不完整、基础资料缺乏的特点,具体评估时需要考虑的特殊因素较多。

(2)股权类资产。金融资产管理公司按国家有关政策,对国家经贸委推荐的部分企业实行了债转股。对股权类资产的评估一般是在债转股成立新公司时,对企业拟进入新公司的资产进行评估,以评估结果作为计算资产管理公司所占股份及分红的依据。实际上,股权类资产是由债权类资产转换而来,在评估时体现了较多的政策性特征。财政部曾专门发文对债转股企业资产评估工作做出要求,提出了债转股企业债权类资产、实物资产、长期投资、待摊费用等科目的评估原则。另外,由于所占股份比例影响着利益的再分配,因此,整个评估范围的确定在股权类资产评估中显得尤为重要。

(3)债权类资产。债权类资产在金融资产管理公司管理的资产中具有举足轻重的地位,据初步统计,约占其运作资产的 70% 以上。在商业银行剥离前,按照国际五级分类标准,这些贷款多为次级、可疑甚至损失类,资产管理公司接收后,处置这类资产时面临着财产直接支配权小、市场操作性差、不确定性因素多的现实状况。从评估的角度看,一般债权类资产适用于非公开市场价值基础的资产评估特性,表现为特定、无可比较、不能完全替代、不存在市场、不能假定其在市场上公开出售及处于最佳使用状态等。内在的风险性与时效性对资产评估提出了较高的要求。

3.金融不良资产评估方法

目前,我国四大资产管理公司已基本完成对存量的四大行改制时的不良资产处置。目前国内市场上的金融不良资产大多为近年来商业银行出让的不良资产包。中国资产评估协会颁布的《金融不良资产评估指导意见(试行)》对我国不良资产的定价起到了指导性意义。目前,我国各大资产管理公司均设有专门的评估部门,该部门主要负责估值模型的建立及参数的估算。由于我国不良资产的形成原因复杂,资产的法律权属不够清晰,评估依据不足,评估程序无法到位,故无法直接运用成本法、市场法和收益法进行评估。经过多年摸索,目前国内对于不良资产的估值方法已基本达成共识。基本估值模型如下:

单户不良资产价值=预期未来可获得债权价值—预计费用—预计利息—预计利润

不良资产组合的价值等于各笔不良资产价值之和。

其中:预期未来可获得债权价值由抵(质)押资产回收价值、担保人可回收价值、信用债权回收价值三者构成。

预计费用为不良资产处置过程中需要发生的各项费用,包括律师费、评估费、拍卖费、资产保全费等。

就单纯模型的形式而言,我们可以把上述模型看作是收益法的一种变形。

(1)抵(质)押资产回收价值

抵(质)押资产回收价值计算公式如下:

$$抵(质)押资产回收价值 = 抵(质)押资产可变现净值 - 优先债权$$
$$= 抵(质)押资产市场价值 \times 变现率 - 优先债权$$

在估算抵(质)押资产可变现净值时,应充分考虑抵(质)押资产的市场价值,法院拍卖、组织变卖该资产对价格的影响等因素。

$$变现率 = (某财产快速出售时的价格/某财产正常出售时的价格) \times 100\%$$
$$折扣率 = 1 - 变现率$$
$$变现价值 = 评估对象的市场价值 \times 变现率$$
$$或 = 评估对象的市场价格 \times (1 - 折扣率)$$

评估人员应认真调查本地区近期内(通常1年内)拍卖资产的评估方法及评估结果,实际变现方式及变现金额,掌握充分的第一手资料,获得各类财产实际变现值与按公允价格确定的评估值的比率,即变现率。并结合债务人所在行业特点、地区经济发展水平及发展趋势、资本市场的成熟程度以及待估财产的通用性、供求状况和变现难易程度等因素,综合分析、谨慎确定各类财产适用的变现率或折扣率。

(2)信用债权回收价值

对于能够获得债务企业经审计后财务报表的,通过对企业的实际偿债能力分析,预测信用债权资产回收的最大可能性。

①在债务企业具有较强偿债意愿、有持续经营能力并能产生稳定可偿债现金流量,或不良债权占企业总资产的比率相对较低的情况下,信用债权资产回收价值可采用现金流偿债法进行分析。依据企业历史经营和财务状况,考虑行业、产品、市场、企业管理等因素的影响,对企业未来一定年限内可偿债现金流和经营成本进行合理预测,分析企业以未来经营及资产变现所产生的现金流清偿债务的可行性。使用该方法应根据与企业协商情况,合理确定企业未来现金流量中可用于偿债的比例和预期偿债年限。折现率可采用内部借款成本或经济资本回报率。

②在债务企业非持续经营、仍在持续经营但不具有稳定净现金流或净现金流很小、开工率不足30%或难以采用现金流偿债法进行分析的情况下,信用债权资产回收价值可采用假设清算法进行分析。基于企业的整体资产,从总资产中剔除不能用于偿债的无效资产,从总负债中剔除实际不必偿还的无效负债,按照企业清算过程中的偿债顺序,考虑债权的优先受偿,来分析信用债权资产所能获得的受偿金额。计算债务企业信用债权整体回收率时,应考虑已设定抵(质)押权资产的预计可变现净现值扣除已设定抵(质)押债务后的余额的影响。

如不能获得债务企业财务报表、财务报表未经审计的或取得最新税务报表,可在评估人员尽职调查的基础上,评估、评价企业实际可用于偿债的有效资产的可变现净值,以及债务人负有偿债义务的包含各种潜在和隐性负债在内的实际负债,参考上述公式,预测信用债权资产回收价值;也可根据外部机构对债务企业偿债能力分析结果确定资产价值。

（3）担保人可回收价值

保证债权资产回收价值采用分析保证人的偿债能力相结合的方式进行测算。中国资产评估协会颁布的《金融不良资产评估指导意见（试行）》，主要提出了四种评估方法[①]：

（1）对严重资不抵债或关停倒闭的企业，但有证据表明有有效资产存在且能够取得比较齐全的财务资料的情形，建议采用假设清算法评估债权价值；

（2）对资不抵债或其他原因导致债务企业不能按约还债，但企业有增长潜质、仍在持续经营、能够取得连续几年的财务报表的情形，可采用现金流偿债法；

（3）对资不抵债或其他原因导致债务企业不能按约还债，但企业有增长潜质、仍在持续经营或有证据表明有有效资产存在，然而债务企业不配合评估的情形，建议采用专家打分法（判断法，德尔菲法）评估债权价值。

（4）对非持续经营甚至关停倒闭且财务资料严重缺失，但仍有潜在的购买者的情形，建议采用交易案例比较法评估债权价值。

6.4.2　假设清算法

1. 假设清算法的定义及其适用范围

假设清算法是指在假设对企业（债务人或债务责任关联方）进行清算偿债的情况下，基于债务企业的整体资产，从总资产中剔除不能用于偿债的无效资产，从总负债中剔除实际不必偿还的无效负债，按照企业清算过程中的偿债顺序，考虑债权的优先受偿，以分析债权资产在某一时点从债务人或债务责任关联方所能获得的受偿程度的一种方法。

假设清算法只是"假设"清算，而不是真的要对债务企业进行清算，在进行债务企业偿债能力分析时，应根据债务企业不同的经营情况，采用以下 3 种清算价格：

（1）强制清算价格。假设债务企业或资产在短期内被强制出售，以出售所得偿还现有债务的情况下，考虑资产要在短期内快速变现，其评估价格一般低于正常价格。强制清算价格一般适用于关停债务企业或即将进入诉讼偿债的债务企业。

（2）有序清算价格。假设债务企业以现有资产出售偿债，但资产的出售不是立即的，而可以允许在一定时间内出售，在此情况下，资产价值不会因为要立即变现而损失较大，其评估价格一般也低于正常价格，有序清算价格一般适用于半关停债务企业。

（3）续用清算价格。虽然假设债务企业准备以现有资产偿还现有债务，但债务企业仍处于持续经营状态，真正对债务企业进行清算的可能性很小，此时，债务企业一方面可以用现有资产偿还债务，另一方面还可以用经营新增收益清偿债务。在此情况下，债务企业的资产处于充分有效状态，对债务企业用于偿还债务的资产进行价值估算时，一般采用正常价格，不考虑因为变现而产生的折扣。续用清算价格适用于持续经营债务企业。

假设清算法主要适用于非持续经营条件下的企业以及仍在持续经营但不具有稳定净现金流或净现金流很小的企业。其适用条件主要是要求债务人尚有相关的财务资料，有偿还部分债务的愿望且能够积极配合，债权人和债务人有进行债务重组的意向的情形。显然，企业资产庞大或分布广泛的项目和不良债权与企业总资产的比率相对较小的项目，不适宜采用假设清算法。

[①] 《〈金融不良资产评估指导意见（试行）〉讲解》第89—93页。

2. 假设清算法的评估程序

运用假设清算法对金融不良资产进行评估,一般的程序如下:

(1)对债权人的债权资料进行分析和账项调整。

(2)剔除待核销无任何价值的无效资产,确定有效资产。无效资产的剔除要详细阐述依据并附相应的证明材料。

(3)剔除债务人无效负债,确定有效负债。

(4)根据债务人的经营状态和评估目的采用适当的价值类型,对企业的有效资产进行评估,对负债进行确认。

(5)确定优先扣除项目,包括资产项优先扣除项目以及负债项优先扣除项目,优先扣除项目应有确切的证明依据。

(6)确定一般债权受偿比例。

$$一般债权受偿比例=(有效资产-资产项优先扣除项目)/(有效负债-负债项优先扣除项目)$$

(7)确定不良债权的优先受偿金额。

(8)确定不良债权的一般债权受偿金额。

$$一般债权受偿金额=(不良债权总额-优先债权受偿金额)×一般债权受偿比例$$

(9)分析不良债权的受偿金额及受偿比例。

$$不良债权受偿金额=优先债权受偿金额+一般债权受偿金额$$

$$受偿比例=不良债权受偿金额/不良债权总额$$

(10)分析或有收益、或有损失等其他因素对受偿比例的影响。

(11)确定不良债权从该企业可以获得的受偿比例。

(12)特别事项说明。

评估实务中,在具体应用以上具体程序时,特别需要注意以下几个方面:

(1)不管是对债权人的债权资料进行分析,还是确认有效资产和有效负债等,都需要获取企业的财务资料,并以此为基础进行分析。

(2)确认无效资产与无效负债时,应结合审计方法进行。无效资产可能包括:福利性资产、待处理损失、待摊和递延资产等;无效负债指长期挂账无须支付的负债以及与福利性资产相对应的负债额。无效资产和无效负债的剔除均要详细阐述依据并附属相应的证明材料。

(3)扣除优先偿还债务时要有可靠的政策依据,并附相关证明文件(如抵押合同等)。除抵押债权(如抵押物评估值小于抵押债权,剩余债权并入一般债权参与受偿;如抵押物评估值大于抵押债权,超过部分并入有效资产参与分配)外,视同进入清算程序的企业可扣除职工工资福利、职工劳动保险、职工住房公积、应交税金、涉诉赔偿等。所欠税款、所欠职工工资和劳动保险费用需要认真核对。此外,视同进入清算程序的企业可扣除优先偿还费用,包括清算及中介费、职工安置费等。清算费用和职工安置费用可按国家有关规定及当地省级以上人民政府及有关部门规定扣除。其他项目国家另有规定的,按规定扣除。对持续经营企业除抵押债权和国家另有规定外,不得优先扣除清算费用和职工安置费用。

(4)要注意分析或有收益、或有损失、债务企业新增偿债能力等因素的影响。对于仍有持续经营能力、能产生经营净现金流量的债务企业,当采用上述假设清算法计算的偿债能力低于实际债务时,应充分考虑其以未来收益偿债的可能性。对债务企业的可持续经营能力进行预测分析,包括对债务企业管理能力、债务企业所处行业及发展现状、债务企业产品市场及竞争力等进行分析。通过预测债务企业经营收入、经营成本、净利润等,分析债务企业在经营期可能新增的偿债能力。这里需要清楚的是,新增的偿债能力有可能是负数,也就是说,在假设清算法中,有序清算获得的受偿可能会低于强制清算获得的受偿,如果出现这种情况,新增的偿债能力按零计算。

3. 应用举例

【例 6-8】

某资产管理公司拟处置金融不良资产 3600 万元,其中抵押贷款 1500 万元、担保贷款 500 万元,其余均为信用贷款。为了尽快盘活该笔资产,资产管理公司与债务企业多次协商,决定采用债务重组方式处置该债权。为了确定债权价值,特委托资产评估公司对债务企业进行偿债能力分析评估,作为重组的参与依据。

资产评估公司接受委托后,对债务企业进行调查,该企业为有限责任公司,已处于停产状态,短期内企业的生产难以恢复正常运行,故采用假设清算法对该债务企业进行评估,选取强制清算价格。担保贷款的担保方已破产,无代为偿债能力。

截至评估基准日,债务企业资产的账面状况及评估结果如表 6-2 所示。

表 6-2　债务企业资产的账面状况与评估价值　　　　　　单位:元

科目名称	账面价值	评估价值	科目名称	账面价值	评估价值
货币资金	214497.00	214497.00	短期借款	42100000.00	46000000.00
应收账款	6179473.00	2317947.00	应付账款	7188486.00	7188486.00
预付账款	18212.00	18212.00	其他应付款	5228993.00	5228993.00
其他应收款	803386.00	795338.00	应付工资	556321.00	556321.00
存货	1487983.00	956495.00	应付福利费	64063.00	64063.00
待摊费用	178667.00	178667.00	应缴税金	46473.00	46473.00
长期投资	20000.00	20000.00	其他未缴款	14836.00	14836.00
设备	3241506.00	2214358.00	负债合计	55199172.00	59099172.00
建筑物	18424484.00	13391220.00			
土地	17150000.00	15359424.00			
资产总计	47718208.00	35466158.00	净资产	−7480964.00	−23633014.00

对上述评估结果中不具备处置条件的福利性固定资产 300 万元(无对应的福利性负债)和待摊费用 178667.00 元应作为无效资产予以扣除。

另经查询,债务企业以自有的全部设备抵押给其他金融机构获得贷款 250 万元,本次设备评估价值小于贷款金额,应全部用于优先偿还其他债务,不足偿还的部分作为一般债务。

在拟处置的债权中,有 1500 万元债权为土地抵押贷款,应作为委托方优先受偿债务,土地评估价值超出贷款金额部分用于偿还一般债务。

在其他应付款评估值中包含养老统筹金 120000 元,应用来优先偿还一般债务。

经过上述分析,分析结果如表 6-3 所示。

表 6-3　债权综合偿债能力系数计算过程　　　　　单位:元

序　号	项　目	金　额
1	资产总额	35466158.00
2	无效资产	3178667.00
2.1	福利性资产	3000000.00
2.2	待处理流动资产	
2.3	待处理固定资产	
2.4	待摊、递延资产	178667.00
2.5	其他	
3	有效资产(1—2)	32287491.00
4	负债总额	590099172.00
5	无效负债	
5.1	与福利性资产对应的负债	
5.2	长期挂账无须支付的负债	
6	有效负债(4—5) 抵押债务:对应抵押资产评估价值	590099172.00 2500000.00 : 2214358.00 15000000.00 : 15359424.00
7	优先偿还抵押债务	17214358.00
8	优先偿还一般债务	786857.00
8.1	其中:应付工资	556321.00
8.2	应付福利费	64063.00
8.3	养老统筹金	120000.00
8.4	住房公积金	
8.5	应缴税金	46473.00
8.6	其他	
9	优先扣除的费用项目	645750.00
9.1	其中:清算及中介费(有效资产的 2%)	645750.00
9.2	职工安置费	
9.3	其他	

续表

序 号	项 目	金 额
10	可用于偿还一般债权人的资产(3-7-8-9)	13640526.00
11	一般负债总额(6-7-8)	41097957.00
12	一般偿债能力系数(10/11)	0.33
13	被评估债权金额	36000000.00
14	特定债权:对应抵押资产评估价值	15000000.00:15359424.00
15	特定债权优先受偿额	15000000.00
16	特定债权一般债权部分(13-15)	21000000.00
17	特定债权一般受偿额(16×12)	6930000.00
18	剩余未受偿债权由保证人所获受偿额及其他	0.00
19	特定债权综合受偿额(15+17+18)	21930000.00
20	特定债权综合偿债能力系数(19/13)	0.61

即某资产管理公司拟处置特定金融不良资产 3600 万元(其中抵押贷款 1500 万元、担保贷款 500 万元),可变现价值不低于 61%。

4. 假设清算法应用中可能存在的问题

假设清算法是不良债权回收价值分析的一种经常使用的方法,从最初提出这一方法到目前,已经在不良资产评估领域得到了广泛的应用,为不良债权资产合理定价发挥了重要作用。但由于假设清算法的技术框架在《金融不良资产评估指导意见(试行)》中才正式提出,而在其操作过程中有许多细节把握不一,假设清算法的使用还不是很规范,不同的评估机构出具的评估分析报告良莠不齐,在一定程度上存在着随意性较大、风险点比较多的情况。主要存在以下问题。

(1)一些评估人员缺乏专业胜任能力,致使评估结果带有随意性。运用假设清算法进行债权回收价值分析,需要在形成资产价值专业意见的基础上,综合考虑债权实现过程中的相关因素,对债权回收的可能性和实现程度发表专业意见。因此,假设清算法与常用的 3 种评估基本方法相比,对评估人员专业胜任能力提出更高的要求。但在实际操作中许多评估人员认为假设清算法不确定性因素比较多,在评估过程中存在着很大的随意性。以上原因使得不同机构、不同专业人员做出的价值分析结论往往有很大差别,分析结果失去了严谨性。

(2)对不具备条件的债务企业强行使用假设清算法,影响了分析结果的可信性。假设清算法主要适用于债务人或债务责任关联方主体资格存在、债务人或债务责任关联方配合并能够提供产权资料及近期财务资料等基本资料的情形。但在实际操作中,部分评估机构往往接受资产管理公司委托,对于一些不具备条件的债务企业勉强使用假设清算法进行分析。比如有些银行自办公司,已经关闭多年,虽然名下有一些资产,但并没有清算审计,公司到底有多少资产和负债并不清楚,在这种情况下,评估机构使用假设清算法显然不太合适。如果对不具备基本条件的债务企业勉强进行分析，不仅不利于最大限度收回债权，而且还有"虚假评估"的嫌疑。

（3）对债务企业提供资料不加核实，损害了分析结果的准确性。运用假设清算法的关键是债务人能够提供其真实会计报表、准确界定资产负债范围。债务企业为逃废金融债务，经常转移、隐匿资产或夸大负债，如果债务人在这个环节"做手脚"，则分析的真实性也就无从谈起。目前，评估机构进行价值分析时往往没有认真地核实资料的准确性，缺乏督促企业提供真实会计报表的措施，资料的完整性或真实性成了制约分析结果公允性和可利用性的"瓶颈"。在这种情况下，假设清算法有可能低估企业实际偿债能力。

（4）假设清算法一些常见技术错误也影响了分析结果的合理性，这些技术错误包括如下方面：第一，夸大负债尤其是优先偿还的负债。具体有以下几种情况：①计算实际负债时，对或有负债的真实性和发生的可能性不进行认真甄别判断，只是将或有负债简单累加起来，往往容易扩大负债的范围。②机械套用债务企业当地较高的工资、福利、职工安置标准，而无视这些应付工资及福利全额优先支付给职工的可能性很小，甚至不涉及职工安置成本的事实，存在"夸大"应付工资及福利的倾向。③分析过程中往往对应缴税金的真实性未加核实，并对一些可以抵扣的税金忽略不计，造成应缴税金虚增现象。④对一些违规的、突击增加的负债不分析其合理性，盲目加以确认，导致优先偿还的债务范围任意扩大。

第二，过分夯实资产，一些资产损失的核销不尽合理。比如在分析过程中常常将一些不合理的内容放到其他待核销损失中，最后冲减为零。分析中过分强调资产的"有效性"，而负债却无所不包，这是一种实质上的不对等，容易造成缩小资产、扩大负债的现象。

第三，抵押债权与抵押资产的概念混用。"已设定抵押权资产"与"已设定抵押债权"是两个含义不同的概念，而且抵押资产价值未必等于抵押债权值。分析中如将这两个概念混淆容易引起错误操作，影响计算结果的准确性。

第四，在资产负债的界定中，对持续经营和非持续经营两种情况未加区分或区分不合理。由于企业在持续经营和非持续经营情况下资产质量是不一致的，所以不加区分是不对的。比如非持续经营企业有效资产中全额冲减"待摊费用"就不够正确；非持续经营企业并不一定就不发生财务活动，有些待摊费用仍然是有价值的（比如已缴付的车辆保险费等），全额冲减"待摊费用"会低估偿债能力。反之，在对持续经营企业进行价值分析时，对待摊费用中已存在的事实损失一点都不考虑也未必合适。

第五，价值分析范围不准确。比如某债务企业原为拟债转股的企业，由于不符合债转股条件最终退出债转股改按债权处理，如将债转股方案中约定剥离的资产不进入债权受偿范围就会低估债权回收价值。

5. 正确使用假设清算法应注意的问题

鉴于上述问题，对假设清算法需要在实际操作过程中不断加以规范和完善。评估师在使用假设清算法时应注意以下几个问题：

（1）假设清算法操作思路中，由于许多因素难以量化界定（主要表现为或有负债的不确定性，优先扣除项目金额难以把握，以及资产变现的可能性等），价值分析结论可以是区间值，当然评估师应当确信区间的合理性并予以充分说明。

（2）使用假设清算法的关键是债务人能够提供其真实会计报表、界定准确的资产负债范围，评估师应该能够对企业提供的资产负债表履行相应的分析程序。实务中应对下列资产予以特殊考虑。

流动资产：对应收账款、其他应收款等应以实际可回收性作为评估其现值标准，并注意以下几点：①将大额款项及重要债务人作为清查核实的重点对象进行详查，不宜千篇一律使用账龄分析法；②对于关联企业或长期合作企业，即使账龄较长，但应收款项的回收性也比较大；③对一些特殊主体，如行政事业单位，虽然拖欠时间较长，也应视单位性质和资金来源以及当前状况综合确定其评估值。对存货应在账账核实的基础上进行实物盘点，盘点存货金额应达全部金额的 80％以上，在查清盘点的基础上根据其评估基准日真实市场价格确定其评估值，不能随意作为损失处理。

待摊费用和递延资产：对于待摊费用和递延资产核算的具体内容应列表披露。对于属于资本性费用支出和财务性费用支出以及其他应予核销的费用支出也应进行详细披露，并说明评估的依据。

长期股权投资：应在核实投资额及投资对象经营状况的基础上，将其投资额、投资时间、投资对象、投资股权所占比例、评估值列表披露，并说明评估的依据。

机器设备：按当地二手设备市场的市场价格评估；没有二手设备市场，或者市场中不能找到类似功能的自制或专用设备，应以重置成本为基点，根据实际情况估算一个折扣率，并说明折价的依据。

房屋建筑物及在建工程：在充分调查了解当地建筑市场的基础上，以现行市场价格为评估基点；没有现行市场价格的以重置成本为评估基点，考虑其快速变现的需要，以及当地经济发展状况、房地产市场交易的活跃程度、评估对象的变现能力等，根据实际情况估算一个折扣率，并说明折价的依据。

土地使用权：以当地土地市场价格作为评估作价的基点，考虑其快速变现的需要和当地房地产市场的发育程度以及交易情况，根据实际情况估算一个折扣率，并说明折价的依据。债务企业的土地使用权属于行政划拨的或缴纳土地出让金的，应予以说明，并将其应补交的土地出让金数额单独列示。

可确指无形资产和不可确指无形资产：对可确指无形资产，评估机构应逐项核查，并对其中有转让价值的进行评估；鉴于债务企业通常情况下经营效益差、资产负债率高的现实，对其不可确指无形资产——商誉的评估以零值计算。

非经营性资产：对于非经营性资产的评估应按照《国务院关于在若干城市试行国有企业破产有关问题的通知》(国发〔1994〕59 号)的规定，属于不纳入评估范围的，应在评估报告中予以披露并说明依据，属于纳入评估范围的应按上述评估方法进行评估。

抵押资产：债权人放弃优先受偿权利的，抵押财产计入清算财产，并按与债务企业其他资产相同的评估原则进行评估；债权人不放弃优先受偿权利的，也应对其进行评估，并将其评估依据和结论单独列示，对于抵押资产评估价值超过抵押债权的部分需并入清算资产的评估价值中。需要强调的是，确定抵押资产价值要考虑变现过程中的费用因素。

(3)对可能影响债权资产价值的信息应在特别事项说明中充分披露。实务中，应特别关注或有收益、或有损失等信息，并经委托人确认后，予以充分披露。

(4)评估师应准确把握企业在持续经营和非持续经营情况下有效资产和有效负债的范围。需要注意的是，对或有负债的真实性、有效性和实际可能偿还的数量要进行判断，并根据客观情况进行剔除(或有负债可以是一个区间值)。需要说明的是，如果或有负债中存在败诉或进入执行阶段,或有负债将成为事实,还要相应考虑该或有负债衍生的对被保证企业新增债权的可回收性。

(5)确定优先债权受偿金融时,如果对应的资产价值小于优先债权,剩余的优先债权并入一般债权参与受偿;如果对应的资产价值大于优先债权,超过部分并入有效资产参与清偿。

(6)评估师应合理考虑土地使用权、职工安置费等重大因素对偿债能力的影响。由于假设清算并不是真正清算,全额考虑职工安置费缺乏依据,但如完全不考虑职工安置又和实际资产处理过程有较大背离,因此,建议对行将进入诉讼阶段的关停企业可以适当考虑职工安置费用;对其他企业尤其是持续经营企业,不宜在分析阶段全额考虑职工安置费,但可以在特别事项说明中将预计发生的职工安置费进行披露,供报告使用者参考。另外需要强调的是,即使全额考虑职工安置费,其承担者也要由政府、债权人、企业共同分担。根据各地方的实际情况,职工安置费用也可以确定为一个区间值。除此以外,由于假设清算并不是真正进入破产清算程序,清算费用考虑也应合情合理。

(7)谨慎确定优先债权受偿金额,切实分析优先债权的真实性以及抵押、担保的有效性。比如负债企业经常将应付工资、应付福利费、应交税金等计算得非常高。但事实上一些税费是根本不可能支付的,分析过程中必须核实这些税费的真实性。另一方面,抵押、保证的有效性与否在很大程度上决定了不良债权受偿率的高低,而债权人、债务人在担保有效性上往往分歧很大,分析过程中一定要把握好这个问题。

(8)由于假设清算是一项技术性要求的工作,评估机构在承接业务时应充分考虑专业胜任能力,派出的人员要具有评估、会计、法律、数理统计等专业知识以及不同的价值取向,并注重分析方法和分析公式运用的严谨性和合理性。对假设清算法所使用的公式、履行的程序、技术参数应说明依据或做出合理性解释。

6. 适用性与局限性

(1)适用性

第一,假设清算法是确定中小企业不良贷款最低回收率的参考依据。由于我国企业融资主要依赖银行贷款,因此从债务人分布来看,金融不良资产散布全国,涉及大量中小企业。这类不良贷款一般都签订有以厂房、机器设备为抵押物的抵押合同,但大多未在相关部门登记,有的即使办理了登记手续,但抵押物很多也已被转移或灭失,真正有效的抵押很少。同时,这类企业大多处于停产或半停产状态,财务资料失真或不全,还款意愿差,无法按正常程序和方法清收。根据金融资产管理公司成立以来的实践,这类不良资产一般需要通过诉讼强制清收或迫使债务人进行债务重组或出售给第三方实现部分债权。在这种情况下,很难找到合适的方法对其债权进行评估,因此可以用假设清算法来确定最低回收率,作为重组或出售的底线,最大限度维护债权人的利益。

第二,假设清算法是作为贷款核销的参考依据。金融资产管理公司在资产处置过程中,不但要考虑回收率,还要分析处置成本,即对拟处置不良资产进行成本效益分析。对那些回收率为零或处置成本大于资产回收的不良债权应进行核销,以减少损失。对于那些确实无法用其他方法认定债权价值的不良贷款,如停产企业、无抵押不良贷款等,可以用拟处置成本与用假设清算法测算的回收现金进行比较,对处置成本高于用假设清算法测算的回收现金的不良债权,作为呆账贷款进行核销,这样有利于资产管理公司集中精力处置其他债权。

　　第三,假设清算法是选择处置时间的参考依据。处置时间的选择对不良资产的回收率有较大影响。如对有些暂时陷入困境的债务企业,金融资产管理公司可以与债务人签订逐步偿还协议或暂不追收,并帮助企业走出困境,等企业经营好转后再清收,往往会实现较高的回收率,甚至全额回收。如果强制清收,会将企业逼入死路,最后只能破产清偿,回收少量的资产,得不偿失。相反的情况,有些企业看上去经营还不错,但未来的风险很高,破产的可能性较大。这种情况应加紧催收,最大限度实现债权。上述两种情况都需要用假设清算法测算回收率,作为选择处置时间的依据。

　　(2)局限性

　　假设清算法是建立在假设基础上的,尤其是无效资产、无效负债、优先偿还债务以及优先偿还费用等都是基本假设,因此与实际情况会有一定的偏差,对债权价值的认定不会是精确的,大多数情况下只能作为一种参考指标,而不能直接作为处置依据使用。同时,金融资产管理公司在使用该指标的过程中,会有较大的道德风险,即个别人员可能利用它作为与债务人或第三方共谋的依据,故意压低回收率,因此需要用其他手段进行修正。

6.4.3　现金流偿债法

1. 现金流偿债法的定义与适用范围

　　现金流偿债法是指依据企业近几年的经营和财务状况,考虑行业、产品、市场、企业管理等因素的影响,对企业未来一定年限内可偿债现金流和经营成本进行合理预测分析,考察企业以未来经营及资产变现所产生的现金流清偿债务的一种方法。

　　金融不良债权面向的债务企业大多陷于财务困境,不能如期、全额支付债权本息。但对于部分有持续经营能力的债务企业,其在未来一定期限内具备用新增现金流量来偿还部分金融不良债权的能力,如采用基于债务企业现状进行假设清算的偿债思路,往往容易低估债务企业的偿债能力。这是考虑采用现金流偿债法的主要原因。

　　现金流量偿债法主要适用于有持续经营能力并能产生稳定可偿债现金流量的企业。企业的经营、财务资料规范,评估师能够依据前 3 年财务报表对未来经营情况进行合理分析预测。由于金融不良债权对应债务企业很少拥有持续、稳定可偿债现金流,该方法适用范围较为有限。

2. 现金流偿债法的基本评估程序

　　现金流偿债法的评估程序主要包括如下步骤:

　　(1)搜集企业财务资料和经营情况资料;分析债务企业的经营状况,计算企业近 3 年的实际现金流量及实际发生费用。

　　(2)分析企业历史资料,合理预测企业未来现金流量。根据企业现状、经营计划和可预测的发展前景,预测企业可偿债期限,分析正常条件下偿债年限内债务企业自由现金流。这一步骤中,核心是偿债年限内自由现金流量的预测。

　　自由现金流量并不是债务企业现金流量表当中的现金流量净额,也不是经营活动现金净流量。自由现金流量(即增量现金流量或剩余现金流量)是指债务企业在履行了所有财务责任(如偿付债务本息、支付优先股股息等)并满足了企业再投资需要(包括资本支出需要和营运资本需要)之后的"现金流量"。

为了预测债务企业未来的自由现金流量,评估师首先必须收集债务企业历史运营的财务数据,最好不少于3年。重点要注意销售收入、息税前利润(EBIT)、息税折旧摊销前利润(EBITDA)、资本支出、营运资本额、税收、利息、折旧和摊销等项目的数据。在此过程中,还要注意历史收益数据中是否包含了非正常的因素(如未来不能持续的营业外收支、已经中止的业务收支、非正常价格下的业务收入等),必要时进行调整。

评估师根据历史财务数据资料和自己的预测,并参考有关行业专家对市场、行业及公司前景的预测,编制预测的财务数据。在预测财务数据时,必须注意以下两点:一是要确定预测的偿债时间期限。偿债年限是指根据债务企业现状和发展趋势确定的债务企业能以相对稳定现金流偿还金融不良债权的年限。二是预测的顺序。预测未来现金流量的起始点从预测未来的销售收入开始,然后确定债务企业的各项成本、费用、税金以及投资收益、营业外收支等。预测时必须注意保持营运资本与销售收入同步增长;资本支出应考虑债务企业未来的资本支出计划以及通货膨胀的影响;折旧应该体现资本支出的增长;如果债务企业历史数据显示公司经营存在周期性,就必须对预测的增长模式做周期性调整等。

最后根据预测的财务数据计算预测期内各期自由现金流量的预测值。自由现金流量也可以通过如下的公式进行计算:

自由现金流量=净利润+预测利息费用×(1-所得税税率)+折旧和摊销-资本支出-营运资本的增加

资本支出是指债务企业在不动产、机器设备、重要研发等方面进行的支出。资本支出是增强和保持债务企业持续竞争优势的关键,它对产品技术水平、产品质量、销售收入增长等起着至关重要的作用。未来资本支出的数额可以依据债务企业的预期销售增长情况、目前固定资产情况以及资本支出计划等来进行预测。

营运资本与我们经常提到的铺底流动资金不尽相同,它通常指企业的短期资本扣除营业性的短期负债后的余额,是债务企业日常经营所需的资本。随着销售收入的增长,企业对营运资本的需求一般也相应增加。未来营运资本增加的数额也可以依据债务企业预期销售收入增长情况等来进行预测。

债务企业在预期偿债年限内用经营带来的可偿债现金流偿还部分金融不良债权后,其偿债期末资产变现产生的现金流仍可以偿还部分金融不良债权。对这种资产变现产生的现金流主要是基于清算偿债的思路,并考虑偿债期末的时间折现因素。

如果债务企业偿债期限足够长,在偿债期限内可以足额偿还金融不良债权本金甚至利息,根据债权的特点,可以无须考虑由资产变现带来的现金流量偿还金融不良债权的能力。

(3)结合资产处置方式和企业实际情况,合理确定企业未来现金流量中可用于偿债的比例(偿债系数)。

偿债系数是指债务企业未来偿债年限内新增自由现金流中实际可以用于偿还债务的比例,反映出债务企业用自由现金流在维持正常生产状况下偿债的现实可能性。偿债系数可根据企业的性质和财务状况、综合考虑债务人信用情况及还款意愿后进行确定。

$$\text{偿债期内某年度企业可用于偿债现金流} = \text{该年度自由现金流} \times \text{偿债系数}$$

(4)确定折现率。折现率为基准利率(国债利率)与风险调整值之和。风险调整值应当考虑到不良贷款损失率、不良贷款企业使用资金的成本、预期企业利润率及企业生产面临的各类风险等因素。

折现率是现金流偿债法中最重要的参数之一,折现率的细微差异,将会导致分析结果的巨大差异。折现率是将可偿债现金流转换为现值的比率,具体到本方法,折现率为基准利率(国债利率)与风险调整值之和。

基准利率可选择使用我国当前长期国债的年收益率减去期限贴水得到的数值。长期国债的期限最好和预测现金流量的期限相同或相近,期限贴水则需考虑长短期国债收益的历史比较情况。

风险调整值应考虑到不良贷款的损失率、不良贷款企业使用资金的成本、预期企业利润率及企业生产面临的各类风险等因素来确定。在以上风险调整值中,除行业风险报酬率可以通过 β 系数法计算得出外,其他风险调整值均需要评估人员采用经验判断的方法予以确定,主观的成分较大。同一项目,不同的注册资产评估师可能得出不同的结果,甚至结果之间差异很大。因此,注册资产评估师在考虑风险调整值时,应注意判断的合理性和依据的充分性。对风险调整值的确定还有专家打分法、经验判断法等方法。

(5)将企业预期偿债年限内全部可用于偿债的现金流量折现,测算偿债能力。具体计算现金流偿债能力的基本公式为:

$$\frac{\text{企业偿债}}{\text{能力}} = \frac{\text{企业未来偿债年限内}}{\text{新增偿债收益}} \times \frac{\text{偿债}}{\text{系数}} \div \frac{\text{企业一般}}{\text{债务总额}} \times \frac{\text{被评估债权}}{\text{金额}}$$

$$\frac{\text{企业未来偿债年限内}}{\text{新增偿债收益}} = \sum_{t=1}^{n} \frac{\text{第 } i \text{ 年自由现金流量}}{(1 + \text{折现率})^i}$$

式中,n——未来偿债年限。

(6)对特别事项进行说明。

3. 应用举例

【例 6-9】

某持续经营企业,具有连续 3 年的财务报表及相关资料。资产负债表显示,2004 年底企业资产总额为 3.5 亿元,负债总额为 3 亿元(均为有效负债),其中某资产管理公司享有的债权为 1.2 亿元。根据报表分析和市场分析,企业在 2005 年度通过经营活动产生的净现金流量为 1000 万元,并且预计未来 5 年按 5% 的年增长率均匀增长(不考虑自由现金流量与现金流量的差别)。

评估计算过程:

未来 5 年偿债能力可以通过如下方法测算。如表 6-4 所示。

步骤一,预测未来 5 年净现金流量。

步骤二,确定偿债系数。根据企业生产和发展对现金流量的需求,预测企业每年可以拿出净现金流量中的 75% 用于偿债。

步骤三,确定折现率。按照基准利率和风险调整贴现率确定折现率,考虑因素包括不良贷款损失率、不良贷款企业使用资金的成本等因素,确定折现率为 10%。

步骤四,现金流量折现及期末企业资产变现估计。折现至 2005 年的现值为

10254.18 万元。

表 6-4 未来偿债年限新增偿债收益折现值的计算过程　　　　　　　　单位:万元

年份	2005	2006	2007	2008	2009	期末资产价值
净现金流量	1000.00	1050.00	1102.50	1157.63	1215.51	
可偿债净现金流量	750.00	787.50	826.88	868.22	911.63	10000
折现系数	1	0.9091	0.8264	0.7513	0.6830	0.6830
折现值	750.00	715.92	683.33	652.29	622.64	6830

步骤五,计算偿债能力。

偿债能力=未来偿债年限新增偿债收益的折现值÷企业一般债务总额

$$=10254.18÷30000$$

$$=34.18\%$$

特定债权回收价值=特定债权额×偿债能力

$$=12000×34.18\%$$

$$=4102(万元)$$

4. 特殊注意事项

使用现金流偿债法应注意以下几个问题:

(1)企业未来现金流量应包括预期偿债年限内由经营带来的现金流量以及预期偿债期末由资产变现带来的现金流量。

(2)现金流偿债法使用的核心是未来现金流预测、偿债系数、偿债年限以及折现率的确定等因素,如果确实能够对这些因素做出准确预测,现金流偿债法可以达到比较理想的结果。因此,预期偿债年限、偿债系数、折现率的确定应当具有依据或合理解释。

(3)在预测中应当分析抵押物对企业现金流的影响。由于抵押债权拥有优先受偿的权利,债务企业可能将经营产生的现金流用于优先偿还抵押债权。抵押债权的受偿情况要综合抵押物价值及债务企业可偿债现金流等因素确定,相应信用债权的受偿情况要受到该因素影响。

(4)应当适当考虑企业非财务因素对偿债能力的影响,或在特别事项说明中予以披露。使用现金流偿债法时还应注重非财务因素对金融不良债权回收价值的影响。实际工作中依据财务资料采用现金流偿债法进行价值分析往往与处置实践存在较大差距,主要原因是非财务因素的影响。金融不良债权的价值除受到债务企业自身财务状况及发展前景的影响外,还要考虑职工安置、社会稳定、偿债意愿、社会信用、经济发展等多种因素。按照目前的现金流偿债法,这些非财务因素的影响难以被量化和体现在价值分析结果中,注册资产评估师在具体的实践中应注重积累这方面的经验,在确定可偿债现金流及折现率时适当考虑企业非财务因素对债务企业偿债能力的影响,或在特别事项说明中予以披露。

(5)敏感性分析。一般情况下,现金流偿债法对可偿债现金流和折现率最为敏感,因此在条件具备时,应该对可偿债现金流和折现率这样的关键参数进行敏感性分析。通过敏感性分析可以得到对金融不良债权估值的合理范围,这样可以比较科学地确定金融不良债权的回收价值区间。

5. 适用性与局限性

(1)适用性。金融不良债权面向的债务企业一般财务状况都不理想,否则一般就不会称之为不良债权或不良资产。但这种基本状况并不否认有部分企业可能还有持续经营能力,其在未来一定时期内仍然可能产生一定的新增现金流量并可用来偿债。如果忽视这种可能性,采取非持续经营条件下的假设清算法进行债权分析,可能造成低估债务企业的偿债能力,从而损害债权人利益。这样,对于该类企业的经营、财务资料比较规范,而且注册资产评估师能够得到以前若干年度的财务资料,并能够较为准确地对企业未来经营情况进行合理分析预测,采取现金流偿债法分析债权价值还是有可行性的,尽管这类企业或债权价值分析情形可能较少。

(2)局限性。现金流偿债法的最大局限性表现在其关键参数的不确定性方面。不管是未来的企业经营活动状况,还是具体的未来年度经营现金流、可用于偿债的净现金流、偿债年限、折现系数等,都需要注册资产评估师根据掌握的有关资料、运用全面的知识和经验进行预测和估计。这些参数的预测与估计的准确性如何,将极大地影响债权价值分析结果的准确性。价值分析结果可能由于这些参数的预测与估计的差之毫厘而谬以千里。因此,在有些情况下,尽管债务企业符合现金流偿债法的采用条件,但可能由于评估师的胜任能力不足,导致无法应用该方法。采用该方法的情形中,注册资产评估师必须对预测与估计的参数进行详细的依据说明。

6.4.4　交易案例比较法

1. 交易案例比较法的定义与适用范围

交易案例比较法是指首先通过定性分析掌握债权资产的基本情况和相关信息,确定影响债权资产价值的各种因素,然后选取若干近期已经发生的与被分析债权资产类似的处置案例,对影响债权资产处置价格的各种因素进行量化分析,必要时可通过适当方法选取主要影响因素作为比较因素,与被分析债权资产进行比较并确定比较因素修正系数,对交易案例的处置价格进行修正并综合修正结果得出被分析债权资产价值的一种分析方法。

交易案例比较法的比较因素主要有债权形态、债务人性质、行业特点、处置规模等,一般要求进行比较的交易案例至少要在 3 个或 3 个以上。

有些金融不良资产对应的债务人虽然处于持续经营状态,但却不能提供评估所需的财务资料,从形式上看似乎没有证据表明有有效资产,但事实上却存在着潜在购买人,说明还有一定的内在价值,用现金流偿债法、假设清算法等方法都无法评估其内在价值。所以,根据市场法的基本原理,用已经处置类似债权作为评估参考依据进行因素调整,评定估算评估对象内在价值也是可行的。这是因为,虽然不同的企业有不同的情况,但就金融不良资产整体而言,有形成的共同原因,加之邻近地区经济发展水平的趋同性,参照邻近地区已经处置债权的案例,通过若干因素的比较,发现内在价值。采用交易案例比较法的关键是案例的选取要有可比性,比较的因素能够取得且与内在价值有关。

交易案例比较法主要适用于可以对债权资产进行因素定性分析以及有可供比较的债权资产交易案例的情形。对债务人没有或不提供相应评估资料的债权资产,交易案例比较法可表现出相比其他评估方法所具有的优越性。当然,若可获取的交易案例样本量足够大时,也可以运用数理统计的方法(如回归分析、方差分析等)对样本进行分析,以此为基础测算债权价值。

2. 交易案例比较法的基本评估程序

交易案例比较法在金融不良资产评估中运用的主要程序步骤如下:

(1)对债权资产进行定性分析。对被评估债权进行定性分析是指通过调阅剥离收购资料,剖析债务人信贷档案,结合调查情况及搜集的材料进行综合分析,以此确定债权潜在价值的一种定性分析方法。分析程序包括调阅债权、债务关系形成及其维权情况的全部档案资料,听取债权人对该项债权及债务人情况的介绍,并与档案资料相核对;根据收购时的档案资料进行相关分析,主要是分析贷款的历史形成、导致损失原因、企业经营状况、商业银行五级(或四级)分类资料等。这个环节主要是用简洁、明确的语言对债权的历史状况做定性描述;搜集并分析现场实地勘察情况和债权处置人员市场调查、询价资料,以及当地宏观经济环境及债权交易市场状况等资料;从当地政府相关部门(如工商、土地、房产等部门)或债务人主管部门获取有关债务人或债务责任关联方的相关信息资料。通过这些资料的分析,确定影响债权资产价值的各种因素。实务中,这一环节可以借助填写债权价值定性分析表(见表6-5)的方式进行。

表6-5 债权价值定性分析表(参考格式)

债务人			企业性质		
剥离时贷款本金	表内利息		表外利息	孳生息	
截至评估基准日债权总额		拟处置方式			
贷款分类:四级分类:		五级分类:			
债务人基本情况					
(注册地址、注册资金、经营范围、年检情况)					
贷款基本情况					
(贷款合同号、发放时间、贷款期限、贷款用途、贷款方式、抵押和担保情况)					
贷前调查评价情况					
贷后调查评价情况					
原银行贷款分类理由					
贷款实际用途					
贷款偿还记录					
贷款剥离时债务人经营状况					
债务人信用状况初步评价					
贷款抵押担保情况					
抵押情况	(抵押物名称、数量、类别、登记情况)				

担保情况	担保人名称、是否有效、担保能力初步评价
市场交易情况	
同类资产交易案例,拍卖、招标投标、挂牌等情况,债权人(尤其是项目经理组)掌握的其他影响债权价值分析的信息。	
分析结论	
备注	其他需要说明的问题

(2)选择参照交易案例。选择 3 个以上(含 3 个)债权形态、债务人性质和行业、交易条件相近的债权处置交易案例作为参照。注册资产评估师应当确信参照物与分析对象具有合理可比性。这个环节的关键是参照物选取的恰当性。参照物选择好了,可以起到事半功倍的作用。选取的参照物要与待评估债权有可比性,如果选取的参照物与待评估债权差异很大,因素调整就会很难进行,评估结论的可信程度将会降低。

(3)对分析对象和参照物之间进行比较因素调整。比较因素包括但不限于:债权情况(包括贷款时间、本息结构、剥离形态等);债务人情况(包括行业、性质、规模、地域等);不良资产的市场状况;交易情况(处置方式、交易批量、交易时间、交易动机等)。此外,如果有抵押、担保因素还要进行单独分析。此外,若交易案例样本比较多时,可以通过统计分析方法确定主要比较因素,剔除影响较弱的因素。

需要强调的是,这个环节应将比较调整因素按对债权回收价值影响的大小设立不同的标准分值,每个调整因素再根据实际情况进行分类,明确调整分值的标准,依此进行列表分析。标准分值的划分和调整分值的确定非常关键,是做好因素调整的基础,不同地区可以根据交易案例情况设定一套比较因素调整参数表(见表 6-6),再根据具体评估对象进行因素调整。

表 6-6 交易案例比较法因素调整参数表(参考格式)

因素项目	分 类	标准分值	调整分值
贷款时间	年度	10	每早、晚一年减、加 0.5 分
本息结构	利息占本金的百分比	10	每降、升 5 个百分点加、减 1 分
剥离形态	1.呆滞、可疑;2.呆账、损失	10	1 类计 10 分;2 类计 1 分
所属行业	1.纺织、机械、电子、矿冶、制药;2.建材、化工、建筑、修理、运输;3.商业、物资、外贸、餐饮、其他;4.农业、林业、牧业、渔业	5	从 1~4 档每差别一档减 0.5 分
企业性质	1.国有;2.集体;3.合资;4.私营	7	从 1~4 档每差别一档减 1 分
企业规模	1.大型;2.中型;3.小型	7	从 1~3 档每差别一档减 1 分
目前经营状况	1.自营;2.出租;3.改制;4.关停	6	从 1~4 档每差别一档减 1 分
历史信用状况	1.差;2.较差;3.极差	5	从 1-3 档每差别一档减 1 分
所处地域	1.中心城市;2.县域;3.乡镇;4.农村(城郊按下一类级计算)	10	从 1~4 档每差别一档减 1 分

续表

因素项目	分　类	标准分值	调整分值
不良资产市场状况	1.发育；2.一般；3.不发育；4.极不发育	10	从1～4档每差别一档减1分
交易批量	单个、打包	5	级差2分
交易时间	年度	10	每早一年加2分
交易动机	1.自用、抵债；2.追索、再转让		级差1分
特殊因素调整	1.特殊因素调整另加文字说明；2.如有抵押、担保因素单独分析		

（4）指标差异比较、量化。将参照物与评估对象进行比较、打分，将指标差异比较、量化。为避免差距过大，在设计调整分值的时候，均保留一个基础分值，然后按类别归类打分。这个环节主要是注意归类的准确性，把交易案例和评估对象的基本情况一定要填列清楚，运用职业判断进行对比分析，打分尽量合理化、科学化。

（5）合理分析估测债权资产价值。将交易案例的债权回收比例分别除以其对应的分值，得出评估对象的3个以上（含3个）参照比例，然后根据参照物与评估对象的相似程度，取其不同的权重进行加权，最后得出债权的分析价值。对3个以上（含3个）案例的权重要视重要性而定，相似程度最高的案例可取权重70%，其余占30%；如有两个案例相似程度较高，其权重各取40%，其余20%；如果无法区分其相似程度，计算时取其算术平均数。

3. 应用举例

【例6-10】

某债务企业系20世纪50年代成立的集体企业，由于历史包袱重，经营管理不善，目前已关停，职工全部下岗，自谋职业。某资产管理公司对该债务人的债权合计为450万元，为了解该项债权的可转让价值，某资产管理公司特委托资产评估公司对该项债权价值进行评估咨询。

根据调查，该债务人系20世纪50年代设立的集体企业，在册职工57人，离退休26人，主要经营生产资料、土产杂品等。和其他经济组织一样，债务人在计划经济时期为当时的经济发展起过一定的积极作用。随着改革开放和市场经济的确立，受其体制束缚，机制不活、观念陈旧、包袱沉重等弊端日益显现出来，在激烈的市场竞争中，最终导致亏损严重，资不抵债，被迫关停，全部职工下岗，自谋职业。

负债情况：经调查了解，该债务人在某银行一办事处借款6笔，本金合计265万元，用于购进商品。至本次分析基准日2002年12月10日累计欠表外息135万元，孳生息50万元，本息合计450万元。除欠委托人债务外，尚欠养老保险金24万元、失业保险金8万元、职工工资76万元、其他金融机构贷款40多万元、应付款项210万元。企业资产有限、负债巨大且信用极差，故某银行将该项债权转让给某资产管理公司。

资产情况：经调查发现该债务人现有资产为经营用旧厂房1000平方米，该房屋因建筑年限早，状况较差，变现价值不大，初步评估价值约在4万元左右；土地使用权涉及宗地一块,地处 A 区铁道南,面积 6667 平方米(10 亩),由于当地土地交易市场极不发育,现无土地交易案例,初步评估土地价格每亩在 20 万元左右。假定在可以交易的情况下,除交纳土地部门的出让金外,可获净收入 120 万元左右。上述有效资产价值合计在 124 万元左右。

债务企业借款的担保、抵押情况:债权全部由该区生产资料公司担保,该公司因经营不善、严重资不抵债,也已经破产,银行向资产管理公司剥离时按信用借款剥离。

针对上述情况,评估人员认为,由于担保企业已经破产,只有针对债务企业现有有效资产进行追偿才能最大限度地保全国有资产,应尽快采取公开拍卖的方式转让债权为宜。

根据调查,某资产管理公司前不久在该地区已成功地拍卖了一批债权,评估公司选取了债权形态相同、债务人性质和交易条件相近的 3 个债权处置交易案例作为参照物进行因素比较和调整分析。3 个交易案例分别为:

交易案例 1:A 区乡供销社,债权额为 113 万元,处置回收额 24 万元,回收比例 15%;

交易案例 2:A 区日杂公司,债权额为 1588 万元,处置回收额 380 万元,回收比例 22%;

交易案例 3:A 区果品蔬菜公司,债权额为 450 万元,处置回收额 126 万元,回收比例 24%。

通过对被评估对象与这 3 家债务人基本情况的对比分析,计算出交易案例比较法因素调整表、指标差异调整表(见表 6-7、表 6-8)。

表 6-7　交易案例比较法因素调整表

项　目	交易案例一		交易案例二		交易案例三		交易案例四	
	具体情况	打分	具体情况	打分	具体情况	打分	具体情况	打分
贷款时间	1993	9.5	1992	9	1993	9.5	1994	10
本息结构(息%)	30	18	69	10	51	13	70	10
剥离形态	呆滞	19	呆滞	19	呆账	10	呆账	10
所处行业	商业	5	商业	5	商业	5	商业	5
企业性质	集体	7	集体	7	集体	7	集体	7
企业规模	小型	7	小型	7	小型	7	小型	7
目前经营状况	关停	6	关停	6	关停	6	关停	6
历史信用	较差	7	较差	7	较差	5	较差	5
所处地域	农村	10	县城	12	农村	10	农村	10
金融不良资产市场状况	不发育	10	一般	11	不发育	10	不发育	10
交易批量	打包	7	打包	7	打包	7	单个	5

续表

项　目	交易案例一		交易案例二		交易案例三		交易案例四	
	具体情况	打分	具体情况	打分	具体情况	打分	具体情况	打分
交易时间	2002	10	2002	10	2002	10	2002	10
交易动机	再追索	5	再追索	5	再追索	5	再追索	5
分值合计		120.5		115		104.5		100

表 6-8　指标差异调整表

项　目	交易案例一	交易案例二	交易案例三	备　注
调整前转让比例(%)	15	22	24	
因素调整分值(%)	120.50	115	104.5	
调整后转让比例(%)	18.08	25.30	25.08	
调整后平均比例(%)	(18.08＋25.30＋25.08)/3＝22.82			

按上述 3 个交易案例调整后加权平均回收率计算,委托债权人某资产管理公司该项债权可变现价值为 22.82%。

4. 特殊注意事项

(1)资产评估师应当通过尽职调查获取必要的资料信息。

(2)能够获得类似或具有合理可比性的债权资产处置案例作为参照物,因为交易案例比较法的使用前提就是存在可参照的与被分析债权资产类似的债权资产处置案例,而且这些案例应当是近期发生的并且具备一定数量。由于债权资产情况比较复杂,债权资产之间的可比性较弱,评估师应当予以高度关注,避免使用、滥用交易案例比较法。

(3)不良债权如有抵押、担保等因素,应当单独分析。

5. 适用性与局限性

(1)适用性。在评估对象财务资料严重缺失的情况下,债权所有人又想了解该债权的内在价值是一个很大难题,交易案例比较法就是站在这个角度力争给委托人一个恰当的参考意见。假设存在一个比较完备的金融不良资产交易市场,通过类似交易案例的比较是合乎逻辑的。

(2)局限性。局限性体现在两个方面:一是案例的选取。由于市场中存在各种各样的案例,是否选取了同一或相似的资产类型、同一或相似的交易方式、同一或相似的市场交易条件下的案例,对评估结果都有很大影响;二是案例的因素比较过程带有人为影响。在因素比较中,对于不同因素孰重孰轻的认识是因人而异的,因此每个因素的修正程度也会不尽相同。有鉴于此,利用此材料得出的评估结论仅能作为公开交易的一般参考依据。

6.4.5　专家打分法

1. 专家打分法的定义与适用范围

专家打分法是指通过匿名方式征询有关专家的意见,对专家意见进行统计、处理、分析和归纳,客观地综合多数专家经验与主观判断,对大量难以采用技术方法进行定量分析的因素做出合理估算,经过多轮意见征询、反馈和调整后,对债权价值和价值可实现程度进行分析的方法。

专家打分法,也称为德尔菲法。德尔菲法是 1969 年由美国兰德公司和道格拉斯公司合作研究发明的一种常用分析方法,也称为专家答卷预测法。这种方法是通过匿名方式征询有关专家的意见,对专家意见进行统计、处理、分析和归纳,客观地综合多数专家经验与主观判断的技巧,对大量非技术的无法定量分析的因素或事件结果做出合理的估算。这种方法具有以下 3 个特征:一是匿名性,即采用不记名调查,参加判定的专家在互不通气的情况下回答问题;二是控制性反馈,在问卷过程中感到一次差异较大,可再进行第二次、第三次问卷,每一轮的统计资料由组织者再反馈给专家,作为下一轮调查判定时参考;三是科学性,对已调查结果由组织者用一定的数学方法进行统计分析,经多次反复使专家意见趋向一致。该方法自美国兰德公司的道尔奇和赫尔曼发明以来,在诸多领域的实践证明是一种有效的方法。

专家打分法适用于存在诸多不确定因素,采用其他方法难以进行定量分析的债权。由于中国金融不良资产的特殊复杂性,有些金融不良资产所对应的债务人虽然持续经营,但却不向债权人提供财务资料,有的不良债权不仅没有债务人资料甚至连债权人也不具备完整的信贷资料,处置评估时仅靠评估师的能力是难以判断该债权价值的,对此情况有必要借助各方面专业人士集体判断,这也是此方法在金融不良资产评估实践中可以广泛应用的理由。

2. 专家打分法的基本评估程序

专家打分法评估金融不良债权价值的基本程序如下:

(1)选择专家;

(2)确定影响债权价值的因素,设计价值分析对象征询意见表;

(3)向专家提供债权背景资料,以匿名方式征询专家意见;

(4)对专家意见进行分析汇总,将统计结果反馈给专家;

(5)专家根据反馈结果修正自己的意见;

(6)经过多轮匿名征询和意见反馈,形成最终分析结论。

实务中,要注意以下几个方面:

(1)选择专家。拟选择的专家总体权威程度要高,代表面要广,人数适当。选择的专家应包括银行信贷、债务管理、金融不良资产处置、熟悉当地债权市场行情人士、会计师、评估师和律师等。可以在公司内部也可以在公司外部选择,人数以 15 人左右为宜。上述领域的专家对债权的价值应基本有同等的发言权,而且还应有各自的优势。

(2)设计评估或测定对象意见表。表格的每一栏均要紧扣测定因素或评估对象,表格要简明扼要,填表方式简单。可视具体情况分别制定,参考格式见表 6-9 至表 6-14。

表 6-9　债权价值影响因素征询表　　　　　　　　专家编号：

序　号	备选因素	第一轮	第二轮	第三轮
1	行业特点			
2	本息结构			
……	……			
N				
其他				

注：1～N 为表格设计者提供的备选因素，"其他"为专家增加的因素。专家认为该因素对债权价值有影响则在相关栏内打 O。次一轮根据上一轮反馈结果修正自己的判断进行重新选择。

表 6-10　债权价值影响因素征询反馈表

序　号	备选因素	第一轮统计数	第二轮统计数	第三轮统计数
1	行业特点			
2	本息结构			
……	……			
N				
其他				

表 6-11　债权价值影响因素权重值征询表　　　　　　　　专家编号：

序　号	因　素	第一轮	第二轮	第三轮
1	行业特点			
2	本息结构			
……	……			
N				

注：因素由表 6-9 和表 6-10 选定。请专家填写每个因素对债权价值影响的权重值，N 个因素的权重值之和应为 1 或 100。次一轮根据上一轮统计的均值和方差修正自己的判断，重新填写每个因素的权重值。

表 6-12　债权价值影响因素权重值征询反馈表

序　号	因　素	第一轮		第二轮		第三轮	
		均值	方差	均值	方差	均值	方差
1	行业特点						
2	本息结构						
……	……						
N							

176

表 6-13　债权价值影响因素分值征询表　　　　　　　专家编号：

序　号	因　素	第一轮	第二轮	第三轮
1	行业特点			
2	本息结构			
……	……			
N				

注：请专家根据待评估债权各因素的具体条件，分析其对债权价值的影响程度填写分值。次一轮根据上一轮统计结果修正重新填写。

表 6-14　债权价值影响因素分值征询反馈表

序　号	因　素	第一轮		第二轮		第三轮	
		均值	方差	均值	方差	均值	方差
1	行业特点						
2	本息结构						
……	……						
N							

（3）专家征询、信息反馈和轮询。这方面的工作环节主要包括向专家提供有关的背景资料（单个债权的全部资料、市场交易案例及处置人员询价情况等）；由专家填写有关表格；将专家的意见经数据处理后（均值和方差）反馈给各位专家，专家可根据前一轮所得出的均值和方差修正自己的意见，重新填写有关表格，从而使方差越来越小，均值逐步接近最后的评估结果。最终形成集体的评估结论。一般经过三轮即可。

在具体运用专家打分法评估单个不良债权价值时，可选择两种方法：

一是因素权重法。选择影响债权价值因素：包括但不限于债权形态、抵押情况、担保情况、债务企业（担保企业）的性质、行业特点、剥离时经营状况、资产负债情况及信誉情况、未来发展前景预测、借款时间、借款金额、本息结构、贷款用途、还款来源、还款情况、逾期时间、商业银行贷款形态认定情况、损失准备情况、债务规模、债权市场行情、交易案例、本案交易时间、交易动机、贷前调查评价情况、贷后调查评价情况、商业银行对贷款形态分级理由等。因素权重法评估的基本步骤是：首先，应用专家打分法选定债权价值影响因素（见表 6-9、表 6-10）；其次，测定因素影响债权价值的权重（见表 6-11、表 6-12）；再次，计算待估债权影响分值（见表 6-13、表 6-14）；最后，将汇总因素分值乘以因素权重折算为单个债权的折扣比例（债权价值）。

二是直接测定法。由专家直接分析、判断、填写单个债权价值，由德尔菲法程序得到单个债权的评估值（见表 6-15、表 6-16）。

表 6-15　债权价值折扣变现值(比例)征询表　　　　专家编号：

序　号	因　素	第一轮	第二轮	第三轮
1				
2				
……	……			
N				

注：请专家根据债权的具体情况，综合分析、直接判断填写债权的折扣比例。次一轮根据上一轮统计结果修正重新填写。

表 6-16　债权价值折扣变现值征询反馈表

序　号	因　素	第一轮		第二轮		第三轮	
		均值	方差	均值	方差	均值	方差
1	行业特点						
2	本息结构						
……	……						
N							

3. 应用举例

【例 6-11】

某资产管理公司拟采用公开出售方式转让持有的对某债务人的债权，由于未取得债务人同意，因而无法取得债务人有关财务资料。为了解该项债权的可变现价值，某资产管理公司特委托资产评估公司对该项债权及债务人进行评估咨询。

分析过程：

(1)选聘专家，根据债务企业的行业特点以及本次评估的具体情况，选择 10 位专业人士人作为专家，专家简要情况如表 6-17 所示。

表 6-17　专家情况

	职　称	专业及任职单位
专家 1	高级工程师	轻工行业专家
专家 2	注册资产评估师	设备专家、评估公司资深评估师
专家 3	注册资产评估师、注册会计师	评估公司评估师
专家 4	律师	律师事务所
专家 5	高级经济师	资产管理公司处置委员会委员
专家 6	经济师	资产管理公司评估部经理
专家 7	评估师	资产管理公司评估部审核师
专家 8	经济师	金融不良资产处置人员
专家 9	会计师	金融不良资产处置人员
专家 10	经济师	银行风险监管部项目经理

（2）向上述专家提供债权债务关系形成及维权情况的全部档案资料、项目提供的处置报价以及成交案例资料、评估公司现场了解的情况说明，原商业银行五级分类清分资料以及当时情况的说明，其他情况说明。

（3）设计债权价值影响因素分析表，备选因素包括债权形态、抵押情况、担保情况、债务企业（担保企业）的性质、行业特点、剥离时经营状况、资产负债情况及信誉情况、未来发展前景预测、借款时间、借款金额、本息结构、贷款用途、还款来源、还款情况、逾期时间、商业银行贷款形态认定情况、损失准备情况、债务规模、债权市场行情、交易案例、本案交易时间、交易动机、贷前调查评价情况、贷后调查评价情况、原贷款银行贷款分类理由等。由专家按其重要性以及对本次债权回收的影响程度排序，经过三轮征询后确定以下因素为本次债权回收的重要因素：社会询价情况、交易案例、企业现有经营状况、担保抵押情况、贷款用途、法定代表人目前状况、上级主管单位、贷款背景、行业特点、债权规模。

（4）设计债权价值影响因素权重征询表，对上述各因素的影响进行量化，通过三轮征询反馈以及均值及方差的计算，计算出各影响因素的权重，如表 6-18 所示。

表 6-18 债权价值影响因素权重征询表

因 素	权 重	备 注
社会询价状况	0.32	
交易案例	0.21	
企业现有经营状况	0.13	
担保抵押情况	0.10	
贷款用途	0.06	
法定代表人目前情况	0.06	
上级主管单位	0.04	
贷款背景	0.04	
行业特点	0.02	
债权规模	0.02	
合计	1	

（5）设计债权价值影响因素分值征询表，要求专家根据本次债权处置项目的具体情况和特点，对每个因素影响全部债权的回收比例（将全部债权额确定为100，每一项因素相对于全部债权额的回收比例）进行分析，表 6-19 为某专家第一轮的征询结果。

表 6-19 某专家第一轮的征询结果

因 素	权重	第一轮	第二轮	第三轮
社会询价状况	0.32	20		
交易案例	0.21	15		

续表

因　素	权　重	第一轮	第二轮	第三轮
企业现有经营状况	0.13	0		
担保抵押情况	0.10	0		
贷款用途	0.06	0		
法定代表人目前情况	0.06	80		
上级主管单位	0.04	0		
贷款背景	0.04	10		
行业特点	0.02	10		
债权规模	0.02	30		
合　计	1			

以下是 10 位专家第一轮征询结果的均值和方差(见表 6-20)。

表 6-20　10 位专家第一轮征询结果的均值和方差

序号	因　素	专家1	专家2	专家3	专家4	专家5	专家6	专家7	专家8	专家9	专家10	均值	方差
1	社会询价状况	20	15	20	22	18	22	10	22	15	30	19.4	16.20
2	交易案例	15	22	13	12	22	15	8	20	15	30	17.2	19.02
3	企业现有经营状况	0	0	0	0	0	0	0	0	0	0	0	0.00
4	担保抵押情况	0	0	0	0	0	0	0	0	0	0	0	0.00
5	贷款用途	0	0	0	0	0	0	0	0	0	0	0	0.00
6	法定代表人目前情况	80	60	20	0	20	30	60	90	50	30	44	86.26
7	上级主管单位	0	0	0	0	0	0	0	0	0	0	0	0.00
8	贷款背景	10	0	15	5	15	0	0	0	15	30	9	29.83
9	行业特点	10	5	15	5	10	10	10	10	10	15	10	10.00
10	债权规模	30	10	30	20	25	30	35	10	10	20	22	28.46

将第一轮均值方差反馈给各位专家,并开始第二、第三轮投票,经过三轮征询后,债权价值影响因素分值征询反馈如表 6-21 所示。

表 6-21　债权价值影响因素分值征询反馈表

序号	因　素	第一轮		第二轮		第三轮	
		均值	方差	均值	方差	均值	方差
1	社会询价状况	19.40	16.20	18.90	5.66	19.40	16.20
2	交易案例	17.20	19.02	14.90	12.45	17.20	19.02
3	企业现有经营状况	0	0.00	0	0.00	0	0.00

续表

序号	因　素	第一轮		第二轮		第三轮	
		均值	方差	均值	方差	均值	方差
4	担保抵押情况	0	0.00	0	0.00	0	0.00
5	贷款用途	0	0.00	0	0.00	0	0.00
6	法定代表人目前情况	44	86.26	40.4	27.65	38.90	16.70
7	上级主管单位	0	0.00	0	0.00	0	0.00
8	贷款背景	9	29.83	9	29.83	10.5	13.13
9	行业特点	10	10.00	10	10.00	10	10.00
10	债权规模	22	28.46	20	12.25	19.50	11.07

(6)测算债权价值。委托评估债权价值折扣比例 $=\sum$（第三轮因素均值×因素权重）$=19.4×0.32+17.2×0.21+0×0.13+0×0.10+0×0.06+38.90×0.06+0×0.04+10.5×0.04+10×0.02+19.50×0.02=13.15$

评估结论为委托评估债权回收率在 13.15% 弹性区间。

4. 特殊注意事项

(1)选取的专家应熟悉不良资产定价市场状况、有较高权威性和代表性，人数适当。

(2)对影响债权价值的每项因素的权重及分值均应当向专家征询意见。

(3)多轮打分后统计方差如果不能趋于合理，应当慎重使用专家打分法结论。

5. 适用性与局限性

(1)适用性。应用专家打分法评估债权价值的主要意义在于：一是通过由确定债权价值影响因素、测定因素权重及分值等过程评定债权价值的途径，有效地克服个人思维上的局限性，能够比较具体地、客观地评定单个债权的价值；二是通过控制性地反馈有效地归集和拟合了集体的评估意见，对债权价值的定性分析，银行信贷人员、债务管理人员等与评估师一样有同等的发言权，不同的专业、不同的角度及集体的评估意见应该优于一两个评估师单从专业角度出发的分析意见；三是由于参加评估的专家面广、匿名和互不通气调查，使评估结果更加可信，评估依据更加充分，有效地防范了定性评估债权价值上的道德风险；四是对定性评估债权价值在方法上是一种有益的探索。

(2)局限性。所选的专家是不是对要评估的问题有实践经验或有研究成果是采用德尔菲法的关键，但通常会受到专家选择范围局限和专家水平参差的限制。另外，打分表的设计是否反映资产价值的基本要素，尤其对于没有操作经验的评估人员来说，也是一项重大挑战。债权价值的实现及大小既是一个预测问题，同时也是一个概率问题，应用德尔菲法评估债权价值在理论上应该是可行的，但具体应该如何应用及如何完善则需要实践的验证和提炼。

6.4.6　价值分析方法选择与结论综合分析

债权资产价值分析方法主要包括假设清算法、现金流偿债法、交易案例比较法、专家打分法和其他适用的分析方法。价值分析方法是实现价值分析思路的具体形式和技术手段，评估师应当根据业务情况和价值分析方法的适用条件与适用范围，恰当选择价值分析方法，形成合理的价值分析结论。

评估师执行债权资产价值分析业务，应当根据项目情况选择一种或多种价值分析方法，并确信所选取价值分析方法的合理性。不同价值分析方法的分析思路和分析过程不同，形成的价值分析结论可能不同。

当对某项债权资产的价值分析可以有多种价值分析方法可供选择时，需要根据方法的适用范围和局限性、价值标准、资产处置方式、客户要求等分析使用。

1. 价值分析方法选择

(1)假设清算法。假设清算法是指在假设对企业(债务人或债务责任关联方)进行清算偿债的情况下，分析企业的有效资产、有效负债，根据被评估债权在债务企业中的地位，分析判断被评估债权在某一时点从债务人或债务责任关联方所能获得受偿程度。

对于非持续经营条件下的企业以及仍在持续经营但不具有稳定净现金流量或净现金流量很小的企业，其不良资产评估可以采用假设清算法。企业资产庞大或分布广泛的项目和不良债权与企业总资产的比率相对较小的项目，不宜采用假设清算法。假设清算法主要是针对债务人不具有持续经营能力，但能提供相关的财务资料，有偿还部分债务的愿望且能积极配合，债权人和债务人有进行债务重组意向的情形。

但假设清算法常常因为下列问题，其价值分析结论受到局限。

第一，假设清算法不确定因素比较多、灵活性较大，致使分析结论具有一定随意性。

第二，对不具备评估条件的债务企业强行使用假设清算法，影响了分析结论的可信度。

第三，假设清算法操作过程中技术细节把握不一，影响了分析结论的合理性。如无效资产甄别中扩大范围或没有依据，资产损失核销不合理，或有债权被忽视；夸大负债、优先偿还负债、或有负债；对正常经营的盈利企业预计清算费用、职工安置费等，将导致债权价值被低估；反之，债权价值被高估。

第四，假设清算法是建立在假设基础上，尤其是无效资产、无效负债、优先偿还负债、优先偿还费用以及或有负债等都是基本假设，与实际情况会有一定的偏差。

使用假设清算法的关键是债务人能够提供其真实会计报表、界定准确的资产负债范围，注册资产评估师应当对上述问题充分关注，如果难以解决以上问题，在分析时可以参考其他方法对分析结论进行修正。

(2)现金流偿债法。现金流偿债法是指依据企业近几年的经营和财务状况，考虑行业、产品、市场、企业管理等因素的影响，对企业未来一定年限内可偿债现金流和经营成本进行合理预测分析，考察企业以未来经营及资产变现所产生的现金流清偿债务的一种方法。

对于有持续经营能力并能产生稳定可偿债现金流量的企业，企业经营、财务资料规范，注册资产评估师能够依据前3年财务报表对未来经营情况进行合理分析预测的企业，其不良资产评估可以选择现金流偿债法进行评估。

但现金流偿债法常常因为下列问题，其价值分析结论受到局限：

第一，债务人财务资料不真实。如果近年的损益表、现金流量表有重大失真，将导致债权价值分析结论缺少可信度。

第二，如果债务人所处的行业波动比较大，技术、产品、工艺创新快，将导致评估师对未来的现金流预测存在较大不确定性。

第三，债务人对未来资产变现的可能性和变现率的任何乐观或悲观的估计，都会对偿债能力分析产生影响。

第四，对预计偿债年限、偿债系数、折现率的确定存在主观性，从而使债权受偿率被高估或低估。

使用现金流偿债法的关键是债务企业能够提供前 3 年真实的财务会计报表，且 3 年来大部分财务指标波动较小，注册资产评估师能够依据前 3 年财务报表对未来经营情况进行合理分析预测。如果难以排除以上问题，在分析时可以参考其他方法对本方法的分析结论进行修正。

（3）交易案例比较法。交易案例比较法是指通过选择与被评估债权在债权形态、债务人性质、行业特点、处置规模等方面类似的债权交易案例进行比较并确定比较因素修正系数，对交易案例的处置价格进行修正并综合修正结果得出被分析债权资产价值的一种分析方法。

在可以对债权资产进行因素定性分析以及有可供比较的债权资产交易案例的情形下，可以选择交易案例比较法进行评估。

交易案例比较法常常因为下列问题，其价值分析结论受到局限：

第一，由于债权形态、债务人性质和行业、交易条件全部相近的债权资产处置案例选择难度大，如果案例选择不恰当，可能导致所分析的债权价值分析结论不合理。

第二，案例的因素比较过程带有人为因素，在因素比较中，由于评估人员对不同因素孰轻孰重的认知不同，每个因素的修正程度也会不尽相同，可能导致所分析的债权价值分析结论存在差异。

第三，由于评估人员对所分析债权档案资料，尤其是贷款产生不良的历史原因掌握存在困难，现场勘察和询价困难等原因，可能遗漏部分影响价值分析结论因素，从而使所分析的债权价值分析结论不合理。

使用交易案例比较法的关键是案例的选取要有可比性，比较的因素能够取得且与内在价值有关。如果债权资产之间的可比性较弱，在分析时可以参考其他方法对本方法的分析结论进行修正。

该方法适用于债务人不配合，财务资料严重缺失，无法取得相应评估资料的情形。

（4）专家打分法。专家打分法是指通过匿名方式征询有关专家的意见，对专家意见进行统计、处理、分析和归纳，客观地综合多数专家经验与主观判断，对大量难以采用技术方法进行定量分析的因素做出合理估算，经过多轮意见征询、反馈和调整后，对债权价值和价值可实现程度进行分析的方法。

对于存在诸多不确定因素，采用其他方法难以进行定量分析的债权，可以选择专家打分法进行评估。如企业资不抵债或其他原因导致债务企业不能按约还债，但企业有增长潜质、仍在持续经营或有证据表明有有效资产存在，然而债务企业不配合评估的情形。

专家打分法常常因为下列问题，其价值分析结论受到局限：

第一，专家的选取。所选的专家要求总体权威性高，代表面广，人数适当，并要求熟悉不良资产市场状况，对债权评估问题有实践经验或有研究成果。如果专家选择不恰当，可能导致分析结论不合理。

第二，影响债权价值各项因素的权重及分值的确定过程存在主观性。

第三,向专家提供的债权背景资料如不充分、准确、全面,将影响专家做出价值分析判断。

使用专家打分法的关键是专家的权威性、代表性,以及专家充分、准确掌握债权背景资料,如果难以排除以上问题,在分析时可以参考其他方法对本方法的分析结论进行修正。

2. 不同价值分析方法结论的综合分析

各种价值分析方法各具特点,并有一定的适用范围和付诸实现的条件。实际工作中,债权资产很难完全符合假设条件,价值分析方法选择时常常遇到障碍。多种方法的配合使用可以起到相互印证、消除误差的作用。注册资产评估师在选择一种主要方法外,还可以选择其他一种或几种分析方法对同一债权资产进行价值分析,然后对不同方法形成的价值分析结论进行综合分析,灵活运用各种评估方法,扬长避短,最终形成合理的价值分析结论,提高债权价值分析的可靠性。

债权价值分析方法大体分为两类,一类是以债务人和债务责任关联方为分析范围的方法,包括假设清算法和现金流偿债法;另一类是以债权资产本身为分析范围的分析方法,包括交易案例比较法和专家打分法。由于两类方法分析范围不同,为多种方法同时使用、交叉分析提供了空间。

根据各种价值分析方法适用范围,可进行交叉分析的组合一般有:①假设清算法与交易案例比较法;②假设清算法与专家打分法;③假设清算法、交易案例比较法和专家打分法;④现金流偿债法与交易案例比较法;⑤现金流偿债法与专家打分法;⑥现金流偿债法、交易案例比较法和专家打分法;⑦交易案例比较法与专家打分法等。由于假设清算法、现金流偿债法适用范围互不覆盖,理论上不存在假设清算法、现金流偿债法同时适用的情况。

不同的分析方法得到的分析结论是有差异的,需要评估师对不同分析方法的结论进行综合分析,得到最终的价值分析结论。当选择了多种价值分析方法时,我们可以根据各种方法的适用范围、特点等对分析方法进行综合比较,确定债权资产的真实价值。综合分析没有固定的方法,取决于评估师获得的信息及其经验和专业素养。一般可以依据以下的原则进行分析判断:

(1)以债务人和债务责任关联方为分析范围的假设清算法或现金流偿债法一般作为价值分析的主要方法。当与其他方法配合使用时,由于这两种方法依据比较充分、理论比较成熟,结果相对准确,应作为价值判断的主要依据,其他方法起补充验证作用。

(2)当各种方法的价值分析结论相差不多时,可以取不同分析结果的算术平均数作为不良资产的价值分析结论。

(3)当不同价值分析方法的结论之间存在一定差异时,评估人员需要根据各种方法的适用条件、资料掌握情况等进行分析判断,赋予不同价值分析结论不同的权重,通过计算确定不良资产的价值分析结论;当不同价值分析方法的结论之间差异较大时,评估人员可以选择一种方法的价值分析结论作为不良资产的最终价值分析结论。

(4)以债权资产本身为分析范围的交易案例比较法和专家打分法定性成分较多,当两种方法同时使用时,可以根据实际情况,采取对分析结论进行平均的方法确定分析结果。

由于实际情况复杂,影响综合分析因素众多,且千差万别,评估师的职业素养和经验将决定综合分析结论。但有一点十分重要,就是无论综合分析结论如何,评估师应充分说明主要依据,以及提示分析结论的使用限制。

第 7 章

企业价值评估

➡️**学习目标**

1. 了解企业价值评估的概念及应用范畴;
2. 理解企业价值的不同表现形式及相互关系;
3. 掌握收益途径进行企业价值评估的基本原理;
4. 熟悉通过资产途径和市场途径进行企业价值评估。

7.1 企业价值评估概论

企业价值评估是现代市场经济的产物,它适应频繁发生的企业改制上市、并购等经营活动的需要而产生和发展。由于评估对象的特殊性和复杂性,使其成为一项涉及面较广和技术性较强的评估业务。本章将具体说明企业价值评估中涉及的基本概念、基本原则和基本评估方法。

7.1.1 企业的定义及其特点

企业是以盈利为目的,按照法律程序建立的经济实体,形式上体现为由各种要素资产组成并具有持续经营能力的自负盈亏的法人实体。现代企业不仅是一个经济组织,它的存在还必须接受法律法规的约束。世界上各个国家均对企业从法律角度进行界定,强调企业是依法成立的社会经济组织,明确指出了企业的法律属性。在进行企业价值评估中,评估人员不仅要熟悉企业的经济性质,还必须了解企业的法律属性,如产权状况等。

企业作为一类特殊的资产,具有如下特点:

(1)盈利性。企业的经营目的就是盈利,为了达到盈利的目的,企业需要在既定的生产经营范围内,将若干生产要素有机组合并形成相应的生产经营结构和功能。

(2)持续经营性。企业要获取盈利,必须进行经营,而且要在经营过程中努力降低成本和费用。为此企业要在可预见的将来按照适当的经营规模和经营类型持续经营。

(3)整体性。指企业以其生产经营范围为依据,以生产经营活动为主线,将若干要素资产有机组合而形成的功能完整、配置有效的有机整体。

7.1.2　企业价值评估的概念

企业价值评估是资产评估行业的一个重要的分支,是指在评估基准日特定目的下表现出的企业整体价值、股东全部权益价值或部分权益价值。

企业价值评估主要包括3个方面的内容:其一是评估一个整体企业的价值(也称为公司估价);其二是评估企业股权(所有者权益)的价值,可能是全部股权,也可能是部分股权;其三是评估企业无形资产的价值。这3个方面都是与整个企业紧密相连的,和企业拥有的资产及债务有关,更和企业的经营有关。

7.1.3　企业价值评估的应用范畴

企业价值评估,一般有两个方面的应用:一个是咨询性业务或非法定评估业务的应用,另一个就是法定评估业务的应用。

1. 公司估价

公司估价或公司的证券价值评估,这属于企业价值评估中的咨询性业务。企业价值评估多数应用于金融领域和证券市场以及公司自身的财务管理。具体包括3个方面的应用:

(1)在证券市场中的应用。比如说证券市场的证券分析师们采用企业价值评估方法对市场上的一些上市公司进行价值评估,然后看看这些由公司财务指标反映出来的"真实价值"是否与该股票的市场价值一致,从而认定这个公司的股票是否被市场低估或高估。

(2)在企业并购中的应用。无论是收购公司还是目标公司都要对被并购的目标公司进行价值评估从而得出自己心中合理的价位。尤其是在一些敌意收购中,价值的评估将起到核心和关键的作用。此外,对于并购之后的公司能产生的协同效应也是企业价值评估的任务。

(3)在公司财务管理中发挥直接的影响。正如一句广告词所说的:"帮你发现价值,帮你认识价值,帮你创造价值。"既然公司的目标在于股东价值最大化,那么公司的财务决策和公司的战略都与公司的价值有着千丝万缕的联系。企业价值评估可以帮助公司了解自己的价值,接受如何提高公司价值的建议,并把他们的建议作为公司资产重组和经营发展的重要依据。

2. 法定评估业务领域

这是职业评估师主要提供服务的领域。根据目前大多数国家的情况,职业评估师提供服务的方式有3种:价值评估、评估审核和评估咨询。其中,价值评估的主要对象是评估非上市公司的股权,主要是针对企业整体交易、企业股权交易或课税等目的的法定评估。

7.1.4　企业所处经济环境分析

企业价值取决于要素资产的整体盈利能力,评估企业价值的关键在于对目标企业未来收益和风险的准确预测,这种预测是建立在企业未来面临的经营环境基础之上的。同时,通过考察历史上经营环境与企业业绩的关系,以及企业历史业绩和现行结构对未来经营业绩的惯性影响,有助于评估人员对目标企业未来经营收益和风险的预测更加客观和准确。

在对企业所处的经济环境进行分析时,通常分为 3 个层次:宏观经济环境,行业环境和企业特定状况(见图 7-1)。

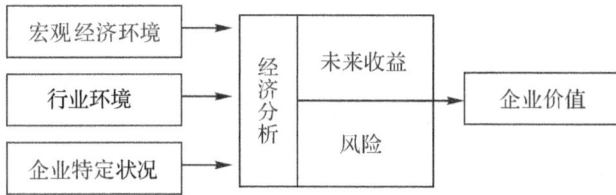

图 7-1　企业所处经济环境分析的层次

1. 宏观经济环境

通常情况下,企业未来面临的宏观经济趋势、企业对经济周期不同阶段的敏感性、政府宏观经济政策等状况将会影响企业的未来现金流量,进而影响企业的价值。宏观经济环境是影响公司生存、发展的基本因素。公司的经营效益会随着宏观经济运行周期、市场环境、宏观经济政策、利率水平和物价水平等宏观经济因素而变动。如当企业经营随宏观经济的趋好而改善,盈利水平提高,其价值自然上涨;当采取强有力的宏观调控政策、紧缩银根,企业的投资和经营受到影响,盈利下降,价值则下降。同时,通过考察企业历史上收益波动与宏观经济运行总体状况和经济周期波动的关系,并对企业未来经营面临的宏观经济趋势进行预测,能帮助评估人员更加准确地把握企业未来收益波动状况。预测宏观经济走势,通常涉及的基本变量有:GDP 与经济增长率、货币供应量、失业率、通货膨胀率、利率、汇率、财政收支、国际收支、固定资产投资规模等。

2. 行业环境

所谓行业,是这样的一个企业群体,这个企业群体的成员由于其产品(包括有形和无形)在很大程度上因可相互替代而处于一种彼此紧密联系的状态,并且由于产品可替代性的差异而与其他企业群体相区别。行业不同,增长率、市场结构、技术发展趋势等也因此存在差异,这些对行业内的企业未来经营业绩将产生重大影响。根据迈克尔·波特的观点,企业的获利能力及其持续的时间是由企业所在产业以及面临的竞争结构决定的,他认为,在任何产业中,存在 5 种竞争力量控制着产业的竞争规则,分别是:产业的进入障碍、供应商的讨价还价能力、客户的讨价还价能力、替代品的威胁和产业内企业间的竞争程度。企业的竞争优势,最终是这 5 种竞争力量直接决定的。同时,技术进步、政府的影响和干预、社会习惯的改变对行业的发展有重要的影响。

3. 企业特定状况

对待评估企业的价值判定,最终应落在对企业特定状况的分析上。了解该企业是否拥有一些同行业公司所没有的特别资源,如某一产品或服务的垄断地位,可以确定该企业在行业中的竞争地位,其所处的行业地位预示着它未来的经营业绩及其稳定性。对企业特定状况的分析可以从企业的技术水平、企业的管理水平、经营业务及产品、对主要供应商及客户的依赖等方面进行。

7.2 企业价值评估的基本理论与方法

7.2.1 企业价值评估的价值标准

价值对于不同的人来说,其意义是不同的。即使对同一个人,不同的情况下也有着不同的意义。

对于评估过程而言,产权属于谁,评估的目的是什么,这是最基本的东西。如果没有一个确定的价值前提,估价便无法进行。举个例子来说,如果有人问:我的汽车价值多少? 由于没有其他必要的附加信息,则无法得到一个有意义的答案。价值不能绝对存在,而必须具备时间、地点、潜在的所有人以及潜在的用处等方面的内容。如果说,汽车的价值在"旁观者的眼里"是多少? 我们需要知道这个"旁观者"是谁。他是:

(1)保险公司?

(2)二手汽车商?

(3)邻居?

(4)税收员?

(5)会计师?

(7)废品处理商?

有时候,评估服务的使用者也要定义价值,所以企业价值评估必须首先确定谁去使用这个评估服务。

由上面评估汽车的例子可以看出,在评估企业或大部分单项资产时,一个谨慎的价值定义是最重要的。企业为了适应于某个特定目的,例如被重组、清算,采用不同的价值前提来评估该企业价值就会产生很大的差距。显然,在企业价值评估中,如果对评估的价值没有一个明确的定义,那么评估报告中的价值结论是毫无意义的。这个评估是要估计出公平市场价值,还是市场价值、公允价值、投资价值、内在价值、保险价值、账面价值、使用价值、担保价值、纳税价值,还是其他的价值呢?

一般来说,客户对此没有太多的想法,大部分客户没有企业价值评估的技术背景,所以也不能提出相对正确的问题来。那么作为职业评估师,最重要的是十分小心地和客户、律师一起,得出符合本次具体评估项目的价值定义来。

价值标准是关于被评估价值类型的一个定义,表明这个价值是对谁而言的。目前国际评估标准委员会在其发布的国际评估标准(针对各项单项资产以及企业价值评估在内的资产评估价值标准)中将价值标准定义为市场价值和市场价值以外的价值两种。市场价值以外的价值包括投资价值、保险价值、课税价值、清算价值等。与企业价值关系密切的有市场价值、投资价值和内在价值。

1. 市场价值

当一项资产被放到一个竞争的开放的市场并满足公平交易的所有条件,卖方和买方都对资产有充分的了解并且行为谨慎,假定价格不会受到不正当刺激的影响,此时最可能形成的价格即为市场价值。市场价值是在下列条件下实现的:

（1）买方和卖方都是典型的有动机的；

（2）双方均拥有充分的信息并得到忠告，其行为均考虑各自利益的最大化；

（3）在一个合理的时间在公开市场披露；

（4）交易时用现金交付，或用金融协议确定非现金等价交换；

（5）此价格代表正常交易，不会受到特殊金融因素的影响或与交易有关的某个人做出的价格让步。

2. 投资价值

投资价值是指对于一个特殊的投资者或一群投资者建立在个别的投资需求基础上的具体的价值。市场价值和投资价值是不同的概念，由于环境不同两者所估算出来的价值可能相同，也可能不相同。然而，市场价值的得出一般不用参照投资价值，但投资价值的估算却常常参考市场价值以便做出最终决策。

采用经济收益折现的价值评估方法可以很容易地求出投资价值。这个投资价值是否可以代表市场价值，取决于所采用的假设条件是否为市场参与者一致认同。如果目前所有者在给定时间的投资价值超过了市场价值，那么合理的经济决策是：所有者将不会立刻卖出其资产或企业直至又一个特殊的买方出现，这个买方愿意付出投资价值来购买其资产或企业，而这个价值要高于一大群典型的买方所一致认同的市场价值。

3. 内在价值

内在价值有时候也叫基础价值。和投资价值不同的是，它代表一种分析判断，是建立在投资中固有的特性的基础上，而不是由于任何一个个别的投资者所引起的特性所产生，它是由分析得出的价值。在股票分析中，一般认为内在价值是证券分析师在完成对公司资产、盈利能力以及其他因素的基础分析之后所得出的适当的股票价格。

内在价值通常是一个投资者对于股权证券所认定的一个价值量，建立在对可利用的事实进行分析评估之后得到的真正的或真实的价值。当其他投资者也得出同样的结论之后，这个价值就变成了市场价值。如果市场价低于证券分析师得出的内在价值，分析认为这个股票被市场低估，应该买进；如果市场价高于所谓的内在价值，分析师会建议卖掉股票。

7.2.2　企业价值评估的前提

实际上所有被评估的企业或企业股权都是在一定的价值前提下进行评估的。如果说，价值标准是回答"这是对于谁的价值"这样的问题，那么，价值前提就是回答"这是在怎样的交易环境和条件下的价值"。一般来说，企业价值评估可以有下面 4 种价值前提：

（1）持续经营前提下的价值：作为收益性资产整体，或持续经营企业的连续使用价值。

（2）作为资产组合中的价值：作为资产组合的一部分的静态价值，即现在没有被使用，也不是持续经营的企业。

（3）有序出让时的交易价值：作为一件一件分别有序出售的单件资产（不是整体组合资产的一部分）的市场交换价值；这个价值前提期待着企业的所有资产都会一件一件地卖掉，而且还会在二级市场上以正常的价位出现和转让。

（4）被迫清算时的交易价值：作为一件一件分别被迫清算的单件资产（不是整体组合资产的一部分）的市场交换价值；这个价值前提期待着企业的所有资产都会一件一件地卖掉，

但在二级市场上出现低于正常价的转让。

由于事实上任何企业都可能在上述 4 种不同的价值前提下被评估,所以对于同一个企业,在不同价值前提下得出的价值结论可能大不相同。

在实际评估中,选择适当的价值前提是一个重要的步骤。一般来说,在对控股股权的评估中,选择适当的价值前提取决于被评估企业各种资产的最佳、最有效的使用情况,这个决定通常是由评估师根据经验、判断和分析后做出的。

7.2.3 企业价值评估的一般原理

对于一个企业或企业股权价值应该是企业股权的所有者能够在未来获得的利益大小,因此企业股权的价值就取决于未来利益和所期望的报酬率的估计,通过期望的回报率把这些未来的利益折现为评估基准日的价值。理论上企业价值评估时正确的途径就是预测拥有企业或股权的未来利益,直接实施这一理论的途径就是通过收益途径——未来经济收益折现,而其核心又是折现现金流量法(DCF)。这就是我们经常强调的最能反映企业价值本质的方法,即收益法。

对于企业价值评估师来说,也许最困难的任务莫过于使交易的双方或利益各方都对企业未来利益的预测及风险判断取得一致的意见。因此,企业价值评估的实践者们又发明了一些不使用预测数据,而使用历史或现实数据得出价值结论的评估方法,这就是后面要讲的市场途径和资产基础途径的方法。一般来说,如果这些方法使用得当,也能像分析推导严谨的收益途径方法那样,得出合理的价值结论的。

7.2.4 企业价值评估的途径和方法

目前,国际上企业价值评估实践结合了两个流派的学术观点与职业背景:一是证券行业,着重于股票、债券和其他有价证券的财务分析,应用于企业的收购、兼并以及资产剥离等;二是房地产评估行业,主要着重于土地和地面建筑物产权交易的分析。

要评估出企业或企业所有者权益的价值所需的知识更多地类似于证券行业进行证券分析所需的知识体系,而不同于房地产分析的知识。正因为如此,美国评估师协会(ASA)在企业价值评估的准则里也把评估途径与方法确定为:收益途径、市场途径(销售比较途径)和资产基础途径(类似于房地产评估的成本途径),而所谓的"方法"多半是指更为具体的企业价值评估方法。每一种途径里面都有很多方法,如资产基础途径包括资产加和法和超额盈利资本化法;市场途径包括参考企业比较法和并购案例比较法等。

中国的情况有所不同。由于中国的资产评估行业不是起源于房地产评估,而是源于会计行业。同时由于历史的原因,中国的资产评估行业在引进评估方法的时候又主要引入房地产评估的基本方法,即市场法、收益法和成本法,简称三大方法。再加上当时我国大量的国有企业改组改制以及合资合作的评估业务,最适合于会计师根据企业的资产负债表,采用成本法对单项资产评估然后再加和的方法来对企业整体价值进行评估。这种所谓的"成本法"就是按资产负债表里资产科目分别进行评估,确定评估价值。评估师都喜欢称这种方法为"资产加总法"或"成本加和法"。这种方法把资产的每一种元素:流动资金、有形资产和无形资产单独评估出来,然后加总求和来代表整个企业的价值。实际上它是成本法在企业价值评估上的应用(即一个正在经营的企业的所有资产的成本),国际上多称之为资产基础法,它是根据企业的资产来确定企业的价值。

随着我国企业价值评估理论和实践的发展,评估界对企业价值评估方法也逐步认同和适应国际惯例的概念与提法,考虑到与国际接轨,同时也符合我国《企业价值评估指导意见(试行)》或以后的准则。本书将企业价值评估分为通用的收益途径、市场途径和资产基础途径。

7.3　收益途径评估企业价值

7.3.1　基本原理

随着经济形势的发展和资本市场的需求增长,收益途径评估企业价值在我国企业价值评估中的应用将会日益增多。这种方法的基本原理是现值原理,即任何资产的价值等于其预期未来全部经济收益的现值之和。

基本公式为:

$$V = \sum_{t=1}^{n} \frac{EI_t}{(1+r)^t}$$

式中,V——资产的价值;

$\quad n$——资产的寿命;

$\quad EI_t$——资产在 t 时可产生的经济收益;

$\quad r$——折现率。

由上面的公式可以看出,通过收益途径确定企业价值的关键技术在于 3 个基本参数的确定,即企业的经济收益、收益期限和折现率。

1. 企业的经济收益

企业的经济收益是指企业法人或具有独立获利能力的经济实体,在未来正常的生产经营条件下,可以获得的货币净收入。针对不同的评估对象,经济收益通常有以下几种形式:

(1)股息红利。

(2)股权资本自由现金流(FCFF):满足公司持续经营所需费用后的剩余现金流。除了日常的经营费用,维持公司的持续经营还需要考虑:①借还债务;②满足公司长远发展的资本性支出;③维持公司日常运营必要的营运资本变化。

$$股权资本自由现金流(FCFE)=净收益+非现金支出-资本性支出$$
$$-净营运资本的变化+付息债务的净变化$$

(3)公司自由现金流(FCFF):指在支付了经营费用和所得税后,处于向公司权利要求者支付现金之前的全部现金流。

$$公司自由现金流(FCFF)=净收益+非现金支出-资本性支出-净营运资本的变$$
$$化+利息费用$$

2. 收益期限

企业的收益期限有两种情况:无限期和有限期。在企业价值评估中绝大部分情况采用无限期的假设,也就是说,价值评估的前提是企业能够无限期持续经营下去。当然,也有不同的情况,可能企业经营的期限受到法律或合同等规定的限制。在评估实践中,确定企业的收益期限应充分考虑企业所处的行业发展状况、企业自身的工艺水平、技术生命周期等企业内外部环境进行综合判断。

3. 折现率

折现率就是将未来有限期的预期收益转化为现值的比率,是收益法中一个重要的参数。它反映企业投资者期望的投资回报率,也反映了获得未来预期收益的不确定程度。

在确定企业经济收益和折现率时,一个重要的原则是:企业经济收益的选取口径必须与折现率相匹配。以现金流为例:当收益指标采用股权资本自由现金流(FCFE)时,折现率必须采用股权资本成本;而收益指标采用公司自由现金流(FCFF)时,折现率应采用加权平均资本成本(WACC)。

7.3.2 股权资本自由现金流 FCFE

公司股权资本投资者所拥有的权利是对该公司产生的全部现金流的剩余要求权,即他们拥有公司在履行了包括偿还债务在内的所有义务和满足了再投资需求之后的全部剩余现金流。所以,股权资本自由现金流就是在除去经营费用、本息偿还和为保持预定现金流增长率所需的全部资本性支出之后的现金流。根据公司的负债情况分为无财务杠杆和有财务杠杆公司的股权资本自由现金流两类。

1. 无财务杠杆公司的股权资本自由现金流

所谓无财务杠杆的公司就是没有任何债务,无须支付利息和偿还本金。公司的资本性支出和营运资本全部来源于股权资本。因此无财务杠杆公司的股权资本自由现金流如下:

销售收入
　　—经营费用
　　=利息、税收、折旧、摊销前收益(EBITDA)
　　—折旧和摊销
　　=息税前收益(EBIT)
　　—所得税
　　=净收益
　　+折旧和摊销
　　=经营现金流
　　—营运资本增加额
　　=股权资本自由现金流(FCFE)

由上可知,股权资本自由现金流是满足了公司所有的财务需求之后的剩余现金流。实际上,一般以会计的眼光来考察股权资本投资者的收益时,更普遍使用的指标是净收益(又称为税后利润)。那么,股权资本自由现金流和净收益有什么区别呢?通过下面几个财务指标我们来分析一下两者的差别。

(1)折旧和摊销。尽管在损益表中折旧和摊销是作为税前费用来处理的,但它们和其他费用不同。折旧和摊销是非现金费用,并不造成相关的现金流支出,反而给公司带来了减少应税收入的好处,从而减少了公司的纳税额。纳税额减少的数额取决于该公司的税率。

　　　折旧带来的税收利益＝折旧额×公司的税率

因此,对于那些折旧数额较大的资本密集型公司而言,经营现金流将大大高于净收益。

　　(2)资本性支出。公司股东通常不能将公司经营活动的现金流全部提取,因为这些现金流中的一部分或全部将要用于公司的再投资,以维持公司现有资产的运行并创造新的资产来保证未来的增长率。比如说,制造业的公司,一般固定资产很多,特别是加工用的机器设备要求较大的数量。这样的公司若保证现金流有较高的增长率,需要增加大量的设备,因此很少会出现没有或只有少量资本性支出的现象。

　　折旧和资本性支出之间的关系也比较复杂,而且会因为公司所处的行业和增长阶段的不同而有不同的关系。通常,处于高速增长阶段的公司,资本性支出需求大,而原来的资产折旧数量小,资本性支出要高于折旧;而处于稳定增长阶段的公司,资本性支出和折旧则比较接近。所以,许多专业分析人员常常这样假定:处于稳定增长阶段公司的折旧与资本性支出相等。因此,当公司从高速增长阶段转向稳定增长阶段时,资本性支出对折旧的比率将会逐步减小。

　　(3)营运资本增加额。所谓营运资本就是公司的流动资产和流动负债之间的差额。因为资产负债表上流动资产总额中的一部分要随时准备偿还公司的流动负债,而剩余的这一部分流动资产才可以作为公司的营运资本。同时因为营运资本所占用的资金不能被公司用于其他用途,所以营运资本的变化肯定会影响公司的现金流。营运资本增加就意味着现金流流出,营运资本减少则意味着现金流流入。所以在估计股权资本自由现金流时,应该考虑公司营运资本追加因素。

　　公司所属的行业类型是决定公司营运资本的需要量的主要因素。实际估价中可以用营运资本占销售额的比例来进行衡量,零售公司比服务性公司对营运资本的需要大,这是因为它们有着较高的存货和信誉需要。此外,营运资本的变化与公司的增长率也有关。一般而言,对属于同一行业的公司,增长率高的公司的营运资本需求相应较高。在评估中,如果不考虑营运资本的需要,那么将会导致股权资本自由现金流和公司股权资本价值的高估。

　　股权资本自由现金流和净收益是两个完全不同的概念。

　　(1)计算经营现金流时,所有的非现金费用都被加回到净收益中,如折旧与摊销。所以,那些已经从当期收益中扣除了非现金费用的公司财务报表中,净收益一般要低于现金流。

　　(2)股权资本自由现金流是在满足了资本性支出和营运资本追加之后的剩余现金流,而净收益则没有扣除这两项。于是,那些需要大量资本性支出和营运资本追加的高成长性公司(如高新技术公司)的净收益为正,且不断增长。但股权资本自由现金流却可能为负。

　　一般情况下,收益的增加(减少)会导致现金流增加(减少),评估师在评估中从预测公司的未来收益开始是对的。但是,如果只把注意力集中在净收益上,就可能会对公司的实际状况做出错误的判断,特别是当现金流和净收益相差较远时,这种情况更有可能发生。

【例 7-1】 估计无财务杠杆公司的 FCFE

表 7-1 中数据摘自某公司 2005 年和 2006 年的财务报表。公司 2005 年资本性支出为 15 万元,2006 年资本性支出为 18 万元;2004 年的营运资本为 180 万元。

表 7-1　某公司相关财务数据　　　　　单位:万元

	2005 年	2006 年
销售收入	544.0	620.2
经营费用	465.1	528.5
折旧	12.5	14.0
息税前收益(EBIT)	66.4	77.5
利息费用	0.0	0.0
所得税	25.3	29.5
净收益	41.1	48.0
营运资本	175.0	240.0

(1)估计该公司 2005 年和 2006 年的股权资本自由现金流。

(2)如果公司 2006 年的营运资本/销售收入的比率保持在 2005 年的水平,则公司 2006 年的股权资本自由现金流是多少?

解:(1)2005 年的股权资本自由现金流为:

FCFE(2005)=净收益+折旧−资本性支出−营运资本增加额

　　　　　=41.1+12.5−15−(175−180)=43.6(万元)

同样,2006 年股权资本自由现金流为:

FCFE(2006)=48+14−18−(240−175)=−21(万元)

(2)公司 2005 年营运资本/销售收入比率为:

175/544=32.17%

则 2006 销售收入的变化值=620−544=76(万元)

FCFE(2006)=48+14−18−32.17%×76=19.55(万元)

2. 有财务杠杆公司的股权资本自由现金流

公司一般都有财务杠杆,除了要支付无财务杠杆公司的全部费用之外,还要使用现金支付利息费用和偿还本金。表面上看,似乎现金流是减少了。但是,有财务杠杆公司又可以通过新的债务来为资本性支出和营运资本需求进行融资,从而可以减少所需的股权资本投资。因此,有财务杠杆公司的股权资本自由现金流可按如下方法计算:

　　销售收入

　　　　−经营费用

　　　　=利息、税收、折旧和摊销前收益(EBITDA)

　　　　−折旧和摊销

　　　　=息税前收益(EBIT)

　　－利息费用

　　＝税前收益

　　－所得税

　　＝净收益

　　＋折旧和摊销

　　＝经营现金流

　　－资本性支出

　　－营运资本追加额

　　－偿还本金

　　＋新发行债务收入

　　＝股权资本自由现金流(FCFE)

与前面的无财务杠杆公司相比,主要是多出了对债务的支付。债务的还本和付息有不同的税收处理:利息支出是税前的费用而偿还本金则是在税后扣除的。公司发行新债务的规模取决于公司管理层对公司当前的财务杠杆比率的认识:是高于、低于或正好等于公司理想的财务杠杆比率。

对一家处于理想的财务杠杆比率水平的公司来说,它的负债比率就是公司未来进一步融资希望达到的水平,这时公司股权资本自由现金流的计算还可以进一步简化。

设某公司的理想负债比率(负债/总资产)为 δ

此时,

　　　　新债发行额＝偿还本金＋δ×(资本性支出－折旧＋营运资本追加额)

则其股权资本自由现金流为:

　　净收益

　　　　－(1－δ)×(资本性支出－折旧)

　　　　－(1－δ)×营运资本追加额

　　　　＝股权资本净现金流(FCFE)

7.3.3　公司自由现金流 FCFF

由于公司的全部价值应属于公司各种权利要求者,包括股权资本投资者,债券持有者。所以,公司自由现金流是所有这些权利要求者的现金流的总和。其计算方法有两种。

1. 从利益分配入手

表 7-2 是建立在利益分配基础上的公司自由现金流情况。

表 7-2　公司自由现金流 FCFF

权利要求者	现金流量	折现率
股权资本投资者	FCFE	股权资本成本
债权人	利息费用(1－税率)＋偿还本金－新发行债务	税后债务成本

　　公司自由现金流＝股权资本自由现金流

　　　　　　　　　　＋利息费用×(1－税率)＋偿还本金－新发行债务

2. 从现金流的形成过程入手,从 EBIT 开始计算

EBIT×(1−税率)

　　＋折旧和摊销

　　−资本性支出

　　−营运资本追加额

　　＝公司自由现金流 FCFF

对于任何一个有财务杠杆的公司而言,公司自由现金流通常高于股权资本自由现金流。而对于一个无财务杠杆的公司来说,公司自由现金流与股权现金流没有区别。

【例 7-2】　预测有财务杠杆公司的现金流

某通讯公司是一家经营通信设备、网络通信等业务的高科技公司。其 2004 年和 2005 年的财务数据摘要如表 7-3 所示。

表 7-3　某通信公司 2004 年和 2005 年的财务数据摘要　　　　单位:万元

	2004 年	2005 年
销售收入	5192.0	5400.0
−经营费用	3678.5	3848.0
−折旧	573.5	580.0
＝利息税前收益(EBIT)	940.0	972.0
−利息费用	170.0	172.0
−所得税	254.1	264.0
＝净收益	515.9	536.0
营运资本	92	(370)
新发债	2000	2200

公司 2004 年的资本性支出为 800 万元,2005 年为 850 万元;2003 年的营运资本为 34.80 万元,债务为 1750 万元。公司所得税率为 33%。

(1)估计公司 2004 年和 2005 年的股权资本自由现金流。

(2)估计公司 2004 年和 2005 年的公司自由现金流。

(3)假设公司的销售收入和各项费用(包括折旧和资本性支出)的年增长率为 6%,2006 年营运资本保持不变,估计公司 2006 年的公司自由现金流。

解:(1)公司股权资本自由现金流＝净收益＋折旧−资本性支出−营运资本增加额＋新发债收入−旧债偿还

FCFE(2004)＝515.9＋573.5−800−(92−34.8)＋(2000−1750)

　　　　　＝482.20(万元)

FCFE(2005)＝536＋580−850−(−370−92)＋(2200−2000)

　　　　　＝928(万元)

(2)公司自由现金流＝净收益＋利息费用×(1−税率)＋折旧−资本性支出−营运资

本增加额

$$\begin{aligned}
\text{FCFF(2004)} &= 515.9 + 170 \times (1 - 33\%) + 573.5 - 800 - (92 - 34.8) \\
&= 346.1(\text{万元})
\end{aligned}$$

$$\begin{aligned}
\text{FCFF(2005)} &= 536 + 172 \times (1 - 33\%) + 580 - 850 - (-370 - 92) \\
&= 843.24(\text{万元})
\end{aligned}$$

(3) $\begin{aligned}[t]
\text{FCFF(2006)} &= \text{EBIT} \times (1 - 税率) + 折旧 - 资本性支出 - 营运资本追加额 \\
&= 972 \times (1 - 33\%) \times (1 + 6\%) + 580 \times (1 + 6\%) - 850 \times (1 + 6\%) \\
&= 404.14(\text{万元})
\end{aligned}$

7.3.4　估计折现率

折现率是投资的期望收益率,反映了其风险程度。在收益法中确定折现率是比较复杂的技术问题之一,具体确定折现率的方法很多,目前国际上最常用的有:红利增长模型、风险累加模型、资本资产定价模型、套利定价模型以及加权平均资本成本模型等。折现率的口径必须与现金流一致,对应于两种不同的现金流,折现率也分为两种:股权资本成本和加权平均资本成本。下面分别介绍股权资本成本和加权平均资本成本的确定方法。

1. 股权资本成本

股权资本成本是投资者投资于公司股权时所要求的收益率。在评估实践中,求取股权资本成本用得最多的还是风险累加模型、资本资产定价模型。

(1)风险累加模型

风险累加模型基本原理就是根据折现率的构成风险要素来累加得出。该模型认为预期股权资本成本反映的股权投资者所要求的回报来自两个方面:一方面是对资金时间价值的补偿;另一方面是对投资者所承担的风险的补偿。即 $R = R_f + R_r$,这里的 R_f 表示无风险利率,因为投资者所要求的对资金时间价值的补偿就是指投资应至少取得无风险状况下的平均资本回报率。国内外的惯例都是采取长期国债的到期收益率作为无风险利率。而风险报酬率 R_r 则是指投资者因为冒风险投资而要求的超过资金时间价值的额外的回报。

虽然利用风险累加模型确定折现率是一种比较主观的方法,但由于国外关于资本市场研究成果很多,提供的参考资料和参数也很丰富,所以评估师往往可以很容易利用各方面的成果,使其主观的判断也有相当的依据。然而目前我国的情况就不一样,基本上无法找到可信的研究成果,这样一来,主观的成分就更加明显。特别是在前几年,资本资产定价模型还没有得到普遍应用的时候,大部分评估师确定折现率都是采用这种风险累加的方法。由于各种风险要素的确定均无据可依,导致外界对此大有质疑,从而对收益法的应用亦众说纷纭。

概括起来,上述风险一般可以分解为:购买力风险,利率风险,市场风险和企业风险等几个部分。购买力风险主要是指通货膨胀率,消费价格指数能够反映这些风险,可以根据国家或地区的统计数据来获得;利率风险则是反映银行存款利率、企业债券利率等其他投资对该项投资的影响和风险程度;市场风险是反映投资环境的市场是否是一个活跃的市场,这里包括市场的心理能力和市场的流通程度,因为它直接影响到投资能否顺利变现;企业风险则是反映企业自身的盈利能力、管理水平等对投资的影响和风险程度。

这种方法目前在国内用得也比较多,由于数据信息有限,所以实际应用中,多采用主观分析,确定各项风险溢价的做法。在国外这种方法用得比较少,多半是采用下面所说的资本资产定价模型。

(2)资本资产定价模型

利用资本资产定价模型确定股权资本成本 k_e 的公式为:

$$k_e = R_f + \beta(R_m - R_f)$$

式中,R_f——无风险利率;

R_m——市场的预期收益率;

β——企业权益资本的贝塔系数;

$(R_m - R_f)$——市场风险溢价。

在风险确定的情况下,投资者所要求的收益率为公司的股权资本成本。由上面的公式可知,在使用资本资产定价模型时要求以下变量是已知的:无风险利率、市场风险溢价、权益资本的 β 值。

①无风险利率。无风险利率被认为是不可能有损失的证券利率,例如国债。这种证券一般除考虑给持有者一定的资金租用补偿外还考虑了证券持有期间的通货膨胀损失。实质上零风险的证券应该是短期国债,然而在估算权益投资的资本成本时,应用短期国债有一个重要的缺点是短期国债的承兑期与大部分股权投资者的投资期不相匹配。短期国债的利率波动比长期国债要大得多,不能反映长期通货膨胀的预期值,所以大部分评估师宁愿把长期国债的利率作为构成权益资本成本的无风险利率。比如说,美国评估师以美国 20 年长期国债利率作为无风险利率,而我国评估师多以最近期发行的十几种 5 年期以上国债平均到期收益率作为无风险利率。

②β 系数。企业权益资本的 β 系数取决于 3 个因素:企业所在的行业、企业的经营杠杆比率、企业的财务杠杆比率。β 系数是衡量公司相对于市场风险程度的指标。因此,公司对市场的变化越敏感,其 β 值越高,在其他情况相同时,周期性公司比非周期性公司的 β 系数高。如果一家公司在多个领域内从事经营活动,那么它的 β 系数是公司不同行业产品线 β 系数的加权平均值,权重是各行业产品线的市场价值。经营杠杆比率是公司成本结构的函数,通常定义为固定成本占总成本的比率。公司经营杠杆比率越高,即固定成本占总成本的比例越大,与生产同种产品经营杠杆比率低的公司相比,息税前净收益(EBIT)的波动性越大,公司的 β 系数就越高。财务杠杆比率高的公司,β 系数也较大。上市公司的 β 系数可以用回归分析法得到,非上市企业的 β 系数可以利用可比企业的 β 系数进行比较调整得到。

③风险溢价。风险溢价指投资者因冒风险进行投资而获得的超过货币时间价值的那部分额外的报酬,是对投资者承受风险的一种补偿。等于市场的年平均收益率减无风险利率。本书若无特别指出,市场风险溢价均取 5.5%。

在我国评估实践中,由于证券市场的历史不是很长,一些参数的获取存在一定难度,致使相当多的评估人员对采用 CAPM 模型确定折现率还有一定困难。随着近几年我国证券市场的不断发展,目前许多参数获取的条件已经成熟,采用 CAPM 确定折现率应该是首选的方法。即使如此,采用 CAPM 模型确定折现率也不是一个照套公式的过程,而是需要从各个方面进行分析和判断。

2. 加权平均资本成本 WACC

资本成本是公司为了筹集资金而发行的各种有价证券,包括债券、股票等。加权平均资本成本是公司不同融资成本的加权平均值。

$$WACC = k_e(E/[E+D]) + k_d(D/[E+D])$$

式中，$WACC$——加权平均资本成本；

k_e——股权资本成本；

k_d——税后债务成本；

$E/[E+D]$——股权资本的市场价值在总资产市价中所占的比例；

$D/[E+D]$——债务的市场价值在总资产市价中所占的比例。

【例 7-3】 加权平均资本成本的计算

2007 年 12 月，某电信公司的股权资本成本为 12.50%，税后债务成本是 5.25%，在公司的总资产中，股权资本占 76.94%（按照市场价值计算），债务占 23.06%。该公司的加权平均资本成本为：

WACC = 12.50% × 76.94% + 5.25% × 23.06% = 10.83%

7.3.5 收益途径评估企业价值的模型

依据未来收益的不同形式，收益途径评估企业价值的模型分为红利折现模型、股权资本自由现金流模型和公司自由现金流模型。在每一种模型中，还可以将预期经济收益的增长分为 3 种形式，如图 7-2 所示，分别为：

(1)高增长阶段→过渡阶段→稳定增长阶段；

(2)高增长阶段→稳定增长阶段；

(3)稳定增长阶段。

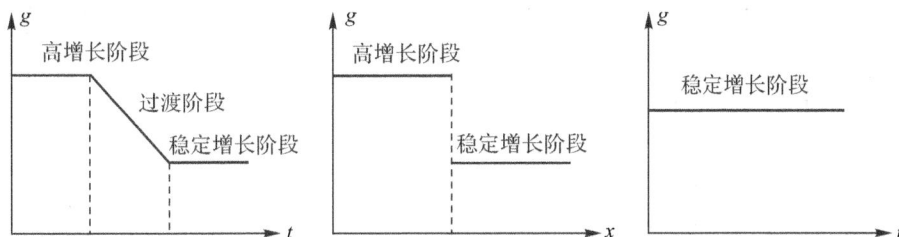

图 7-2 企业经济收益增长方式

高增长阶段是指企业经济收益的增长率大大高于所处经济环境的名义或真实增长率（整个国民经济增长率）的时期；过渡阶段是指经济收益由高增长阶段向稳定增长阶段逐步调整的时期；稳定增长阶段是指企业经济收益不高于所处经济环境的名义或真实增长率并保持平稳性增长的时期。收益途径评估企业价值模型的选择，取决于预期经济收益的形式和增长方式。

1. 红利折现模型

投资者购买股票，通常期望获得两种现金流：持股期间派发的股票红利和持股期末的预期股票价格。由于持有期末股票的预期价格也是由股票未来红利决定的，所以股票当前每股价值就等于无限期红利的现值。公式为：

$$P = \sum_{t=1}^{\infty} \frac{DPS_t}{(1+k_e)^t}$$

式中，DPS_t——第 t 期每股预期红利；

k_e——股权资本成本。

这一模型的理论基础是现值原理——任何资产的价值等于其预期未来全部现金流的现值之和，只不过它的现金流是预期的股票红利。公式有两个基本参数：预期红利和投资者要求的股权资本收益率。根据红利未来增长率的不同，红利折现模型有以下几种：

(1)稳定增长模型(Gordon 增长模型)。稳定增长模型用来估计属于"稳定增长"状态的公司的股权价值，即该公司的红利预计在未来很长的时期内以一个不变的速度在增长。稳定增长模型又称为 Gordon 增长模型(Gordon 于 1962 年提出)。它有 3 个假设条件：①红利的支付是永久性的；②红利的增长速度是一个常数；③模型中的折现率 k_e 大于红利增长率 g。

Gordon 增长模型把股票或是公司股权的价值与下一时期的预期红利，权益投资者的要求收益率和预期红利增长率联系起来，公式为：

$$P = \frac{DPS_1}{k_e - g}$$

式中，DPS_1——下一年的预期红利；

k_e——股权资本成本；

g——永续的红利增长率。

(2)两阶段红利折现模型。由于在实际情况中，这种红利永恒稳定增长的公司很少，大部分公司的发展状况往往是：在刚成立的一段时间由于产品的新颖性和高科技性迅速占领市场，销售收入将会迅猛增长，过了一段高速增长时期之后，公司才会进入稳定增长时期。这样 Gordon 增长模型就不再合适，两阶段增长模型考虑了增长的两个阶段，比较好地反映了大部分新创企业的实际发展状况。其具体形式为：

股票的价值＝超常增长阶段股票红利的现值＋期末股票价格的现值

$$P = \sum_{t=1}^{n} \frac{DPS_t}{(1+k_e)^t} + \frac{P_n}{(1+k_e)^n}$$

$$P_n = \frac{DPS_{n+1}}{k_{en} - g_n}$$

式中，DPS_t——第 t 年预期的每股红利；

k_e——超常增长阶段公司的要求收益率(股权资本成本)；

P_n——第 n 年末公司的价格；

g——前 n 年的超常增长率；

g_n——n 年后的永续增长率；

k_{en}——稳定增长阶段公司的要求收益率。

(3)三阶段红利折现模型。三阶段模型假设公司的发展前后经历三个阶段：保持高增长率的初始阶段、增长率下降的过渡阶段和永续低增长率的稳定增长阶段。如图 7-3 所示。

公司股票的价值是高增长阶段、过渡阶段的预期红利的现值和最后稳定增长阶段开始时终值的现值的总和。

收益增长率

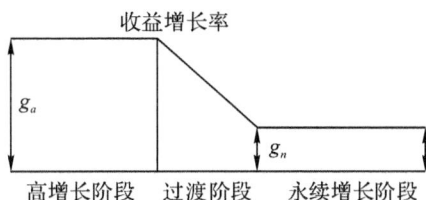

图 7-3　三阶段红利折现模型的预期增长率

【例 7-4】　两阶段红利折现模型

设某公司在 2014 年的红利为 0.9 元,从 2015 年开始超常增长持续 5 年,在此期间,股权资本成本是 15.50%,预期增长率是 13%;到 2020 年开始进入稳定增长阶段,这时预计增长率为 6%,股权资本成本为 13.50%,请确定 2014 年公司的股票价值。

解:已知,

$DPS_0=0.9, k_e=15.50\%, g=13\%, k_{en}=13.50\%, g_n=6\%, n=5, DPS_6=3,$

代入公式:

$$P=\frac{0.9\times(1+13\%)}{(1+15.50\%)}+\frac{0.9\times(1+13\%)^2}{(1+15.50\%)^2}$$
$$+\frac{0.9\times(1+13\%)^3}{(1+15.50\%)^3}+\frac{0.9\times(1+13\%)^4}{(1+15.50\%)^4}$$
$$+\frac{0.9\times(1+13\%)^5}{(1+15.50\%)^5}+\frac{0.9\times(1+13\%)^5\times1.06}{(1+15.50\%)^5(13.50\%-6\%)}$$
$$=15.6(元/股)$$

2. 股权资本自由现金流估价模型(FCFE)

股权资本自由现金流模型是评估股权资本价值的普遍形式,而红利折现模型只不过是它的一种特殊情况,即这个股权资本的净现金流全部是红利。根据对股权资本自由现金流未来增长率的不同假设,构造出了几种不同形式的股权资本自由现金流估价模型。

(1)稳定增长的股权资本自由现金流模型。与 Gordon 增长模型类似,如果公司一直处于稳定增长阶段,以一个不变的增长率持续增长,那么这个公司就可以使用稳定增长的 FCFE 模型进行评估。

在稳定增长的 FCFE 模型中股权资本的价值是 3 个变量的函数:下一年的预期 FCFE,稳定增长率和投资者的要求收益率。

$$P=\frac{FCFE_1}{k_e-g}$$

式中,$FCFE_1$——下一年的预期股权资本自由现金流;

k_e——股权资本成本;

g——永续的红利增长率。

在公式中,如何确定股权资本自由现金流的增长率 g 是估价的关键。通常通过 3 种途径确定增长率:①使用公司历史增长率的平均值;②使用专业分析人员的盈利预测;③根据公司的基本方面决策而决定盈利增长率。

公司基本方面的因素包括公司的产品线、边际利润、财务杠杆比率和红利政策等。由于股权资本自由现金流应以不变的比率 g 持续增长,通常假定净收益、资本性支出、折旧和营运资本追加额以同一比率增长。这样稳定增长率 g 一般就可以取净收益的增长率,它可以通过以下关系式进行估算:

$$g = b \times ROE$$

式中,g——稳定增长率;

b——留存比率;

ROE——净资产收益率

令 ROC=资产收益率,D/E=负债/权益,i=利率,t=税率,则稳定增长率又等于:

$$g = b\{ROC + D/E[ROC - i(1-t)]\}$$

【例 7-5】 稳定增长的 FCFE 模型

某公司的财务结构相当稳定,理想负债比率为 25%。预计净收益、资本性支出、折旧和营运资本追加额都以每年 6% 的增长率增长。已知当前公司每股收益为 3.15 元,每股资本性支出为 3.15 元,每股折旧为 2.78 元,每股营运资本追加额为 0.5 元,公司股票的 β 值为 0.9,国债利率为 7.50%。试用 FCFE 稳定增长模型估算当前公司股票价值,风险溢价 5.5%。

解:利用 FCFE 稳定增长模型估算公司股票价格,必须确定 3 个变量:

(1)FCFE 的稳定增长率 g=6%;

(2)投资者要求收益率,利用资本资产定价(CAPM)模型确定,其中市场风险溢价为 5.5%;

$$k_e = 7.5\% + 0.9 \times 5.5\% = 12.45\%$$

(3)下一期股权资本自由现金流,根据公司当前财务信息,可先求出本期股权资本自由现金流 $FCFE_0$:

$$\begin{aligned}FCFE_0 &= 3.15 - (1-25\%) \times (3.15 - 2.78) - (1-25\%) \times 0.5 \\ &= 2.4975(\text{元})\end{aligned}$$

于是,$FCFE_1 = FCFE_0 \times (1+g) = 2.4975 \times (1+6\%) = 2.6474(\text{元})$

根据稳定增长的 FCFE 模型:

$$V = \frac{FCFE_1}{k_e - g} = \frac{2.6474}{12.45\% - 6\%} = 41.04(\text{元})$$

因此,公司每股权益的价值为 41.04 元。

(2)两阶段股权资本自由现金流模型。两阶段 FCFE 模型考虑了公司增长的两个阶段:增长率较高的初始阶段和随后的稳定阶段,在稳定阶段中公司的增长率平稳,并预期长期保持不变。该模型比较好地反映了大部分高新技术企业乃至大部分其他企业的实际发展状况,适用于那些预计会在一定时期里快速增长,然后再进入稳定增长阶段的公司。

此时,公司股权价值由两部分组成:一是超常增长时期每年 FCFE 的现值;二是超常增长结束时期价值的现值。

股权资本价值=高速增长阶段 FCFE 的现值+期末价值的现值

$$V = \sum_{t=1}^{n} \frac{FCFE_t}{(1+k_e)^t} + \frac{P_n}{(1+k_e)^n}$$

$$P_n = \frac{FCFE_{n+1}}{k_{en} - g_n}$$

式中,$FCFE_t$——第 t 年的 $FCFE$;

　　P_n——高速增长阶段期末价值;

　　k_e——高速增长阶段内股权投资者要求的收益率;

　　k_{en}——稳定增长阶段投资者要求的收益率;

　　g_n——稳定增长阶段的增长率。

【例 7-6】　两阶段 FCFE 模型

一家从事生物工程的公司,财务结构相当稳定。公司处于负债比率为 18% 的理想状态。预计前 5 年处在高速增长阶段,随后立即进入稳定增长阶段。试用 FCFE 两阶段增长模型估算当前公司的股票价值。

已知当前的财务信息:每股经营收入为 12.40 元,每股净收益为 3.10 元,每股资本性支出为 1.00 元,每股折旧为 0.60 元,长期国债利率为 7.50%,风险溢价 5.5%。

预计高速增长阶段的相关数据:净资产收益率(ROE)为 18.78%,留存比率(b)为 100%(不支付红利),高速增长阶段的 β 值为 1.30,资本性支出、折旧和经营收入与净收益增长率相同,营运资本保持为经营收入的 20%。

预计稳定增长阶段的相关数据:稳定增长率为 6%,稳定增长阶段的 β 值为 1.10,资本性支出可以由折旧来弥补,经营收入增长率也为 6%,营运资本仍为经营收入的 20%。

下面分别计算高速增长阶段和稳定发展阶段股权的价值。

(1)高速增长阶段 FCFE 的现值

先计算高速增长阶段 FCFE 的增长率和投资者要求收益率:

$g = b \times ROE = 100\% \times 18.78\% = 18.78\%$

$r = 7.50\% + 1.30 \times 5.5\% = 14.65\%$

再计算高速增长阶段 FCFE 的现值。计算过程列入表 7-4。

表 7-4　高速增长阶段 FCFE 现值的计算过程

项目/元	第 1 年	第 2 年	第 3 年	第 4 年	第 5 年
净收益	3.6822	4.3737	5.1951	6.1707	7.3296
(1−δ)×(资本性支出−折旧)	0.3896	0.4627	0.5496	0.6528	0.7754
(1−δ)×营运资本追加额	0.3819	0.4536	0.5388	0.6399	0.7601
FCFE	2.9108	3.4574	4.1067	4.8779	5.7940
现值　r=14.65%	2.5408	2.6344	2.7315	2.8321	2.9364

所以,对现值求和,高速增长阶段的 FCFE 现值为 13.68 元。

(2)稳定增长阶段 FCFE 的现值

先计算第 6 年的 FCFE:

第 6 年净收益＝第 5 年净收益×（1＋6％）

$$= 7.3296 \times 1.06 = 7.7694(元)$$

第 6 年营运资本增加额＝第 6 年经营收入变化量×20％

$$= 12.40 \times (1+18.78\%)^5 \times 6\% \times 20\%$$

$$= 0.3518(元)$$

所以，$FCFE_6 = 7.7694 - (1-18\%) \times 0.3518 = 7.4810(元)$

再计算稳定增长阶段投资者的要求收益率：

$$k_e = 7.50\% + 1.10 \times 5.5\% = 13.55\%$$

根据稳定增长模型可得股票的期末价值：

$$P_n = \frac{7.4810}{13.55\% - 6\%} = 99.0816(元)$$

高速增长阶段结束时股票期末价值的现值

$$= 99.0861 \div (1+14.65\%)^5 = 50.02(元)$$

（3）当前公司股票价值

根据 FCFE 两阶段模型公式，把两部分的结果加起来便可以得到当前公司股票价值为 50.02＋13.68＝63.7 元。

（3）三阶段的股权资本自由现金流模型。三个阶段一般是这样划分：起初的高增长阶段，增长率下降的过渡阶段和增长率保持不变的稳定阶段。股权资本的价值 V 的计算如下：

$$V = \sum_{t=1}^{n1} \frac{FCFE_t}{(1+k_e)^t} + \sum_{t=1}^{n2} \frac{FCFE_t}{(1+k_e)^t} + \frac{P_{n2}}{(1+k_e)^{n2}}$$

其中，

$$P_{n2} = \frac{FCFE_{n2+1}}{k_e - g_n}$$

式中，V——公司股权资本的价值；

$FCFE_t$——第 t 年的 $FCFE$；

k_e——股权资本成本；

P_{n2}——过渡阶段期末股权资本的价值；

n_1——高速增长阶段的结束时间；

n_2——过渡阶段的结束时间。

3. 公司自由现金流模型（FCFF）

用加权平均资本成本（WACC）对公司自由现金流 FCFF 进行折现可以得到公司的价值。根据对公司自由现金流未来增长率的不同假设而构造出了下面几种不同形式的公司自由现金流折现模型，分别为稳定增长的 FCFF 模型、两阶段 FCFF 模型和三阶段 FCFF 模型。模型形式上与股权资本自由现金流模型类似，在此只给出公司自由现金流估价模型的稳定增长形式和一般形式。

（1）FCFF 稳定增长模型。与 Gordon 增长模型及 FCFE 稳定增长模型一样，对于稳定增长企业的现金流以固定的增长率增长时，可以使用稳定增长的 FCFF 模型对其进行评估。

$$公司价值\ V = \frac{FCFF_1}{WACC - g}$$

式中，$FCFF_1$——下一年预期公司自由现金流；

　　　$WACC$——公司的加权平均资本成本；

　　　g——公司自由现金流的稳定增长率。

（2）FCFF 模型的一般形式。在最普遍的情形中，可以把公司的价值表示成公司预期自由现金流的现值。

$$公司价值\ V = \sum_{t=1}^{\infty} \frac{FCFF_t}{(1 + WACC)^t}$$

式中，$FCFF_t$——下一年预期公司自由现金流；

　　　$WACC$——公司的加权平均资本成本。

【例 7-7】　两阶段 FCFF 模型

一家财务杠杆比率远远高于合理水平的百货公司，预期今后 5 年逐步复苏，收益增长率略高于稳定增长率，负债比率将稳步降低到理想状态，适宜用 FCFF 两阶段模型估计公司的整体价值。

当前公司的财务资料显示：2006 年公司的息税前收益为 5.32 亿元，资本性支出与折旧分别为 3.10 亿元和 2.07 亿元，经营收入为 72.30 亿元，营运资本保持在经营收入的 25%，税率为 36%，长期国债率为 7.5%，市场风险溢价为 5.5%。

预期今后 5 年高速增长阶段的数据：EBIT 的增长率为 8%，高速增长期公司 β 值为 1.25，负债比率为 50%，税前债务成本为 9.5%，经营收入、资本性支出和折旧都以 8% 的速度增长。

预期稳定增长阶段的数据：EBIT、经营收入的预期增长率为 5%，营运资本占经营收入的比率不变，稳定增长期公司 β 值为 1.00，负债比率为 25%，税前债务成本为 8.5%，资本性支出等于折旧。

试估计公司的整体价值。

下面根据以上数据信息进行估价。

（1）计算高速增长阶段 FCFF 的现值，计算过程见表 7-4。

表 7-4　高速增长阶段 FCFF 现值的计算过程

项目（亿元）	第 1 年	第 2 年	第 3 年	第 4 年	第 5 年
EBIT	5.7456	6.2052	6.7017	7.2378	7.8168
EBIT×t	2.0684	2.2339	2.4126	2.6056	2.8141
折旧	2.2356	2.4144	2.6076	2.8162	3.0415
资本性支出	3.3480	3.6158	3.9051	4.2175	4.5549
营运资本追加	1.4460	1.5617	1.6866	1.8215	1.9673
FCFF	1.1188	1.2083	1.3049	1.4093	1.5221

加权平均资本成本：

高速阶段股权资本成本＝7.5％＋1.25×5.5％＝14.38％

高速增长阶段税后债务成本＝9.5％×(1－36％)＝6.08％

高速增长阶段 WACC＝14.38％×(1－50％)＋6.08％×50％
$$=10.23\%$$

这样通过 FCFF 逐年折现求和，可得 5 年高速增长阶段 FCFF 现值为 4.87 亿元。

(2)计算稳定增长阶段 FCFF 的现值

第 6 年 FCFF：

$\text{FCFF}_6=5.32\times(1+8\%)^5\times(1+5\%)\times(1-36\%)-72.30\times(1+8\%)^5\times$
$5\%\times25\%=3.9250(亿元)$

加权平均资本成本：

稳定增长阶段股权资本成本＝7.5％＋1.00×5.5％＝13％

稳定增长阶段税后债务成本＝8.5％×(1－36％)＝5.54％

稳定增长阶段 WACC＝13％×(1－25％)＋5.44％×25％＝11.11％

稳定增长阶段 FCFF 的现值为：

$$\frac{3.9250}{(11.11\%-5\%)\times(1+10.23\%)^5}=39.47(亿元)$$

(3)公司整体价值

公司价值＝4.87＋39.47＝44.34(亿元)

在使用折现现金流估价模型估价股权价值或企业整体价值时，必须关注模型中的相关参数的约束条件。稳定增长模型所要求的增长率的约束条件在两阶段模型中依然必须具备。除此之外，如何判断高速增长？如何划分高速增长阶段和稳定增长阶段？这在实际工作中是较难把握的事实。特别是公司高速增长时期的经济收益的增长率和稳定时期的经济收益的增长率存在明显不同时，由此引致折现率也相应不同，评估人员能否合理地确定不同阶段的折现率关系到价值评估的有效性。实践中，通过收益途径，采用折现现金流模型对企业整体或股权价值进行评估，对评估人员存在许多技能要求。评估人员的综合能力和经验在真正的实际分析中，体现得淋漓尽致。只有在实践中不断地积累经验，才能有助于提高自身的分析和判断水平。

7.4 市场途径评估企业价值

7.4.1 基本原理

目前国际上对企业价值评估时大量地采用了比较的方法，这种方法在投资银行或证券分析领域被称为相对估价法或财务比率估价法，其实质是把企业内部的财务指标或比率与市场上已经交易的可比公司的比率进行比较，从而得出被评估企业整体或权益的市场价值。用公式表示：

$$P=B\times\left(\frac{P'}{B'}\right)$$

式中，P——企业的股权价值或企业价值；

　　B——待评估企业影响企业价值的某一财务指标；

　　$\dfrac{P'}{B'}$——可比企业的股权价值或企业价值与可比企业的某一财务指标的比率，这一比

　　　　率也称为乘数。

在通过市场途径评估企业的价值时，企业的价值通过参考可比企业的价值与某一财务指标的比率而得到，其中最常用的一个比率是行业平均市盈率。前提假设是该行业中其他公司与被估价公司具有可比性。企业价值评估的市场途径可以选择的乘数还有价格/账面价值比率、价格/销售收入比率、价值/重置成本比率等。

确定比率数值的两种途径：

一是利用基本信息。基本信息包括收益和现金流的增长率、红利支付率、风险程度等。用这种方法确定的比率数值与使用折现现金流法是等价的，因为它们依据了相同的信息。该方法的主要优点是清晰地表明了所选用比率和公司基本信息之间的关系，了解当公司这些基本信息发生变化时，这些比率将如何变化。

二是利用可比企业。这种途径的核心在于可比企业的选择。可比企业是指具有与待评估企业相似的现金流量、增长潜力及风险特征的企业，一般应在同一行业范围内选择。可比性特征还有企业产品的性质、资本结构、管理及竞争性、盈利性、账面价值等方面。

企业价值评估的市场途径有两种方法，即参考企业比较法和并购案例比较法。这两种方法都是利用市场上交易的数据分析比较得出被评估企业的价值，所不同的是数据来源的市场不同：前者来源于公开交易的证券市场，而后者来源于个别的市场交易案例。

参考企业比较法是指对资本市场上与被评估企业处于同一类或类似行业的上市公司的经营和财务数据进行分析，计算适当的价值比率或经济指标，在与被评估企业比较分析的基础上，得出评估对象价值的方法。并购案例比较法是指通过与被评估企业处于同一或类似行业的上市公司的买卖、收购及合并案例，获取并分析这些交易案例的数据资料，计算适当的价值比率或经济指标，在与被评估企业比较分析的基础上，得出评估对象价值的方法。由于我国市场中并购案例的信息资料很少，因此这里重点分析参考企业比较法。

参考企业比较法中选择的价值比率一般是一个分数，分子是参照上市公司股票在评估基准日的交易价格（一般是当日的收盘价），分母则是根据上市公司的财务报表直接观察或推导出来的有关经济变量。

上市公司财务报表中常用来作为定价指标的财务数据有：

(1)销售收入；

(2)税后净利润；

(3)息税前收益；

(4)息税折旧摊销前收益；

(5)经营现金流；

(6)股权资本自由现金流；

(7)公司自由现金流；

(8)账面价值。

上面这些变量应该都是在企业经营的基础上计算出来的，非经营的项目分开单独处

理。上述任意一项收益变量都可以在任何时间周期内或整个时间周期内计算出来作为价值比率指标的分母。一般采用的方法有这样几种:

(1)最近12个月的数据;

(2)最近一个会计年度的数据;

(3)未来下一个年度的数据预测;

(4)过去一些年度数据的简单算术平均值;

(5)过去一些年度的加权平均值。

在某些行业,要注意由于损益表的变量是一个时间周期或多个时间周期得出来的数据,而资产负债表的变量是某一时点的数据信息,因此选用资产负债表的数据时,资产负债表的日期应尽可能靠近评估基准日。

下面分析市场法中几个主要比率指标的内涵和应用。

7.4.2 市盈率(PE)比较法

在参考企业比较法的许多价值比率指标中,市盈率是证券市场上最为人们熟悉的一个比率,因此在评估中得到了广泛的应用。市盈率(PE)等于股价除以每股收益。市盈率简单明了的优点使其在从初始发行定价到相对价值判断等一系列应用中都成为十分具有吸引力的选择。然而它与公司基本财务数据之间的联系却常常被人忽视,从而导致人们在应用中常常出现重大失误。因此在运用市盈率进行价值比较之前,将先分析市盈率的各种决定因素。

1. 根据基本因素估计市盈率

公司的市盈率最终决定因素与折现现金流量法模型中价值的决定因素是相同的,取决于决定价值的基本因素——公司的预期增长率、红利支付率和风险。

(1)稳定增长公司的市盈率。当公司处于稳定增长时,利用红利折现模型得到其股权资本的价值:

$$P_0 = \frac{DPS_1}{k_e - g}$$

式中,P_0——股权资本的价值;

DPS_1——下一年预期的每股红利;

k_e——股权资本要求的收益率;

g——股票红利的增长率。

由于 $DPS_1 = EPS_0 \times$ 红利支付率 $\times (1+g)$,所以股权资本的价值为:

$$P_0 = \frac{EPS_0 \times 红利支付率 \times (1+g)}{k_e - g}$$

两边同时除以 EPS_0 后得到市盈率的表达式:

$$\frac{P_0}{EPS_0} = \frac{红利支付率 \times (1+g)}{k_e - g}$$

如果用下一期的预期收益表示市盈率,则公式可以简化称为:

$$\frac{P_0}{EPS_1} = \frac{红利支付率}{k_e - g}$$

由上面的推导可以得出:对于稳定增长的公司来说,其市盈率是红利支付率和增长率的函数。这里特别要指出的是:上面由公司基本因素推导出来的市盈率是在假定 P_0 代表公司股权内在价值的前提下得出的理论市盈率,所以当股票市场的交易价格与假设前提下计算出来的内在价值相符时,两个市盈率就会大致相当。而当股票市场的交易价格高于或低于真实价值时,我们就可以根据基本因素计算出来的市盈率与实际市盈率相比较,从而判断该公司股票价值是否被市场高估或低估了。

【例 7-8】　稳定增长公司的市盈率

A 公司是一家银行控股的高技术公司,2005 年该公司的每股收益为 2.40 元,每股红利为 1.06 元,公司前 5 年的收益增长率为 7.5%,预计长期(自 2006 年开始)的年增长率为 6%,公司股票的 β 值为 1.05,市场交易价格是公司收益的 10 倍(假定无风险利率为 4%,市场风险溢价为 6.5%)。

(1)求该公司的理论市盈率。

(2)公司当前市场实际市盈率暗示公司的长期增长率是多少?

解:(1)公司红利支付率 = 1.06/2.40 = 44.17%

预期的长期增长率 = 6%

股权资本成本 = 4% + 1.05 × 6.5% = 10.825%

市盈率 = P/E = 0.4417 × 1.06/(0.10825 − 0.06) = 9.70

(2)由于实际上目前股票交易价是公司收益的 10 倍,即

实际市盈率 = P/E = 0.4417 × (1+g)/(0.10825 − 0.06) = 10

求得增长率为:g = 6.14%

即公司当前的市盈率说明公司的长期增长率应该达到 6.14%。

(2)高速增长公司的市盈率。由于高速增长的公司在一段高速增长时期之后必然会进入一个稳定增长时期,因此,在求取高速增长公司的市盈率时,可以从两阶段红利折现模型入手,当公司的增长率和红利支付率已知时,红利折现模型表述如下:

$$P_0 = \sum_{t=1}^{n} \frac{DPS_t}{(1+k_e)^t} + \frac{P_n}{(1+k_{en})^n}$$

$$P_n = \frac{DPS_{n+1}}{k_{en} - g_n}$$

式中,DPS_t——第 t 年预期的每股红利;

k_e——超常增长阶段公司的要求收益率(股权资本成本);

P_n——第 n 年末公司的价格;

g——前 n 年公司的增长率;

g_n——n 年后的永续增长率;

k_{en}——稳定增长阶段公司的要求收益率。

在超常增长率 g 和红利支付率在前 n 年保持不变的情况下,这一公式可简化如下:

$$P_0 = \frac{DPS_0(1+g)\left[1 - \frac{(1+g)^n}{(1+k_e)^n}\right]}{k_e - g} + \frac{DPS_{n+1}}{(k_{en} - g_n)(1+k_{en})^n}$$

假定用 b 代表红利支付率,进一步推导:

$$P_0 = \frac{EPS_0 \times b \times (1+g)\left[1-\frac{(1+g)^n}{(1+k_e)^n}\right]}{k_e-g} + \frac{EPS_0 \times (1+g)^n \times (1+g_n) \times b}{(k_{en}-g_n)(1+k_{en})^n}$$

两边同时除以 EPS_0 后得到市盈率的表达式：

$$\frac{P_0}{EPS_0} = \frac{b \times (1+g)\left[1-\frac{(1+g)^n}{(1+k_e)^n}\right]}{k_e-g} + \frac{(1+g)^n \times (1+g_n) \times b}{(k_{en}-g_n)(1+k_{en})^n}$$

由上面的公式可以看出，高速增长公司的市盈率由以下因素决定：①高速增长阶段和稳定增长阶段的红利支付率；②风险程度；③高速增长阶段和稳定增长阶段预期盈利增长率。

2. 市盈率的比较

从广义的角度看，市盈率可以在国家之间、公司之间和公司发展的各个阶段之间进行比较，运用参考企业比较法即可以用公司之间的市盈率进行比较。虽然这些比较能够产生一些有价值的信息，但是也常常会因为不同公司起决定作用的基本因素的变化而无法进行比较。所以当对公司的市盈率进行比较时，一定要考虑公司的风险性、增长率以及红利支付率等方面的差异。

(1)参考上市公司市盈率求被评估公司的市盈率。用市场法评估公司价值，首先要求出这个被评估公司的市盈率。具体步骤为：①选择一组可比参考公司，计算这一组公司的平均市盈率；②根据待评估公司与可比公司之间差别对平均市盈率进行主观上的调整，得出被评估公司的市盈率。

在运用市盈率比较法时，对于什么样的公司可比，在选择时本身就是主观的；此外，即使能够选择出一组合理的可比参考公司，待评估公司与这组公司在基本因素方面仍然是有差异的。根据这些差异进行主观调整并不能很好地解决这些问题。尽管如此，由于利用参考企业比较方法的便利性，所以在评估实务界仍然有许多人乐于用这种方法进行估价。因为即使使用折现现金流量法，评估过程仍然存在许多无法客观判断的参数而只能用主观的调整加以解决。所以，客观与主观、准确与粗略都是一个相对的概念。

(2)利用公司所处行业数据的回归分析方法。回归分析的方法并不是不用可比参考企业，它只是不直接采用可比公司的市盈率，而是采用同行业企业的基本数据，或者采用更多公司的基本数据进行回归分析，找出市盈率与基本数据之间的关系。概括这些信息最简单的方法就是进行多元回归分析，其中市盈率作为被解释变量，而风险、增长率和红利支付率为解释变量。

【例 7-9】 **估价公司股权资本的价值**

友邦公司是一家环保产业的高新技术公司，即将上市。当年的净收益是 3720 万元，预计在今后 5 年中公司收益的年增长率为 15%，5 年后的增长率是每年 6%。公司当前的资本性支出是 1500 万元，折旧是 800 万元，预计资本性支出和折旧两者在今后 5 年的增长率分别为 8%，5 年后两者的增长率分别为 6%。假定公司每年的营运资本没有增减，负债比率为 32%，处于理想的财务杠杆水平。今后 5 年公司的 β 值为 1.19，之后变为 1.10，无风险利率 5%，风险溢价 5.5%。

解:(1)先用折现现金流法评估公司价值

公司今后 5 年的预期股权资本自由现金流(FCFE)如表 7-5 所示。

表 7-5　公司今后 5 年的预期股权资本自由现金流　　　　单位:万元

	第 1 年	第 2 年	第 3 年	第 4 年	第 5 年
净收益	4278	4920	5658	6506	7482
−(1−δ)×(资本性支出−折旧)	514	555	600	648	699
−(1−δ)×营运资本追加额	0	0	0	0	0
=FCFE	3764	4364	5058	5859	6783
现值	3374	3508	3644	3784	3928

第 6 年股权资本自由现金流预计为 7190 万元,根据这个数字计算出来的期末价值为 14.2373 亿元。预期股权资本自由现金流和期末价值的现值为:

超常增长阶段 FCFE 的现值＝18239(万元)

期末价值的现值＝82447(万元)

股权资本的价值＝18239＋82447＝100686(万元)

根据预期现金流,该公司的股权资本的价值为 10.0686 亿元。

(2)用市盈率比较法估价该公司股权资本价值

该公司当年的净收益是 3720 万元,该公司同行业的上市公司的平均市盈率为 25.20,使用这一平均市盈率对该公司的股权资本估价:

公司的股权资本价值＝3720×25.20＝93744(万元)

这个数值与前面使用折现现金流法方法得到的股权价值(100686 万元)相近。

7.4.3　价格/账面价值比率(PBV)比较法

价格/账面价值(PBV)是指股权的市场价格与股权的账面价值的比率,或每股股价与每股账面价值的比率。对于稳定增长的企业,根据 Gordon 增长模型,一家稳定增长企业股权的价值:

$$P_0 = \frac{DPS_1}{k_e - g}$$

式中,P_0——股权资本的价值;

DPS_1——下一年预期的每股红利;

k_e——股权资本要求的收益率;

g——股票红利的增长率。

这里使用 BV 代表权益的账面价值,则净资产收益率 ROE 为:

$$ROE = EPS/权益的账面价值 = EPS/BV$$

参照上面市盈率比较法的推导,则价格/账面价值比率 PBV 为:

$$\frac{P_0}{BV_0} = \frac{ROE \times 红利支付率 \times (1+g)}{k_e - g}$$

由于 $g = ROE \times (1-红利支付率)$,那么上述公式可以继续简化为:

$$\frac{P_0}{BV_0}=\frac{(ROE-g)\times(1+g)}{k_e-g}$$

由上可见,稳定增长企业的 PBV 比率是由净资产收益率、增长率和股权资本要求的收益率决定的。该公式的优点在于可以用它计算那些不支付红利的企业的 PBV 比率。

除了市盈率、价格/账面价值比率外,还可以使用价格/销售收入比率、价格/重置成本比率,还可以使用公司市场价值指标代替分子的股权资本价值,这为市场法在企业价值评估中开辟了新的思路。

应用市盈率、价格/账面价值比率或价格/销售收入比率进行企业股权或整体价值评估时,核心问题在于可比企业的选择。由于这些比率实质上是与企业的红利分配政策、风险程度、成长状况有关系,因此应用市场比较法评估企业价值应详细分析相关的因素,选取适当的模型,以免价值评估的失败。

7.5 资产基础途径评估企业价值

7.5.1 资产基础途径评估企业价值的基本原理

资产基础途径就是通过做出一个公平市场价值的资产负债表来反映企业的价值。企业中所有的资产都被列在这个资产负债表里(这个资产负债表不是会计师以历史成本为基础编制的资产负债表),企业所有的负债要列为评估基准日的负债。资产公平市场价值与负债之间的差就是企业所有者权益通过资产基础途径评估出来的价值。

资产基础途径中目前最常用的有 3 种方法:

(1)资产加和法(也常叫净资产价值法,NAV),就是把企业的资产和负债都评估到选定的价值标准下的价值,由此来确定企业权益的价值。这是我国资产评估师应用最多的一种方法,大量用于企业改制和股份制改造等。

(2)清算价值法,清算公司资产并偿还公司负债后得出的现值为企业的清算价值。这种方法也是我国《国有资产评估管理办法》中规定的评估方法之一,评估实践中也得到一定的应用。

(3)超额盈利资本化法,先把公司的有形资产和负债进行评估之后再加上无形资产的价值,由此确定企业权益的价值。

资产途径评估企业价值方法是目前我国资产评估师最熟悉的企业整体价值评估方法。由于历史的原因,我国大量的国有企业改制以及合资合作等都是采用这种方法对企业整体进行评估,并称之为"整体企业评估的重置成本法"。

7.5.2 资产加和法

1. 资产加和法的一些重要原则

第一,在运用资产加和法评估企业价值中,财务报表中资产的历史成本是评估分析工作的起点,而非评估分析工作的终点。

评估人员对以公允会计准则为依据的资产负债表的使用,仅仅是作为其评估分析工作的起点。而以评估价值结果为依据的资产负债表将作为最终形式，通常与以历史成本为依据的资产负债表形式相同，但在内容方面存在着很大的差别。

在以评估结果为依据的资产负债表中，至少在以下两个方面与以历史成本为依据的资产负债表存在着实质性的差别：①资产负债表中的资产与负债科目于评估基准日进行了重估；②可能增加了若干新的资产科目和负债科目。

第二，在运用资产加和法评估后，所有的资产和负债将以评估中所选择的恰当价值标准重新体现其价值。如果某一资产与负债科目无关紧要或其重估后并无实质性变动，则评估人员可保留其在资产负债表中的历史成本价值。另外，评估人员可根据资产与负债的项目或类别，对每一个资产或负债项目分别进行考虑和分析。

评估人员在最终得出评估企业权益的定义价值的过程中，分别求得每一项资产和负债的定义价值。此时，得出的价值都是在一定的标准下的评估价值而并非所谓的"账面净值"。

第三，在资产加和方法的运用中，企业所有的资产和负债将以所选择的恰当价值标准予以重估。在许多情形下，企业价值评估人员可能需要依靠不动产评估、机器设备评估或其他评估门类的专家的工作。

此外，企业的许多极有价值的资产可能没有记录在以历史成本为依据的资产负债表中，其中包括企业许多无形资产。许多起到实质作用的无形资产通常不包括在财务报表的资产负债表中（作为企业购入资产的一部分，根据资产购入的会计方法入账的购入无形资产除外）。同时，企业的许多重要的负债也没有记录在以历史成本为依据的资产负债表中。其中包括企业整个范畴的或有负债的科目。这些项目都是资产加和法评估时特别需要关注的地方。因此，新的资产科目和可能情形下新的负债科目，作为资产加和法评估内容的一部分，将出现在企业以评估价值为依据的资产负债表中。

2. 资产加和法的程序

（1）要获得以历史成本为基础的资产负债表。评估人员的评估首先从企业的历史成本资产负债表开始。此资产负债表若是在评估基准日编制的则最为理想。如果不能获得评估基准日的资产负债表时，评估人员也可以采取以下 3 种办法：①要求评估委托方的会计师编制评估基准日的历史成本资产负债表，为评估人员开始进行评估提供帮助。②若评估人员具备编制财务报表所必需的基本会计经验，自己也可根据资料编制评估基准日的资产负债表。③评估人员可依赖距评估基准日之前最近的财务核算期限已结束的资产负债表。需要注意的是，这个近期的财务核算期限已结束的资产负债表通常比评估基准日的资产负债表需要进行更多的评估调整。但使用此类资产负债表，总的来说比根本没有资产负债表好得多，因为总是有一个考虑问题的起始点。

（2）确定以成本为基础的资产负债表上需要重新估价的资产与负债。评估人员将慎重地分析和了解所评估企业每一项实质性的在账资产和负债，目的是根据所选择的适用于所评估企业价值标准，决定需要评估的资产与负债。

（3）确定以成本为基础的资产负债表之外需要确认的资产。评估分析人员将确定在评估结果的资产负债表中需要确认的目前没有入账的（有时称为资产负债表之外的）资产。例如：无形资产经常没有记入编制的资产负债表中，而这些资产往往是小型高新技术企业和许多传媒文化产业以及第三产业服务机构里经济价值最大的组成部分。

企业的有形和无形资产体现了企业全部价值分配到具体资产的各个部分,它们是企业获利能力,产生现金流能力和红利股息支付能力的各种因素组合(即资产的项目或资产的组合)。而企业由于本身内部发展而形成的无形资产一般都没有出现在资产负债表中;某些有形资产也可能对其支付了费用但在其获得时却没有被资本化;而某些有形资产即使仍有使用寿命和相当的价值,但可能其在财务报表中也已被全部提取了折旧。由于这些原因,评估人员应寻找这些没有在账上体现的有形资产和无形资产。

(4)确定资产负债表之外需要确认的或有负债。评估人员将需要确定在评估结果的资产负债表中需要确认的但目前没有入账的实质性的或有负债。对于那些存在未予判决的经济起诉、所得税等方面的争议或提起环境治理要求等情形的企业,或有负债对企业的经营风险有重要影响,在企业价值评估中应给予考虑。

(5)对以上确定资产和负债项目进行评估。在账面的资产与负债分析之后和账外的资产与负债确定之后,评估人员将开始企业每一项资产评估的定量分析程序,如有必要,还将进行企业每一项负债项目的定量分析程序。在典型的企业价值评估项目中,评估人员进行的是各类资产的评估分析。

(6)编制评估后的资产负债表。在得出企业的所有有形资产和无形资产的价值、企业的所有账面和或有负债之后,评估人员就可以编制一份日期为评估基准日的资产负债表。在这份以评估结果为基础的(不同于以历史成本为基础的)资产负债表中,评估分析人员直接按算术程序,以企业(有形和无形的)的资产价值减去企业(账面和或有的)的负债价值。此算法得出的是以企业权益价值衡量的100%的所有者权益。

此时,资产加和法评估了企业全部的所有者权益。当企业还有若干不同类型的股权权益问题时,则可能要求增加一些其他的评估程序和价值分配程序。

7.5.3 超额赢利资本化法

在超额盈利资本化法中,企业所有的资产和负债的评估是一次集中进行的分析和计算。一般情形下,超额盈利资本化法是对企业高于其账面净资产价值的全部超额价值进行量化。使用这种方法,企业以商誉形式集中体现的无形价值,被确定为与企业账面价值相比较而存在的所有企业的增值(或减值)。在采用超额收益资本化法时,企业权益的价值等于企业有形资产的净值加上企业以商誉形式体现的整体无形资产的价值之和。此整体无形资产的价值(或称之为企业超出其账面价值的全部增值)采用超额盈利资本化法进行确定。

【例 7-10】 超额盈利资本化法的应用

A 公司在 2000 年 12 月 31 日拥有净有形资产价值 2000 万元,根据历史数据分析,企业在正常情况下每年的净收益可达 800 万元。再根据市场资料以及行业资料分析,这类企业的有形资产的公允回报率大约为 15%。而根据企业类型和风险估算超额盈利的直接资本化率为 20%。至此,A 企业的价值估算如表 7-6 所示。

表 7-6　A 企业的价值估算

净有形资产价值		2000 万元
正常水平经济收益	800 万元	
减去：有形资产的经济盈利 2000×15%	−300 万元	
超额经济盈利	500 万元	
资本化超额盈利的无形资产价值 500/20%		2500 万元
A 公司企业整体价值		4500 万元

　　按照资产基础途径的概念进行界定，超额盈利资本化法是一种以资产为基础的评估途径的应用。但必须要强调的是，在要求严格的超额盈利资本化法的运用中应注意以下事项：①所有的有形资产将重估其公平市场价值；②超额盈利资本化法仅适用于确定企业以商誉形式出现的整体无形资产的价值。

第 8 章

期权定价模型在资产评估中的应用

⏵学习目标

1. 了解期权的基本原理和影响期权价格的主要因素；

2. 熟悉期权定价原理和定价模型；

3. 掌握实物期权原理和评估步骤；

4. 掌握期权在资产价值评估中的具体应用。

期权是一种衍生证券，其价值取决于标的资产的价值。尽管期权交易诞生的时间不长，但是具有期权特征的证券已经存在较长的时间。在过去的 25 年中，特别是自 Black 和 Scholes 提出了期权定价模型以来，期权的定价方法有了突飞猛进的进展。资产评估作为一个综合性的应用学科，总是不断地从投资理论、金融理论、财经理论或其他理论学科中吸取营养，来丰富自己的评估方法和技术手段。期权定价理论在资产评估中的应用即为一个典型。2011 年中国资产评估协会颁布了《实物期权评估指导意见（试行）》，首次对实物期权评估进行了规范。

8.1　期权概述

8.1.1　期权的基本原理

期权为期权的持有者提供了一项在期权到期日或到期日之前以一个固定价格购买或出售一定数量的基础资产的权利。期权只包含权利但不包含义务，期权的买方可以选择不执行期权从而使之失效，期权的出售者由于获得期权费，当购买者要求执行期权时有义务履行条约，没有选择的权利。期权可分为看涨期权（Call Option）和看跌期权（Put Option）两种类型。

1. 看涨期权

看涨期权是指期权的买方有权利在期权到期日或到期日之前的任一时间以约定的价格购买一定数量标的资产的权利，期权的购买者为获得这项权利要支付一定的费用，即期权价格。

(1)有关看涨期权交易的总结。看涨期权交易的总结如表 8-1 所示。

表 8-1　看涨期权交易总结

	现在	到期日
看涨期权购买者	支付看涨期权的价格,获得执行期权的权力	如果标的资产的价格(S)>执行价格(X),则购买者执行期权 毛利润＝S－X 净利润＝S－X－看涨期权的价格
看涨期权出售者	获得看涨期权费的收入,同意当购买者在期权到期日或到期日之前的任一时间提出执行期权的要求时,以执行价格出售标的资产	如果 S<X,则购买者不执行期权 购买者的损失＝看涨期权的价格＝看涨期权出售者的收益

(2)损益图。看涨期权的损益图表示到期时看涨期权的现金损益状况。对看涨期权的购买方来说,当期权到期时标的资产的价格低于执行价格时,其净收益为负值,数量上等于为看涨期权支付的价格,当标的资产的价格高于执行价格时,毛收益就是标的资产价格与执行价格之差,净收益则是毛收益与看涨期权价格的差值。如图 8-1 所示。

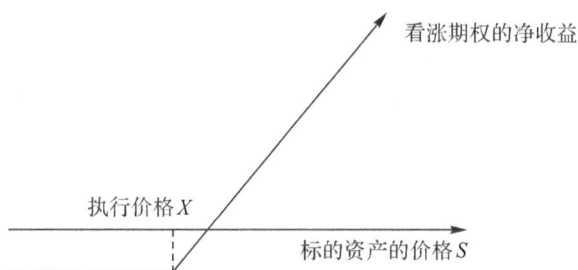

图 8-1　看涨期权损益

2. 看跌期权

看跌期权赋予期权的购买者在期权到期日或到期日之前以固定的价格出售标的资产的权利。期权的买者为获得这项权利而支付期权费,即期权价格。

(1)有关看跌期权交易的总结。有关看跌期权交易的总结如表 8-2 所示。

表 8-2　看跌期权交易总结

	现在	到期日
看跌期权购买者	支付看跌期权的价格,获得执行期权的权力	如果标的资产的价格(S)<执行价格(X),则购买者执行期权 毛利润＝X－S 净利润＝X－S－看跌期权的价格
看跌期权出售者	获得期权费的收入,同意当购买者在期权到期日或到期日之前的任一时间提出执行期权的要求时,以执行价格购买标的资产	如果 S>X,则购买者不执行期权 购买者的损失＝看跌期权的价格＝看跌期权出售者的收益

(2)损益图。当标的资产价格高于执行价格时,看跌期权的净收益为负值,等于看跌期

权的价格；当标的资产价格低于执行价格时，毛收益等于执行价格与标的资产价格之差。如图 8-2 所示。

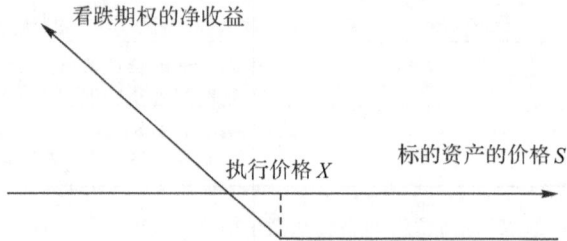

图 8-2　看跌期权损益

按可以执行的时间不同，期权可以分为欧式期权（European option）和美式期权（American option）。欧式期权持有者只能在期权到期日这一天行使其权力，不能提前，当然也不能推迟。美式期权持有者可在到期日这一天行使其权力，也可在期权到期日之前的任何一个营业日行使其权力。欧式期权与美式期权并没有地域方面的含义。目前，在世界各主要期权市场上，美式期权的交易量远大于欧式期权的交易量。

8.1.2　期权的基本概念和术语

在深入到具体问题之前，先解释有关期权的一些基本概念和关键词。

1. 到期日

到期日指期权持有方有权履约的最后一天，是期权合约的终点。期权持有方在到期日要么执行期权，要么放弃期权。

2. 执行价格

执行价格指期权合约所规定的，期权买方在行使期权时的实际履约价格，即期权卖方据以向期权出售者买进或卖出一定数量的某种商品或金融资产的价格，也称约定价格、敲定价格或履约价格。这一价格是在期权合约买卖时确定的，在期权有效期内，无论相应物品的市场价格上涨或下跌到什么水平，只要期权购买者要求执行该期权，期权出售者都必须以此执行价格，履行其义务。

3. 期权价格

期权是一种纯粹的权力（不附有相应的义务），这种权利的市场价值便是期权的价格。对于持有方而言，是他得到权力所付出的代价，因而也称期权费。它是期权多头持有方在期权交易中可能的最大损失额。

4. 实值和虚值

从期权执行价格与标的物市场价之间的关系来看，有 3 种状况的期权——实值期权、虚值期权和平值期权。对于看涨期权而言，实值期权指标的物的市场价大于执行价格，即 $S>X$；虚值期权指标的物的市场价小于执行价格，即 $X>S$；平值期权指标的物的市场价等于执行价格，既 $S=X$。看跌期权则与之相反。

5. 美式期权和欧式期权

美式期权是指在规定的有效期内的任何时间可以行使权利，即期权买方既可以在期权到期日这一天行使权利,也可以在期权到期日之前的任何一个交易日行使权利。欧式期权是指在规定的合约到期日方可行使权利,即期权买方在合约到期日之前不能行使权利,过了期限,期权合约也就自动作废。

8.1.3　期权价格的决定因素

期权价格由标的资产和金融市场相关的一些因素决定。

1. 标的资产的当前价值

期权是一种价值取决于标的资产价值的资产,因此标的资产当前价值的变化会影响该资产期权的价值。由于看涨期权提供了以固定价格购买标的资产的权利,因此标的资产价值的上升能够增加看涨期权的价值。看跌期权则恰好相反,随着标的资产当前价值的上升,期权的价值将减少。

2. 标的资产价值变化的方差

期权购买者获得了以固定价格买卖标的资产的权利。标的资产价值变动的幅度越大,期权的价值越高。这一点对于看涨期权和看跌期权都是成立的,期权与其他证券不同,期权购买者的损失最多不会超过其购买期权所支付的价格,但却能从标的资产剧烈的价格波动中获得相当显著的收益。

3. 标的资产支付的红利

在期权有效期内,如果标的资产支付红利,则标的资产的价值就可能下跌,所以该资产看涨期权的价值是预期红利支付额的递减函数,而看跌期权的价值则是预期红利支付额的递增函数。

4. 期权的执行价格

对于看涨期权而言,持有者获得了以固定价格购买标的资产的权利,期权的价值随着执行价格的上升而降低。而对于看跌期权,因为持有者可以以固定价格出售标的资产,所以期权的价值随着执行价格的上升而上升。

5. 距离期权到期日的时间

对于美式期权而言,由于它可以在有效期内任何时间执行,有效期越长,期权多头获利机会就越大,而且有效期长的期权包含了有效期短的期权的所有执行机会,因此有效期越长,期权价格越高。对于欧式期权而言,由于它只能在期末执行,有效期长的期权就不一定包含有效期短的期权的所有执行机会。这就使欧式期权的有效期与期权价格之间的关系显得较为复杂。例如,同一股票的两份欧式看涨期权,一个有效期 1 个月,另一个有效期 3 个月,假定在 2 个月后标的股票将有大量红利支付,由于支付红利会使股价下降,在这种情况下,有效期短的期权价格甚至会大于有效期长的期权。

但在一般情况下(即剔除标的资产支付大量收益这一特殊情况),由于有效期越长,标的资产的风险就越大,空头亏损的风险也越大,因此即使是欧式期权,有效期越长,其期权价格也越高,即期权的边际时间价值(marginal time value)为正值。

6. 期权有效期内的无风险利率

期权购买者预先需要支付期权费,而期权费是存在机会成本的。该机会成本的大小取决于利率水平和距离期权到期日的时间,因为期权的执行价格在执行期权时需要支付。利率的升高将使看涨期权的价值上涨,使看跌期权的价值下跌。

期权价值影响因素如表 8-3 所示。

表 8-3　期权价值的影响因素

因　素	欧式期权		美式期权	
	看涨期权价格	看跌期权价格	看涨期权价格	看跌期权价格
股票价格上涨	上升	下跌	上升	下跌
执行价格上升	下跌	上升	下跌	上升
标的资产价格变动方差增大	上升	上升	上升	上升
距期权到期日的时间增加	不确定	不确定	上升	上升
利率上升	上升	下跌	上升	下跌
红利支付额下降	下跌	上升	下跌	上升

8.2　期权定价模型

自从 1972 年 Black 和 Scholes 发表了不付红利的欧式期权定价模型以来,期权定价理论得到了突飞猛进的发展。这里介绍最主要的两种期权定价模型——二项式定价模型和 Black-Scholes 期权定价模型。

8.2.1　二项式定价模型

由于风险的存在,资产未来的现金流量是不确定的,即有多种可能性,二项式定价模型是在每一期将出现两种可能性的假设下构筑的现金流量或某种价格波动的模型,如图 8-3 所示。

1. 二项式过程的描述

我们先以股票期权为例,从最简单的一期二项式的情况入手了解二项式的过程:一个股票看涨期权,约定价格为 52 元,到期时间为 3 个月。标的股票的当前价格为 50 元,到 3 个月期满时,它将有两种可能:上升到 60 元或下降到 40 元,如图 8-4 所示。

图 8-4 中由于股票价格的不确定性导致了看涨期权价值的不确定。3 个月之后,如果股票真的上升到 60 元,则看涨期权价格为 8 元;如果股票价格下降到 40 元,则看涨期权价格为零。

2. 组建无风险组合消除购买看涨期权的风险

由于股票价格的波动导致看涨期权价值的不确定性,为了消除这种风险,我们可以通过投资组合达到目的。比如说,如果按合适的比例买进股票的同时卖出看涨期权,那么,在股票上的盈亏可能正好被看涨期权上的亏盈所抵消,投资组合的价值将是确定的。假设买进 Δ 股股票的同时卖出一个看涨期权。投资组合的期初价值为:$50\Delta - C$,这里 C 为看涨期

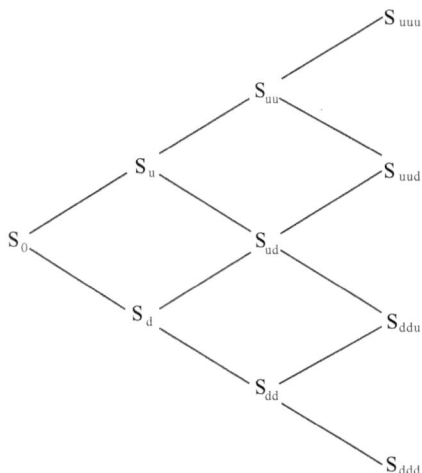

图 8-3　二项式定价模型

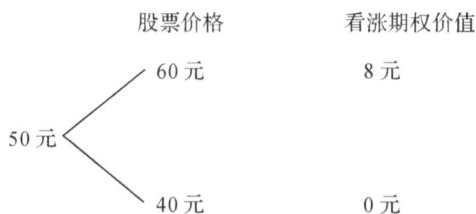

图 8-4　股票价格与看涨期权价值

权的价值,50 为股票的每股价格。

然而,在期权到期时,股票价格可能上升到 60,此时看涨期权的价值为 8;也可能下降到 40,此时看涨期权不会被执行,所以其价值为零。但无论如何升降,投资组合的价值应该是相同的,即方程:

$$60\Delta-8=40\Delta$$
$$\Delta=8/20=0.4$$

也就是说,投资组合的结构买进 0.4 股股票的同时卖出一个看涨期权,可以保持投资组合价值不变。

3. 看涨期权定价

根据套利原理,在市场机制有效的情况下,要获得相同的回报必须要冒同样大的风险,如果不冒风险,只能按无风险利率获得回报。上述投资组合既然是无风险的,在不存在套利机会的情况下,其回报率一定等于无风险利率。

即投资组合的到期价值为:

$$60\Delta-8=40\Delta=60\times0.4-8=40\times0.4=16(元)$$

假定无风险利率为 10%,则期初价值为:

$$16\times e^{-0.1\times0.25}=16\times0.975=15.6$$

由上已知投资组合期初价值为 $50\Delta-C$,所以:

$50\Delta-C=15.6(元)$。

由于 $\Delta=0.4$，则期权的价值为：

$C=50\Delta-15.6=50\times0.4-15.6=4.4(元)$。

在此，我们通过投资组合的推导得出了看涨期权的确切价值，而不仅仅是一个估计的范围。上面计算中还需解释的是 $16\times e^{-0.1\times0.25}$ 是把 16 元的期末价值折现为期初的价值，$e^{-0.1\times0.25}$ 即为折现系数。我们通常知道在对未来的现金流折现时，折现率为 r，折现系数为 $(1+r)^{-t}$。但是当一年中复利计息次数为无穷大时，折现系数为：

$$\lim_{t\to\infty}(1+r)^{-t}=e^{-rt}$$

4. 二项式模型的一般形式

我们把上述案例的计算过程推而广之，可以得出期权价格计算的一般公式。以 S 代表股票的当前价格，C 代表期权（卖权或看涨期权）的价值，Δ 代表购进股票的股数，u 代表股票价格上升后是原来价格的倍数，d 代表股票价格下降后是原来价格的倍数，T 代表一期的时间。则二项式如图 8-5 所示。

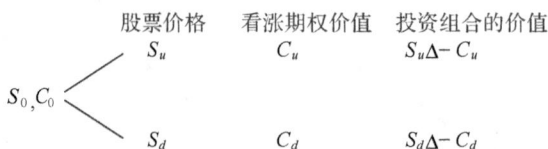

图 8-5 二项式模型的一般形式

根据上面案例中的计算，应该是：

$S_u\Delta-C_u=S_d\Delta-C_d$

合并同类项并移项后得出：

$\Delta=(C_u-C_d)/(S_u-S_d)$

上式表明，需购买的股票股数等于一期中期权价值的变动幅度与股票价格变动幅度之比，该系数又称为保值比率。

在无套利机会的假设下，投资组合的收益现值应等于构造该组合的成本：

$S_0\Delta-C_0=(S_u\Delta-C_u)e^{-rT}=(S_d\Delta-C_d)e^{-rT}$

将 $\Delta=(C_u-C_d)/(S_u-S_d)$ 代入上式，整理后有公式

$C_0=e^{-rT}[pC_u+(1-p)C_d]$

其中：$p=\dfrac{e^{rT}-d}{u-d}$　　$(0<p<1)$

小卡片

二叉树定价模型估算期权价值小结：

第一步，计算 p，使得投资组合的期望回报率等于无风险利率；

第二步，计算期权到期的期望现金流量 $pC_u+(1-p)C_d$；

第三步，按无风险利率折现上述现金流量，得出期权的（理论）价格。

5. 两期模型和多期模型

上面的一期二项式模型表明了二项式模型的原理和应用其进行期权价值计算的过程。我们也可以采用同样的方法推导出两期二项式模型以及任意多期(n 期)二项式模型。

【例 8-1】 多期二叉树定价模型

假设股票当前价格为 50 元,每 3 个月上升或下降 20％。已知无风险利率为 8％,股票欧式买权执行价格为 52 元,到期时间为 9 个月。请计算这一欧式看涨期权的当前价格。

(1)根据股票价格上升下降幅度,画出股票价格波动的二叉树图,如图 8-6 所示。

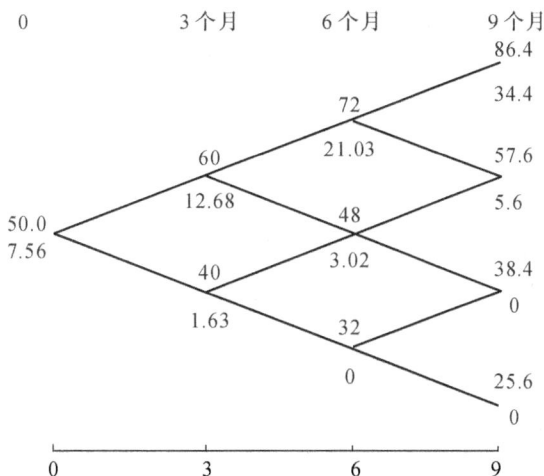

图 8-6 股票价格与欧式买权价值

(2)计算 p 和 $1-p$

$$p = \frac{e^{rT} - d}{u - d} = \frac{e^{0.08 \times 0.25} - 0.8}{1.2 - 0.8} = 0.5505$$

$$1 - p = 0.4495$$

(3)计算各节点买权价值

最后一个节点(9 个月)买权价值的计算:$\max(S_T - K, 0)$

例:当股票价格为 86.4 元时

买权价值为 $86.4 - 52 = 34.4$(元)

①持有 6 个月,结构图第 1 个节点的价值计算:

$$C_0 = e^{-rT}[pC_u + (1-p)C_d]$$
$$= e^{-0.08 \times 0.25} \times (0.5505 \times 34.4 + 0.4495 \times 5.6) = 21.03(元)$$

②持有 3 个月,结构图第 1 个节点的买权价值计算如下:

$$C_0 = e^{-rT}[pC_u + (1-p)C_d]$$
$$= e^{-0.08 \times 0.25} \times (0.5505 \times 21.03 + 0.4495 \times 3.02) = 12.68(元)$$

③根据图中 3 个月的期权价值即可计算当前买权价值或价格:

$$C_0 = e^{-rT}[pC_u + (1-p)C_d]$$
$$= e^{-0.08 \times 0.25} \times (0.5505 \times 12.68 + 0.4495 \times 1.63) = 7.56(元)$$

8.2.2 Black-Scholes 期权定价模型

二项式定价模型为期权价值的决定提供了一种直观的方法,但它需要大量的数据,即每一个时点的预期价格。Black-Scholes 期权定价模型并不是另一种不同的定价模型,它只是二项式定价模型的一种特例,但是它极大地减少了所需要的信息量。

1. 与二项式定价模型的关系

二项式定价模型是一个资产价格运动的离散时间模型,设定资产价格变动的时间间隔为 t。随着时间间隔 t 的缩短,即 t 趋于 0 时,资产价格变动幅度逐步缩小,则有限分布成为正态分布,且价格运动是一个连续过程。Black-Scholes 期权定价模型应用于资产价格分布为正态分布的情况。

2. Black-Scholes 期权定价模型假设

Black-Scholes 期权定价模型的假设条件如下:

(1)资本市场是完善的,即没有交易手续费、税赋、保证金、筹资限制等;

(2)存在一无风险利率,在期权有效期内不会变动,投资者可以凭此利率无限制地借款和贷款;

(3)标的资产价格的变动是连续的,在一段极短的时间内,标的资产的价格只能有极微小的变动,亦即排除了跳空上涨或跳空下跌的可能性;

(4)期权为欧式的;

(5)标的资产在期权有效期内不支付股息和利息;

(6)标的资产的价格变动符合几何布朗宁运动,其主要特点是:每一个小区间内标的资产的收益率服从正态分布,且不同的两个区间内的收益率相互独立;

(7)市场提供了连续交易的机会。

3. 模型

$$C = SN(d_1) - Xe^{-rT}N(d_2)$$

其中:

$$d_1 = \frac{\ln\left(\dfrac{S}{X}\right) + \left(r + \dfrac{\sigma^2}{2}\right)t}{\sigma\sqrt{t}}$$

$$d_2 = d_1 - \sigma\sqrt{t}$$

公式说明:

C:欧式看涨期权价值;

S:标的资产现行市场价格;

X:履约价格;

r:无风险利率(按连续复利率计算);

σ:标的资产价格波动率(volatility),一般是根据历史资料进行测定,可采用标准离差计算法、应用回归模型对波动率趋势进行分析预测等;

t:期权距到期日的时间;

$N(x)$:标准正态分布的累积概率分布函数(即某一服从正态分布的变量小于 x 的概率)。

从财务的观点看,Black-Scholes 期权定价模型反映的是一种现值的观念,即以连续复利率对未来的现金流进行折现,在 Black-Scholes 期权定价模型中,看涨期权价值等于标的资产价格期望现值减去履约价格现值。

从投资组合的角度分析,Black-Scholes 期权定价模型是买入 1 单位买权等于买入 $N(d_1)$ 单位的标的资产,并筹资 $Xe^{-rt}N(d_2)$ 单位的金额。

4. 使用 Black-Scholes 期权定价模型对期权进行定价的步骤

第一步:利用所需的数据求解 d_1、d_2。

第二步:利用标准正态分布函数的参变量,求出正态分布积分函数 $N(d_1)$ 与 $N(d_2)$ 的值。

第三步:计算出期权执行价格的现值,采用现值公式的连续时间形式:

第四步:运用 Black-scholes 期权定价模型计算看涨期权的价值。

【例 8-2】　Black-Scholes 期权定价模型

设某一股票当前价格为 30 元,年回报率的标准差为 30%(这一数据可由历史数据求出),无风险利率为 10%。试计算执行价格为 30 元,到期期限为 6 个月的看涨期权的价格。

已知 $S=30, X=30, r=10\%, \sigma=30\%, T=0.5$。

第一步,先求 d_1 和 d_2:

$$d_1 = \frac{\ln\left(\dfrac{S}{X}\right) + \left(r + \dfrac{\sigma^2}{2}\right)t}{\sigma\sqrt{t}} = \frac{\ln\left(\dfrac{30}{30}\right) + \left(10\% + \dfrac{0.3^2}{2}\right)0.5}{0.3\sqrt{0.5}} = 0.342$$

$$d_2 = 0.342 - 0.3\sqrt{0.5} = 0.130$$

第二步,根据上面数据,在正态分布累计概率密度表上查出:

$$N(d_1) = 1 - N(-d_1) = 1 - 0.367 = 0.633$$

$$N(d_2) = 1 - N(-d_2) = 1 - 0.448 = 0.552$$

第三步,计算看涨期权的价格:

$$C = SN(d_1) - Xe^{-rt}N(d_2)$$

$$= 30 \times 0.633 - 30 \times e^{-10\% \times 0.5} \times 0.522$$

$$= 3.24(元)$$

8.2.3　存在红利情况下 Black-Scholes 期权定价模型的修改

由于上述 Black-Scholes 期权定价模型没有考虑股票支付红利的情况,而红利支付将会导致股票价格下降,从而引起看涨期权价格下降和看跌期权价格上升。此时,需对模型进行一些调整,以达到对期权价值进行修正的目的。红利的支付主要是降低了股票的价格,所以,调整也主要是修改模型中标的资产价格的表达式。这里可以分为两种情况:一种是对短期期权的调整,一种是对长期期权的调整。

1. 短期期权

所谓短期期权就是在一年之内到期的期权,此时我们可以估算出有效期内预期红利的现值,然后从标的资产现值中减去,得到调整后的标的资产价格,再代入 Black-Scholes 期权定价模型。

设标的股票红利的现值为 PV(D),那么:

$$调整后的股票价格 = S' = S - PV(D) = S - \sum \frac{D_t}{(1+r)^t}$$

$$看涨期权的价值 = S'N(d_1) - Xe^{-rt}N(d_2)$$

$$d_1 = \frac{\ln\left(\dfrac{S'}{X}\right) + \left(r + \dfrac{\sigma^2}{2}\right)t}{\sigma\sqrt{t}}$$

$$d_2 = d_1 - \sigma\sqrt{t}$$

2. 长期期权

期权期限在一年以上的为长期期权,此时用现值处理红利的办法有些困难。我们假定预期标的资产的红利收益率(y=红利/资产现值)在期权有效期内不变。则可将 Black-Scholes 期权定价模型的公式调整为:

$$看涨期权的价值 C = Se^{-yt}N(d_1) - Xe^{-rt}N(d_2)$$

$$d_1 = \frac{\ln\left(\dfrac{S}{X}\right) + \left(r - y + \dfrac{\sigma^2}{2}\right)t}{\sigma\sqrt{t}}$$

$$d_2 = d_1 - \sigma\sqrt{t}$$

从直观的角度看,调整有两个效果:一是考虑到由于红利支付造成基础资产的价格下降,因而资产价格以红利收益率进行贴现;二是红利使等价资产组合中的基础资产的持有成本降低,公式中用利率减红利收益率。

8.2.4 Black-Scholes 期权定价模型的局限

Black-Scholes 期权定价期权定价模型确实为我们提供了一个计算期权价值的十分有力的工具。但是如同其他任何理论模型一样,Black-Scholes 期权定价模型也是在一系列假设的前提下,对现实问题的一种简化和抽象,这就难免存在不能完全地模拟现实的问题。

而在现实中,以上情况得到完全满足是很少见的。尽管如此,Black-Scholes 期权定价模型仍然是目前估算期权价值最好的模型之一,因为科学地解释现实的过程就是不断逼近真理的过程。"在没有发现比它更好的模型之前,它就是最好的模型",这在我们的认识过程中是屡见不鲜的。在我们把期权定价理论应用于资产评估中时,我们也必须保持这样清醒的认识。与资产评估的其他方法一样,理论与现实的差距要靠评估师丰富的经验和高超的技巧来弥补。评估师的作用具有不可替代性,就如同机器人不可能替代人一样。

8.3 实物期权

实物期权是许多单项和整体资产价值的重要组成部分,也将成为国际和国内评估行业的重要业务领域之一。20 世纪 70 年代以来,由于期权定价理论研究的突破,实物期权评估在资产评估和投资决策等领域都有越来越广泛的应用。随着科技进步和资本市场的发展，实物期权评估必将有更为广阔的应用前景。

根据价值决定原理，企业或资产的价值源于其未来的获利能力。因此，要评估企业或资产的价值，首先要预测企业或资产的未来经济收益（如现金流量、利润等），其次要依据相应企业或资产的风险及资本的时间价值估计折现率，并用折现率把未来收益折算成现值。这就是目前广泛采用的收益折现法的评估思路。根据确定程度，未来的收益可以分为波动的和或有的两大类。波动的收益可以用常规的收益折现法进行评估。或有的收益可能有也可能没有，理论上不能用收益折现法评估，只能应用期权定价方法来评估。所以，要完整地评估企业和资产的价值，就应当评估其中实物期权的价值。

因此，收益折现方法和期权定价方法针对不同类型的未来收益，都是资产和企业价值评估的方法。在多数情况下两者是相互补充的关系，而不是相互替代的关系。然而，国际上至今为止没有一个指导实物期权评估的准则，这不利于期权定价方法在评估领域的应用，也不利于全面准确地评估各种资产的价值。2011 年中国资产评估师协会颁布了《实物期权评估指导意见（试行）》，首次对实物期权评估进行了规范。

8.3.1　实物期权的基本原理[①]

1. 实物期权基本概念

实物期权的概念来源于金融或投资市场上的"期权"概念。美国麻省理工学院的 Stewart Myers 最早在 1977 年提出了实物期权（real options）的概念。Myers 指出，一个投资项目的收益，来自于目前资产的使用，再加上未来可选择的投资机会。Black、Scholes 和 Merton 在推导出期权定价模型后，也致力于用期权定价方法分析和解决具有不确定性的投资和决策问题。然而，无论是 Black、Scholes 和 Merton，还是 Myers 以及后来的实物期权研究者，都没有给实物期权一个全面而合理的定义。研究者多是根据自己的研究对象或领域定义实物期权。由于多数实物期权的研究集中于实业项目投资领域，因而多数实物期权的定义以及实物期权特征的描述都是针对项目投资而言的。比如，常见的说法有实物期权是与金融期权相对的概念，实物期权是以实物资产为标的物的期权，等等。

《实物期权评估指导意见（试行）》将实物期权定义为指附着于企业整体资产或者单项资产上的非人为设计的选择权，即指现实中存在的发展或者增长机会、收缩或者退出机会等。拥有或者控制相应企业或者资产的个人或者组织在未来可以执行这种选择权，并且预期通过执行这种选择权能带来经济利益。

2. 实物期权的种类

与实物期权概念的针对性相关，关于实物期权的种类，目前多是局限于（实业）投资评估与决策领域的分类。从一定意义上讲，投资即购置并形成资产。鉴于资产评估操作中实物期权评估还处于初期尝试阶段，我们认为可以先根据投资中的实物期权考虑实物期权的分类。

然而，即便是投资领域的实物期权，目前也无统一或公认的分类。在各种实物期权研

---

① 本节所述的实物期权相关原理源于中国资产评估协会编著的《实物期权评估指导意见（试行）讲解》。

究文献中,得到认可度较高的有两个版本,一个是 Richard A Brealey 和 Stewart C Myers (2000)①在其国际流行财务教材 *Principles of Corporate Finance* 中的分类,即分为增长期权、退出期权、等待期权和经营期权四大类。另一个是 Trigeogis(1996)②对实物期权的分类即延迟投资期权、改变规模期权、转换用途期权、放弃期权、增长期权和分阶段投资期权以及复合期权类。其中,复合期权是多个期权之间有相互作用和影响的情况。

其实,Trigeogis 的 7 类实物期权除了复合期权都可以归并到 Brealey 和 Myers 的 4 类中。《实物期权评估指导意见(试行)》本着便于理解和评估操作、删繁就简的原则,将 Brealey 和 Myers 的 4 类实物期权作为分类和归纳的基础。在这 4 类实物期权中,经营期权相对数量多、价值小,为减少评估难度和工作量(在对评估结果没有大的影响情况下),将经营期权从评估对象中排除。在其余的 3 类期权中,等待期权主要是投资前(即形成资产前)的期权,一旦投资形成资产,这样的期权也不复存在。因此,还是本着删繁就简的原则,将等待期权也从评估对象中排除。这样就只保留了增长期权和退出期权作为实物期权评估的考虑对象。

增长期权是指在现有基础上增加投资和资产,从而扩大业务规模或者扩展经营范围的期权。常见的增长期权包括对实业项目进行追加投资的期权,分阶段的投资或者战略进入下一个阶段的期权,利用原有的有形和无形资产扩大经营规模或者增加新产品、新业务的期权,文化艺术品以及影视作品开发实物衍生产品或者演绎后续作品的期权等。现实中的增长期权不胜枚举。评估人员应该从期权"有权利但没有相应义务"或"可以而不是必须"的特性出发识别实物期权。

退出期权是指在前景不好的情况下,可以按照合理价格即没有明显损失的部分或者全部变卖资产,或者低成本地改变资产用途,从而收缩业务规模或者范围以致完全退出经营的期权。常见的退出期权包括房地产类资产可以按接近或者超过购置成本的价格转让,制造业中的通用设备可以根据业务前景而改变用途,股权投资约定未来一定时期的退出条款等形成的期权。现实中的退出期权相对不多,容易被忽略。评估人员可以从期权"有权利但没有相应义务"的基本特性出发识别实物期权。

3. 关于实物期权的特征

与金融或投资市场上的期权相比,实物期权的最大不同是"天然"或"非人为设计"。而实物期权作为一个事物区别于其他事物的本质特征除了"天然"或"非人为设计"之外,就是"只有权力而没有相应义务"或"可以而不是必须"的期权特征。这里的"非人为设计"并不是排除掉一切"人为设计"的因素。从这个角度看,实物期权包含两种情况:一是完全的"非人为设计",如一个产品的投资可能带来追加投资的机会即增长期权等;二是虽然有"人为设计",目的并不是要设计期权。但是,在设计出的合约条款中,有权利和义务上的特殊性或灵活性,可以作为某种期权来看待。比如,企业中的股权可以看作企业价值的买方期权。虽然股权是"人为设计"的,但设计时并没有按照期权来设计。其他如合约条款如企业并购中的对赌协议,也有类似情况。

综合有关分析和总结,相对于人为设计的期权而言,实物期权主要有以下特征:

---

① Richard A Brealey and Stewart C Myers. *Principles of Corporate Finance*. 9th Edition. McGraw Hill Irwin,2007.

② Trigeogis L. *Read Options: Managerial Flexibility and Strategy in Resource Allocation*. MIT Press,1996.

（1）非交易性

除了少数可以独立存在的无形资产，如专利、品牌等，实物期权一般附着于各种实体资产特别是组合后的总体资产上，往往不能单独进行交易，也更没有活跃的交易市场。由此决定了其价值应该低于同等条件下可以灵活交易的期权，如场内交易的股票期权等。

（2）非独占性

人为设计的期权往往清楚明确地给予持有人执行期权的权力。但实物期权执行的可能性还取决于拥有者审时度势、利用机会的策略和能力，包括竞争情况等。由此也决定了实物期权的价值应该低于同等条件下人为设计的期权价值。

（3）战略相关性

与非独占性类似，实物期权的执行还与拥有方资源的保证程度以及各种战略的轻重缓急有关，从而执行方面有更多的不确定性。

与非独占性和战略相关性相关，评估实物期权应该特别注意稳健原则，即避免过高估计实物期权的价值。这也是在指导意见设计中尽量排除不重要的实物期权的原因。

（4）到期时间的不确定性

实物期权的到期时间并不完全确定，期权拥有方可以根据情况适当提前或延后执行。这方面可能比人为设计的期权略有灵活性。

（5）约定价格的不确定性

实物期权的约定价格并不完全确定，这给期权的拥有方增加了执行的难度和风险。这方面可能比人为设计的期权略差。

到期时间的不确定性和约定价格的不确定性对实物期权的价值分别有正面和负面的影响。从简化评估考虑，假定这两者之间大致相互抵消，就可以按照标准期权定价模型进行评估。

（6）有关参数估计的难度

人为设计的期权往往标的物单一，各种因素较为确定。与之相比，对于实物期权而言，包括标的资产价值及其波动率、期权的约定价格和到期时间等参数估计都更不确定，也更困难一些。

综上所述，与人为设计的期权相比，实物期权有更多的不确定因素。由此也决定了其价值评估有更大的难度和不确定性。

8.3.2　实物期权的评估方法与步骤

鉴于上述实物期权的概念、类型与特征，我们认为，实物期权的评估在评估理论与实践上都有重要意义，但是，准确评估实物期权的价值的确困难。因此，评估实物期权的基本原则是：在确保概念正确的前提下，权衡评估的工作量和准确性来决定评估模型的选择、参数估计的方法等。

所谓概念正确是指，在所评估的资产中含有重要实物期权的情况下，评估中不可忽略期权的价值；评估有关实物期权的价值必须用某种期权定价的方法或模型，不能简单地用期望收益折现取而代之。

关于期权价值评估的方法，首先，由于实物期权不存在交易市场，甚至不存在交易，所以，难以找到可比的期权，传统上的相对价值评估方法不适用，必须根据影响期权价值的各种因素计算期权的价值,即必须采用绝对价值评估的方法。

在识别、筛选并界定出重要实物期权的情况下,应该选择最合适最有效的模型评估相应实物期权的价值。鉴于实物期权评估有关参数估计的难度,模型的选择可兼顾模型选择的合理性和参数估计的方便性。从方便评估和方便规范两方面考虑,建议根据数据的可得性选择 Black-Scholes 期权定价模型或二叉树定价模型。

由于评估美式期权目前没有简便得力的方法,而美式期权与同等条件下的欧式期权价值差别不大,在一般情况下,可按照欧式期权评估并代表相应美式期权的"稳健"价值。同理,由于标的资产波动率准确估计极其困难,而低估波动率可低估相应实物期权的价值,符合稳健原则。因此,在一般情况下,可通过适当低估波动率来减少参数估计的困难。

《实物期权评估指导意见(试行)》规定注册资产评估师评估实物期权,应当按照识别期权、判断条件、估计参数、估算价值 4 个步骤进行。

1. 识别期权

《实物期权评估指导意见(试行)》规定注册资产评估师在评估企业整体或者单项资产附带的实物期权时,应当全面了解有关资产的情况以及资产未来使用前景和机会,识别存在的不可忽视的实物期权,明确实物期权的标的资产、期权种类、行权价格、行权期限等与应用其他评估方法评估资产价值不同,实物期权的评估首先要识别待评估的资产是否有附带的实物期权。识别期权是评估实物期权的第一步,也是评估实物期权的前提。只有识别出实物期权才能评估其价值。企业整体或者单项资产是否附带有实物期权,与资产的性质、市场的状况以及资产拥有者的情况都相关。所以评估人员应当全面了解有关资产的情况以及资产未来使用前景和机会,才能判断和识别是否存在实物期权。判断和识别是否存在实物期权,应结合实物期权的标的资产、期权种类、行权价格、行权期限等基本特征的判断。也就是说,如果判断或识别出有实物期权就应该同时初步考虑实物期权的标的资产(是什么)、期权种类(是什么)、行权价格(为多少)、行权期限(为多长)等。识别实物期权主要是考虑待评估资产中是否附带有增长期权和退出期权。

以企业价值评估为例。企业目前业务如果预期在未来可以持续下去,则可根据其未来波动的现金流量运用收益法评估其价值。对于预期在未来可能通过投资新建业务,则应当作为或有的现金流量运用期权定价方法评估其价值。可以想象,对于任何企业而言,可能出现的新业务有很多。注册资产评估师应当选择那些价值影响大、建立可能性大的业务,作为实物期权进行评估。一般而言,可以作为实物期权进行评估的未来业务应当具备以下6个特征:①相应未来业务将是企业价值的重要组成部分;②企业已经将相应未来业务纳入自己的战略规划;③企业已经具备了投资和开展相应业务的重要条件;④相应业务是涉及企业未来发展的不多见的机会;⑤与企业目前业务以及战略规划中的其他业务没有冲突;⑥企业关注外部条件和形势的变化,随时可以上马相应业务。

应当明确的是,实物期权的标的资产并不一定是待评估的资产,甚至经常不是待评估的资产。多数增长期权的标的资产都不是待评估资产,而是待评估资产中包含的未来业务。比如,一部文学作品(待评估资产)中包含增长期权,即未来改编为电影剧本并拍摄电影的期权。这个增长期权的标的资产即是该作品对应的"电影项目";期权种类为买方期权;行权价格为改编剧本并拍摄电影的总投资;行权期限为预计合适的投资时间。显然,这个"电影项目"作为标的资产的当前价值可能不同于该作品不计实物期权情况下的价值,当然也不同于该作品包含实物期权的价值。总之,标的资产不能与待评估资产混为一谈。

2.判断条件

根据前面的内容,判断条件是指根据已经掌握和可能掌握的资料和数据,判断是否具备评估实物期权价值的条件。在识别出实物期权的基础上,能否进行相应实物期权的价值评估,关键是看是否可以较为可靠地确定有关期权定价模型中的参数值。因此,评估人员应当根据有关参数所需信息的可获取性和可靠性,判断是否具备评估条件。如果判断具备评估实物期权价值的条件,则可进行评估的后续步骤;如果判断不具备评估实物期权价值的条件,则应该就此终止实物期权的评估。

《实物期权评估指导意见(试行)》对评估或不评估实物期权有若干规定,梳理总结如下:

(1)不必评估的情况

①待评估资产中包含有实物期权,但没有较为重要的实物期权,即实物期权价值不大,或者实物期权执行的可能性不大,可以忽视;

②待评估资产中包含重要的实物期权,但由于基础信息、资料方面的限制而无法估计评估所需要的参数,或价值变化过于复杂而无法应用期权评估方法;

③待评估资产中包含重要的实物期权,也具备评估相应实物期权的条件,但委托方或者被评估单位认为不需要评估资产中包含的实物期权。

(2)应当评估的情况

在待评估资产中包含有重要的实物期权,期权执行的可能性很大;具备评估相应实物期权的资料、信息和技术条件;委托方或者被评估单位也同意或认为需要评估资产中包含的实物期权等,这些条件具备的情况下,就应当评估相应的实物期权。

3.参数估计

在判断具备评估实物期权价值的条件时,应进一步估计实物期权评估的有关参数。实物期权评估中的参数通常包括标的资产的评估基准日价值、波动率、行权价格、行权期限和无风险收益率等。

标的资产即实物期权所对应的基础资产。增长期权是买方期权,其标的资产是当前资产带来的潜在业务或者项目;退出期权是卖方期权,其标的资产是实物期权所依附的当前资产。就资产评估业务而言,增长期权的标的资产目前可能不存在,要在未来公司或有关资产拥有方利用相应增长机会时才能形成;而退出期权的标的资产目前往往已经存在或即将存在(如即将投资的项目等)。按照目前的评估惯例,某资产在评估基准日的价值常用成本法、收益法、市场法三种方法进行评估。在估算实物期权价值时,标的资产的评估基准日价值(S)也可以根据情况选择使用这些方法。一般而言,运用成本法评估出的价值,不可能包含有实物期权的价值;运用收益法评估出的价值,有可能包含有实物期权的价值(虽然未必准确);运用市场法评估出的价值,很有可能已经包含实物期权的价值(虽然未必准确)。在已经包含实物期权价值的情况下,再单独计算实物期权价值,就会造成价值的重复计算。因此这里要特别提醒,标的资产的评估价值中应该明确不含资产中的实物期权价值。

波动率是指预期标的资产收益率的标准差。波动率可以通过类比风险相近资产的波动率确定,也可以根据标的资产以往价格相对变动情况估计出历史波动率,再根据未来风险变化情况进行调整确定。

行权价格是指实物期权行权时,买进或者卖出标的资产支付或者获得的金额。增长期权的行权价格是形成标的资产所需要的投资金额。退出期权的行权价格是标的资产在未来行权时间可以卖出的价格,或者在可以转换用途的情况下,标的资产在行权时间的价值。买方期权价值与行权价格反向相关,而卖方期权价值与行权价格正向相关。因此,根据稳健原则,在估计行权价格时,如果因存在不确定因素而难以准确估计,可适当高估增长期权(买方期权)的行权价格,而适当低估退出期权(卖方期权)的行权价格。

行权期限是指评估基准日至实物期权行权时间之间的时间长度。实物期权通常没有准确的行权期限,可以按照预计的最佳行权时间估计行权期限。买方期权和卖方期权的价值都与行权期限正向相关。因此,根据稳健原则,在估计行权期限时,如果因存在不确定因素而难以准确估计,可适当低估有关实物期权的行权期限。特别应该注意的是,许多实物期权有行权的最后期限。如专利资产的价值可以按照实物期权来评估,如果某公司在专利保护期内都可以投资生产相应专利有关的产品,在计算相应专利的价值时,期权的行权期限就不能按照专利保护来确定,而应该是很可能实施投资的某个近期时间。

无风险收益率是指不存在违约风险的收益率,可以参照剩余期限与实物期权行权期限相同或者相近的国债到期收益率来确定。这里需注意无风险收益率应该根据国债到期收益率来确定,而不是根据国债的利率来确定。债券(包括国债)的交易价格可能不同于面值,因此投资债券的预期收益率就不同于票面利率。这里的到期收益率是一个准确的概念,即购买债券后一直持有到期并获得持有债券期间所有债券本息情况下的年均收益率,可以简单理解为债券投资的预期收益率。投资国债最终获得的收益率等于无风险收益率有两个前提条件:一是发行方没有违约行为发生;二是投资者不提前卖出债券。在这两个条件下,投资者才能最终获得所有债券的本息。

4.估算价值

估计出有关参数后,就可进一步选择和应用期权定价模型评估相应实物期权的价值,这就是实物期权评估的第四步,即估算价值。实物期权评估的常用模型包括 Black-Scholes 期权定价模型、二叉树定价模型等。评估人员可以根据实物期权的类型和情况,决定选择哪个模型评估实物期权。

一般而言,在参数都可以估计的情况下,与二叉树定价模型相比,应用 Black-Scholes 期权定价模型评估相对简单、方便。如果待评估的实物期权在未来行权期限内有若干明确的时间点或节点,可供实物期权拥有者自行做出有利的选择,或者有特殊的执行或不执行的条件,则可选用二叉树定价模型,以方便描述未来的收益特征。如美式实物期权在有利的情况下可以提前执行。如果没有这样的节点,则可采用 Black-Scholes 期权定价模型进行评估。

Black-Scholes 期权定价模型和二叉树定价模型通常需要同样的参数。就估计的结果而言,理论上 Black-Scholes 期权定价模型的结果是二叉树定价模型在无限多期情况下的极限(收敛)值。二叉树定价模型中的每期上升和下降参数(u 和 d)与标的资产的波动率相关,所以 u 和 d 的估计通常需要波动率数据。如果认为在不知道波动率的情况下可以较为准确地估计 u 和 d,则也可选用二叉树定价模型,从而可以避免波动率估计的困难。当然,如果 u 和 d 的估计依赖于波动率,实物期权又没有特殊的执行或不执行的条件,则可选用

Black-Scholes 期权定价模型进行评估。

Black-Scholes 期权定价模型是针对欧式期权的评估模型,而现实中的实物期权多近似于美式期权,但这基本不妨碍 Black-Scholes 期权定价模型对评估实物期权的适用性。在其他条件相同的情况下,美式期权比欧式期权有执行时间上的优势,因而价值会大于或等于对应的欧式期权。同时,美式期权超越于欧式期权的这种优势并不很大,因为美式期权同样只有一次执行的机会。虽然可以提前执行,但执行后也就不再有执行的权利了。因此,美式期权的价值通常不会超过对应的欧式期权很多。这意味着按照欧式期权评估对应的美式实物期权,不会出现较大的评估误差;相反,可能评估结果更符合稳健原则。

在应用二叉树定价模型时,将实物期权的有效期或行权期划分的期数越多,评估的结果越精确。一般而言,将分析期划分为 10~30 期已经可以得到较为精确的结果。从简化计算考虑,在采用二叉树定价模型评估实物期权时,一般不必划分出太多的变化期,划分的期数少不会对评估的精度有明显的影响。

无论采用哪个评估模型,当得到评估结果时,应当对其进行必要的合理性检验。这里的合理性检验,主要是指判断评估结果在直觉上有无合理性。这种合理性检验虽然简单,但有利于避免各种明显的错误,包括参数估计或模型应用中的错误。

8.4　期权定价理论在资产评估中的应用

随着我国经济的不断发展,证券市场交易的金融产品也越来越多。2015 年 2 月 9 日,上证 50ETF 期权正式上市交易,揭开了我国权益期权时代的序幕。目前,评估实务中期权主要应用于衍生产品的评估和实物期权评估。下面将评估业务中常见使用期权模型估算案例做介绍。

8.4.1　BM 公司汇率掉期评估案例

1. 掉期合约

掉期合约(swap)是当事人之间签订的在未来某一期间内相互交换他们认为具有相等经济价值的现金流(cash flow)的合约。较为常见的是利率掉期合约和货币掉期合约。掉期合约中规定的交换货币是同种货币,则为利率掉期;是异种货币,则为货币掉期。

汇率掉期是指在外汇市场上买进即期外汇的同时又卖出同种货币的远期外汇,或者卖出即期外汇的同时又买进同种货币的远期外汇,也就是说在同一笔交易中将一笔即期和一笔远期业务合在一起做,或者说在一笔业务中将借贷业务合在一起做。

利率掉期合约是互换双方交换一系列现金流的合约,不交换名义本金,双方按合约规定,一方定期向另一方支付名义本金的固定利息,而后者则定期向前者支付名义本金的浮动利息。

掉期协议的双方其中一方会采用固定汇率或利率,而另一方则采用浮动汇率或利率。

掉期交易与期货、期权交易一样,是近年来发展迅猛的金融衍生产品之一,成为国际金融机构规避汇率风险和利率风险的重要工具。

根据会计准则的相关要求,企业掉期合约需要在会计报告日按公允价值进行披露,因此衍生出掉期合约的评估。

2.汇率掉期合约评估案例背景①

BM 公司与 AC 公司签订一个港币对美元的汇率掉期协议,该协议主要条款如下:

甲方:BM 公司;

乙方:AC 公司;

合同起始日:2008 年 1 月 1 日;

合同结束日:2020 年 12 月 31 日;

支付日:2008 年至 2020 年每年 12 月 31 日;

乙方向甲方支付(美元):7500 万元;

甲方向乙方支付(港币):7500 万元×约定汇率的港币;

约定汇率:当即期汇率大于 6(包含 6)小于 10 时,约定汇率为 10,当即期汇率大于 10 或小于 6 时约定汇率等于即期汇率;

即期汇率:根据每一个支付日前第一个工作日彭博系统美元/港币即期汇率的报价平均值确定。

3.评估方法分析

从本合约的内容中我们可以发现,在每一个支付日美元/港币的汇率决定了 BM 公司从本合约中可能的获利金额。

根据合约的条款,如果设 λ 为即期汇率,当即期美元/港币汇率 $\lambda \geqslant 10$ 或 $\lambda < 6$ 时,按即期汇率结算,因此 BM 公司执行该合约没有任何获利或损失;当即期美元/港币汇率 $6 \leqslant \lambda < 10$ 时,根据该合约约定,AC 公司需要按汇率 10 计算支付给 BM 公司美元,从而 BM 公司可凭该合约所能获得的利益为 $7500 \times 10 - 7500 \times \lambda = 7500 \times (10 - \lambda)$;则我们可以用以下函数表示:

$$F(x) = \begin{cases} 0 & \lambda < 6 \\ 10 - \lambda & 6 \leqslant \lambda \leqslant 10 \\ 0 & \lambda \geqslant 10 \end{cases}$$

根据本合约条款,BM 公司可以获利的区域如图 8-7 所示。

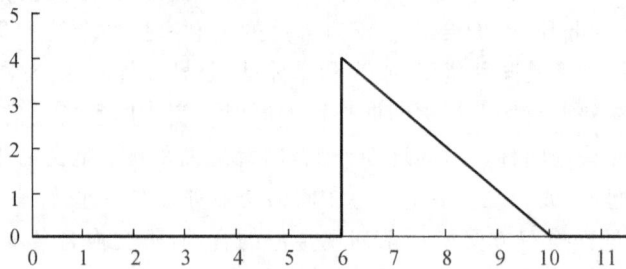

图 8-7　BM 公司可以获利的区域示意

类比看跌期权的得利模式,BM 公司获利的区域可以看作是图 8-8 中的 Ⅰ 部分,我们可以通过估算全部(Ⅰ ＋ Ⅱ ＋ Ⅲ)。Ⅱ 和 Ⅲ,然后从全部中扣减 Ⅱ 和 Ⅲ,最后得到 Ⅰ。全部(Ⅰ

① 本案例摘自中国资产评估师协会后续教育课件《期权定价 B-S 模型在评估中的应用探讨》。

（＋Ⅱ＋Ⅲ）可以视为一个初始 S_0 为现实汇率、行权价为 10 的看跌期权 A；Ⅱ部分可以看作是一个初始 S_0 为现实汇率、行权汇率为 6 的看跌期权 B；Ⅲ部分实际是一个现金或无价值（cash or nothing put option）看跌期权 C，其中初始汇率为现实汇率，行权汇率为 6，看跌期权价值为：

$$Q = Xe^{-rT}N(-d_2)$$

标地合约价值＝看跌期权 A－看跌期权 B－现金或无价值看跌期权 C

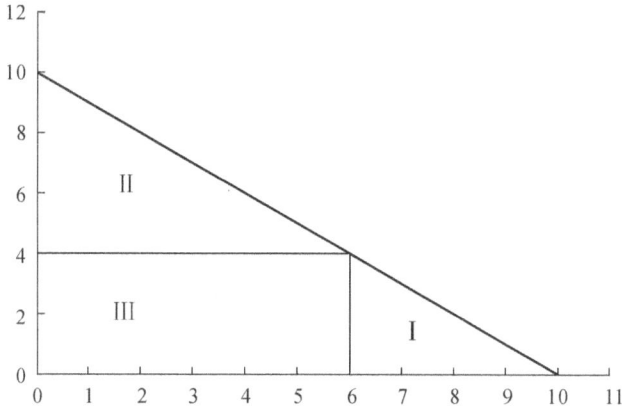

图 8-8　汇率掉期估算示意

相关计算过程参见表 8-4 所示。

8.4.2　浙江 ABC 有限公司经营权评估案例

1. 案例背景

浙江 ABC 有限公司拟变更为股份有限公司，根据相关规定，浙江 ABC 公司聘请资产评估机构对浙江 ABC 公司全部资产及负债进行评估。其中，公司账面有其他无形资产一项。其他无形资产账面价值××××元，系于 2014 年 11 月通过拍卖方式购入的原破产企业"杭州 ABC 公司"经营权的摊余价值。该经营权包括商标、设计图纸、申请专利等及产品相关技术资料。

2. 评估方法分析

对于该项经营权，其给企业带来的经济效益难以与投入的成本相匹配，不宜采用成本法评估；同时，由于无法找到同类经营权的可比交易案例，不宜采用市场法评估。根据访谈结果和公司提供的相关技术、经营资料，经分析，由于公司通过购买取得了原破产企业"杭州 ABC 公司"拥有的商标权和专利及产品相关技术资料，从而获得了现实中存在的发展和增长机会。公司在未来可以执行这种选择权，并且预期通过执行这种选择权能带来经济利益。故确定按照实物期权的评估思路，采用 Black-Scholes 期权定价模型进行评估。

浙江 ABC 有限公司评估基准日的资产配备，尚不足以支持其开发生产经营相关产品。如欲开发生产，浙江 ABC 有限公司尚需添置部分机器设备，购置不动产，以及搬迁并安装调试现有的机器设备，本次估值称此过程所需花费的时间为建设期。根据对经营权核心资产的分析，我们预计最佳行权期限为建设期。

表 8-4　BM 公司汇率掉期合约公允价值评估汇总

	2009-1-1	2009-12-31	2010-12-31	2011-12-31	2012-12-31	2013-12-31	2014-12-31	2015-12-31	2016-12-31	2017-12-31	2018-12-31	2019-12-31	2020-12-31
结算日期	2009-1-1	2009-12-31	2010-12-31	2011-12-31	2012-12-31	2013-12-31	2014-12-31	2015-12-31	2016-12-31	2017-12-31	2018-12-31	2019-12-31	2020-12-31
基准日汇率		7.75	7.75	7.75	7.75	7.75	7.75	7.75	7.75	7.75	7.75	7.75	7.75
行权汇率1		10.00	10.00	10.00	10.00	10.00	10.00	10.00	10.00	10.00	10.00	10.00	10.00
行权汇率2		6.00	6.00	6.00	6.00	6.00	6.00	6.00	6.00	6.00	6.00	6.00	6.00
T		1.00	2.00	3.00	4.00	5.00	6.00	7.00	8.00	9.00	10.00	11.00	12.00
无风险回报率——港元		0.820%	1.500%	1.900%	2.500%	2.900%	3.200%	3.500%	3.800%	4.000%	4.000%	4.000%	4.000%
波动率 σ		14.80%	15.00%	14.80%	14.90%	15.00%	15.61%	16.10%	16.71%	17.20%	17.60%	16.92%	17.47%
无风险收益率——美元		0.371%	0.890%	1.404%	1.862%	2.347%	3.006%	3.192%	3.363%	3.456%	3.456%	2.347%	2.512%

看跌期权 A: Black-Scholes 模型

	2009-1-1	2009-12-31	2010-12-31	2011-12-31	2012-12-31	2013-12-31	2014-12-31	2015-12-31	2016-12-31	2017-12-31	2018-12-31	2019-12-31	2020-12-31
结算日期	2009-1-1	2009-12-31	2010-12-31	2011-12-31	2012-12-31	2013-12-31	2014-12-31	2015-12-31	2016-12-31	2017-12-31	2018-12-31	2019-12-31	2020-12-31
基准日汇率 S_0	HK$7.75	HK$7.75	HK$7.75	HK$7.75	HK$7.75	HK$7.75	HK$7.75	HK$7.75	HK$7.75	HK$7.75	HK$7.75	HK$7.75	HK$7.75
行权汇率1	HK$10.00	HK$10.00	HK$10.00	HK$10.00	HK$10.00	HK$10.00	HK$10.00	HK$10.00	HK$10.00	HK$10.00	HK$10.00	HK$10.00	HK$10.00
T		1.00	2.00	3.00	4.00	5.00	6.00	7.00	8.00	9.00	10.00	11.00	12.00
r(港元)		0.820%	1.500%	1.900%	2.500%	2.900%	3.200%	3.500%	3.800%	4.000%	4.000%	4.000%	4.000%
σ:		14.80%	15.00%	14.80%	14.90%	15.00%	15.61%	16.10%	16.71%	17.20%	17.60%	16.92%	17.47%
r(美元)		0.371%	0.890%	1.404%	1.862%	2.347%	3.006%	3.192%	3.363%	3.456%	3.456%	2.347%	2.512%
d_1		−1.6179	−1.0380	−0.8081	−0.6207	−0.5098	−0.4450	−0.3347	−0.2290	−0.1410	−0.0819	−0.1504	−0.1765
d_2:		−1.7659	−1.2501	−1.0644	−0.9187	−0.8452	−0.8274	−0.7607	−0.7016	−0.6570	−0.6385	−0.4107	−0.4286
$N(d_1)$:		5.28%	14.96%	20.95%	26.74%	30.51%	32.81%	36.89%	40.95%	44.39%	46.74%	55.98%	57.01%
$N(d_2)$:		3.87%	10.56%	14.36%	17.91%	19.90%	20.40%	22.34%	24.15%	25.56%	26.16%	34.06%	33.41%
$N(-d_1)$:		94.72%	85.04%	79.05%	73.26%	69.49%	67.19%	63.11%	59.05%	55.61%	53.26%	44.02%	42.99%

续表

项目												
$N(-d_2)$：	96.13%	89.44%	85.64%	82.09%	80.10%	79.60%	77.66%	75.85%	74.44%	73.84%	65.94%	66.59%
看跌期权价值	HK$2.22	HK$2.21	HK$2.22	HK$2.16	HK$2.14	HK$2.22	HK$2.17	HK$2.10	HK$2.04	HK$2.03	HK$1.61	HK$1.66
小计　HK$24.76												
看跌期权 B：Black-Scholes 模型												
S_0	HK$7.75	HK$7.75	HK$7.75	HK$7.75	HK$7.75	HK$7.75	HK$7.75	HK$7.75	HK$7.75	HK$7.75	HK$7.75	HK$7.75
行权汇率2	HK$6.00	HK$6.00	HK$6.00	HK$6.00	HK$6.00	HK$6.00	HK$6.00	HK$6.00	HK$6.00	HK$6.00	HK$6.00	HK$6.00
T	1.00	2.00	3.00	4.00	5.00	6.00	7.00	8.00	9.00	10.00	11.00	12.00
r（港元）	0.82%	1.50%	1.90%	2.50%	2.90%	3.20%	3.50%	3.80%	4.00%	4.00%	4.00%	4.00%
σ：	14.80%	15.00%	14.80%	14.90%	15.00%	15.61%	16.10%	16.71%	17.20%	17.60%	16.92%	17.47%
r（美元）	0.371%	0.890%	1.404%	1.862%	2.347%	3.006%	3.192%	3.363%	3.456%	3.456%	2.347%	2.512%
d_1：	1.8336	1.3700	1.1847	1.0934	1.0132	0.8909	0.8645	0.8519	0.8489	0.8359	1.0607	1.0206
d_2：	1.6856	1.1579	0.9283	0.7954	0.6778	0.5086	0.4385	0.3792	0.3329	0.2794	0.4996	0.4154
$N(d_1)$：	96.66%	91.47%	88.19%	86.29%	84.45%	81.35%	80.63%	80.29%	80.20%	79.84%	85.56%	84.63%
$N(d_2)$：	95.41%	87.66%	82.34%	78.68%	75.11%	69.45%	66.95%	64.77%	63.04%	61.00%	69.13%	66.11%
$N(-d_1)$：	3.34%	8.53%	11.81%	13.71%	15.55%	18.65%	19.37%	19.71%	19.80%	20.16%	14.44%	15.37%
$N(-d_2)$：	4.59	12.34	17.66	21.32	24.89	30.55	33.05	35.23	36.96	39.00	30.87	33.89%
看跌期权价值	HK$0.02	HK$0.07	HK$0.12	HK$0.17	HK$0.22	HK$0.31	HK$0.35	HK$0.39	HK$0.42	HK$0.46	HK$0.33	HK$0.38
小计　HK$3.24												
现金或无价值看跌期权	HK$0.18	HK$.48	HK$0.67	HK$0.77	HK$0.86	HK$1.01	HK$1.03	HK$1.04	HK$1.03	HK$1.05	HK$0.80	HK$0.84
HK$9.76												
单份合约价值	11.76											

　　浙江 ABC 有限公司评估基准日拥有的经营权,表明公司享有在建设期结束时,开发和制造这种经营权相关产品的权利。而只有当预期产品销售的现金流超过开发成本时,公司才会开发,否则,迫于暂借款的到期偿还压力,浙江 ABC 有限公司可能会放弃开发,而将已投入资产变现偿还借款。设 X 为该经营权相关产品的开发成本的现值,V 是预期现金流的现值。则在 $V>X$ 的情况下,该项经营权将被开发,拥有该经营权相关产品的损益为 $V-X$,当 $V<X$ 的情况下,该项经营权将不被开发,拥有经营权相关产品的损益为 0(见图 8-9)。

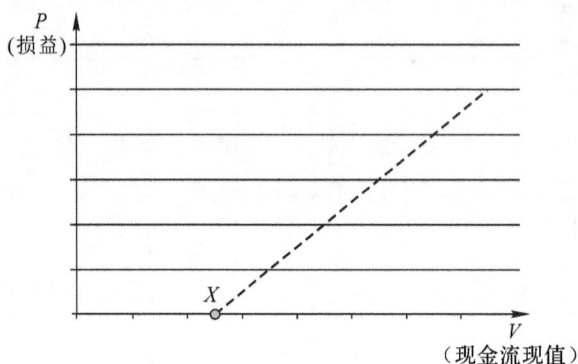

图 8-9　经营权内在价值示意

　　可见,浙江 ABC 有限公司的经营权可以被看作是一个买方期权,经营权本身为标的资产,而标的资产的现时价值就是生产该产品的预期现金流的现值。

　　3.评估计算过程

　　(1)期权的执行价格 X

　　实施经营权相关产品的生产需投入不动产、机器设备以及流动资金等执行成本,经参考可行性研究,并参考评估基准日已有设备价值及评估基准日后被评估单位的购置不动产、机器设备等的实际投入,同时根据经营权相关产品的产销量、生产销售周期分析所需的初始流动资金,综合确定期权的执行价格。

　　(2)确定期权行权期限 T

　　截至评估基准日,浙江 ABC 有限公司已经预付了不动产的部分购置款,预付了需增加投入的设备的部分购置款,如要实施期权项目,尚需要进行不动产交接过户、不动产整修、动产搬迁、机器设备安装调试等阶段,至 2015 年 6 月底可以到达试生产状态,故剩余建设期为 4 个月,即期权的行权期限为 4 个月。

　　(3)无风险报酬率 r

　　无风险回报率根据评估基准日国债到期收益率平均值计算确定。

　　(4)波动率 σ

　　波动率是指预期标的资产收益率的标准差,一般采用如下几种办法估算:

　　①如果该产品以前曾经生产过,或有过类似产品的生产经验,则可以用它们的波动率作为待评估专利产品的价值方差的估计值;

　　②不同的市场情况出现的概率不同,可以分别计算每种情况下的现金流量及现值的变化,然后估算出它们的价值方差;

　　③利用与该待评估专利产品处于同一行业的上市公司或行业的价值的平均变化情况作为参考。

根据实际情况及资料的收集情况,采用第 3 种方法计算,选取了金属切割机械行业订单数、5 家从事金属切割机械生产的上市公司的股价,计算此 6 项指标评估基准日近 3 年来的月波动方差并取其平均值,再换算得到适用的波动年标准差 σ。

(5)标的资产的市场价值 S

采用未来收益折现法,即通过预测实施被评估经营权制造的产品的生产销售情况,计算未来可能取得的经营净利润,并考虑对折旧摊销等非付现成本以及固定资产更新的资本化支出等进行调整,计算确定未来可能的现金流。将现金流通过一定的折现率折现后加和,得出如果经营权实施在评估基准日的市场价值。

采用的计算公式为:

$$P = \sum_{t=1}^{n} \frac{F_t}{(1+r)^{i_t}} + \frac{F_n(1+g)}{(r-g)(1+r)^n}$$

式中,P——评估值;

F_t——未来第 t 个收益期的预期收益额;

r——折现率;

g——预期的永续收益增长率;

t——收益预测期;

i_t——未来第 t 个收益期的折现期;

n——详细预测期的年限。

①F_t 主要通过对经营权相关产品的技术经营情况和所在行业相关经济要素及发展前景分析,预测未来经营权相关产品的现金流,并根据企业所在行业的特点,考虑稳定后的永续增长率。

②折现率 r 的评估口径的价值应与预测的收益类型一致,本次评估采用的折现率为加权平均资本成本(WACC)。公式如下:

$$WACC = K_E \times \frac{E}{E+D} + K_D \times (1-T) \times \frac{D}{E+D}$$

式中,$WACC$——加权平均资本成本;

K_E——权益资本成本;

K_D——债务资本成本;

T——边际税率;

D/E——目标资本结构。

③经营期限为持续经营假设前提下的无限年期;在此基础上采用分段法对现金流进行预测,即将预测范围内经营权相关产品的现金流分为详细预测期的净现金流量和稳定期的净现金流量。其中,对于详细预测期的确定,根据市场调查和预测,综合考虑了经营权内包含的专利经济寿命年限、行业的发展状况,同时结合浙江 ABC 有限公司的实际情况,取 7 年左右较为适宜,此后收益趋向稳定。故详细预测期截至 2021 年,期后为永续预测期。

4.评估结果

将参数代入 Black-Scholes 期权定价模型,经计算其他无形资产评估值为 8342 万元。

浙江 ABC 有限公司经营权评估过程如图 8-10 所示。

一、S(标的资产的市场价值,即无形资产所形成现金流的现值)

经营权现金流现值为 58566 万元。

二、X(期权的执行价格,即无形资产的开发成本)

企业预计开发项目产品的新增成本为:	营运资金	13500	剩余使用年限
不包括 2000 万元中已购置的办公设备	设备(二手)	20224	20
	厂房(二手)	4800	58
	土地	15000	无限期
则期权执行价格为:		53524 万元	

三、r(无风险利率)

采用与无形资产估计收益期限相匹配的长期国债平均到期收益率为 1.00%。

四、t(期权期限)

项目要能够正常投入生产,尚需要大约 4 个月的建设期(新购厂房修整、设备器具等搬迁),建设期届满时可以选择实施无形资产项目,也可以选择不实施而资产变现回收成本,故确定期权的行权期限为 0.33 年。

五、σ^2(标的资产价值的方差)

对这种无形资产产品的现金流的波动变化,可以采用如下几种办法估算:

1.如果该产品以前曾经生产过,或有过类似产品的生产经验,则可以用它们的波动率作为待评估专利产品的价值方差的估计值;

2.不同的市场情况出现的概率不同,可以分别计算每种情况下的现金流量及现值的变化,然后估算出它们的价值方差;

3.利用与该待评估无形资产产品处于同一行业的上市公司或行业的价值的平均变化情况作为参考。

根据实际情况及资料的收集情况,采用第 3 种方法计算,计算得到行业的平均年方差为 17.38%。

六、C(看涨期权价值,即无形资产价值)

公式:
$$C = SN(d_1) - Xe^{-rT}N(d_2)$$

其中:
$$d_1 = \frac{\ln(S/X) + (r + \sigma^2/2)T}{\sigma\sqrt{T}} \qquad d_2 = \frac{\ln(S/X) + (r - \sigma^2/2)T}{\sigma\sqrt{T}} = d_1 - \sigma\sqrt{T}$$

无形资产:

计算: $d_1 = 0.5094$ $N(d_1) = 0.6948$

$d_2 = 0.2699$ $N(d_2) = 0.6064$

$C = 8342.00$ 万元(保留至万元)

七、无形资产评估结果

无形资产评估值为 8342.00 万元。

图 8-10　浙江 ABC 有限公司经营权评估过程底稿

8.4.3　拟开发新药技术评估案例

1.评估案例背景

委托方 A 公司拟购买 B 公司拥有的药品 A 生产技术,B 公司已将药品 A 的生产核心技术向国家知识产权局申请了发明专利并获得授权。目前 B 公司已完成所有相关临床试验,药品 A 可向有关部门申请相关药品注册。由于目前该药品 A 目前没有完成药品申报程序,因此药品 A 技术不能按一项确定的生产技术进行评估,也就是药品 A 生产技术目前只能按或有资产进行评估。

2.评估方法分析

本次估值对象为尚未进行药品注册申报的新药。新药研发过程中,多阶段性和不确定性是其主要特征。故传统的估值方法不适用于新药的估算,考虑项目申报注册新药和申请生产批件的风险,本次估值采用概率树模型进行测算,同时对成功申请药品生产批件后的无形资产价值按期权模型进行测算。

评估模型如下:

(1)概率树模型:

概率分布表明了每一可能事件及其发生的概率。由于事件的互斥性,这些概率的和为1。我们可以使用历史数据(资料)或理论概率分布来建立实际概率分布。

无形资产估值=P 申请药品生产批件后的无形资产价值+(1-P)损失成本

(2)根据分析,这是一个选择项目是否进一步实施的期权,因此属于看涨期权,可以选择不含红利的看涨期权 Black-Scholes 期权定价模型:

$$C = SN(d_1) - Xe^{-rT}N(d_2)$$

$$d_1 = \frac{\ln(S/X) + (r + \sigma^2/2)(T)}{\sigma \sqrt{T}}$$

$$d_2 = \frac{\ln(S/X) + (r - \sigma^2/2)(T)}{\sigma \sqrt{T}} = d_1 - \sigma \sqrt{T}$$

式中,C——成功申请药品生产批件条件下,无形资产的价值。

S——原含义是标的股票现实价格,现在是新药研制成功后,其在基准日所表现的市场价值;S 可以根据相关资料采用收益法估算。

X——原含义为期权执行价,现为药品 A 从目前阶段到药品 A 批量生产尚需要的全部投入,所需成本为申报材料所需花费的三批样品的人工、动力、原材料成本以及起初的营运资金投入。

r——原含义连续复利计算的无风险收益率,现为国债到期收益率。

T——原含义为期权限制时间,现为从基准日到药品 A 获得生产批文所需要的时间。

σ——原含义是股票波动率,现为投资者投资药品 A 所能获得的回报率的波动率。波动率一般可以采用国内化学药品行业内的全部上市公司的股票波动率的标准差估算。

3.评估计算过程

(1)S 的估算

B 公司提供了本次评估的收入预测,具体如表 8-5 所示。

表 8-5　未来年度药品 A 销量

年　度	销量 (万支)	底价 (元/支)	中标价 (元/支)	年　度	销量 (万支)	底价 (元/支)	中标价 (元/支)
2016	300	25	150	2021	2870	20	100
2017	700	25	140	2022	3300	15	70
2018	1500	25	130	2023	3800	15	70
2019	2000	20	100	2024	4350	15	60
2020	2500	20	100	2025	5000	15	60

上述预测价为含税价。

本次估算分别从行业一般收益水平(方法一)、中标价扣减相关成本(方法二)以及底价(底价是指扣除相关返利后的销售收入)扣减相关成本(方法三)三个角度进行测算。

方法一计算过程:

第一步:根据企业提供的收入预测,乘以行业平均营业利润率(息税前),计算得到行业平均息税前收益;

第二步:乘以无形资产分成率得到税前分成收益;

第三步:通过估算折现率将分成收益折现。

方法二计算过程:

第一步:根据企业提供的收入预测,扣减相关返利及营销费用、税金、生产成本、销售管理费用,得到息税前收益;

第二步:乘以无形资产分成率得到税前分成收益;

第三步:通过估算折现率将分成收益折现。

方法三计算过程:

第一步:根据企业提供的底价收入预测,扣减相关税金、生产成本、销售管理费用,得到息税前收益;

第二步:乘以无形资产分成率得到税前分成收益;

第三步:通过估算折现率将分成收益折现。

其中,无形资产分成率根据目前化学药品行业的一般利润分成率取得;折现率采用打分法并参考国内外相关研究确定。

通过上述计算得到初步计算结果,如表8-6所示。

表8-6 初步计算结果 单位:万元

计算方法	方法一	方法二	方法三
计算结果	5183	5314	3799

由于本项目尚未投产,故进行敏感性分析。由于影响评估的主要因素为销量、招标底价以及折现率,我们对上述因素做了相应的变动分析。

①销量变动分析

基于对行业的分析,目前替丁类药物和PPI药物竞争较为激烈,且第四代替丁药物也已经上市,故该类品种的竞争较为激烈。企业的营销计划可能存在一定程度的波动性(见表8-7)。

表8-7 销量单变量变动分析 单位:万元

销量波动 估算方法	下降75%	下降50%	下降20%	下降10%	不变
方法一	1295	2593	4147	4666	5183
方法二	1329	2656	4251	4781	5314
方法三	949	1901	3039	3419	3799

②中标价(底价)变动分析

目前,药物的中标价格均有所下滑,故对估值的产品的中标价格及底价变动进行相应分析(见表 8-8)。

表 8-8　中标价(底价)变动分析　　　　　　单位:万元

中标价(底价)变动 \ 估算方法	下降 50%	下降 20%	下降 10%	不变
方法一	2593	4147	4666	5183
方法二	1598	3803	4521	5314
方法三	1352	2791	3367	3799

③折现率变动分析

折现率作为估值的敏感性指标,受输入值的影响很大。我们对折现率进行了敏感性分析(见表 8-9)。

表 8-9　折现率变动分析　　　　　　单位:万元

折现率变动 \ 估算方法	下降 20%	下降 10%	不变	上升 10%	上升 20%
方法一	6944	5981	5183	4516	3955
方法二	7079	6116	5314	4641	4073
方法三	5101	4388	3799	3305	2892

④方法一中标价与销售数量双向变动分析(见表 8-10)

表 8-10　方法一中标价与销售数量双向变动下 S 估值　　　　　　单位:万元

折现率不变		中标价			
		下降 50%	下降 20%	下降 10%	不变
销售数量	下降 75%	648	1036	1169	1295
	下降 50%	1295	2075	2333	2593
	下降 20%	2075	3318	3731	4147
	下降 10%	2333	3731	4198	4666
	不变	2593	4147	4666	5183

⑤方法二中标价与销售数量双向变动分析(见表 8-11)

243

表 8-11　方法二中标价与销售数量双向变动下 S 估值　　　　　单位:万元

折现率不变		中标价			
		下降 50%	下降 20%	下降 10%	不变
销售数量	下降 75%	399	952	1131	1329
	下降 50%	801	1900	2259	2656
	下降 20%	1281	3043	3615	4251
	下降 10%	1440	3422	4069	4781
	不变	1598	3803	4521	5314

⑥方法三中标价与销售数量双向变动分析(见表 8-12)

表 8-12　方法三中标价与销售数量双向变动下 S 估值　　　　　单位:万元

折现率不变		中标价			
		下降 50%	下降 20%	下降 10%	不　变
销售数量	下降 75%	337	697	843	949
	下降 50%	679	1397	1684	1901
	下降 20%	1081	2234	2695	3039
	下降 10%	1218	2512	3029	3419
	不变	1352	2791	3367	3799

因为在 X 估算中我们考虑初始营运资金投入,该部分资金需在无形资产经济寿命结束后收回。故这里所使用的 S 应修正为 S^*($S^* = S + 500$)。

(2)X 估算

原含义为期权执行价,现为药品 A 从目前阶段到药品 A 批量生产尚需要的全部投入,目前药品 A 完成了相关临床试验,所需成本基本为申报材料所需花费的三批样品的人工、动力、原材料成本,预计花费 50 万元。同时项目启动需要一定的营运资金,预计初始营运资金需 500 万元。

(3)无风险收益率 r

采用 2012 年 12 月 31 日剩余期限与预测 T 期限相匹配的国债到期收益率。

(4)期权限制时间 T

采用从 2012 年 12 月 31 日到药品 A 获得生产批文所需要的时间,经与委托方访谈,确定 T 等于 3 年。

(5)股票波动率 σ

在应该是投资者投资药品 A 所能获得回报率的波动率。波动率一般可以采用国内化药制品行业内的全部上市公司的股票波动率的标准差估算。

(6)C 的计算结果

①初始计算结果

根据上述相关参数,我们分别估算了方法一、方法二、方法三三种情形下的药品 A 的估算值,计算结果如表 8-13 所示。

表 8-13　买期权 C 计算结果

计算方法	方法一	方法二	方法三
标的资产的价格 S	5683.00	5814.00	4299.00
执行价 X 现值	550.00	550.00	550.00
无风险收益率 r	3.16%	3.16%	3.16%
期权限制期 T	3	3	3
波动率 σ	35.16%	35.16%	35.16%
买期权 C(估算值)	5200	5300	3800

②敏感性分析

上文中,我们进行了销量、中标价(底价)、折现率的单变量分析以及销量和中标价(底价)交叉变量分析,得到了不同情景下的 S。对上述 S,我们代入 Black-Scholes 期权定价模型中进行了相关计算,计算结果如表 8-14 至表 8-19 所示。

表 8-14　销量单变量变动下药品 A 估值　　　　　　单位:万元

销量波动 估算方法	下降 75%	下降 50%	下降 20%	下降 10%	不　变
方法一	2600	4100	4700	5200	2600
方法二	1600	3800	4500	5300	1600
方法三	1400	2800	3400	3800	1400

表 8-15　中标价(底价)变动下药品 A 估值　　　　　　单位:万元

中标价(底价) 变动 估算方法	下降 50%	下降 20%	下降 10%	不　变
方法一	1300	2600	4100	4700
方法二	1300	2700	4300	4800
方法三	1000	1900	3000	3400

表 8-16　折现率变动下药品 A 估值　　　　　　单位:万元

折现率变动 估算方法	下降 20%	下降 10%	不变	上升 10%	上升 20%
方法一	6900	6000	5200	4500	4000
方法二	7100	6100	5300	4600	4100
方法三	5100	4400	3800	3300	2900

245

表 8-17　方法一中标价与销售数量双向变动下药品 A 估值　　　　单位:万元

折现率保持不变		中标价			
		下降 50%	下降 20%	下降 10%	不　变
销售数量	下降 75%	700	1000	1200	1300
	下降 50%	1300	2100	2300	2600
	下降 20%	2100	3300	3700	4100
	下降 10%	2300	3700	4200	4700
	不变	2600	4100	4700	5200

表 8-18　方法二中标价与销售数量双向变动下药品 A 估值　　　　单位:万元

折现率保持不变		中标价			
		下降 50%	下降 20%	下降 10%	不　变
销售数量	下降 75%	400	1000	1100	1300
	下降 50%	800	1900	2300	2700
	下降 20%	1300	3000	3600	4300
	下降 10%	1400	3400	4100	4800
	不变	1600	3800	4500	5300

表 8-19　方法三底价与销售数量双向变动下药品 A 估值　　　　单位:万元

折现率保持不变		底　价			
		下降 50%	下降 20%	下降 10%	不　变
销售数量	下降 75%	400	700	900	1000
	下降 50%	700	1400	1700	1900
	下降 20%	1100	2200	2700	3000
	下降 10%	1200	2500	3000	3400
	不变	1400	2800	3400	3800

(7)概率树模型计算无形资产估值

由于获得国家食品药品监督管理局颁发的药品注册批件存在一定的不确定性,故采用概率树进行进一步分析。如图 8-11 所示。

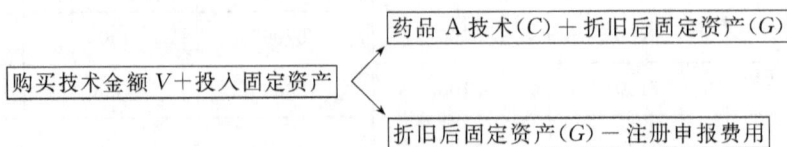

图 8-11　概率树

其中,P 为药品注册批件获批概率,一般 3 类新药的获批概率为 60%,故有:

$$V+投入固定资产=0.6(C+G)+0.4(G-注册申报费用)$$

整理后有：$V=0.6C+(G-投入固定资产)-0.450=0.6C-折旧-0.450$

折旧预计为固定资产投入的 20% 左右。

将相关数据代入公式，计算结果如表 8-20 至表 8-25 所示。

表 8-20　销量单变量变动下药品 A 估值　　　　单位：万元

估算方法 ＼ 销量波动	下降 75%	下降 50%	下降 20%	下降 10%	不　变
方法一	665	1445	2245	2605	2905
方法二	665	1505	2365	2665	2965
方法三	485	1025	1585	1825	2065

表 8-21　中标价（底价）变动下药品 A 估值　　　　单位：万元

估算方法 ＼ 中标价（底价）变动	下降 50%	下降 20%	下降 10%	不　变
方法一	1345	2245	2605	2905
方法二	745	2065	2485	2965
方法三	625	1465	1825	2065

表 8-22　折现率变动下药品 A 估值　　　　单位：万元

估算方法 ＼ 折现率变动	下降 20%	下降 10%	不变	上升 10%	上升 20%
方法一	3925	3385	2905	2485	2185
方法二	4045	3445	2965	2545	2245
方法三	2845	2425	2065	1765	1525

表 8-23　方法一中标价与销售数量双向变动下药品 A 估值　　　　单位：万元

折现率保持不变		中标价			
		下降 50%	下降 20%	下降 10%	不　变
销售数量	下降 75%	305	485	605	665
	下降 50%	665	1145	1265	1445
	下降 20%	1045	1765	2005	2245
	下降 10%	1165	2005	2305	2605
	不变	1345	2245	2605	2905

表 8-24　方法二中标价与销售数量双向变动下药品 A 估值　　　　　单位：万元

折现率保持不变		中标价			
		下降 50%	下降 20%	下降 10%	不 变
销售数量	下降 75%	125	485	545	665
	下降 50%	365	1025	1265	1505
	下降 20%	565	1585	1945	2365
	下降 10%	625	1825	2245	2665
	不变	745	2065	2485	2965

表 8-25　方法三底价与销售数量双向变动下药品 A 估值　　　　　单位：万元

折现率保持不变		中标价			
		下降 50%	下降 20%	下降 10%	不 变
销售数量	下降 75%	125	305	425	485
	下降 50%	305	725	905	1025
	下降 20%	445	1105	1405	1585
	下降 10%	505	1285	1585	1825
	不变	625	1465	1825	2065

4. 评估结果

我们采用期权定价模型对 B 企业拥有的药品 A 技术进行了测算。在上述假设条件下，估价对象在基准日 2012 年 12 月 31 日市场价值预计分布在 1500 万～2300 万元之间。

8.4.3　股票期权公允价值评估

1. 评估案例背景

股票期权作为一种管理层激励的手段越来越多地被国内上市公司所采用。股票期权是上市公司给予企业高级管理人员和技术骨干在一定期限内以一种事先约定的价格购买公司普通股的权利。股票期权是一种不同于职工股的崭新激励机制，它能有效地把企业高级人才与其自身利益很好地结合起来。

ABC 公司董事会决定对公司高管给予 100 万份股票期权激励；股票期权的授予日为 2014 年 12 月 31 日；股票期权行权价格为 20 元/股，当前价格 15 元/股；但是股票期权有效期内发生资本公积转增股本、派发股票红利、股份拆细或缩股、配股、派息等事宜，行权价格将做相应的调整；行权安排：本计划授予的股票期权自本期激励计划授予日起满 12 个月后。按照相关会计准则的要求，企业实施股权（票）激励，需要按公允价值计量；实施股权（票）激励的企业每年至少需要将其正在实施的股权（票）激励的期权的公允价值评估出来，为财务报告目的服务；期权的公允价值评估的基准日与审计人员协商后确定为 2014 年 12 月 31 日。

2.评估方法分析

股票期权就是上市公司与公司的高级管理人员约定进行一项股票交易。上市公司是约定股票的卖方(空头),其承担义务是一旦买方要求购买股票,则其必须要按约定的价格卖出其持有的股票;公司管理人员则是股票的买方(多头),其具有一项权利,可以在一个有效期内,按照约定低价格去购买一定数量的股票,管理人员可以选择实际购买,也可以选择不购买。

上述交易中空头方给予多头方的权利不是免费的,需要多头方给予对价补偿,这个对价就是期权的价值,但是股票激励实务中,管理层并不实际支付这个对价,因此造成上市公司需要自行支付对价,即在当期损益中增加相应的成本。为准确计量上市公司替管理层支付的期权成本,提高上市公司财务报表的质量,上市公司应聘请评估机构实施财务报告目的评估,评估股票激励期权。从上述分析中可以看到股票激励期权应该是一个有权购买股票的权利,因此是一个看涨期权。

3.评估计算过程

股票激励期权的模型是看涨期权,通常包括两种:

一种不包含分红派息模型,公式如下:

$$C = SN(d_1) - Xe^{-rT}N(d_2)$$

$$d_1 = \frac{\ln(S/X) + (r + \sigma^2/2)(T)}{\sigma(T)}$$

$$d_2 = d_1 - \sigma\sqrt{T}$$

一种包含分红派息模型,公式如下:

$$C = Se^{-\delta T}N(d_1) - Xe^{-rT}N(d_2)$$

$$d_1 = \frac{\ln(S/X) + (r + \delta + \sigma^2/2)(T)}{\sigma(T)}$$

$$d_2 = d_1 - \sigma\sqrt{T}$$

式中,δ——连续红利率;

S——现实股票价格,取评估基准日 ABC 公司的股票均价 15 元/股;

X——行权价格,根据 ABC 公司 2014 年 12 月 31 日关于股票期权授予相关事项的公告,股票期权的行权价格为 20 元;

T——股权有效期,选择行权日距基准日的期间,按年计算,本次评估为一年(12个月);

r——连续复利计算的年无风险收益率,在 Wind 数据中选择剩余年限为 1~2 年的国债年到期收益率平均值(3.579%);

σ:股票波动率,选取 Wind 行业中与 ABC 公司相类似的上市公司作为对比公司,取其基准日前股价并计算 1 年(12 个月)的股票波动率(32.933%),并以此作为期权的预期波动率;

δ:连续复利计算的股息率,ABC 公司于 2009 年上市,截至评估基准日共进行两次分红,通过计算其历史平均分红率(0.530%),以此作为未来股息收益率。

将上述参数代入公式,有:

$$N(d_1) = 0.268862063$$

$N(d_2) = 0.172178065$

$d_1 = -0.616258193$

$d_2 = -0.945593167$

$C = 0.689$ 元/份

4. 评估结果

我们采用期权定价模型对 ABC 公司 2014 年 12 月 31 日拟授予股票期权的公允价值进行了评估,期权成本费用摊销为 68.91 万元。

第9章

资产评估报告

⬁学习目标

1. 了解资产评估报告的基本概念及基本制度；
2. 熟悉资产评估报告的基本内容和编制；
3. 了解资产评估报告书的作用及应用；
4. 了解资产评估报告书实例。

9.1 资产评估报告的基本概念及基本制度

9.1.1 资产评估报告的概念

我国 2007 年颁布的《资产评估准则——评估报告》中指出：资产评估报告是指注册资产评估师根据资产评估准则的要求，在履行必要评估程序后，对评估对象在评估基准日特定目的下的价值发表的，由其所在评估机构出具的书面专业意见。它是按照一定格式和内容来反映评估目的、假设、程序、标准、依据、方法、结果及适用条件等基本情况的书面报告。

资产评估报告既是资产评估机构与注册资产评估师完成对资产作价，就被评估资产在特定条件下价值所发表的专家意见，也是评估机构履行合同情况的总结，还是评估机构为资产评估项目承担相应法律责任的证明文件。

9.1.2 资产评估报告书的分类

资产评估报告书按照不同的标准，可以有多种分类。

1. 按评估范围分类，资产评估报告书可分为企业整体资产评估报告书和单项资产评估报告书

整体资产评估报告书是对企业整体资产进行评估所出具的资产评估报告书。单项资产评估报告书是对某一项资产或某部分资产进行评估出具的资产评估报告书。尽管资产评估报告书的基本格式是一样的，但因整体资产评估与单项资产评估在在具体业务上存在一些差别，因而，两者在评估报告书的内容上也必然有差别。一般情况下，整体资产评估报告书的内容不仅要包括资产，也要包括负债和所有者权益方面的内容，甚至有的企业整体

资产评估还要考虑由整体资产而形成的不可确指的无形资产。而单项资产评估一般不考虑负债和不可确指的无形资产。

2. 按评估对象分类,资产评估报告书可分为资产评估报告书、房地产估价报告书、土地估价报告书等

资产评估报告书是以"资产"为评估对象所出具的评估报告书。这里的资产可能包括负债和所有者权益,也可能包括建筑物和土地。房地产估价报告书则是以房地产为评估对象所出具的估价报告书。土地估价报告书则是以土地为评估对象所出具的估价报告书。鉴于以上评估对象之间存在着差别,加上资产评估、房地产估价和土地估价的管理尚未统一,这3种报告不仅具体格式不同,而且在内容上也存在较大差别。

3. 按评估用途分类,资产评估报告书可分为以产权变动为内容的资产评估报告书和产权不发生变动的资产评估报告书

以产权变动为内容的资产评估报告书,是为资产出售、转让、拍卖、重组等产权变动所出具的评估报告书。因此,这类评估报告在资产的权属方面必须清楚,其时间界限(包括评估基准日、报告有效期等)也要交代得特别明了。

产权不发生变动的资产评估报告书是为资产抵押、保险、课税等产权不发生变动所出具的报告书,这类用途的资产评估不涉及产权变动,在评估报告的内容上有别于前一种评估报告书。一般情况下,这类评估报告书的内容可以相对简单些。

9.2 资产评估报告的基本内容和编制

财政部2007年颁布的《资产评估准则——评估报告》明确规定了资产评估报告的构成及其基本内容。资产评估报告由标题及文号、声明、摘要、正文和相关附件构成。下面依顺序介绍其基本内容。

9.2.1 新准则中资产评估报告的基本内容

1. 资产评估报告的标题及文号

评估报告的标题及文号一般载于资产评估报告的封面上,一般资产评估报告封面须载明下列内容:资产评估项目名称、资产评估机构出具的评估报告的编号、资产评估机构全称及评估报告提交日期等。

2. 资产评估报告的声明

评估报告的声明应当包括以下内容:

(1)注册资产评估师恪守独立、客观和公正的原则,遵循有关法律、法规和资产评估准则的规定,并承担相应的责任;

(2)提醒评估报告使用者关注评估报告特别事项说明和使用限制;

(3)其他需要声明的内容。

3. 资产评估报告的摘要

评估报告摘要应当提供评估业务的主要信息及评估结论。每份资产评估报告书的正

文之前应有表达该报告书关键内容的摘要,用来让各有关方面了解该评估报告书的主要信息。该摘要与资产评估报告书正文一样具有同等法律效力,并要按评估报告书的同一格式由注册资产评估师、评估机构法定代表人及评估机构等签章和签署提交日期。该摘要还必须与评估报告书揭示的结果一致,不得有误导性内容,并应当采用提醒文字提醒使用者阅读全文。

4.资产评估报告的正文

(1)委托方、产权持有者和委托方以外的其他评估报告使用者。报告正文的绪言应写明评估报告委托方全称、受托评估事项及评估工作整体情况。同时还应写明委托方与资产占有方简介。报告书正文的委托方与资产占有方简介应较为详细。当委托方和占有方相同时,可作为资产占有方介绍,同时要写明委托方和资产占有方之间的隶属关系或经济关系。无隶属关系或经济关系的,应写明发生评估的原因。当资产占有方为多家企业时,还须逐一介绍。

(2)评估目的。报告正文的评估目的应写明本次资产评估是为了满足委托方的何种需要,及其所对应的经济行为类型,并简要准确说明该经济行为是否经过批准,若已获批准,应将批准文件的名称、批准单位、批准日期及文号写出。评估报告载明的评估目的应当唯一,表述应当明确、清晰。

(3)评估范围和对象。这部分应写明纳入评估范围的资产及其类型,并具体描述评估对象的基本情况,通常包括法律权属状况、经济状况和物理状况,并列出评估前的账面金额。评估资产为多家占有时,应说明各自的份额及对应资产类型。对纳入评估范围的资产与委托评估及立项时确定资产范围不一致时,应说明不一致的原因。

(4)价值类型及其定义。这部分应当写明评估资产所选择的价值类型及其定义,并说明选择价值类型的理由。

(5)评估基准日。这部分应写明评估基准日,并与业务约定书约定的评估基准日保持一致。评估报告应当说明选取评估基准日时重点考虑的因素。评估基准日可以是现在时点,也可以是过去或者将来的时点。评估基准日的具体日期和确定评估基准日的理由或成立条件。同时,还应揭示确定基准日对评估结果影响程度以及对采用非基准日的价格标准作出说明。

(6)评估依据。应在这部分中列出评估依据。包括行为依据、法律法规依据、产权依据和取价依据等。对评估中采用的特殊依据应作相应的披露。

(7)评估方法。应在这部分中说明评估过程所选择、使用的评估方法和选择评估方法的依据或原因。对某项资产评估采用一种以上的评估方法的还应适当说明原因并说明该资产价值确定方法。对选择特殊评估方法的,也应适当介绍其原理与适用范围。

(8)评估程序实施过程和情况。这部分反映评估机构自接受评估项目委托起至提交评估报告的全过程。包括评估程序实施过程中现场调查、资料收集与分析、评定估算等主要内容。

(9)评估假设。这部分应当具体写明评估报告成立的假设条件,并披露评估假设及其对评估结论的影响。

(10)评估结论。这部分是报告正文的重要部分。应使用表述性文字完整地叙述评估机构对评估结果发表的结论,对资产、负债、净资产的账面价值、调整后的账面价值、评估价值及其增减幅度进行表述。还应单独列示不纳入评估汇总表的评估结果。

(11)特殊事项说明。在这部分中应说明评估人员在评估过程中已发现可能影响评估的结论,但非评估人员执业水平和能力所能评定估算的有关事项,也应提示评估报告使用者应注意特别事项对评估结论的影响,还应揭示评估人员认为需要说明的其他事项。具体包括:产权瑕疵;未决事项、法律纠纷等不确定因素;重大期后事项;在不违背资产评估准则基本要求的情况下,采用的不同于资产评估准则规定的程序和方法。注册资产评估师应当说明特别事项可能对评估结论产生的影响,并重点提示评估报告使用者予以关注。

(12)评估报告使用限制说明。这部分应包括下列内容:评估报告只能用于评估报告载明的评估目的和用途;评估报告只能由评估报告载明的评估报告使用者使用;未征得出具评估报告的评估机构同意,评估报告的内容不得被摘抄、引用或披露于公开媒体,法律、法规规定以及相关当事方另有约定的除外;评估报告的使用有效期;因评估程序受限造成的评估报告的使用限制。

(13)评估报告日。评估报告载明的评估报告日通常为注册资产评估师形成最终专业意见的日期。

(14)注册资产评估师签字盖章、评估机构盖章和法定代表人或者合伙人签字。这部分应写明出具评估报告书的机构名称并加盖公章,还要由评估机构法定代表人或者合伙人和至少两名负责评估的注册资产评估师签名盖章。

5.资产评估报告的附件

资产评估报告的附件通常包括:

(1)评估对象所涉及的主要权属证明资料;

(2)委托方和相关当事方的承诺函;

(3)评估机构及签字注册资产评估师资质、资格证明文件;

(4)评估对象涉及的资产清单或资产汇总表。

本次准则自 2008 年 7 月 1 日起施行。同时评估报告撰写可参照《企业国有资产评估报告指南》、《金融企业国有资产评估报告指南》。资产评估报告由资产评估报告书、资产评估说明、资产评估明细表和相关附件构成。下面依顺序介绍其基本内容。

9.2.2 暂行规定中资产评估报告书的基本内容

资产评估报告书包括以下基本内容:①评估报告书封面及目录;②评估报告书摘要;③评估报告书正文;④备查文件。

1.资产评估报告书封面及目录的基本内容

(1)封面的基本内容。资产评估报告书封面须载明下列基本内容:资产评估项目名称、资产评估机构出具评估报告的编号、资产评估机构全称及评估报告提交日期等。有服务商标的,评估机构可以在报告封面载明其图形标志。

(2)目录的基本内容。资产评估报告书的目录、每一章节的标题及相应页码应放在评估报告书的封二上。评估说明和评估明细表的目录及相应页码应分别打印在各分册的扉页上。

2.资产评估报告书摘要的基本内容

每份资产评估报告书的正文之前应有表达该报告书关键内容的摘要,用来让各有关方面了解该评估报告书的主要信息。该摘要与资产评估报告书正文一样具有同等法律效力，并要按与评估报告书的同一格式由注册资产评估师、评估机构法定代表人及评估机构等签章和署明提交日期。该摘要还必须与评估报告书揭示的结果一致，不得有误导性内容，并应当采用"以上内容摘自资产评估报告书，欲了解本评估项目的全面情况，应认真阅读资产评估报告书全文"等文字，提醒使用者阅读全文。

3. 资产评估报告书正文的基本内容

(1)首部。评估报告书的首部应包括标题和报告书序号，标题应含有"×××(评估)项目资产评估报告书"字样。报告书序号应符合公文的要求，包括评估机构特征字、公文种类特征字等。

(2)绪言。报告书正文的绪言应写明评估报告委托方全称、受托评估事项及评估工作整体情况。

(3)委托方与被评估单位(产权持有单位)简介。报告书正文的委托方与被评估单位(产权持有单位)简介应较为详细。当委托方和被评估单位(产权持有单位)相同时，可作为被评估单位介绍，同时要写明委托方和被评估单位(产权持有单位)之间的隶属关系或经济关系。无隶属关系或经济关系的，应写明发生评估的原因。当被评估单位(产权持有单位)为多家企业时，还须逐一介绍。

(4)评估目的。报告书正文的评估目的应写明本次资产评估是为了满足委托方的何种需要及其所对应的经济行为类型，并简要说明该经济行为是否经过批准。若已获批准，应将批准文件的名称、批准单位、批准日期及文号写出。

(5)评估范围和对象。这部分应写明纳入评估范围的资产及其类型，并列出评估前的账面金额。评估资产为多家占有，应说明各自的份额及对应资产类型。对纳入评估范围的资产与委托评估及立项时确定资产范围不一致时，应说明不一致的原因。

(6)评估基准日。这部分应写明评估基准日的具体日期和确定评估基准日的理由或成立条件。同时，还应揭示确定基准日对评估结果影响程度以及对采用非基准日的价格标准作出说明。

(7)评估原则。应在这部分中写明评估工作过程中遵循的各类原则和本次评估遵循国家及行业规定的公认原则。对所遵循的特殊原则也应作适当阐述。

(8)评估依据。应在这部分中列出评估依据。包括行为依据、法律法规依据、产权依据和取价依据等。对评估中采用的特殊依据应作相应的披露。

(9)评估方法。应在这部分中说明评估过程所选择、使用的评估方法和选择该评估方法的依据或原因。对某项资产评估采用一种以上评估方法的还应适当说明原因，并说明该资产价值确定方法。对所选择特殊评估方法的，也应适当介绍其原理与适用范围。

(10)评估过程。这部分反映评估机构自接受评估项目委托起至提交评估报告的全过程。包括接受委托过程中确定评估目的、对象、范围、基准日和拟定评估方案的过程。资产清查中指导资产占有方清查、收集准备资料、检查与验证过程；评估估算中的现场检测与鉴定、评估方法选择、市场调查与了解的具体过程；评估汇总中的结果汇总、评估结论分析、撰写报告与说明、内部复核过程，以及提交评估报告等过程。

(11)评估结论。这部分是报告正文的重要部分。应使用表述性文字完整地叙述评估机构对评估结果发表的结论，对资产、负债、净资产的账面价值、调整后的账面价值、评估价值及其增减幅度进行表述。还应单独列示不纳入评估汇总表的评估结果。

(12)特殊事项说明。在这部分中应说明评估人员在评估过程中已发现可能影响评估结论,但非评估人员执业水平和能力所能评定估算的有关事项,也应提示评估报告使用者要注意特别事项对评估结论的影响,还应揭示评估人员认为需要说明的其他事项。

(13)评估基准日期后重大事项。在这部分中应揭示评估基准日后至评估报告提出日期间发生的重要事项,以及评估基准日的期后事项对评估结论的影响,还应说明发生在评估基准日期后不能直接使用评估结论的事项。

(14)评估报告法律效力、使用范围和有效期。这部分应具体写明评估报告成立的前提条件和假设条件,并写明评估报告的作用及依照法律法规的有关规定发生法律效力和评估结论的有效使用期限。还应写明评估结论仅供委托方为评估目的使用和送交资产评估主管部门审查使用,并声明评估报告书的使用权归委托方所有,未经许可不得随意向他人提供或公开。

(15)评估报告提出日期。在这部分中,应写明评估报告书提交委托方的具体日期。评估报告书原则上应在确定的评估基准日后 3 个月内提出。

(16)尾部。这部分应写明出具评估报告书的机构名称并加盖公章,还要由评估机构法定代表人和至少两名负责评估的注册资产评估师签名盖章。

4. 备查文件的基本内容

资产评估报告书的附报文件,至少要包括以下基本内容:

(1)有关经济行为文件;

(2)资产评估立项批准文件;

(3)被评估企业前 3 年度包括资产负债表和损益表在内的会计报表(非企业或经济组织除外);

(4)委托方与被评估单位(产权持有单位)营业执照复印件;

(5)委托方、被评估单位(产权持有单位)的承诺函;

(6)产权证明文件复印件;

(7)资产评估人员和评估机构的承诺函;

(8)资产评估机构资格证书复印件;

(9)评估机构营业执照复印件;

(10)参加本项评估项目的人员名单;

(11)资产评估业务约定合同;

(12)重要合同和其他文件。

这部分的格式没有具体要求,但必须按统一规格装订。

9.2.3 资产评估说明的基本内容

资产评估说明是用来描述评估师和评估机构对其评估项目的评估程序、方法、依据、参数选择和计算过程,通过委托方、资产占有方充分揭示对资产评估行为和结果构成重大影响的事项,说明评估操作符合相关法律、行政法规和行业规范要求,也是资产评估报告书的组成部分,在一定程度上决定评估结果的公允性,保护评估行为相关各方的合法权益。它是资产评估主管机关审查确认评估报告的重要文件。评估说明包括评估说明使用范围声明,《企业关于进行资产评估有关事项的说明》和《资产评估说明》。

按有关规定,评估说明中所揭示的内容应同评估报告书正文所阐述的内容一致。评估机构、注册资产评估师及委托方、资产占有方应保证其撰写或提供的构成评估说明组成部分的内容真实完整,未作虚假陈述,也未遗漏重大事项,而且在原则上不提交给其他有关当事人。

资产评估说明应按以下顺序进行撰写和制作。

1. 评估说明封面及目录的基本内容

评估说明封面应载明该评估项目名称,该评估报告书的编号、评估机构名称、评估报告提出日期,若需分册装订的评估说明,应在封面上注明共几册及该册的序号。

2. 关于评估说明使用范围声明的基本内容

这部分应声明评估报告仅供资产评估待业协会、资产管理部门、企业主管部门在审查资产评估报告书和检查评估机构工作之用,除法律、行政法规规定外,材料的全部或部分内容不得提供给其他任何单位和个人,不得见诸媒体。

3. 关于进行资产评估有关事项说明的基本内容

这部分是由委托方与资产占有方共同撰写并由负责人签字,加盖公章,签署日期。

这部分的基本内容和格式如下:

(1)委托方与被评估单位(产权持有单位)概况;

(2)关于评估目的的说明;

(3)关于评估范围的说明;

(4)关于评估基准日的说明;

(5)可能影响评估工作的重大事项说明;

(6)资产及负债清查情况的说明;

(7)列出资产委托方、资产占有方提供的资产评估资料清单。

4. 资产清查核实情况说明的基本内容

这部分主要用来说明评估方对委托评估的企业所占有的资产和与评估相关的负债进行清查核实的有关情况及清查结论。这部分的基本内容和格式如下:

(1)资产清查核实的内容;

(2)实物资产的分布情况及特点;

(3)影响资产清查的事项;

(4)资产清查核实的过程与方法;

(5)资产清查结论;

(6)资产清查调整说明。

5. 评估依据说明的基本内容

评估依据说明主要用来说明进行评估工作所遵循的具体行为依据、法规依据、产权依据和取价依据。具体包括以下内容:

(1)主要法律法规;

(2)经济行为文件;

（3）重大合同协议及产权证明文件；

（4）采用的取价标准；

（5）参考资料及其他；

6. 各项资产及负债评估技术说明的基本内容

这部分主要是对资产进行评定估算过程的解释，反映评估中选定的评估方法和采用的技术思路及实施的评估工作。主要包括以下内容：

（1）流动资产评估说明；

（2）长期投资评估说明；

（3）机器设备评估说明；

（4）房屋建筑物评估说明；

（5）工程物资评估说明；

（6）在建工程评估说明；

（7）土地使用权评估说明；

（8）无形资产及其他资产评估说明；

（9）负债评估说明。

7. 整体资产评估收益现值法评估验证说明的基本内容

这部分主要用来说明运用收益现值法对企业整体资产进行评估来验证资产评估结果的有关情况。其基本内容和格式应包括以下内容：

（1）收益法的应用简介；

（2）企业的生产经营业绩；

（3）企业的经营优势；

（4）企业的经营计划；

（5）企业的各项财务指标；

（6）评估依据；

（7）企业营业收入、成本费用和长期投资收益预测；

（8）折现率的选取和评估值的计算过程；

（9）评估结论。

8. 评估结论及其分析的基本内容与格式

这部分主要总体概括说明评估结论，应包括以下内容：

（1）评估结论；

（2）评估结果与账面价值比较变动情况及原因；

（3）评估结论成立的条件；

（4）评估结论的瑕疵事项；

（5）评估基准日的期后事项说明及对评估结论的影响；

（6）评估结论的效力、使用范围与有效期。

9.2.4 资产评估明细表的基本内容

资产评估明细表是反映被评估资产评估前后的资产负债明细情况的表格。它是资产评估报告书的组成部分,也是资产评估结果得到认可及评估目的的经济行为实现后作为调整账目的主要依据之一。单项资产或资产组合评估,采用资产基础法进行企业价值评估,应编制评估明细表。其基本内容与格式如下。

(1)资产及其负债的名称、发生日期、账面价值、调整后的账面价值、评估价值等;

(2)反映资产及其负债特征的项目;

(3)反映评估增减值情况的栏目和备注栏目;

(4)反映被评估资产会计科目名称、资产占有单位、评估基准日、表号、金额单位、页码内容的资产评估明细表表头;

(5)写明清查人员、评估人员的表尾;

(6)表格每页都应有"本页小计"行,同类表格最后一页还应设有合计行;

(7)评估明细表设立逐级汇总,第一级为明细表总计,第二级为按资产及负债大类单独汇总,第三级为按资产负债表式汇总,第四级为按资产及负债大类为主栏项目且以人民币万元为金额单位的汇总;

(8)同类资产评估明细表格格式与内容应统一,且评估明细表至少应含有资产评估明细表样的基本内容和格式;

(9)资产评估明细表一般应按会计科目顺序排列装订。

资产评估明细表的样表包括以下几个层次:资产评估结果汇总表、资产评估结果分类汇总表、各项资产清查评估汇总表及各项资产清查评估明细表。

9.2.5 资产评估报告书的编制

1. 编制资产评估报告书的基本步骤

编制资产评估报告书是评估机构完成评估工作的最后一个环节,也是资产评估工作中的一个重要环节。编制资产评估报告书的基本步骤如下:

(1)整理工作底稿和归集有关资料。资产评估现场工作结束后,评估人员必须着手对现场工作底稿进行整理,按资产的性质进行分类。同时,对有关询证函、被评估资产背景材料、技术鉴定情况、价格取证等有关资料进行归集和登记。对现场未予确定的事项,还要进一步落实和核查。这些现场工作底稿和有关资料都是编制资产评估报告的基础。

(2)对评估明细表的数字汇总。在完成现场工作底稿整理和有关资料的归集后,评估人员应着手对评估明细表的数字汇总。明细表的数字汇总,应按明细表的不同级次进行,先明细表汇总,然后分类汇总,再到资产负债表式的汇总。汇总时,要反复核对各有关表格数字的关联性,各表格栏目之间数字的钩稽关系,防止出错。

(3)对评估的初步数据进行分析、讨论。在完成评估明细表的数字汇总,得出初步的评估数据后,应召集参与评估过程的有关人员,对评估报告的初步数据进行分析、讨论,比较各有关评估数据,复核工作底稿,对存在作价不合理的部分进行调整。

(4)撰写评估报告书。撰写评估报告书又可分两步:首先,在完成评估初步数据的分析、讨论和部分数据的调整后,由具体参加评估的各组负责人草拟出各自负责评估部分资产的评估说明,然后提交给全面负责、熟悉本项目评估工作的人员草拟出资产评估报告书。其次,将评估基本情况和评估报告初稿的初步结论与委托方交换意见。听取委托方的反馈意见后,在坚持独立、客观、公正的前提下,认真分析委托方提出的问题和建议,考虑是否应该修改评估报告书。对评估报告中存在的疏忽、遗漏和错误之处进行修正,修改完毕即可撰写出正式的评估报告书。

(5)资产评估报告书的签发与送交。评估机构撰写出正式的资产评估报告后,经审核无误,按以下程序进行签名盖章:①负责该项目的注册评估师签章(两名或两名以上);②复核人审核签章;③评估机构负责人审定并签章,加盖机构公章。

资产评估报告书签发盖章后即可连同评估说明及评估明细表送交委托单位。对中外合资、合作项目的评估报告书及相关资料的送交,应按专门规定办理。

2. 资产评估报告书编制的技术要点

资产评估报告书编制的技术要点是指在资产评估报告编制过程中的主要技能要求,具体包括文字表达、格式与内容方面的技能要求以及复核与反馈等方面的技能要求等。

(1)文字表达方面。资产评估报告书既是一份对被评估资产价值有咨询性、公证性作用的文书,又是一份用来明确资产评估机构和评估人员工作责任的文字依据,所以,文字表达既要清楚、准确,又要提供充分的依据说明,还要全面地叙述整个评估的具体过程。要做到:文字表达必须准确,不得使用模棱两可的措辞;陈述既要简明扼要,又要把有关问题说清楚,不得带有任何诱导、恭维和推荐性的陈述;情况陈述前后相符,数据列示表里一致,即评估报告中的内容前后要相符;摘要、正文、评估说明、评估明细表中的数据要一致。

(2)格式和内容方面。资产评估报告书编制的格式和内容,必须按照《资产评估准则——评估报告》操作。

(3)评估报告书的复核与反馈意见的收集方面。对评估人员来说,评估工作是一项必须由多个评估人员同时作业的中介业务,每个评估人员都有可能因能力、水平、经验、阅历以及理论方法的限制而产生工作盲点和工作疏漏,所以,对评估报告初稿进行复核就十分必要。通过对工作底稿、评估说明、评估明细表和评估报告书正文的复核,可以将有关错误、遗漏等问题,在出具正式评估报告之前得到修正。对评估报告进行复核,必须建立起多级复核和交叉复核的制度,明确复核人的职责,防止复核流于形式。

就评估资产的情况熟悉程度来说,大多数资产委托方和被评估单位对委托评估资产的分布、结构、成新等具体情况总是会比评估机构和评估人员更熟悉,所以,在出具正式报告之前征求委托方意见,收集反馈意见也很有必要。收集反馈意见主要是通过委托方或被评估单位熟悉资产具体情况的人员进行的。所以,在出具正式评估报告之前征求委托方意见,收集反馈意见也很有必要。当然,对委托方的反馈意见,应审慎对待,本着独立、客观、公正的态度去接受其反馈意见。

(4)其他方面。除上述3个方面的要求外,评估报告书编制还应注意客观性和及时性。

评估报告书的编制必须建立在真实、客观的基础上,实事求是,不能无中生有、脱离实际进行编造。因此,评估报告拟稿人应是参与该项目并且全面熟悉该项目情况的主要评估人员。

评估工作具有较强的时效性,在完成正式评估报告书后,应按业务约定书所约定的时间,及时将评估报告书送交委托方。此外,也要做好客户资料保密工作,尤其是当评估涉及到商业秘密和技术秘密时,更要加强保密工作。

9.3　资产评估报告书的作用及应用

9.3.1　资产评估报告书的作用

1. 资产评估报告书为被委托评估的资产提供作价意见

资产评估报告是经具有资产评估资格的机构,根据委托评估资产的特点和要求,组织评估师和相应行业的专业人员组成评估队伍,遵循评估原则和标准,按照法定的程序,运用科学的方法,对被评估资产价值进行评定和估算后,通过评估报告书的形式提出作价意见。该作价意见不代表任何当事人一方的利益,而是一种专家估价的意见,具有较强的公正性和科学性,因而成为被委托评估资产作价的参考依据。

2. 资产评估报告书是反映和体现资产评估工作情况,明确委托方、受托方及有关方责任的依据

资产评估报告书用文字的形式,对受托进行资产评估的目的、背景、范围、依据、程序、方法等过程和评估结果进行阐述、说明和总结,体现了评估机构的工作成果。同时,评估报告书也反映和体现受托的评估机构和评估人员的权利和义务,并以此来明确委托方、受托方的法律责任。

在资产评估现场工作完成后,评估机构和评估人员就要根据现场工作取得的有关资料和估算数据,撰写评估结果报告,向委托方报告。负责评估项目的评估师,在报告上签名,并提出报告使用的范围、评估结果实现的前提等具体条款。

资产评估报告书也是评估机构履行评估协议,向委托方或有关方面收取评估费用的依据。

3. 资产评估报告书是管理部门了解评估机构和评估人员工作情况及其评估工作质量的依据

资产评估报告书是评估机构和评估人员职业道德、执业能力水平以及评估质量高低和机构内部控制制度完善程度的综合体现。有关管理部门通过审核资产评估报告书,可以了解评估机构和评估人员的工作情况,可以有效地对评估机构的业务开展情况进行监督和管理,对评估工作中出现的不足加以完善,促进评估工作质量的提高。

4. 资产评估报告是建立评估档案的重要信息来源

评估机构和评估人员在完成评估任务后,都必须按档案管理的有关规定,将评估过程中收集的资料、工作记录及工作底稿进行归档,以便评估档案的管理和使用。由于评估报告书是对整个评估过程的工作总结,内容包括了评估过程各个具体环节的相关资料的记录,这些都是资产评估档案的重要信息来源。

9.3.2　资产评估报告书的应用

资产评估报告书由评估机构出具后,资产评估委托方、资产评估管理机构和有关部门对资产评估报告根据需要进行使用。

1. 委托方对资产评估报告的使用

委托方收到受托评估机构送交的正式评估报告书后，可以依据评估报告所依据的评估目的和最终的评估结论，合理使用资产评估结果。具体可以作为以下几种用途使用：

（1）根据评估目的，作为资产业务的作价基础。包括企业改制、上市、对外投资、中外合资合作、转让、出售、拍卖等产权变动的经济活动，以及保险、纳税、抵押、担保等非产权变动的经济活动和法律方面需要的其他目的活动的作价基础。

（2）作为企业进行会计记录或调整账项的依据。委托方在根据评估报告所揭示的资产评估目的使用资产评估报告资料同时，还可根据有关规定，按照资产评估报告书进行会计记录或调整有关财务账项。

（3）作为履行委托协议和支付评估费用的主要依据。当委托方收到评估机构的正式评估报告书及有关资料后，在没有异议的情况下，应根据委托协议，履行支付评估费用的承诺及其他有关协议。

此外，资产评估报告书及有关资料也是有关当事人因资产评估纠纷向纠纷调解部门申请调解的申诉资料之一。

当然，委托方在使用资产评估报告书及有关资料时也应注意以下几个方面：

（1）只能按报告书所揭示的评估目的使用报告，一份评估报告书只允许按一个用途使用。

（2）只能在评估报告有效期内使用报告，超过报告有效期，原资产评估结果无效。若要使用评估报告书，必须由评估机构重新调整相关数据，并得到有关部门重新认可后方能使用。

（3）在评估报告书有效期内，资产评估数量发生较大变化时，应由原评估机构或资产占有单位按原评估方法做相应调整后才能使用。

（4）作为企业会计记录和调整企业账项使用的资产评估报告书及有关资料，必须由有关机构批准或认可后方能生效。

2. 资产评估管理机构对资产评估报告书的使用

资产评估管理机构主要是指对资产评估行政管理的主要机关和对资产评估行业自律管理的行业协会。对资产评估报告书的使用，是资产评估管理机构实现对评估机构的行政管理和行业自律管理的重要过程。资产评估管理机构通过对评估机构出具的资产评估报告的使用，一方面能大体了解评估机构从事评估工作的业务能力和组织管理水平。由于资产评估报告是反映资产评估工作过程的工作报告，通过对资产评估报告书的检查与分析，评估管理机构就能大致判断该机构的业务能力和组织管理水平，判断评估机构的资产评估工作质量。另一方面，它能为国有资产管理提供重要的数据资料。通过对资产评估报告的统计与分析，可以及时了解国有资产占有和使用状况以及增减值变动情况，进一步为加强国有资产管理服务。

3. 有关部门对资产评估报告书的使用

除了资产评估管理机构可使用资产评估报告书及有关资料外，一些相关的政府管理部门也需要使用资产评估报告书，它们主要包括证券监督管理部门、保险监督管理部门、工商行政管理、税务、金融和法院等有关部门。

　　证券监督管理部门对资产评估报告书的使用,主要表现在对申请上市的公司有关申报材料招股说明书的审核,以及对上市公司的股东配售发行股票时申报材料配股说明书的审核。

　　当然,证券监督管理部门还可使用资产评估报告书和有关资料加强对取得证券业务评估资格的评估机构及有关人员的业务管理。

　　保险监督管理部门、工商行政管理部门、税务、金融和法院等部门也都能通过对资产评估报告书的使用来达到实现其管理职能的目的。

9.4　资产评估报告书实例

资产评估报告书摘要
ZN 评报字(2014)第 088 号

　　ZN 资产评估有限公司接 A 集团公司的委托,根据国家关于资产评估的有关规定,本着客观、独立、公正、科学的原则,按照公认的资产评估方法,对 A 集团公司的股东全部权益在评估基准日的市场价值进行了评定,现将评估报告摘要如下:

　　评估目的:根据 A 集团公司××决议,需对涉及 A 集团公司股东全部权益的市场价值进行评估,为本次经济行为提供价值参考。

　　评估对象:A 集团公司的股东全部权益价值。

　　评估范围:被评估单位的全部资产及负债,包括×××。

　　价值类型:市场价值。

　　评估方法:资产基础法。

　　评估结论:

　　本次评估采用资产基础法的评估结果作为评估结论,具体评估结论如下:A 集团公司于评估基准日股东全部权益评估价值为×××,较账面值×××增值×××,增长率×××%,具体如表 9-1 所示。

表 9-1　A 集团公司的各项资产及负责评估结果汇总　　　　　　单位:万元

项　　目	账面价值	评估价值	增减值	增值率(%)
流动资产				
长期投资				
固定资产				
其中:在建工程				
建筑物				
设备				
无形资产				
其中:土地使用权				

续表

项　目	账面价值	评估价值	增减值	增值率(%)
其他资产				
资产总计				
流动负债				
长期负债				
负债总计				
净资产				

本资产评估报告有效期为 1 年,自评估基准日 2014 年 6 月 30 日起计算,至 2015 年 6 月 29 日止。本报告结论仅供委托方为本报告书所列明的评估目的使用,以及送交资产评估主管机关核准或备案使用。本评估报告须经国有资产监管部门审核备案后方可作为相关经济行为的依据。

本评估报告的使用权归委托方所有,未经委托方许可,本机构不向他人提供或公开;除非事先征得本机构书面同意,对于任何其他用途或被出示或掌握本报告的其他人,本评估机构均不予承认亦不承担任何责任。

本评估报告内容的解释权属本评估机构,除国家法律、法规有明确的特殊规定外,其他任何单位、部门均无权解释。

重要提示

以上内容摘自资产报告书,欲了解本评估项目的全面情况,应认真阅读资产评估报告书全文。

ZN 资产评估有限公司
2014 年 9 月 10 日

评估机构法人代表:
注册资产评估师:

A 集团公司资产评估报告书
ZN 评报字(2014)第 088 号

一、绪言

ZN 资产评估有限公司接受 A 集团公司的委托,根据国家关于资产评估的有关规定,本着客观、独立、公正、科学的原则,按照公认的资产评估方法,对 A 集团公司的股东全部权益价值在评估基准日 2014 年 6 月 30 日的价值进行了评定估算,为相关经济行为提供价值参考依据。现将资产评估情况及评估结果报告如下:

二、委托方及被评估单位

委托方：A 集团公司

（简介略）

被评估单位：A 集团公司

（简介略）

三、评估目的

A 集团公司为引进战略投资者，实现主业突出、"建精品基地，创世界名牌"的战略目标，拟对 A 集团公司的股权全部权益的市场价值进行评估。为此特聘请 ZN 资产评估公司对 A 集团公司进行资产评估，为本次经济行为提供价值参考。

四、评估范围和对象

评估对象为 A 集团公司的股东全部权益价值。评估对象是被评估单位的全部资产及负债，包括流动资产、长期投资、固定资产、无形资产和流动负债及长期负债等。上述评估对象账面值在评估基准日经审计后如表 9-2 所示。

表 9-2　A 集团公司账面值　　　　　　　　　　　　　　单位：万元

资产类型	账面原值	账面净值
流动资产		
长期投资		
固定资产		
其中：房屋建筑物		
机器设备		
在建工程		
无形资产		
资产合计		
流动负债		
长期负债		
负债合计		
净资产		

本次申报评估的资产范围与委托评估的资产范围一致。

五、价值类型

根据本次评估目的和评估对象的特点，确定所评估的价值类型为市场价值。

市场价值是指（略）。

六、评估基准日

(1)本项目资产评估基准日为 2014 年 6 月 30 日。

(2)此基准日是距评估目的计划实现日较接近的基准时间,由企业会同各相关中介机构共同讨论后决定的。评估基准日的确定对评估结果的影响符合常规情况,无特别影响因素。

(3)本次评估的取价标准均为基准日的有效价格或执行的标准。

七、评估假设和限制条件

(1)假设被评估企业及其资产在未来生产经营中能够持续经营下去,并具有持续经营能力;现有资产将被用于产生未来现金流并且不会被出卖;企业遵循一贯性原则每年投入一定资金用于维护主要生产设备;各主要生产设施按企业近期规划如期建设或拆除。

(2)假设近期国家宏观经济政策和所在地区的社会经济环境无重大变化;行业政策、管理制度及相关规定无重大变化;经营业务涉及的税收政策、信贷利率等无重大变化。

(3)本报告除特别说明外,对即使存在或将来可能承担的抵押、担保事宜,以及特殊的交易方式等影响评估价值的非正常因素没有考虑,且本报告也未考虑国家宏观经济政策发生变化以及遇有自然力或其他不可抗力对评估结论的影响。

(4)当上述条件以及评估中遵循的评估原则等其他情况发生变化时,评估结论一般不成立,评估报告一般会失效。

八、评估依据

在本次资产评估工作中所遵循的国家、地方政府和有关部门的法律法规,以及所参与的文件资料主要有:

(一)评估行为依据

国资改革〔2006〕×××号《关于同意 A 集团公司引进国外战略投资者的函》。

(二)评估法规依据

(1)中华人民共和国国务院令(第 378 号)《企业国有资产监督管理暂行条例》。

(2)财政部第 14 号令《国有资产评估管理若干问题的规定》。

(3)《国有资产评估管理办法》、《国有资产评估管理办法施行细则》。

(4)国有资产监督管理委员会令第 12 号《企业国有资产评估管理暂行办法》。

(5)《资产评估准则——基本准则》、《资产评估职业道德准则——基本准则》。

……

(三)评估产权依据

(1)房屋建筑物所有权证、土地使用权证。

(2)车辆行驶证及产权情况说明。

(3)主要设备购置合同及发票。

(4)公司章程、营业执照等。

(5)相关业务合同及发票。

（四）评估取价依据

(1)中国统计出版社《2014 年中国机电产品报价目录》。

(2)2014 年 7 月《UDC 联合商情》。

(3)2014 年 7 月《慧聪商情》。

(4)有关设备的发票、订货合同及车辆行驶证等原始凭证资料。

……

九、评估程序实施过程和情况

（一）评估业务承接过程（略）

（二）资产清查

评估人员进入现场后,首先指导企业清查资产,然后对企业提供的各类资产原始评估明细表进行了核查,对表中漏填、误填的项目要求企业进行修改和补充,请企业在修正后的原始明细表上盖章,作为评估原始依据。

6 月 24—30 日本评估机构会同相关审计机构参与存货盘点工作,于 7 月 10 日至 8 月 10 日,对评估范围内各项资产负债进行清查核实和现场勘查,现介绍如下:

(1)设备类资产的清查。

(2)建筑物类资产的清查。

(3)在建工程清查。

(4)无形资产清查。

(5)流动资产、负债的清查。

①实物性流动资产(存货)。

②非实物资产和负债的清查。

(6)长期投资的清查。

（三）评估对象法律权属调查

对委托方和相关当事方提供的评估对象法律权属资料和资料来源进行必要的查验,核对了房屋产权证明、土地使用权证、车辆行驶证、被投资企业的章程、合资经营合同等资料的原件。

（四）分析、整理评估资料的过程和情况

评估人员对所取得的评估资料进行专业分析,对各主要生产线产量、质量、各项消耗指标及在同行业中技术水平进行技术分析论证。

结合企业近期发展规划,分析其对各主要生产线尚可使用年限的影响。

结合企业近年进行的生产线技术改造及大修的投入资金水平,分析各主要生产线是否存在各种贬值因素。

（五）评估方法

根据国家国有资产管理及评估的有关法规和本次资产评估目的及委估资产类型,遵循客观、独立、公正的原则及持续经营、替代性、公开市场等评估原则,本次资产评估采用的方法是资产基础法,即采用重置成本法对各单项资产进行评估,并将各单项资产评估结果相加扣除经确认的负债金额即得出企业净资产评估结果。

1.关于流动资产的评估

(1)货币资金。

(2)应收票据。

(3)应收账款、其他应收款。

(4)预付账款。

(5)存货。

(6)待摊费用。

2.关于长期投资的评估

3.关于机器设备的评估

主要采用重置成本法。

首先对企业提供的机器设备明细清单进行了核对,做到账表相符,同时通过对有关的合同、法律权属证明及会计凭证的审查核实,对其权属予以确认。在此基础上,评估人员进行了现场勘查和核实。

(1)重置全价的确定(略)。

(2)成新率的确定(略)。

(3)设备评估值的确定。

评估值＝重置全价×综合成新率

4.关于房屋建筑物的评估

5.关于在建工程的评估

6.关于无形资产的评估

7.关于负债的审核

(六)对初步评估结论进行综合分析,形成最终评估结论的过程

各专业组对各类资产的初步评估结果进行汇总分析,确认评估工作中没有发生重评和漏评的情况,并根据汇总分析情况,对资产评估结果进行调整、修改和完善。

根据评估工作情况,起草资产评估报告书,向委托方及资产占有方提交资产评估报告书初稿,根据委托方及资产占有方意见,进行必要的修改,在经委托方确认无误后,向委托方提交正式资产评估报告书。

十、评估结论

A 集团公司于评估基准日 2014 年 6 月 30 日评估前资产总计为×××,负债总计为×××,净资产为×××;评估后资产总计为×××,负债总计为×××,净资产为×××,增值×××,增值率为×××,评估结果汇总如表 9-3 所示。

表 9-3　A 集团公司评估结果汇总

单位:万元

项　目	账面价值	评估价值	增减值	增值率(%)
流动资产				
长期投资				
固定资产				

续表

项　　目	账面价值	评估价值	增减值	增值率(%)
其中:在建工程				
建筑物				
设备				
无形资产				
其中:土地使用权				
其他资产				
资产总计				
流动负债				
长期负债				
负债总计				
净资产				

有关本评估结论的详细计算过程见本报告之《资产评估说明》、《资产评估明细表》等内容。

十一、特别事项说明

在评估基准日后至评估报告提出日期之间,外汇牌价有2%左右的波动,对评估结果影响不大,符合常规情况;此外评估人员未发现其他对评估结论产生较大影响的重大事项。

十二、评估报告使用限制说明

本评估报告所揭示的评估结论系根据本报告所阐明的原则、依据、假设和限制条件、方法和程序,在所评估资产在评估基准日之现有用途、状况和外部经济环境保持不变的前提下,对本报告所定义的资产价值类型所提出的公允估值意见。当前述事项发生变化时,评估结论一般会失效。

本报告评估所揭示的评估结论是对评估基准日2014年6月30日所评估资产价值的客观公允反映,评估师对评估基准日以后该资产价值发生的重大变化不承担任何责任。

本评估报告所揭示的评估结论仅对被评估资产和委托方实现本评估报告所列明的目的有效。

本评估报告包含若干备查文件及资产评估说明和评估明细表,所有备查文件及资产评估说明和评估明细表亦构成本报告之重要组成部分,与本报告正文具有同等的法律效力。

按国家现行资产评估有关法规,本资产评估报告书有效期为1年,自评估基准日2014年6月30日起计算,至2014年6月29日止。超过2014年6月29日需重新进行资产评估。

报告书的结论仅供委托方为本报告书所列明的评估目的使用,以及送交资产评估主管机关核准或备案使用。本评估报告须经国有资产监管部门审核备案后方可作为相关经济行为的依据。本评估报告的使用权归委托方所有,未经委托方许可,本机构不向他人提供或公开;除非事先征得本机构书面同意,对于任何其他用途或被出示或掌握本报告的其他人,本评估机构均不予承认亦不承担任何责任。

本评估报告内容的解释权属本评估机构,除国家法律、法规有明确的特殊规定外,其他任何单位、部门均无权解释。

十三、评估报告日

本评估报告日为 2014 年 9 月 10 日。

谨此报告!

ZN 资产评估有限公司

评估机构法人代表:

资产评估师:

A 集团公司资产评估人员名单

略

备查文件

有关经济行为文件

资产评估立项批准文件

被评估企业评估基准日会计报表

委托方与被评估单位营业执照复印件

产权证明文件复印件

委托方、被评估单位承诺函

资产评估师和评估机构的承诺函

资产评估机构资格证书复印件

评估机构营业执照复印件

资产评估业务约定合同

其他文件

A 集团公司资产评估说明

ZN 评报字(2014)第 088 号

ZN 资产评估有限公司

2014 年 9 月 10 日

说明一

关于《资产评估说明》使用范围的声明(略)

说明二

企业关于进行资产评估有关事项说明

说明三

资产评估说明

第一部分:评估对象与评估范围说明

一、评估对象与评估范围内容(略)

二、企业申报的实物资产情况(略)

三、企业申报的账面记录或者未记录的无形资产状况(略)

四、企业申报的表外资产情况(略)

五、引用其他机构出具的报告情况(略)

第二部分:资产清查核实情况说明

一、资产核实人员组织

实施时间和过程(略)

根据资产评估工作的要求,我们对公司委托资产及负债进行了抽查复核,列入清查范围的资产类型主要有:流动资产、长期投资、固定资产(包括房屋建筑物、机器设备、运输车辆)、在建工程、无形资产、递延资产及流动负债和长期负债。上述资产评估前账面金额如表 9-4 所示。

表 9-4　各资产项目评估前账面净值　　　　　　　　　　　　单位:元

资产项目	账面价值	账面净值

二、实物资产分布情况及特点(略)

三、影响资产清查的事项(略)

四、资产清查结论

清查调整结果如表 9-5 所示。

表 9-5　清查调查结果　　　　　　　　　　　　　　　　单位:元

资产项目	账面价值	账面净值

第三部分:资产基础法评估技术说明

一、流动资产评估技术说明

二、投资性房地产评估技术说明

三、房屋建筑物评估技术说明

......

第四部分：评估结论及其分析

一、评估结论

在实施了上述资产评估程序及方法后，A集团公司的委估资产在评估基准日2014年6月30日所表现的市场价值反映如表9-6所示。

表9-6　A集团公司的委估资产在评估基准日所表现的公允价值　　　单位：万元

资产名称	账面价值	评估价值	增减值	增减率（%）

二、评估结果与账面值比较变动情况及原因

(1)总资产评估值与调整后账面值相比增加额。

(2)净资产评估值与清查调整值相比增加额。

三、本次评估对股东部分权益价值溢价(或折价)的考虑

资产评估明细表

资产评估结果汇总表

资产评估结果分类汇总表

资产清查评估明细表

参考文献

1. 全国注册资产评估师考试辅导教材编写组.资产评估.北京:中国财经出版社,2006

2. 于鸿君.资产评估教程.北京:北京大学出版社,2000

3. 唐建新.资产评估.武汉:武汉大学出版社,2002

4. 朱萍,王辉.资产评估学.上海:复旦大学出版社,2005

5. 权忠光,肖翔.资产评估实务.北京:中国广播电视大学出版社,2005

6. 中国资产评估协会,刘萍.金融不良资产评估指导意见(试行)讲解.北京:经济科学出版社,2005

7. 杨子江.金额资产评估.北京:中国人民大学出版社,2003

8. 程凤朝.金融不良资产评估(第二版).北京:中国人民大学出版社,2005

9. 黄良文.投资估价原理.北京:科学出版社,2002

10. 俞明轩.企业价值评估.北京:中国人民大学出版社,2004

11. Kenneth R Ferris,Barbara S. Pecherot Pettit. *Valuation:Avoiding the Winner's Curse*. Pearson Education.Inc. ,2002

12. 乔志敏.资产评估教程.北京:中国人民大学出版社,2003

13. [美]汤普·科普兰,谢关平译.价值评估:公司价值的衡量与管理(第3版).北京:电子工业出版社,2002

14. Aswath Damodaran. *Investment Valuation: Tools and Techniques for Determining the Value of Any Asset* (Second Edition). John Wiley & Sons, Inc. 2004

15. 王少豪.高新技术企业价值评估.北京:中信出版社,2002

16. 叶剑平,曲卫东.不动产估价.北京:中国人民大学出版社,2005

17. 刘立,李志超.房地产估价师实务手册.北京:机械工业出版社,2005

18. 周寅康.房地产估价.南京:东南大学出版社,2005

19. 陈湘芹,崔东平.房地产估价.北京:化学工业出版社,2005

20. 王桂生,李进伟.浅谈在建工程抵押评估的特点及方法.河南房地产业协会估价经纪委员会,htttp://www.hnreb.org.cn/Show.asp? od=101

21. 任作风,廖俊平.计算机辅助批量评估法(CAMA)在物业税估价中的应用.中国房地产估价师,2005(1)

22. 虞晓芬,汪初牧.资产评估.北京:清华大学出版社,2004

23. 汪海粟.资产评估.北京:高等教育出版社,2000

24. 财政部财评字〔1999〕91号文件.资产评估报告基本内容与格式的暂行规定